竹帛智慧十讲

王建新　著

金城出版社
GOLD WALL PRESS
·北京·

图书在版编目（CIP）数据

竹帛智慧十讲 / 王建新著. —北京：金城出版社有限公司，2021.7
ISBN 978-7-5155-2190-9

Ⅰ.①竹… Ⅱ.①王… Ⅲ.①先秦哲学—研究 Ⅳ.①B220.5

中国版本图书馆CIP数据核字（2021）第070161号

竹帛智慧十讲

著　　者 王建新
责任编辑 杨　超　彭洪清
责任校对 欧阳云
责任印制 李仕杰
开　　本 710 毫米 ×1000 毫米　1/16
印　　张 25
字　　数 370 千字
版　　次 2021 年 7 月第 1 版
印　　次 2021 年 7 月第 1 次印刷
印　　刷 天津旭丰源印刷有限公司
书　　号 ISBN 978-7-5155-2190-9
定　　价 89.00 元

出版发行 **金城出版社有限公司** 北京市朝阳区利泽东二路 3 号
邮编：100102
发 行 部 （010）84254364
编 辑 部 （010）64210080
总 编 室 （010）64228516
网　　址 http：//www.jccb.com.cn
电子邮箱 jinchengchuban@163.com
法律顾问 北京市安理律师事务所（电话）18911105819

引子

在中国漫长的历史长河中，2020年，注定是会被载入史册的一年。

至少有三件大事，让从2020年走过来的人们记忆犹新。

一是2020年7月23日，中国在文昌航天发射场发射升空“天问一号”探测器，目标直指火星。二是同年11月24日4时30分，中国在文昌航天发射场发射“嫦娥五号”探测器，并于12月17日凌晨，将从月球表面自动采集的重1731克月壤带回地球。三是中国在全球新冠肺炎疫情肆虐蔓延的情况下，率先控制住疫情，取得抗击新冠肺炎疫情斗争重大战略成果。

三件大事，无一不令中国人刻骨铭心。但尤其令中国人倍感自信的，是这三件大事表明，中华优秀传统文化仍被完整继承着，并在新的历史时期继续发挥着推动国家发展和民族进步的巨大作用。人们品味着中华优秀传统文化催生出的各种进步和幸福，不断积攒着对传承了5000余年的中华文明的信心。强大且内力充沛的中华文明，让每一个中国人自信心满满，对美好未来充满憧憬和期盼。

“嫦娥五号”探测器以嫦娥命名。嫦娥是上古时代传说中的人物。“嫦娥”最早见诸文字记载的，是《归藏》，《归藏》是我国传统文化典籍之一，是《周易》的前身。《周易》这本书的成书时间，应在我国历史上的第三个王朝时期，即周王朝时期。周王朝建立于公元前11世纪前后，距今大概有3300年的时间。由此可见，“嫦娥”这个神话传说中的人物，有记载的时间，应有3300多年历史了。《归藏》对嫦娥的记载很简单：

> 昔常娥以不死之药奔月。

“常娥”即嫦娥。这句话的大意就是：嫦娥吞食不死之药后，奔向了月亮。到了西汉时期，汉高祖刘邦之孙刘安组织门客编写《淮南子》，对嫦娥的故事进行演绎。刘安生于公元前179年，卒于公元前122年，他在《淮南子》一书中记录并演绎的嫦娥故事，一直传承至今。今天中国人所熟悉的嫦娥故事，正是出自刘安的版本。

嫦娥奔月的故事，寄寓着中华民族不畏强暴、重情重义、宁为玉碎、不为瓦全的美好情感。嫦娥作为中华优秀传统文化中一个非常正面、非常美好的形象，在中国人的精神世界中一直占据着非常重要的地位。毛泽东主席于1957年5月11日，曾写下一首著名的《蝶恋花·答李淑一》诗，怀念自己的妻子杨开慧，其中就写到了嫦娥：

我失骄杨君失柳，杨柳轻飏直上重霄九。
问讯吴刚何所有，吴刚捧出桂花酒。
寂寞嫦娥舒广袖，万里长空且为忠魂舞。
忽报人间曾伏虎，泪飞顿作倾盆雨。

这首诗中的“杨”，为毛泽东主席的夫人杨开慧；“柳”，指李淑一的丈夫柳直荀烈士。两人都为中国人民的革命事业而壮烈牺牲。毛泽东主席的这首答诗有感而写，既饱含着自己对爱妻、对战友的真挚情感，又充满了对革命烈士以身报国、舍身伏虎精神的礼赞和肯定。出现在这首诗中的“嫦娥”，被一代伟人赋予了特殊的含义，让人们领悟到了开国领袖的情感世界和博大胸怀。

“天问一号”探测器以“天问”命名。资料显示，为了给中国行星探测任务取名，自2016年8月23日开始，中国行星探测任务名称和图形标识面向全球征集，先后收到35912个作品，后经3278962人网络投票，最终，2020年4月24日，中国行星探测任务被正式命名为“天问系列”，首次火星探测任务被命名为“天问一号”。

“天问”之名，出自我国战国时期楚国著名诗人屈原的名作《天问》。《天问》表达了古代先哲们对茫茫宇宙及人类发展历史未知内容的思考，体现了中国人勇于挑战未知及脚踏实地的孜孜不倦的求索精神。“天问”之名所以能从三万余个作品中脱颖而出，显然绝不只是因为一首诗作。这首诗作的作者屈原，其本身所自带的含义，恐怕更是人们认同“天问”成为火星探测任务名字的真正原因。屈原出生于约公元前340年，卒于公元前278年，他写的《离骚》，至今仍被人们诵读；“长太息以掩涕兮,哀民生之多艰”“路漫漫其修远兮，吾将上下而求索”等名句，今天的中国人几乎妇孺皆知。屈原还是举世公认的一位伟大的爱国诗人。他因为哀伤自己的政治见解不被楚国君王接纳，不愿意眼睁睁看着自己的祖国被秦国灭掉，所以投身汨罗江而死。中国人至今仍保留着的传统节日端午节，就是为了纪念屈原而设的。中国自古以来伟大的诗人有很多，但因为诗人而产生的民族节日，只有屈原一个。中国人的爱国传统是怎么形成的？2000年多前的屈原，给了我们答案。2000多年后，中华民族年年在端午节赛龙舟，吃粽子，通过这种仪式，延续我们的爱国血脉，凝固我们的爱国情怀，传承我们的爱国基因。

“嫦娥五号”“天问一号”的命名，让人们感受到了中华优秀传统文化的巨大魅力，2020年，中华优秀传统文化在抗击新冠肺炎疫情斗争中发挥的重要作用，则让国人对中华优秀传统文化的自信心，空前增强。

新冠肺炎疫情，“是百年来全球发生的最严重的传染病大流行，是新中国成立以来我国遭遇的传播速度最快、感染范围最广、防控难度最大的重大突发公共卫生事件”。“病毒突袭而至，疫情来势汹汹，人民生命安全和身体健康面临严重威胁。”面对突如其来的严重疫情，中国人民和中华民族以敢于斗争、敢于胜利的大无畏气概，铸就了20字伟大抗疫精神，即：“生命至上、举国同心、舍生忘死、尊重科学、命运与共。”这20字伟大抗疫精神，传承和发展了中华民族长期以来形成的爱国主义、集体主义和社会主义精神，延续了中华民族长期形成的特质禀赋和文化基因，为中国在这次抗击新冠肺炎疫情斗争中取得战略性成果，提供了强大的思想保障。人民至上，敬畏生命，尊重生命，热爱和平，这些中华传统文化中最优良的基因，到现在仍活跃在每一个中国人的体内，流淌在每一个中国人的血液中，体现在每一个中国人的行动中。这是一个国家、一个民族凝聚力、向心力的具体表现，也是中华民族最令人生畏的磅礴力量的源泉和所在。

这是一个有趣的时间轴，仔细考察，对后世影响深远的中国许多伟大的思想家，都诞生在这一个时间轴附近。

管子　约公元前723年—公元前645年
老子　公元前571年—约公元前471年
孔子　公元前551年—公元前479年
孙武　约公元前545年—约公元前470年
曾子　约公元前505年—公元前435年
左丘明　约公元前502年—约公元前422年
商鞅　约公元前395年—公元前338年
慎子　约公元前390年—公元前315年
子思　约公元前483年—公元前402年
墨子　约公元前468年—公元前376年
孟子　约公元前372年—公元前289年
庄子　约公元前369年—约公元前286年（一说公元前275年）
荀子　约公元前313年—公元前238年
吕不韦　出生年不详—公元前235年
韩非子　约公元前281年—公元前233年

这一有趣的时间轴，是德国思想家卡尔·雅斯贝尔斯发现的。卡尔·雅斯贝尔斯在他的《历史的起源与目标》一书中，首次提出了轴心时代的概念。他认为，在公元前800年到公元前200年间，存在一个轴心时代，这一时代产生了我们今天的宗教和思考的基本范畴。轴心时代的地理位置在北纬37度上下。在这个轴心时代，中国出现了老子、孔子这样的思想大家；印度出现了释迦牟尼这样的佛教创始人；在希腊，出现了荷马、柏拉图、修昔底德、阿基米德等思想大家；在巴勒斯坦地区，出现了以利亚、以赛亚、耶利米等《圣经》中记载的先知。以孔子、释迦牟尼为代表的东方文明，与希腊、巴勒斯坦地区等地出现的西方文明，几乎在彼此完全没有沟通和交流的情况下，同步发展，共同探索人类对自我、对自然、对未来的认知，而且得出的结论惊人的相似。

通过轴心时代理论，雅斯贝尔斯从根本上突破了长期以来统治西方史学界的西方中心论。按照西方一些历史学家的观点："世界历史即西方历史。"雅斯贝尔斯将中国、印度与西方，并列为历史的三个独立的根源，这是一种开创性的世界历史观。雅斯贝尔斯对轴心时代最重要的结论是：

> 人类依靠当时发生的、创造的、思考的事物生活至今。每一次人类的新飞跃都回顾轴心时代，从中获取新的火花。

英国著名宗教学家凯伦·阿姆斯特朗，在雅斯贝尔斯研究的基础上，撰写了《轴心时代：人类伟大宗教传统的开端》一书。这本书系统阐述了古代中国、印度、中东和希腊这四个高度文明的地区，是如何哺育出人类宗教和哲学传统的。她指出，轴心时代的金规则之一，就是“己所不欲，勿施于人”，而宗教的最重要信条之一，就是尊重一切生命的神圣权利。如若人们怀着善意行事，对其同伴宽大为怀，就能拯救整个世界。凯伦·阿姆斯特朗再次强调了轴心时代思想对人类社会生活的重要指导意义：

> 在人类有文字记载的历史中，轴心时代是在知识、心理、哲学和宗教变革方面最具创造性的时期之一。直至创造现代科学技术的西方大变革发生之前，没有任何历史阶段可预知相提并论……而事实上，我们从未超越轴心时代的洞见。当人们历经精神和社会危机之时，往往回溯那段历史以寻求引导。他们或许以种种不同的方式诠释了轴心时代的发现，却从未更胜一筹。(《轴心时代：人类伟大宗教传统的开端》)

中华优秀传统文化历史悠久，博大精深。公元前800年到公元前200年间及其前后，正是中国历史上最动荡的春秋战国时期。在这一时期，诸子百家，英姿勃发，唇枪舌剑，或争或鸣。他们把所思所想，刻于竹简，书于绢帛，为后人留下了取之不竭的思想宝藏和用之不尽的智慧财富。

竹简和绢帛，是这一时期记载先哲们深邃思想的主要媒介。商、周时期，龟甲、兽骨、青铜器是刊刻文字的重要媒介，史学家们把刻在青铜器上的文字称之为“金文”。“金文”时期，因文字刊刻材料的昂贵难得，文字往往只掌握在极少数人的手中，据史学家考证，直至殷商时期，掌握文字的不过贵族圈层的百余人。人类文明的进程进展极其缓慢。西周、春秋、战国、两汉时期，竹简和绢帛作为书写媒介被广泛应用，这让更多的人开始掌握文字，先进思想开始得到更广泛传播，中华文明的进程明显加快。

墨子在《天志中》这样写道：

又书其事于竹帛，镂之金石，琢之槃盂，传遗后世子孙。

墨子认为，凡是爱人、利人、顺天之意的人，都会得到上天的赏赐，比如历代圣王，尧舜禹等圣人明君。仅此还不够，后世的人们还会将他们的事迹写在竹帛之上，镌刻在青铜器、石头上，雕琢在盘盂等器皿上，留给后世子孙，供人们传颂。墨子生于约公元前468年，卒于公元前376年，从墨子的记载来看，竹帛在当时已成为主要的文字载体。

韩非子在《安危》一文中，也这样写道：

先王寄理于竹帛，其道顺，故后世服。

这段话的大意是说，历代圣君将治国安民的道理写在竹帛之上，传于后世，因为这些道理顺天理合民意，所以，后世的人们都愿意信服遵守。韩非子生于约公元前281年，卒于公元前233年。从韩非子的记载看，竹帛在当时作为典籍记载已非常流行。

《说文解字》中说：“著于竹帛谓之书。”“竹帛”是古代文献典籍的代称。公元前800年到公元前200年间及其前后，正是竹帛作书的高峰时期。当我们研读这些源自竹帛之上的经典著作时，常常会觉得时光倒流：这些伟大的先哲似乎仍活在我们身边，他们的思想与当下没有任何违和感，相反，让我们常常有大梦方觉、醍醐灌顶之感。

这正是中华优秀传统文化的魅力之所在。源远流长的中华传统文化，尤其是轴心时代——公元前800年到公元前200年间及其前后——先哲们书写在竹帛上的思想，不但为我们指明了历史前进的方向，更为我们认清自我，识疑辨惑，提供了取之不竭、用之不尽的智慧源泉。

前路多坎坷，探索无穷尽。让我们从竹帛中汲取智慧和力量，共同走好脚下的路……

目录

第一讲

天之道：顺天者存，逆天者亡

中华优秀传统文化是中国历史发展的产物。一方面，中国历史的进步和发展，为中华优秀传统文化注入了丰盈和充沛的内容；另一方面，韧劲十足的中华优秀传统文化，引导和推动着中国历史向更高层阶不断前行。波澜壮阔的中国历史发展大潮与源远流长的中华优秀传统文化交相辉映，互为因果，中华优秀传统文化的结晶——中国智慧应运而生。

天之道，反映了中国古代先哲对天人关系深刻的洞察和认知，体现着独特的中国智慧。

一、牧野之战：民之所欲，天必从之

公元前1046年1月9日凌晨时分，距今约三千多年，两支超大型部队在寒风凛冽中，对决于古老的中原大地——牧野。牧野，今天的河南省卫辉市所在地，是当时商朝都城朝歌的近郊。对阵的两支部队，一支为首的是周武王，他左手持黄色的青铜大斧，右手举指挥用的白色旗帜，气势逼人。他的麾下，聚集了兵车三百辆，勇士三千人，甲士四万五千人；另一支为首的是商纣王，这位商朝最后一位君王，面对大举来犯的周军心情复杂。他的身后是匆忙调集起来的七十万大军。力量如此悬殊，究竟鹿死谁手？抬头向天际望去，岁星（今之木星）高挂于上中天，肉眼可见，分外明亮。

两军对垒，士气对战争结果往往起到决定性作用。周武王对自己这支部队的士气充满信心。周武王的自信，被后来的史官记录在《尚书》之中，通过《尚书》中收录的《牧誓》《泰誓》等千古传颂的名篇，今人甚至可以感受到周武王在旷野中向战士们进行动员时的语气的坚决、神情的严厉以及燃烧在胸中的熊熊怒火、发散在鼓角战旗间的昂扬斗志。

《尚书》是我国最早的一本史书，它记载了自尧舜一直到西周的一些帝王、大臣等的言行、事迹，分典、谟、训、诰、誓、命等文献。其中“典”，记载的是史实、事迹；“谟”，记载的是治国谋略；“训”，记载的是臣进谏君主的言论；“诰”，记载的是各种鼓励劝勉的文告；“誓”，记载的是君王训诫士兵的誓词；“命”是君王的命令。据考证，《尚书》出自于商、西周时期的众多史官之手，曾经有一千多篇文章，后经孔子修订、编纂，精简为一百篇左右。孔子在春秋时首开私人教育先河，《尚书》就是他当时使用的重要教材。这本书在春秋战国时期非常流行。如《左传》等多处引用《尚书》文字，分别称其为《虞书》《夏书》《商书》《周书》，战国时，《尚书》又被称为《书》，进入汉朝，汉人将其又改称《尚书》，意即“上古帝王之书”。

《尚书》在流传过程中历经浩劫，其中最大的浩劫，是秦统一六国后，秦始皇颁布的《焚书令》。根据此令，凡是民间收藏的《诗》《书》及当时诸子百家的作品，全都要交由官府集中焚毁。《尚书》的抄本在这场浩劫中几乎荡然无存。秦亡汉兴，当时的朝廷号召民间献书，山东济南有个叫伏生的老先生，据说是秦国的博士，已九十多岁，愣是凭着自己的记忆，口述《尚书》二十八篇。由于他口述用的是战国的语言，记录用的是汉代的语言，所以被后人称为《今文尚书》，这本书被定为官书，立于太学庙中，受到当时朝廷的格外重视，再度成为庙堂指定的教科书。汉景帝三年（公元前154年），藩王鲁恭王刘余拆毁孔子旧宅来扩建其宫室，在孔宅一段墙壁夹层内发现了一批经书，其中包括《尚书》四十六卷五十八篇，《逸书》十六篇，《礼古经》五十六卷，《逸礼》三十九篇，《礼记》一百三十一篇，《明堂阴阳》三十三篇，《王史氏》二十一篇，《春秋左氏传》三十篇，《古孝经》一篇，《古论语》二十一篇。因为这些经书都是用战国时六国文字写成的，与汉代通行的隶书不同，故被称为“古文”。这就是历史上有名的孔壁古文经。这批经书是孔子第八代孙、秦末儒生孔鲋（fù）在听闻秦始皇即将颁布“焚书令”而藏起来的。孔鲋曾参加过秦末陈胜领导的农民起义，作为陈胜的博士、太师，留在陈胜身边，后在与秦将章邯的战斗中战死，卒年57岁，至死也没有将墙壁夹层中的藏书取出。今天的人们在参观位于山东省曲阜市的孔府故居时，仍能看到这段为纪念藏书而保留着的孑然独立的红色墙壁，这段墙壁被称作“鲁壁”。由于这批古书是用战国文字写成的，被称为“蝌蚪文字”，当时的人都不认识，于是，孔子十一世孙孔安国（公元前156年—前74年），就用当时的文字重新撰写、注解，这就有了后来的《古文尚书》，大名鼎鼎的史学家司马迁，就曾师从孔安国学习《古文尚书》。

西晋时期，战祸频仍，文化古籍再逢劫难，《尚书》今、古文全部散亡，连石经也遭破坏。后东晋豫章内史梅赜（zé）向朝廷献了一部《尚书》，计有经文五十八篇，其中包括西汉今文《尚书》二十八篇，古文《尚书》二十五篇。由此引发了后世学者长达两千多年的《尚书》真伪之争。2008年，清华大学入藏一批珍贵竹简（简称“清华简”），发现多篇《尚书》均是焚书以前的写本，同时证实现今传世两千多年的《古文尚书》确系“伪书”。但由于《古文尚书》汇集了从先秦《左传》到魏晋八百年间各类古书所称引的原本《尚书》的许多内容，因此，人们仍然接受了其中的内容，并将其作为研究春秋战国时期的重要思想史料来借鉴参考。今天我们看到的《尚书》，包括《今文尚书》和《古文尚书》两部分。《今文尚书》共二十八篇，《古文尚书》共二十五篇。《尚书》是中华文明的根系所在，也是中国智慧的源头之一。

《尚书·牧誓》出自《今文尚书》，其中记载了周武王向士兵们发布的战争动员令。在这篇战争檄文中，周武王讲了这样的话：

> 今商王受惟妇言是用，昏弃厥肆祀弗答，昏弃厥遗王父母弟不迪，乃惟四方之多罪逋逃，是崇是长，是信是使，是以为大夫卿士。俾暴虐于百姓，以奸宄于商邑。今予发惟恭行天之罚。

在这段话中，“商王受”即商纣王，是周武王本次作战的主要对象；“发”即周武王本人。这段话声讨了商纣王的累累罪行，其中最值得注意的是“暴虐于百姓”。同时，强调了自己发动的这场战争的正义性，即“恭行天之罚”。“恭行天之罚”又可理解为“替天行道”，“天”在这里，是一个主宰人世间的真实存在。

其实，此前一年，也就是公元前1047年，周武王为了完成父亲周文王的遗愿，推翻商纣王，在其父去世后的第二年，即将父亲的神木牌位用车子装着，兵发孟津，并在孟津进行了盛大的阅兵活动。八百个诸侯听闻讨伐商纣王，纷纷前来助阵，阅兵场面宏大壮观。作为战争动员，周武王在士兵们面前作了激荡魂魄的演讲。是为《泰誓》。《尚书·泰誓》出自《古文尚书》，分上、中、下三篇。在这三篇战争檄文中，周武王多次引用了“天”的概念：

> 惟天地万物父母，惟人万物之灵。亶（dǎn）聪明，作元后，元后作民父母。今商王受，弗敬上天，降灾下民。沈湎冒色，敢行暴虐，罪人以族，官人以世，惟宫室、台榭、陂池、侈服，以残害于尔万姓。焚炙忠良，刳剔孕妇。皇天震怒，命我文考，肃将天威，大勋未集。肆予小子发，以尔友邦冢君，观政于商。惟受罔有悛心，乃夷居，弗事上帝神祇，遗厥先宗庙弗祀。牺牲粢盛，既于凶盗。乃曰：

"吾有民有命！"罔惩其侮。天佑下民，作之君，作之师，惟其克相上帝，宠绥四方。有罪无罪，予曷敢有越厥志？同力，度德；同德，度义。受有臣亿万，惟亿万心；予有臣三千，惟一心。商罪贯盈，天命诛之。予弗顺天，厥罪惟钧。予小子夙夜祗惧，受命文考，类于上帝，宜于冢土，以尔有众，底天之罚。天矜于民，民之所欲，天必从之。尔尚弼予一人，永清四海，时哉弗可失！（《泰誓上》）

在这段话中，周武王认为，天生万物，是万物之父母，而人是万物的灵长，是天所庇护的对象。天为了庇护万民，因此，设了君王，设了师长，以此希望他们帮助天帝，施惠百姓，爱护和照顾四方。但商纣王恶贯满盈，因此，皇天震怒，下达了诛杀的命令。而周武王只有"予弗顺天，厥罪惟钧"，即如果我不顺应天命，就是与商纣王同罪。周武王强调"天矜（jīn）于民，民之所欲，天必从之"，矜，是怜悯，怜惜的意思，上天对百姓心存爱惜，因此，必定会顺从民意。从这个角度，周武王再次强调了这场战争的正义性。在这段千古传诵的名篇中，周武王特别讲道："受有臣亿万，惟亿万心；予有臣三千，惟一心。"意思是商纣王虽然人多，但亿万人亿万条心，各怀心思，形不成战斗力；而己方虽然人少，但万众一心，众志成城。人心齐，泰山移，团结必胜，这一定律，成为后来成就事业的重要法宝之一。

今商王受，力行无度，播弃犁老，昵比罪人。淫酗肆虐，臣下化之，朋家作仇，胁权相灭。无辜吁天，秽德彰闻。惟天惠民，惟辟奉天。有夏桀弗克若天，流毒下国。天乃佑命成汤，降黜夏命。惟受罪浮于桀。剥丧元良，贼虐谏辅。谓己有天命，谓敬不足行，谓祭无益，谓暴无伤。厥监惟不远，在彼夏王。天其以予乂民，朕梦协朕卜，袭于休祥，戎商必克。受有亿兆夷人，离心离德。予有乱臣十人，同心同德。虽有周亲，不如仁人。天视自我民视，天听自我民听。百姓有过，在予一人，今朕必往。我武维扬，侵于之疆，取彼凶残。我伐用张，于汤有光。勖哉夫子！罔或无畏，宁执非敌。百姓懔懔，若崩厥角。呜呼！乃一德一心，立定厥功，惟克永世。（《泰誓中》）

这段话再次斥责了商纣王的暴虐行径。并指出他的罪行堪比夏王朝的最后一个国君夏桀，夏桀因为“弗克若天，流毒下国”，不顺从上天的命令，传播毒害于天下，因此，上天就命令商纣王的先祖成汤，废除夏桀管理天下的使命。现在，商纣王的罪行比夏桀尤甚，“惟受罪浮于桀中”，令人可恨的是，商纣王的暴行，竟然也是打着“天命”的幌子，“谓已有天命，谓敬不足行，谓祭无益，谓暴无伤”。但这哪里是天命。“惟天惠民，惟辟奉天”，上天是爱惜老百姓的，而“辟”，即君王，又是尊奉上天的。真正的“天命”是惠民。商纣王暴虐成性，一定会和夏桀一个下场。“天视自我民视，天听自我民听”：老百姓看到的，正是天所看到的；老百姓所听闻的，正是天所听闻的。“百姓懔懔，若崩厥角”：老百姓畏惧商纣王，求周武王救助，叩头声如同山崩一样响，因此，“我武维扬，侵于之疆，取彼凶残”。周武王在此再一次声明了自己是在顺应上天对老百姓的垂怜之心，是在替上天完成爱护老百姓的使命。也正因为如此，“受有亿兆夷人，离心离德。予有乱臣十人，同心同德”，从团结必胜的角度，周武王鼓舞士兵要信心百倍，去战胜强敌。

> 天有显道，厥类惟彰。今商王受，狎侮五常，荒怠弗敬。自绝于天，结怨于民。斫朝涉之胫，剖贤人之心，作威杀戮，毒痛四海。崇信奸回，放黜师保，屏弃典刑，囚奴正士，郊社不修，宗庙不享，作奇技淫巧以悦妇人。上帝弗顺，祝降时丧。尔其孜孜，奉予一人，恭行天罚。古人有言曰：“抚我则后，虐我则仇。”独夫受洪惟作威，乃汝世仇。树德务滋，除恶务本，肆予小子诞以尔众士，殄歼乃仇。尔众士其尚迪果毅，以登乃辟。功多有厚赏，不迪有显戮。呜呼！惟我文考若日月之照临，光于四方，显于西土。惟我有周诞受多方。予克受，非予武，惟朕文考无罪；受克予，非朕文考有罪，惟予小子无良。(《泰誓下》)

这是周武王为动员战争发布的又一篇檄文。在这段话中，周武王首次明确提出了天之道。“天有显道，厥类惟彰”，他指出，上天有自己明确的爱民治天下的法则，这类法则应当而且必须彰显应行于天下。天道的根本，是惠民爱民，商纣王违背上天之道，“结怨于民”，实则也就是“自绝于天”，因此，已成“独夫”，“独夫受洪惟作威，乃汝世仇”，商纣王不再爱惜他的臣民，也就成了天下人的仇敌，不再具备承受天命、贵为天子的资格，人人得而诛之。周武王发起的战争，是在“恭行天罚”“树德务滋，除恶务本”“殄歼乃仇”，就是在替天下的老百姓伸张正义，除暴安良，这样的战争，正义一方必胜。

从《泰誓》到《牧誓》，数篇战争动员令，无一例外，都以激烈的言辞，强烈谴责了商纣王违背天命，致使皇天震怒的罪行。这些罪行归纳之，有这么几类，首当其冲是横征暴敛，置民于水火之中，自己则穷奢极欲，极端荒淫腐化。《史记·殷本纪》载：

> 帝纣……好酒淫乐，嬖于妇人。爱妲己，妲己之言是从。于是使师涓作新淫声，北里之舞，靡靡之乐。厚赋税以实鹿台之钱，而盈钜桥之粟。益收狗马奇物，充仞宫室。益广沙丘苑台，多取野兽蜚鸟置其中。慢于鬼神。大聚乐戏于沙丘，以酒为池，悬肉为林，使男女裸相逐其间，为长夜之饮。

其次是残酷凶狠，暴虐无常。商纣王当时有三位公侯，一位是西伯侯，姓姬名昌，史称西伯昌，也就是周武王的父亲周文王，其他两位是九侯、鄂侯。九侯的女儿漂亮贤惠，九侯把她献给了商纣王。商纣王想与九侯的女儿行淫乱之事，被拒绝，于是就杀了她。商纣王为此迁怒于九侯，不但杀了他，还将他剁成肉酱，以挽回自己的颜面。鄂侯为之辩解，冲撞了商纣王，商纣王就把鄂侯也处决，把他的肉做成肉干。西伯侯周文王听闻此事，私下里叹了口气，被同朝为臣的奸佞小人崇侯虎打听到了，就向商纣王告密。商纣王就把周文王抓起来，囚禁于羑（yǒu）里，司马迁在《报任安书》中云：“盖文王拘而演《周易》。”民间也有传说，周文王在被拘其间，将伏羲所画八卦，演绎成六十四卦和三百八十四爻，做了卦辞、爻辞，成就了影响后世数千年的中华文明支柱之一——《周易》。文王在被囚期间，也受尽商纣王折磨。据传说，为了辨别周文王是否是真的民间所说的圣人，商纣王就把他的长子伯邑考烹杀，做成肉羹赐给周文王，周文王夜观天象，知有此劫，将肉羹含悲吞下。商纣王知晓后说：“谁说西伯侯是圣人？吃了自己儿子做成的肉羹尚且不自知。”由此放松警惕，并随后放了周文王。司马迁在《史记·殷本纪》中还记载了商纣王发明的“炮烙之刑”。该刑是命犯人走在涂满油的铜柱上，柱下架大火猛烧，人犯滑倒后跌落火坑，嚎叫痛哭，皮焦肉烂，惨不忍睹，商纣王则以此为乐。周武王在《泰誓》中痛斥商纣王“焚炙忠良，刳剔孕妇”“斫朝涉之胫，剖贤人之心”，均是言其残暴酷虐之状。

第三是痴迷奸佞，驱逐贤良。司马迁在《史记·殷本纪》中记载商纣王“用费中为政。费中善谀，好利，殷人弗亲。纣又用恶来。恶来善毁谗，诸侯以此益疏”。费中喜欢阿谀奉承，贪图钱财；恶来善于进献谗言，构陷忠良，此二人把持朝政，朝堂之混乱污浊，可想而知。“商容贤者，百姓爱之，纣废之。”商容在百姓中威望很高，百姓很爱戴他，但商纣王弃之不用。周武王在《牧誓》《泰誓》中指斥商纣王“乃惟四方之多罪逋逃，是崇是长，是信是使，是以为大夫卿士”“崇信奸回，放黜师保”，说的就是商纣王大肆任用邪恶之人，而把贤良忠臣放逐罢黜。

周武王在孟津会盟八百诸侯，作《泰誓》后，并没有立即下令进军商朝都城朝歌。参加会盟的诸侯们都劝谏说：“可以讨伐商纣王了。”但司马迁在《史记·殷本纪》中记载周武王的反应是：“武王曰，‘尔未知天命’，乃复归。”武王以劝谏者“未知天命”为由放弃了进攻，说明“天命”在他心目中的分量。

周武王的顾忌，在于商纣王也称自己拥有“天命”。据《尚书·西伯戡黎》载：

> 西伯既戡黎，祖伊恐，奔告于王。
>
> 曰：“天子！天既讫我殷命。格人元龟，罔敢知吉。非先王不相我后人，惟王淫戏用自绝。故天弃我，不有康食。不虞天性，不迪率典。今我民罔弗欲丧，曰：‘天曷不降威？’大命不挚，今王其如台？”
>
> 王曰：“呜呼！我生不有命在天？”

这段话是说，周武王的父亲周文王战胜了殷商的属国黎国后，商纣王的大臣祖伊感到不祥，很恐慌，大跑着去告诉商纣王，说上天就要抛弃殷朝了，那些深知天命的大师用大龟占卜，没有显示出任何吉祥预兆。这不是先祖的在天之灵不帮助我们这些后人，这是因为王您沉湎于淫戏之中自绝于先人呀。所以上天抛弃了我们，不给我们饱饭吃。不考虑上天的旨意，不遵守先祖的典制。老百姓没有不盼着我们早些灭亡的，他们说，上天为什么还不发威呀？天命无常，现在大王怎么办呀？商纣王不为所动，说：我是从上天那里接受大命的，百姓能奈我何？商纣王为何如此自信？周武王对此当然是非常忌惮的。天命是不是仍然掌握在商纣王的手里？这是一个必须苦思冥想的问题。

但天命离开商纣王的迹象正在越来越明显。箕（jī）子是商纣王的叔父，因其封地在箕，故称箕子；微子是商纣王的同母长兄，比干既是商纣王的叔父，还是他的丞相，此三人史称“殷末三贤”，但接下来的遭遇都很悲惨。先是比干。《史记·殷本纪》载比干强谏商纣王，“纣怒曰：‘吾闻圣人心有七窍。’剖比干，观其心。”箕子苦劝商纣王不听，眼见祖先成汤所创六百年江山即将断送，心痛如割，于是剃发装疯，披发佯狂，商纣王见状大怒，将他囚禁起来，贬为奴隶。微子数谏商纣王不听，干脆逃离了商都。孔子《论语·微子》中曰：“微子去之，箕子为之奴，比干谏而死，殷有三仁焉。”商纣王的太师、少师等身边重臣，见状纷纷手持祭器乐器都投奔了周国。“受有臣亿万，惟亿万心；予有臣三千，惟一心。”“受有亿兆夷人，离心离德。予有乱臣十人，同心同德。”商纣王的众叛亲离，促使周武王终于下定了决心。

中国历史上规模空前的改朝换代决战，在公元前1046年1月9日凌晨5时左右的牧野打响。司马迁在《史记·殷本纪》中，只用了淡淡的六个字来描述：“甲子日，纣兵败。”微言大义，将他对商纣王多行不义必自毙的不屑，尽流露于笔端。商纣王战败后，逃到他苦心经营的鹿台之上，裹上宝石玉衣，投火而死。周武王进城后，砍下商纣王的头，将其悬挂在白旗之上示众。

在商纣王人头落地的三千余年后，1976年3月上旬，陕西省临潼区零口公社西段大队的农民们，在搞水利建设时，无意中从地下掘出了一个铜器坑和一批铜器。轰动全世界的著名青铜礼器——利簋（guǐ），正在其中。这座方座青铜名器利簋通高28厘米，口径22厘米，重7.95千克，器身、方座饰饕餮（tāo tiè）纹，方座平面四角饰蝉纹。器内底部铸铭文4行33字，记载了甲子日清晨武王伐纣这一重大历史事件。在陕西临潼出土的利簋，铭文是“武王征商，唯甲子期，岁鼎，克昏夙有商，辛未，王在管师，赐右史利金，用作檀公宝尊彝”。其大意是：“周武王征伐商纣王。一夜之间就将商灭亡，在岁星当空的甲子日早晨，占领了朝歌。在第八天后的辛未日，武王在阑师论功行赏，赐给右史利许多铜、锡等金属，右史利用其为祖先檀公做此祭器，以纪念先祖檀公。”（该释文为张政烺先生所做）铭文中所提到的有司，是周王朝时的一个官职名称，制簋的主人名叫利。利追随周武王打败商纣王，因此，被周武王赏赐了当时的贵重礼物——青铜，利就用它铸造了一件铜簋，以作为永世的纪念。由于这件青铜簋是利所铸造，后世的人们就称它为利簋。

利簋里的铭文完整记载了武王伐商的“牧野大战”事件，因此，又被称为“武王征商簋”。专家们根据此铭文记录的天象，推算出武王伐纣的时间在公元前1046年1月20日凌晨。这是三千多年前一个著名战役年代的准确记载，为商周两代的划分，提供了重要的年代依据，同时，它也证实《尚书·牧誓》等文献记载的某些具体史实，所言不虚。

见证着中华民族发展重要历程的利簋，至今仍完好保存在中国国家博物馆内。2002年1月18日，利簋被确定为首批禁止出国（境）展览的文物。考古、文博方面的专家们，将其评为中国文物中的九大“镇国之宝”之一。

二、汤武革命，顺乎天而应乎人

周武王在《泰誓》中指出：“有夏桀弗克若天，流毒下国。天乃佑命成汤，降黜夏命。”“厥监惟不远，在彼夏王。”意思是夏王朝的最后一位君王夏桀，不敬天命，流毒天下，因此，上天废黜夏桀，护佑成汤上位。那么，天命，在汤革夏命的进程中，到底发挥了怎样的作用?

成汤即商汤，史载“汤有七名”。见于记载的有：汤、成汤、武汤、商汤、天乙、天乙汤等。商汤推翻夏王朝的决战地，位于鸣条（今山西省运城市盐湖区附近），时间大约在公元前1600年。在决战开始前，商汤也进行了一次战前动员，发布了战前动员令。这篇战前动员讲话，收录在《尚书·汤誓》中：

王曰："格尔众庶，悉听朕言。非台小子敢行称乱！有夏多罪，天命殛（jí）之。今尔有众，汝曰：'我后不恤我众，舍我穑事，而割正夏？'予惟闻汝众言，夏氏有罪，予畏上帝，不敢不正。今汝其曰：'夏罪其如台？'夏王率遏众力，率割夏邑。有众率怠弗协，曰：'时日曷丧？予及汝皆亡。'夏德若兹，今朕必往。"

尔尚辅予一人，致天之罚，予其大赉汝！尔无不信，朕不食言。尔不从誓言，予则孥戮汝，罔有攸赦。

在这篇战争动员令中，商汤提到了天命："有夏多罪，天命殛之。"即指夏王桀恶贯满盈，上天命令击灭它。而自己敬畏上天，唯上天之命是从，不敢不发起此次战争："予畏上帝，不敢不正。"讨伐夏王桀，是天的决定，是天要惩罚他，因此，听从命令者有赏，不服从指挥的受惩。

夏桀是夏王朝最后一位君王。商汤在战争动员令中指责他"多罪""有罪"。那么，夏桀的罪有哪些呢？司马迁在《史记》中，用两句话来描写夏桀的罪过："桀不务德而武伤百姓，百姓弗堪。""当是时，夏桀为虐政淫荒，而诸侯昆吾氏为乱。"从这两句话中可以看出，夏桀暴虐残酷，百姓难以忍受；荒淫无耻，诸侯多有反叛。西汉大文学家刘向在《列女传》中对夏桀的荒淫无耻、奢靡腐化有详尽记载："桀既弃礼义，淫于妇人，求美女，积之于后宫，收倡优、侏儒、狎徒能为奇伟戏者，聚之于旁。造烂漫之乐，日夜与末喜及宫女饮酒，无有休时。置末喜于膝上，听用其言。昏乱失道，骄奢自恣。为酒池可以运舟，醉而溺死者，末喜笑之以为乐。"末喜又名妺喜，是夏桀的王后，《帝王世纪》中记载："妺喜好闻裂缯（zēng）之声而笑，桀为发缯裂之，以顺适其意。"缯为丝绸之物，在农业社会初期属稀罕珍贵之物，只因妺喜喜欢听缯帛撕裂的声音，夏桀为搏美人一笑，就让人搬来缯帛撕着玩，其无德之状可想而知。史料记载，当越王勾践派范蠡把西施献给吴王夫差时，伍子胥进言说："臣闻：夏亡以妺喜，殷亡以妲己，周亡以褒姒。夫美女者，亡国之物也，王不可受。”妹喜虽有其人，但将亡夏之过推到一个女人身上，显然有失公允。以此指斥夏桀荒淫无德，这恐怕才是后人演绎妹喜故事的真实原因。

在商汤看来，夏桀最大的罪过，是不体恤百姓，残酷剥削百姓，役使百姓，从而激起民愤。商汤在动员令中，引用夏人的话说：“我后不恤我众，舍我穑事，而割正夏？”即我们的君王不体恤百姓，连最重要的农事也放弃了，这怎么还能引领夏国呀？百姓们因此呼号：“时日曷丧？予及汝皆亡。”意即你这个太阳何时坠亡呀，让我和你一起去死吧。商汤引用此语，与夏桀自比太阳有关。史料载，夏桀曾这样讲：“天之有日，犹吾之有民。日有亡哉？日亡吾知亦亡矣。”意思是，天上有太阳，就如同我拥有万民一样。太阳会消亡吗？太阳消亡我才会消亡。夏桀自比太阳，和后来的商纣王自以为天命在身，意思是一样的。

据《吕氏春秋·慎大》载，为了了解夏的真实情况，战前，商汤曾派自己的重臣伊尹赴夏刺探情报。担心夏人不相信伊尹，商汤特意箭射伊尹，对外展示其欲置伊尹于死地、伊尹被迫逃往夏的假象。伊尹在夏观察了三年，最后返回商，报告说：“桀迷惑于末嬉，好彼琬琰，不恤其众。众志不堪，上下相疾，民心积怨，皆曰：‘上天弗恤，夏命其卒。’”大意即夏桀痴迷末喜（即妹喜）等美人，不体恤百姓，百姓已不堪忍受其暴虐，怨声载道，上下离心离德，都说上天不会保佑夏了，夏的命运就要结束了。这一情报促使商汤下定了决战的决心，商汤在《汤誓》中对夏桀罪行的指斥，与末夏真实情况基本符合。

汤誓之后，商汤精选七十乘战车，组织了六千名勇士，联合各方国军队，突袭夏都。夏桀仓促应战，临时组建参战的人员数量不详。双方开战后，夏桀首先当了逃兵，夏方士兵溃散。《史记·殷本纪》载：“桀奔于鸣条，夏师败绩。”商汤乘胜追击，俘获夏桀，将其放逐于南巢，数年后病死在流放地。夏亡商立，我国第一个王朝夏从夏禹起到桀灭亡，历十四世十七王，从公元前2070年到公元前1600年，历470年，最终被一个新的王朝用暴力手段革命取代。

自古以来，杀君是人神共愤之事。杀君者自己也生怕后人评说。春秋时，齐国齐庄公看到大臣崔杼的妻子棠姜貌美，就与其私通，还把崔杼的帽子赏赐给他人，羞辱崔杼。一日，崔杼称病不理公事，齐庄公淫心大起，竟入崔杼内宅，欲与棠姜苟合，岂料这是崔杼早已设好的局。结果，齐庄公好事未成，反被崔杼早就埋伏好的甲士乱箭射死。齐庄公死后，崔杼和史官发生了一段生与死的较量。《左传·襄公二十五年》这样记载：

> 大史书曰，崔杼弑其君。崔子杀之。其弟嗣书。而死者二人。其弟又书，乃舍之。南史氏闻大史尽死，执简以往，闻既书矣，乃还。

崔子即崔杼。崔杼敢杀君王，说明其在齐国的势力之大；他同时连杀两名史官，说明他非常忌惮杀君之事被后人知晓，遗臭万年。在这样的语境下，为何商汤、周武王可以光明正大地用暴力手段推翻他们的君王而不被后世谴责？这个问题，其实后来的君主也是有疑惑的。在《孟子·梁惠王下》中，围绕这个问题，梁惠王与孟子有这样一段对话：

> 齐宣王问曰："汤放桀，武王伐纣，有诸？"
>
> 孟子对曰："于传有之。"
>
> 曰："臣弑其君，可乎？"
>
> 曰："贼仁者谓之贼，贼义者谓之残，残贼之人谓之一夫。闻诛一夫纣矣，未闻弑君也。"

梁惠王问孟子商汤杀桀、武王伐纣是否果有此事，孟子很谦虚地回答说传说中有此事。梁惠王于是追问，臣杀君，这样的事可以吗？孟子的回答非常智慧，他说，不行仁道的人，称之为贼；不行义道的人，称之为残，残贼之人，可称之为独夫。我只听说杀了一个独夫纣，没有听说过杀君的事。这个态度，实际上极大地肯定了汤、武暴力推翻前朝政权的行动。

商汤王挟天命击溃夏桀王，周武王同样以天命之说击溃商纣王，天命在古人心目中的地位可谓神圣。后人将汤武的行动称之为"汤武革命"，予以极大褒扬和肯定。《周易·革卦·彖传》是最早肯定汤武革命的典籍，它这样解读：

> 革，水火相息，二女同居，其志不相得，曰革……天地革，而

四时成。汤武革命，顺乎天而应乎人。革之时大矣哉。

这几句话的大意是说，什么是革？水与火本性不同，两女同居同性相排斥，两方力量趣味有别，志向各异，无法苟同，此时，革命行动就会产生，这就叫“革”。天地因为顺应变革的势理而成就有序的四季。汤武革命，顺天意，应民心，故“利贞”。革命发生的意义可谓大矣。这段高度认可汤武革命的总结，将天命的认识推到了一个新的高度。天命神圣，同时天命无常。天命神圣，是因为上天将管理天下的“天命”赋予了君王；但当君王违背管理职责、忤逆天之道、失去天下下的信任时候，这就违背了天命、天意，违背了天之道，自身所拥有的天命就会被革掉，改朝换代的革命事件就会发生，天命自然就会适时转移。

宣和五年，公元1123年，在青州临淄县齐国故城一块耕地里，有一批古器物被发现，轰动朝野，其中有一个叔夷钟尤为珍奇，钟内铭文五百余字，数目之多，实属罕见。此套器物被保存在了皇宫之中，宋徽宗亲自参与了其铭文的研究与临摹，并命大臣临摹描绘。后金兵南下，叔夷钟下落不明，今仅存摹本。在铭文中，叔夷叙及先祖商汤在伊尹的辅佐下，受天命而翦灭夏人，因而统治九州：“虩（虩）虩（虩）成唐（汤）。又（有）敢（严）才（在）帝所。尃受天命。朠伐楒（夏）后。腏氒䡴（灵）㭾（师）。”叔夷是春秋末期宋灵公时代人，此钟应该在公元前581年到公元前554年间铸成。这段铭文提及“天命”，从又一个侧面真实地证明了“天命”在商人思想的神圣地位。

三、由太康失国引发的德政思考

关于天命的思考，其实，早在商王朝之前的夏王朝，就已经开始。《竹书纪年》与《史记·夏本纪》等历史文献记载，夏王朝是中国第一个以国家形式出现的王朝，标志着中国社会由原始氏族部落时代过渡到奴隶制社会时代。夏王朝的出现，应在公元前2070年左右，距今约四千余年，灭亡于公元前1600年左右，历十七王，约存世470年。夏王朝史书上记载较多，但文物考古发现资料较少。直到今天，学者们对夏王朝是否存在还一直有争议，主要就是因为缺少夏王朝存在的文物证据，尤其是文字方面的实物证据。

虽然关于夏王朝的实物证据尚未发现，但文献中关于夏王朝的内容还是零星存世，从中可管窥夏人的思想观念。当然，由于这些文献资料是后世人所撰写，也不避免地融入了撰写者的思想和体悟。较早记录夏王朝史料的，是《尚书》。《今文尚书·甘誓》一文中，记录一则夏王启征伐有虞氏之前所发布的誓言：

> 大战于甘，乃召六卿。
>
> 王曰："嗟！六事之人，予誓告汝：有扈氏威侮五行，怠弃三正。天用剿绝其命，今予惟共行天之罚。左不攻于左，汝不共命；右不攻于右，汝不共命；御非其马之正，汝不共命。用命，赏于祖；不用命，戮于社，予则孥戮汝。"

此处"王"，指的是夏王启。六卿，指的是六军，即部队。有扈氏是夏王朝初建时期的一个很有实力的部落首领。司马迁在《史记·夏本纪》中，原文转载了此段文字，并交代了此次讨伐战争的背景：即大禹王将其天子之位传给儿子启，未像舜帝那样用禅让的方式传位，因此，"有扈氏不服。启伐之，大战于甘"。

值得注意的是，在这篇战争动员令中，夏王启提到了"天命"。夏王启认为有扈氏的罪行有两方面，一个是"威侮五行"，五行，金木水火土，也可解释为自然规律，有扈氏违背了自然规律，逆时而动，故此有罪；另一个是"怠弃三正"，三正，通常解释为天、道、人，有扈氏怠慢、放弃了天地人之正道，也是有罪的。正是因为这两项罪名，上天命夏王启消灭有扈氏，"绝其命"。而夏王启只能"恭行天之罚"，即恭恭敬敬的遵奉上天之命令，发动战争，处罚有扈氏。在这里，"天"，是一个地位及权力超越人间君王的超自然存在，是人间君王合法性权力的来源。天子可以依"天命"行事，用暴力手段惩处不服从王命的反叛者。

在这段战争动员令中，夏王启还提到了古时用战车作战时的分工。一辆战车，分左、中、右三部，左边的人，负责用箭射击；右边的人，负责用矛刺杀；中间的人负责驾驭战车。夏王启要求左、中、右三人各负其责，各尽其职，具体行使自己责任的作战本领，不负责就是“不共命”，即不服从命令。对于服从命令、用自己的作战本领英勇杀敌的人，夏王启会在祖先的神位前予以表彰；对于不服从命令、不能用自己的军事本领杀敌的人，则会在社神及土地神的神位前予以惩处。孥戮，是夏商时的一种酷刑，有解释为诛及子孙、妻子儿女的，也有解释为以之为奴隶，永不赦免。总之，都是严酷的惩处。夏时的战争，部队出征，会带着先祖和土地神的神位随军行动，这是夏商周时代普遍存在的祖先和神灵崇拜的具体体现。

夏王启去世之后，他的儿子太康即位。据《古文尚书·五子之歌》记载：

> 太康尸位，以逸豫灭厥德，黎民咸贰，乃盘游无度，畋于有洛之表，十旬弗反。有穷后羿因民弗忍，距于河。厥弟五人御其母以从，徯于洛之汭。五子咸怨，述大禹之戒以作歌。

按此记载，太康身居王位，但荒于政事，贪图享受，尸位素餐，放弃了君王的德行，黎民百姓都背叛了他。太康沉迷游乐畋猎，不加节制，在洛河之南打猎游玩时，十个月都不返朝。有穷国的国王羿，因为民众不堪忍受太康的无道，于是派兵将太康阻隔于洛河之南，不允许其返国。此处“后”，为君王之意。太康的五个弟弟侍奉着母亲来到洛河边，在洛水的弯曲处等着太康，五个人都心怀愁怨，述说着先祖大禹的训诫，各作一歌，以劝谏太康。

这段记载，《史记·夏本纪》中也有记载，只不过文字稍短：“帝太康失邦，昆弟五人，须于洛汭，作《五子之歌》。”这段记载中的史实，与《尚书》所记基本相近，说明“太康失邦”应该有一定的可信性，是一段真实的史实。

太康失国，发生在夏王朝建立不久，时间据推测应在公元前1976年前后。在当时来说，这是一个令人非常痛心的重大事件，作为太康的族弟们，其内心的伤感及无奈可想而知，他们的劝谏说辞情真意切，发人深省。在五位弟弟的反思说辞中，出现了“民”“德”等概念，说明当时的有识之士已开始注意到人民的重要性和君王自身德行修养的作用。《五子之歌》的主要内容包括：

其一曰：“皇祖有训，民可近，不可下。民惟邦本，本固邦宁。予视天下愚夫愚妇，一能胜予。一人三失，怨岂在明？不见是图。予临兆民，懔乎若朽索之驭六马。为人上者，奈何不敬？”

其二曰：“训有之，内作色荒，外作禽荒。甘酒嗜音，峻宇雕墙。有一于此，未或不亡。”

其三曰：“惟彼陶唐，有此冀方。今失厥道，乱其纪纲，乃厎灭亡。”

其四曰：“明明我祖，万邦之君。有典有则，贻厥子孙。关石和钧，王府则有。荒坠厥绪，覆宗绝祀！”

其五曰：“呜呼！曷归？予怀之悲。万姓仇予，予将畴依？郁陶乎予心，颜厚有忸怩。弗慎厥德，虽悔可追！”

第一首劝谏歌辞中，广为后人熟知的，是其中的“民可近，不可下。民惟邦本，本固邦宁”。太康的弟弟们认为，先祖有训，老百姓只可亲近，不可轻贱。老百姓是邦国的根本，根本牢固，邦国自会安宁。在先祖的眼中，即使天下的愚夫、愚妇，任何个人的一人之力，也会胜过自己。君王一连犯了三次错误，老百姓的怨恨情绪已经再明显不过了。消除百姓的怨恨情绪，应该在其没有显现出来时就得作出图谋。先祖治理广大百姓，常怀惊惧之心，如同用一根快要断掉的绳索来驾驭六匹骏马。作为百姓的君王，怎能不对治理百姓的责任和职位常怀恭敬之心呢？在四千年前，中华民族的有识之士，就已经意识到了人民在国家治理中的重要作用，意识到了消除人民的怨恨情绪，是维护社会秩序稳定的关键手段，并且敢于承认天下百姓任何一人之力都可胜过自己，从而对治理国家的责任心怀戒惧，断不可任性妄为，这是非常超前的认知。由此所产生的治国理政的智慧，一直启发着后来的人君人臣，为中华民族的朝代更迭、兴亡进衰，提供了重要的镜鉴。

第二首歌劝谏为人君王要重视自身的德行修养。沉迷女色，热衷畋猎，饮酒贪杯，喜欢大兴土木，修筑高大殿宇又雕饰宫墙。以上诸多行为，都是贪图安逸享受，太康的弟弟们认为，这些都是身为国君应予戒绝的，否则，痴迷任何一项，都会使国家灭亡。

第三首歌劝谏为人君王要重视先王留下的传统。陶唐，指的是帝尧。尧以冀州为中心治理天下，留下了丰富的治国经验，建立了严明的治国纲纪。太康的弟弟们认为，这些尧时留下来的治国传统，只可遵守，不可荒废，否则，只会招致灭亡。

第四首歌劝谏为人君王要遵守法度规则。夏王朝的先帝大禹，为后世子孙留下了典章、法则。关石，即赋税，公平合理，君王只要照着去做，就可确保国库充盈。太康的弟弟们认为，现在废弃破坏这些法度，无异于自己断绝祭祀，危及王国的生存。

第五首歌劝谏君王要回归先祖的德行。太康的弟弟们哀叹因为君王的过失，失去了百姓的信任，夏王室的归宿也被人截断。“百姓仇予，予将畴依”，指的是如果百姓都仇恨王室，那王室又能依靠谁呢？再次响应了前文所提到的百姓是社稷根基的思想。太康弟弟们感叹：“弗慎厥德，虽悔可追！”即如果失去了先祖大禹的德行，即使懊悔，又悔之何及，哪里还有什么补救之策？

《五子之歌》是夏王朝的统治阶层在失去政权后，由其内部有识之士进行的一次难能可贵的深刻反省。这五段劝谏文字从国家治理的不同角度，提出了自己的反思。《五子之歌》没有太多强调天命的概念，而是提出了与天命观对应的“民”的概念，这是一个很大的进步。“民可亲、不可下”“民为邦本，本固邦宁”等民本思想的提出，为后世处理君王与民众的关系，君王如何提高自身的德行修为等，提供了有益的启迪。这是后世人们能看到的较早探索治国理政规律的文献资料，在中华文明的发展史上，弥足珍贵。

发生在太康身上的悲剧，很快就在后羿身上发生，因为“失人”，后羿不但丧失了政权，还赔上了自己的性命。《左传·襄公四年》，收录了一段晋悼公与上卿魏绛的对话。魏绛是中国历史上较早提出对少数民族采取“和戎”政策的人。晋悼公认为“戎狄无亲而贪，不如伐之”，即戎狄等少数民族，不讲亲情，贪得无厌，对待戎狄，可采取攻伐之策。魏绛力劝晋悼公以德服人。公元前569年前，两人在一次交谈中，提到了后羿：

公曰："后羿何如？"对曰："昔有夏之方衰也，后羿自鉏迁于穷石，因夏民以代夏政。恃其射也，不修民事而淫于原兽。弃武罗、伯因、熊髡、尨圉而用寒浞。寒浞，伯明氏之谗子弟也。伯明后寒弃之，夷羿收之，信而使之，以为己相。浞行媚于内而施赂于外，愚弄其民而虞羿于田，树之诈慝以取其国家，外内咸服。羿犹不悛，将归自田，家众杀而亨之，以食其子。其子不忍食诸，死于穷门。靡奔有鬲氏。浞因羿室，生浇及豷，恃其谗慝诈伪而不德于民。使浇用师，灭斟灌及斟寻氏。处浇于过，处豷于戈。靡自有鬲氏，收二国之烬，以灭浞而立少康。少康灭浇于过，后杼灭豷于戈。有穷由是遂亡，失人故也。"

晋悼公向魏绛了解后羿的情况，说明在春秋时代，太康失国事件的影响仍非常显著，但包括晋悼公在内，并不是所有人都了解太康失国事件发生后，后羿的命运下场。魏绛是春秋时期一位著名的思想家，军事家，政治家，他从容地向晋悼公介绍了后羿之事。据魏绛介绍，后羿依靠夏朝的百姓支持，在太康失国后，一度取得了夏王之位，成为夏国君主。但后羿显然不具备作为君王的才能，他对治理国家、造福百姓的国事并不感兴趣，相反，对于能发挥自己射箭特长的畋猎活动非常痴迷。他手下一名叫寒浞（zhuó）的大臣很能领会后羿的心思，于是千方百计诱使后羿天天在外面打猎为乐，远离武罗、伯因、熊髡（kūn）、尨圉（méng yǔ）等贤臣，朝政落到寒浞手里。寒浞不但霸占了后羿的后宫，还引导人民与后羿离心离德。等后羿想要从打猎的地方回来时，后羿的手下杀死了他，还把他烹熟，肉送给他的儿子吃。后羿的儿子不忍心食父之肉，于是就被杀死在有穷国的城门口。有穷国，也是后羿曾经拥有的方国，就此灭亡。寒浞取代后羿上位后，多行不义之事，后来被太康弟弟的儿子即中康之子少康，也即太康的侄子，联合各方力量驱逐消灭，重新夺回夏王朝政权，这已是后话。魏绛将后羿之事告知晋悼公，除了满足晋悼公的好奇心之外，更重要的目的，还是借题发挥，强化"德"的重要作用。魏绛主张，对于少数民族，应以和为贵，体现自己的"德行"，不以武力而以德行安抚众多少数民族，将会赢得中原诸侯的尊敬，"我德，则睦；否，则携贰"，亦即晋国国君讲究德行，就会与近邻们——周边中原的诸侯们和睦相处，否则，诸侯们各怀二心，必会相互征伐，烽烟四起。很显然，由太康失国引发的德政思考，影响的不但是太康的族弟们，还有更多的后来者。

《五子之歌》对君王慎德的思考，并没有改变夏人天命观。夏人对拥有超自然力量的天的崇拜及对天命的迷信，在《尚书·胤征》一文中也有体现。《胤征》一文，记录了发生在夏朝仲康当政时的一次重大天文事件：日食，史书又将其称为仲康日食。司马迁在《史记·夏本纪》中对此事也有记录：

> 帝中康时，羲、和湎淫，废时乱日。胤往征之，作《胤征》。

此处“中康”，亦即仲康。羲氏、和氏是自尧时代起即执掌天地四时历法制定、监视的官职，这个官职属于世袭制。到了夏仲康时代，羲氏、和氏的后裔沉湎酒色，骄奢淫逸，致使历法混乱，一个阴历九月初一的日子，出现了日食现象——“乃季秋月朔，辰弗集于房。”仲康帝认为这是羲氏、和氏的后裔失职所致，于是派胤国君王胤侯率领部队前去征讨，《胤征》记录了胤侯在战争发起前所做的战争动员令，揭露了羲氏、和氏后裔的罪责，表达执行天罚的决心。

> 告于众曰：“嗟予有众，圣有谟训，明征定保，先王克谨天戒，臣人克有常宪，百官修辅，厥后惟明明。每岁孟春，遒（qiú）人以木铎（duó）徇于路，官师相规，工执艺事以谏。其或不恭，邦有常刑。”
>
> “惟时羲和颠覆厥德，沈乱于酒，畔（pàn）官离次，俶（chù）扰天纪，遐弃厥司。乃季秋月朔，辰弗集于房。瞽奏鼓，啬夫驰，庶人走。羲和尸厥官罔闻知，昏迷于天象，以干先王之诛。《政典》曰：‘先时者杀无赦，不及时者杀无赦。’今予以尔有众，奉将天罚。尔众士同力王室，尚弼予钦承天子威命。火炎昆冈，玉石俱焚。天吏逸德，烈于猛火。歼厥渠魁，胁从罔治。旧染污俗，咸与维新。”

胤侯在这篇战争动员令中，提到了几个与天有关的概念：“天戒”，夏人将先祖定下的典章制度视为承袭上天的天戒；“天纪”，夏人将天时运行的历法视为天纪；“天罚”，违前了天戒、天纪而被处罚，视为天罚，并非诸侯之战；“天吏”，天子的臣属，各级官员，都是在替天行事，谓之天吏。从这几个与天有关的概念可以看出，“天”在夏人的思想和精神世界中，占据着至高无上的地位，对于出现日食这次的重大天象，夏人视之为天吏失职，因此，不惜发起战争，进行严厉的惩处。

值得注意的，在这段战争动员令中，出现了“每岁孟春，遒人以木铎徇于路，官师相规，工执艺事以谏，其或不恭，邦有常刑”这样的记载。遒人，指的是聚集路人宣教政令的底层官员，木铎，是一种以木为舌的铜铃响器。每年孟春，即四月初的时候，宣教官员手持木铎，沿途宣教政令。各级官员互相规诫，并向天子进谏；各类工匠也根据自己的工事，向天子进行劝谏。如果不如实进谏，则会受到国家法律的惩处。《国语·周语·邵公谏厉王弭谤》记载：“故天子听政，使公卿至于列士献诗，瞽献曲，史献书，师箴，瞍赋，矇诵，百工谏，庶人传语，近臣尽规，亲戚补察，瞽史教诲，耆艾修之，而后王斟酌焉。是以事行而不悖。”讲周王朝天子的制度，也是反复听取各方人士的进谏，最后充分斟酌后，方做出正确的判断，做事情才不会违背常理。夏王朝的木铎问政，周天子后来的听政方式与之异曲同工，说明广泛听取来自民间以及各个阶层的政见，是自古就已形成的传统，也是一种治国理政的智慧。胤侯在战争动员令中讲述这一段内容，旨在证明向民间宣传政令、各色人等积极向天子进谏，这都是按天的规则在做事，可谓已尽天职。在发生日食事件后，“瞽奏鼓，啬夫驰，庶人走”，即盲乐师紧急敲鼓，底层官员、庶民百姓奔走呼号，奋力抢救被吞掉的太阳，一幅仓皇失措的景象。从以上这些述说，可以反证羲氏、和氏的后裔“颠覆厥德，沈乱于酒，畔官离次，俶扰天纪，遐弃厥司”的罪过，从而使得这场讨伐战争更具合法性和正当性。 在这篇讨伐令中，尽职尽责，被视为一种德行，一种天职。“天吏逸德，烈于猛火”，官员不尽职尽责，疏忽自己的本职工作，其后果甚于猛火，这一结论，值得后世的人们认真反思。

由《五子之歌》《胤征》等引发的对德政的思考，随着时间的流逝，渐渐被后来的统治者遗忘。因失德进而失去民心的悲剧，到了夏王朝最后一位当政者的夏桀的时代，再次重演。《史记·夏本纪》对夏桀的德政只有一句评述：“桀不务德而武伤百姓，百姓弗堪。”即夏桀不修养德行，以德服人，而喜欢用武力，用暴力手段来对付百姓，百姓无法忍受这样的暴政。可惜的是，这一次夏桀远没有他的先祖太康幸运，他遇到的对手是商汤王。商汤王的所作所为与夏桀正好相反，他成为夏王朝最后的终结者。

四、祭祀占卜：商周时期的天人沟通之道

商王朝的先祖名契。古代人喜欢给先祖降生披上神秘色彩，以炫示其应天而生，衔有天命，具有远胜常人的超自然力量。契就被赋予了这样的传奇。据《史记·殷本纪》记载，契的母亲名叫简狄，她是有戎部落的女子，为帝喾（kù）的次妃。有一次，在洗浴时，简狄看见一只玄鸟掉下一只蛋，就捡起来吞下去，于是怀孕产下了契。契长大后协助大禹治水立下大功，被舜封在商地，成为商人先祖。契"兴于唐虞、大禹之际，功业著于百姓，百姓以平"，这是说契非常注重百姓利益，为百姓做了很多好事，他的治下，百姓安居乐业，生活平和稳定。

带领商朝民众完成推翻夏王朝使命的成汤，继承了先祖契的爱民之德。司马迁在《史记·殷本纪》中，这样记录成汤的德行：

> 汤出，见野张网四面，祝曰："自天下四方皆入吾网。"汤曰："嘻，尽之矣！"乃去其三面，祝曰："欲左，左。欲右，右。不用命，乃入吾网。"诸侯闻之，曰："汤德至矣，及禽兽。"

体现中国人宽容和好生之德的成语"网开一面"，正是由此而产生。正是因为商汤的仁爱之德，连禽兽都感受到了其中的温暖，百姓和诸侯更不用说了，于是，商汤得到了百姓和诸侯的拥护，夏桀成了真正的孤家寡人，最终被商汤王挟天命之威，放逐于南巢之地，夏王朝就此成为历史回忆。

对于商汤王来说，以天命作为讨伐夏王朝的重要依据，绝不是三千年后的

现代社会一些人所理解的，只是一种发动战争的借口，宣传所需要的噱头，相反，它完全出自上古时期代代相传的对天的真诚的信仰。和夏王朝没有文字实物不同，商王朝给后世留下了大量的写在甲骨上的文字，让后世的人们对商王朝的社会文化习俗，有了第一手的认知资料。学者们在比较了殷商时期的甲骨文后，发现了一个常用的字“帝”。甲骨文记录的主要是卜辞，反映是的商王朝的先民们占卜的事项及获得的神示结果。帝即天神之意。商王朝的人把死去的先祖、先王、父兄，均称为“帝”，人间死去的人越来越多，天上的“帝”的数量也越来越多，天上的众多“帝”们构成了帝群，他们又被称为“上帝”“上天”“天”等。“帝”“天”都具有超自然的力量，可以呼风唤雨，可以制造雷电、干旱、洪涝灾害等，当然也可以让人间风调雨顺，风和日丽；同时，“帝”“天”也具有干预人间祸福的超能力，可以庇护众生，也可以为害人间。“帝”“天”的情感世界也很丰富，人类的喜怒哀乐等情感，同样也会影响到天上的“帝”，从而实现天人感应。既然天上的帝与人间的后世子孙有着天然的血缘关系，这就使得人与天、现实与看不见的世界之间，有了非常紧密的联系。祭祀及各种巫术活动成为天上与人间沟通的最重要的手段，商王朝的祭祀活动兴盛一时，与商王朝先民的精神信仰有着极大的关系。

商王朝人们的祭祀对象包罗万象，有日月星辰，有江河湖海，有山川谷壑，有五谷稼穑……当然，最重要的祭祀对象还是先祖神灵。据统计，商人所有与祭祀相关的卜辞中，与祭祀先祖神相关的内容有一万五千多条，远远超过自然神及上帝的内容。在人间的地位越高，死后在天上的地位会与人间同等高，会继续统治其他神祇，从而使商王的地位在祭祀者中的地位最高，享有在人间的最高权力。

祭祀的方法五花八门，所用祭品各式各样。如焚烧草木牺牲，进献牛、羊、酒，献祭时击鼓、奏乐、巫舞等。在祭祀活动中，最残酷的是用人殉、人牲。《中国通史》中这样记载：

> 商朝人殉、人祭之风盛行。每次人祭，少则数人，多则数十上百，甚至多达 400 人。有学者从 1928 年到 1973 年发掘的商代遗址和墓葬中统计出，可以辨认的人殉、人祭近 4000 人。另外，据卜辞记载统计，从盘庚迁殷到商纣王亡国，至少残杀了 14000 人用于人祭。如安阳武官

村北地殷王陵区，在墓区东侧发现了一个面积达数万平方米的祭祀场，在已清理的191个祭祀坑内，共埋葬了1178具用于祭祀的人牲。

这种残酷狂热的献祭活动，反映了早期先民们对未知事物的恐惧和自卑，也透露着对自身安全感的强烈诉求。通过祭祀，及时与上帝先祖沟通，获得上帝先祖的示意、佑护，去灾降福，这是献祭活动的主要考量。祭品是诚意的表达。据《淮南子》载，商汤王当政七年，天下大旱，商汤王为了表达对天的虔敬，决定自己以身祭天，他让人堆薪如山，自己修剪头发、指甲、更衣沐浴，然后自焚祭天，以求天怜万民，降雨驱旱。所幸火将燃时，天降大雨，商汤王幸免一死。此类故事，多有演绎成分，后世以人献祭的事情，依然在发生，说明人们对先祖神灵的信仰是多么的虔诚和忠敬。

农业生产技术的不断进步，也带动着人们对自然现象及社会发展规律的认识不断进步。商朝中晚期，天的概念开始出现。天、天帝、帝等名称虽然同时使用，但意思基本一致，他们都是人间万物的最高统治者，都是万民敬仰臣服的对象。在自然灾害频仍、部族纷争不断、民心摇摆不定的特殊环境下，天是凝聚人心、促进共识、趋利避害的最大公约数。老百姓信天命，统治者也得信天命。天制约着平民，同时也制约着君王，使君王在行使权力的时候，有所顾忌，对天及天命的信仰，起到了平衡君王臣民之间的关系，推动社会平稳前行的作用。

帝王首先是天命的忠诚信仰者。商汤革夏命，建新商后，最早建都于亳（今河南商丘）。但由于黄河下游经常发生水患，自然灾害严重，再加上王朝内部权争激烈，政权极不稳定，因此，搬迁都城就成了商王不得不面对的严峻问题。史料记载，商朝创立后300年间，先后传了20个王，共搬迁都城五次。盘庚是最后一位决定搬迁的君王，在他的手中，商朝都城迁都到了殷（今安阳小屯村）。但迁都并不是一帆风顺的，总有这样那样的不适和反对意见，为了统一共识，盘庚不得不拿出“天命”来说话。《尚书·盘庚上》载，盘庚把亲戚贵胄重臣们叫到一起这样开导：

先王有服，恪谨天命，兹犹不常宁。不常厥邑，于今五邦。今不承于古，罔知天之断命。矧（shěn）曰其克从先王之烈。若颠木之有由蘖，天其永我命于兹新邑，绍复先王之大业，厎（zhǐ）绥四方。

这段话的大意是说，先王定下的制度，要求我们严格恭敬地遵守奉守天命。这样就一直没有安定下来，没有永久安住在一个地方，至今已五次搬迁都城。如果我们现在不听从祖制，谁知道天会不会断掉我们商朝的命运。到那时，还谈什么继承先祖的宏伟大业。如同倒下的树木会发芽新生，上天下令让我们在这新的都城里繁衍生命、绵延存活下去，要我们在这里复兴先祖的伟业，安宁保全四方。在这番演讲中，盘庚以天命为说辞，凝聚了共识，稳定了民心。此后，商朝总算安定下来，八方来朝，商朝走向了强盛之路。对天命的迷信，在商朝愈演愈烈，最后害了商朝的最后一位帝王商纣王。《史记·殷本纪》载："帝纣资辨捷疾，闻见甚敏；材力过人，手格猛兽。"这是说他天资聪颖，才思敏捷，身强体壮，英武逼人。但正是他抱有"我生不有命在天乎"这样的天命观，认为自己有天命在身，天命不可更改，于是就可以肆意妄为、横行霸道，这完全曲解了从成汤创商时所树立的天命观，最后落了个悲惨的下场。

武王克商后，新建立的周王朝继承了很多商代留下的传统，其中就包括对天、对祖先、对各路神灵的祭祀。

《尚书·金縢》记载了一则周公以身献祭的故事。周公，姓姬名旦，又名周公旦，是周文王姬昌第四子，周武王姬发的弟弟。他是西周初期杰出的政治家、军事家、思想家、教育家，中国儒家学说的奠基人。孔子非常尊崇周公，以梦见周公为荣。武王克商第二年，周武王突然身患暴病，命悬一线。大臣们都很忧心，周公决定将自己献祭给同朝的三位在天的先王，以换取武王病愈。周公在一块空地上修建了庄严的祭坛，周公站在祭坛之上，虔诚地祷告。在祝词中，周公称：你们的长孙（指周武王）身患重病。如果是因为天上的先王们想要他去服侍，就请让我代他去吧。我多才多艺，伶俐乖巧，还孝顺贤德，完全可以胜任服侍先祖的任务。请先王们允许武王继续统治天下，为武王祝福吧。祝祷后占卜的结果是吉，于是，这段祝词史官们记录在典册之上后，用金质的绳子捆扎起来，置于匣子中保存。

所幸的是，在周公祭祀后的第二天，周武王的病就神奇地痊愈了，周公的祝词就被封在匣子中，暂时成了秘密。武王去世后，周成王继位，成王年幼，周公作为摄政王，代行天子之职。这让周武王的兄弟们管叔、蔡叔、霍叔很不爽，这三人的封地分别在殷都附近的邶、鄘、卫三国，他们的任务是监管纣王之子武庚。武庚利用三人的不满，联合三人发起叛乱，史称“三监之乱”。周公被迫带兵东征，用了三年时间平定了叛乱。但因为“三监”在发起叛乱之前散布谣言说，周公欲趁周成王年幼取而代之，自立为天子，引起周成王猜忌。因此，叛乱平定后，周成王疏远了周公，对他的谏言置之不理。周公很难过，自己搬到郊外，远离朝堂。

周公自贬远离朝堂后，这年秋天，庄稼长势良好，正待丰收，突然电闪雷鸣，狂风骤起，大树被连根拔起，庄稼全都匍匐在地。如此异象，令周成王与众多朝臣惊恐不已，于是，打开那个用金质绳子捆扎着的祝祷典册，这才发现了周公曾经做过的愿以己死换取周武王健康的秘密，感悟到了周公的赤诚忠心。周成王内心惭愧，《尚书》载他：“王执书以泣。”于是他亲到郊外将周公迎回。这时，天降大雨，风朝相反的方向吹去，地上的庄稼又都重新站立了起来，这一年，周王朝喜获丰收。

这一段故事，不乏后人演绎的成分，但天作为人格神在周人心中的崇高地位，还是可以清晰感知的。通过祭祀、占卜等方式，商、周王朝的先民们积极与超自然力量——天、帝、各类神灵进行沟通，祈求护佑和安宁，这种朴素的天人互动方式绵延数千年，直至今天，在中国广大的农村地区，此种遗风仍不时可见。

五、关于祭祀和巫术活动的另一种思考

祭祀和巫术活动的盛行，是由于早期人类对自然界及未来的认知局限性而造成的。但经过漫长的实践后，人们发现，并不是所有的祭祀都会获得善意的回报，用虔诚之心所获得占卜结果，与事件发生的真实结果也往往并不一致，换句话说，神灵经常有不灵的时候，求雨不得雨，求子不得子，这是

经常发生的事；同一件事，不同的人占卜，得到的结果，也往往不同。神灵依据什么降福或者降灾？占卜的结果为何会有差异？占卜所得的启示与实际结果为何经常出现不一致？这一切疑问，都迫使中华民族的智者和先驱进行认真思考，寻找真正对人类发展和社会进步有用的路径。

英国著名人类学家、民族学家、宗教史学家詹姆斯·乔治·弗雷泽（1854年—1941年）运用历史比较法，对世界各民族包括灵魂观念、自然崇拜、神的死而复生、巫术、禁忌等原始信仰在内的丰富资料，进行过深入系统地梳理、研究，并在他的传世名著《金枝》一书中，进行了详尽剖析。弗雷泽认为，分析包括祭祀在内的各种巫术活动赖以建立的思想原则，可以归结为两个方面，一个是果必同因，或者说是同类相生，此类巫术可称之为相似律，为顺势巫术或模拟巫术，巫师借此原理相信，通过模仿即可实现他想做的任何事情；另一个是物体一经互相接触，即使此后接触中断，仍会远距离地继续相互作用，此类巫术可称之为接触律，为接触巫术。两类巫术可统称为交感巫术。在这样的交感关系中，无论针对其中一方做出什么事，都必然会对另一方产生同样的后果。弗雷泽认为："巫术是一种被歪曲了的自然规律的体系，也是一套谬误的指导行动的准则：它是一种伪科学，也是一种没有成效的技艺。"弗雷泽表示，顺势和接触两类巫术，纯粹是联想的两种不同的错误应用而已。顺势巫术是根据对相似的联想而建立的，它的错误是把相似的东西看成是同一个东西；接触巫术是根据对接触的联想而建立的，它所犯的错误是把互相接触过的东西看成为总是保持接触的。既然是错误的东西，总会被人们发现。费雷泽在他的《金枝》一书中，用充满感情的笔触这样写道：

> 我怀着应该有的审慎精神，准备提出这样一个假说：日久天长，对于巫术所固有的谬误和无效的认识，促使人类之中更富于思想的人们，去寻求一种关于自然的更为真切的理论和一种更为有效地利用其资源的方法。较为精明的人们到一定时候就觉察出了：巫术的仪式和咒语，并不能真正获得如他们所希望产生的结果，而头脑比较简单的大多数人们还仍然相信。这种对于巫术无效的重大发现，必然会在那些精明的发现者的思想上，引起一种可能是缓慢的但却是带根本性质的革命。

弗雷泽根据自己的假说，提出了巫术最终的转变方向是宗教。他这样写道：

> 可以想象：具有比较深刻思想的人们，正是在这样的或类似这样的思想下，做出了从巫术到宗教的伟大转变。但即使在这些智者中间，这种转变也难以突然产生。这个过程可能是十分缓慢的，它的最终完成需要漫长的世纪。

弗雷泽是一位伟大的学者。他生前在牛津大学图书馆每天工作达12个小时，且不分节假日，风雨无阻，50余年绝少中断。耗费了他一生中大部分时光所写就的《金枝》，至今仍是研究人类原始文化历史无法回避的著作。《金枝》一书中的许多研究结论，至今仍在世界范围内被运用。中华文明是在中华这块大地上诞生的，是土生土长、自成体系的一种文明。在原始社会发展阶段，中华文明所呈现出的特点，与世界其他地区的古老文明存在着相似之处，但在关键时刻的发展走向上，中华文明并没有像世界其他文明那样，走向了宗教，相反，中华民族的先哲们立足中华大地，在挣脱巫术等无形枷锁的羁绊时，走出了一条完全独立的道路——德治之路。

六、伊尹的“一德”思想

将人们从迷茫的天命迷信中解放出来，将解决问题的目光投向自身，正视自身的存在及内在的力量，从而对抗未知的神灵世界，挣脱超自然力量的束缚，这对于尚处在蒙昧时期的中华民族的先哲们来说，不能不说是一个重大挑战，也是一个严峻的课题，完成这一课题，注定要经历一个乃至若干个漫长的世纪。

尽管商汤王以天命为由，率众一举推翻夏王朝，但夏王朝绵延470余年之久，其天命不可谓不强大，如今一夜之间改朝换代，原来的小方国，取代了大夏王朝，为什么会发生这样的天命转换？这样的天命转换有什么样的合理性依据？对此，商汤王本人的心里也不是完全有底。所以，他在打败夏王朝的军队后，并没有像后来的周武王那样，将商王朝的最后一位君王逼死、斩首，而是将夏桀流放至南巢，一个蛮荒之地，任其自生自灭。这其中的缘由，除了商汤王本身的仁慈天性之外，对夏王朝天命的顾忌，应该也是其中的原因之一。《尚书·仲虺之诰》记载："成汤放桀于南巢，惟有惭德。曰：予恐来世以台为口实。"这段话是成汤王真实心理的一个写照。即对于商革夏命，成汤王的内心一直深感惭愧，非常担心后世的人们会对自己的革命之举进行谴责非议，在史书上落下一个不好的话柄。

及时为新生政权的合法性找到依据，成了新王朝创建者首当其冲的任务。仲虺（huǐ）在关键时刻站了出来。他是商汤王的左相，与右相伊尹一起，共同参与了推翻夏王朝的革命。他的思考，不但为新政权的合法性找到了理论依据，而且赋予了天命说以新的内涵。《尚书·仲虺之诰》这样记载：

> 仲虺乃作诰，曰："呜呼！惟天生民有欲，无主乃乱，惟天生聪明时乂（yì）。有夏昏德，民坠涂炭，天乃锡王勇智，表正万邦，缵（zuǎn）禹旧服。兹率厥典，奉若天命。夏王有罪，矫诬上天，以布命于下。帝用不臧，式商受命，用爽厥师……惟王不迩声色，不殖货利。德懋（mào）懋官，功懋懋赏。用人惟己，改过不吝。克宽克仁，彰信兆民。乃葛伯仇饷，初征自葛，东征，西夷怨；南征，北狄怨，曰：'奚独后予？'攸徂（cú）之民，室家相庆，曰：'徯予后，后来其苏。'民之戴商，厥惟旧哉……德日新，万邦惟怀；志自满，九族乃离。王懋昭大德，建中于民，以义制事，以礼制心，垂裕后昆。予闻曰：'能自得师者王，谓人莫己若者亡。好问则裕，自用则小。'呜呼！慎厥终，惟其始。殖有礼，覆昏暴。钦崇天道，永保天命。"

在这篇影响后世深远的诰文中，仲虺为商汤王详细分析了天命的由来。天生万民，民有欲望，没有明君引导、满足和管理，则必生乱。于是上天再生出智慧见识超群的君王，允其带领民众，让民众过上安定有序的生活。

“有夏昏德，民坠涂炭”，指的是夏桀当政，昏聩无德，让老百姓如坠泥淖和炭灰之中，生活极其困苦。“夏王有罪，矫诬上天，以布命于下”，指的是夏桀在百姓已生活不下去的情况下，仍欺骗上天，假借上帝的命令，统治天下的百姓。正是因为夏桀的昏德，上天赐商汤王神勇智慧，作为万邦的表率，继承大禹留下的各种法度，完成上天的使命。和夏桀的昏德相对应，“惟王不迩声色，不殖货利。德懋懋官，功懋懋赏。用人惟己，改过不吝。克宽克仁，彰信兆民”，这是指商汤王具备了以下美德：不近声色，不聚敛钱财，品行高洁的就授其官职，功绩显赫的就予以奖赏；善于吸取别人的谏言，用别人的建议如同自己的一样；改正自己的过错毫不含糊；宽厚仁慈，取信于万民。正是因为有了这样的对比，所以，商汤王在征伐天下时，得到了天下百姓的欢迎，征伐东边，西边的百姓抱怨商汤来晚了；征伐北边，南边的百姓抱怨商汤来晚了，百姓拥戴商汤王，这已经是很长时间的事了。由此可见，天命早已归于商汤王，商汤王革夏命而代之，这完全是应天命顺民意的正当之举，何必为此而惭愧呢？

仲虺将天命的内涵解读为安民定邦，将德行智慧作为执行天命的必备条件，将百姓是否拥戴作为是否拥有天命的资质标准，从而使得商汤王革夏命取而代之的行动完全合情合理合法。天命不再神秘莫测，开始有了人间烟火味，仲虺据此告诫商汤王：“德日新，万邦惟怀；志自满，九族乃离。”即要加强德行修养，天天思进思新，只有这样，才会赢得万邦诸国的拥护；千万不可骄傲自满，否则最亲近的九族也会离你而去，众叛亲离。谦虚谨慎，勤学好问，收获自会丰厚；自以为是，自大自负，格局会越来越小。以义制事，以礼制心，慎终如始，这些都是天道，“钦崇天道，永保天命”，只有做到了这些，才会一直拥有天命。仲虺将天道与德行有机地联系起来，为天人一统，开了一个好头。

仲虺是商汤王的左相，伊尹是商汤王的右相。作为商汤王的左膀右臂，伊尹对天命、天道的理解，与仲虺惊人地保持了一致。

伊尹是中国历史上具有传奇色彩的一位政治家、思想家，他生于公元前1649年，卒于公元前1550年，享年100余岁。作为商朝的开国元勋，伊尹曾辅佐商汤、外丙、仲壬、太甲、沃丁五代帝王达50年，为商王朝的建立和政权巩固、繁荣昌盛立下了汗马功劳。沃丁八年（公元前1549年），伊尹去世，沃丁以天子之礼将伊尹安葬在商汤陵寝旁，让他与商汤王一起享受历代诸王的隆重祭祀，殷墟甲骨文中就有“大乙（即商汤）和伊尹并祀”的记载。荀子《荀子·臣道》曾评价：“殷之伊尹、周之太公，可谓圣臣矣。”伊尹被称为“商元圣”，并有“天下第一相”的美誉。

《史记·殷本纪》中，对伊尹的传奇经历也留有记载：

> 伊尹名阿衡。阿衡欲奸（gàn，同“干”）汤而无由，乃为有莘氏媵（yìng）臣，负鼎俎，以滋味说汤，致于王道。或曰，伊尹处士，汤使人聘迎之，五反然后肯往从汤，言素王及九主之事。汤举任以国政。

司马迁对伊尹与商汤王的相识给出了两种说法，一种说法是，伊尹名阿衡，他听说商汤王的雄心大志后，欲为商汤效劳，苦于无缘结识，于是自愿投身有莘氏，做了有莘氏的随嫁家臣，背着做饭用的鼎、锅等器具，来到了商汤处。以作汤的原理，将国家治理的道理说于商汤，获得商汤信任。另一种说法，是伊尹作为处士，即具经天纬地之才但又隐居不愿出仕的人，深为商汤仰慕。商汤备厚礼派人五次登门拜访，最终打动伊尹。伊尹将“素王”——即有帝王之德而无帝王之位的人的思想、三皇五帝乃至大禹的治国安民之方讲给商汤，深深打动商汤，商汤于是委以重任，将国家的大政交给伊尹打理。两种说法，虽然各有不同，但伊尹具有治世大才，这是不争的事实。

从奴隶到掌握国家命运的重臣，从打江山到守江山，伊尹曲折艰难的人生经历，决定了他的治国理政智慧远非常人可以比肩。伊尹是中国古代政治家中，较早提出天不可信、天命无常、天道在德思想的人。伊尹对德的强调，为后来者的治国之道，指明了清晰的方向。

伊尹的治国思想，在《伊训》中体现较多。《伊训》作于太甲元年，应为公元前1754年，这一年，商朝第四位君主、商汤王之长孙太甲即位。伊尹将自己的治国思想，写进《伊训》，呈于太甲。在这篇训示中，伊尹提出“上帝不常”，重点强调了德的重要性：

> 伊尹乃明言烈祖之成德，以训于王。曰：“呜呼！古有夏先后，

方懋厥德，罔有天灾。山川鬼神，亦莫不宁，暨鸟兽鱼鳖咸若。于其子孙弗率，皇天降灾，假手于我有命，造攻自鸣条，朕哉自亳。惟我商王，布昭圣武，代虐以宽，兆民允怀。今王嗣厥德，罔不在初，立爱惟亲，立敬惟长，始于家邦，终于四海。”

“惟上帝不常，作善降之百祥，作不善降之百殃。尔惟德罔小，万邦惟庆；尔惟不德罔大，坠厥宗。”

伊尹是推翻夏王朝的主要推手之一，因此，对夏王朝覆亡的原因有着深刻的认知。他认为，夏的先王们，以德立世，弘扬德行，因此，没有天灾，山川鬼神，莫敢惊扰，鸟兽鱼鳖各得其所。但其后世子孙，放弃了先祖的德行，皇天震怒，降下灾祸，大命转至商王，商王宽以待人，施惠万民。现在，新王应继承先祖的德行，从一开始就要弘扬道德，先从亲族建立仁爱之心，从长者建立恭敬之意，然后，由家族推行到邦国，最终在全天下推行德治。伊尹强调“惟上帝不常”，即上天不会将统治天下的大命永远固定在一个人身上。做善事，会得到各种福报，做坏事，会得到各种灾殃。做善事，不要因为事小而不为，处处积德，万邦都会以之为幸事；如果不注意培养德行，那么，不等有大错出现，国家就会灭亡。在这篇训文中，伊尹对德政作了简单表述：“从谏弗咈（fú），先民时若。居上克明，为下克忠，与人不求备，检身若不及……敷求哲人。”即从谏如流，顺应民愿，居上位能洞悉民情，为臣子则忠心耿耿，对待他人不求全责备，对待自己则检视过失唯恐不及，要能广泛寻求才德识见超常之人来辅佐朝政。伊尹还条缕分析了君王和臣子不应触碰的“德”，即“三风十愆”：

敢有恒舞于宫，酣歌于室，时谓巫风；敢有殉于货色，恒于游畋，时谓淫风；敢有侮圣言，逆忠直，远耆德，比顽童，时谓乱风。惟兹三风十愆，卿士有一于身，家必丧；邦君有一于身，国必亡。

伊尹认为痴迷歌舞，是为巫风；痴迷于财物、美色、畋猎，是为淫风；敢于羞辱圣人学说、违背忠直之道、疏远年老德高之人、亲近无知无识的小人，是为乱风。愆者，过错也。伊尹认为，三风十愆中，卿士犯其中任意一条，必丧其家，诸侯邦君犯其中任意一条，必亡其国。伊尹的警示，不可谓不深刻。

遗憾的是，伊尹的苦心，并没有被太甲领会。据《史记·殷本纪》载：

> 帝太甲既立三年，不明，暴虐，不遵汤法，乱德，于是伊尹放之于桐宫。三年，伊尹摄行政当国，以朝诸侯。

这段记载显示，太甲即位三年间，并没有接受《伊训》的告诫，而是为政昏庸，暴虐无常，不遵先王之法，德行败坏。伊尹痛下恨心，在商汤王的墓地旁，修建了一座桐宫，将太甲流放于此，反省自新。自己直接摄理朝政。在此期间，伊尹作了《太甲》三篇训辞，继续对太甲进行训诫，终于使太甲认识到了自己的错误，伊尹于是还政于太甲，太甲重新执政后，大兴德政，终成一代明君。

伊尹在三篇《太甲》训辞中，再次重申了“德惟治，丕德乱”的德治思想，将中华先哲对德治的认知，推向了一个新的高峰：

> 伊尹申诰于王曰：“呜呼！惟天无亲，克敬惟亲。民罔常怀，怀于有仁。鬼神无常享，享于克诚。天位艰哉！德惟治，否德乱。与治同道，罔不兴；与乱同事，罔不亡。终始慎厥与，惟明明后。先王惟时懋敬厥德，克配上帝。今王嗣有令绪，尚监兹哉。若升高必自下，若陟遐必自迩。无轻民事惟难、无安厥位惟危，慎终于始。有言逆于汝心，必求诸道；有言逊于汝志，必求诸非道。

伊尹在训辞中重申，上天没有偏爱之心，只爱那敬德之人；百姓没有经常怀念之事，只怀念那有仁爱之心的人，鬼神并不固定接受敬献祭祀的人，只接受诚实无欺的祭祀。守住天子之位，是何其艰难之事。只有推行德政，天下才会大治；不能推行德政，天下必然大乱。与德治同行，国家没有不兴旺的；与乱德同道，国家没有不灭亡的。慎终如始，才是圣明的君主。伊尹再次以先王为例，认为正是因为包括成汤在内的商朝先王时时刻刻保持良好的德行，推行德政，才保持了上天赐给的天子之位不失。新王一定要以此为鉴。伊尹鼓励太甲从小事做起，从眼前之事做起，不要轻看百姓之事，不要安享君王之位，要居安思危，慎终于始，善听逆耳之言，勿信阿谀之语，凡事都按德的标准来判断。

伊尹一生都在为推行德政而奋斗，在他告归之前，他为后人留下了一篇著名的《咸有一德》，以总结他的德政思想和智慧：

伊尹既复政厥辟，将告归，乃陈戒于德。

曰："呜呼！天难谌，命靡常，常厥德，保厥位，厥德匪常，九有以亡。夏王弗克庸德，慢神虐民，皇天弗保，监于万方，启迪有命，眷求一德，俾作神主。惟尹躬暨汤，咸有一德，克享天心，受天明命，以有九有之师，爰革夏正。非天私我有商，惟天佑于一德；非商求于下民，惟民归于一德。德惟一，动罔不吉；德二三，动罔不凶。惟吉凶不僭（jiàn）在人，惟天降灾祥在德。

"今嗣王新服厥命、惟新厥德。终始惟一，时乃日新。任官惟贤材，左右惟其人。臣为上为德，为下为民。其难其慎，惟和惟一。德无常师，主善为师。善无常主，协于克一。俾万姓咸曰：'大哉王言。'又曰：'一哉王心。'克绥先王之禄，永底烝民之生。

"呜呼！七世之庙，可以观德。万夫之长，可以观政。后非民罔使；民非后罔事。无自广以狭人，匹夫匹妇，不获自尽，民主罔与成厥功。"

伊尹在这篇名作中，大胆提出了"天难谌（chén），命靡常"的观点，意即上天并不可信，天命变化无常。这对惟天命是从、盲目崇拜天帝的社会来说，可谓振聋发聩之语。也是对天命说的最大反动。在看破了天命的不可信之后，如何才能使国家政权长久维持下去？伊尹给出了自己的判断："常厥德，保厥位。厥德匪常，九有以亡。"即要保持良好的德行，方可长久地保持君位，不能保持良好的德行，十个君王里面有九个都会亡国。那么，这里的"德"，指的是什么样的"德"呢？从伊尹"夏王弗克庸德，慢神虐民，皇天弗保"的判断来看，伊尹此处所说的德，应为"敬神恤民"。敬神，即顺从天的旨意，恤民，即爱民护民。将天意与民意有机的合而为一，这是中华民族先哲在思考探索天人合一之路上迈出的最关键一步。天意即民意，天意通过民意体现出来，敬天，就得爱民恤民，爱民恤民，即是敬天。天，在这一时刻，显得那么有温度，那么可触可摸可感。一德，实际上就是恤民爱民之德。有了这“一德”，王朝革命、政权兴替的密码迎刃而解，决定国家命运的大智慧也跃然而出。“非天私我有商，惟天佑于一德；非商求于下民，惟民归于一德……惟吉凶不僭在人，惟天降灾祥在德。”读懂了一德的内涵，对伊尹分析的商革夏命的必然性就不会再有任何质疑。

在明确了治国理政，贵在“一德”的理论基础后，伊尹还指出了落实一德的路径——“惟和惟一”“协于克一”，即君臣在推行德政的过程中，要和衷共济，步调一致，始终如一。德行的培养，没有固定的老师，只要是善举，均是德行修养之师；为善也不是某一个人专利，只有拥有“一德”思想的人，才会是始终如一拥有善德的人。

君民的和顺关系，国家社会的稳定，也要建立在“一德”的基础之上。伊尹告诫说：“后非民罔使；民非后罔事。”意即君王不依靠老百姓，又能依靠谁呢？老百姓不尊奉君王，又能尊奉谁呢？伊尹还进一步指出：“无自广以狭人，匹夫匹妇，不获自尽，民主罔与成厥功。”意即君王不可骄傲自大，轻视百姓。没有平民百姓尽心尽力，君王成就伟业的梦想，永远只能是空想，怎么可能会取得成功呢？伊尹的德治观点，对商汤王影响极大。据说，在伊尹的教导下，商汤王非常注重修德，他在自己经常洗澡用的器具上刻下铭文。《礼记·大学》第三章载：“汤之《盘铭》曰：‘苟日新，日日新，又日新。’”意思是提醒自己，在修德方面，如果能够一天新，就应保持天天新，新了还要更新。伊尹的德治思想，为后来儒家治世学说形成打开了一扇宽广的大门，中华文明因此迈上了一个全新的台阶。

七、周公力推“敬德保民”

在伊尹之后，将德治思想推向一个新高度的思想家，是周公。他是西周王朝的开国元勋，中国古代杰出的政治家、军事家、思想家、教育家，儒学先驱，有“元圣”之称。

周公与伊尹的经历有许多相似之处，他也参加了周王朝推翻商王朝的战争，亲身经历了“血流漂杵”的残酷的战争场面；周武王去世后，因为继位的周成王年幼，周公也曾摄政七年，掌控着国家的命运；周武王去世后，商纣王之子武庚串通周武王的三个弟弟蔡叔、管叔、霍叔发动叛乱，史称“三监”之乱，周公亲自率兵东征，最后平定叛乱。周公一生的功绩被《尚书·大传》概括为：“一年救乱，二年克殷，三年践奄，四年建侯卫，五年营成周，六年制礼乐，七年致政成王。”西汉贾谊在《新书·礼容下》有云：“文王有大德而功未就，武王有大功而治未成，周公集大德大功大治于一身。孔子之前，黄帝之后，于中国有大关系者，周公一人而已。”周公去世后，周成王将周公厚葬在周文王的墓旁，以示对周公的世代敬仰。

周公作为扭转历史发展方向的先驱，对迷漫于殷商王朝的天命观了解的非常深刻，他也是天命观的忠实拥趸者。《诗经·大雅》首篇《大雅·文王》，内容是歌颂周王朝的奠基者周文王姬昌的。据考证作者即是周公。周公在诗中用情真意切的诗句，歌颂了“上帝”“天命”。如诗中写道：“穆穆文王，于缉熙敬止。假哉天命，有商孙子。商之孙子，其丽不亿。上帝既命，侯于周服。”这是说周文王恭敬服侍上帝，于是上帝降下天命，将商之万千子孙，交于周文王管理。这首诗中有一句影响深远的诗句：“侗服于周，天命靡常。”这句诗即针对商朝最后一个君王商纣王“我生不有命在天乎”的天命观而言的，即天命并不是一成不变的，新的天命，是商人应臣服于周，商人应自觉接受此天命。“天命靡常”，是周王朝敢于取商而代之的重要理论基础。

《尚书·多士》中，详细记载了周公用“天命”理论，说服商朝旧族认命的记录：

> 王若曰：“尔殷遗多士，弗吊旻天，大降丧于殷。我有周佑命，将天明威，致王罚，敕殷命终于帝。肆尔多士，非我小国敢弋殷命，惟天不畀、允罔固乱，弼我。我其敢求位？惟帝不畀，惟我下民秉为，惟天明畏。

“我闻曰：‘上帝引逸。’有夏不适逸，则惟帝降格，向于时夏。弗克庸帝，大淫泆，有辞。惟时天罔念闻，厥惟废元命，降致罚，乃命尔先祖成汤革夏，俊民甸四方。自成汤至于帝乙，罔不明德恤祀。亦惟天丕建，保乂有殷。殷王亦罔敢失帝，罔不配天其泽。在今后嗣王，诞罔显于天，矧曰其有听念于先王勤家？诞淫厥泆，罔顾于天显、民祇。惟时上帝不保，降若兹大丧。惟天不畀，不明厥德。凡四方小大邦丧，罔非有辞于罚。”

王若曰：“尔殷多士，今惟我周王丕灵，承帝事，有命曰：‘割殷！’告敕于帝。惟我事不贰适，惟尔王家我适。予其曰：‘惟尔洪无度，我不尔动，自乃邑。’予亦念天即于殷大戾，肆不正。”

“惟尔知，惟殷先人有册有典，殷革夏命。今尔又曰：‘夏迪简在王庭，有服在百僚。’予一人惟听用德，肆予敢求尔于天邑商？予惟率肆矜尔，非予罪，时惟天命。”

从这篇训辞中可以看出，周公强调，当初商朝的祖先灭夏而代之时，是因为“有夏不适逸……乃命尔先祖成汤革夏”，即“殷革夏命”，这是顺应天命的行为。后来的商王们重复了夏王的老路，骄淫奢靡，无视天命，于是天命“割殷”，“击之”，这不是周的罪过，只是顺应了“天命”而已。

如果只是一味地盲从天命，周公就不会成为“于中国有大关系者”。相反，摆脱对天命观的盲从，从黑暗中找出一缕射向未来的光亮，从迷雾中找到长久前行的路，这才是先哲应有的宿命。周公做到了这一点。

周公从推翻殷商的血雨腥风的暴力革命中走过来，又经历了三年骨肉相残的平叛战争，因此，让后世子孙不再重蹈旧王朝的覆辙，过上祥和安宁的生活，是周公日日苦思的内容。周公在中华文明史上首次提出了以民为鉴的思想。在《尚书·酒诰》中，周公这样表示：

古人有言曰：“人无于水监，当于民监。”今惟殷坠厥命，我其可不大监抚于时。

监，同“鉴”。周公引用古人的话，人，不要把水作为镜子，而应当以民为镜，以为借鉴。现在殷商已亡天命，我哪里敢不依据殷商灭亡的史料，来认真地总结经验教训呢？

那么，周公从殷商灭亡的历史经验中，总结了什么样的经验呢？在《尚书·召诰》一文中，周公这样表示：

> 我不可不监于有夏，亦不可不监于有殷。我不敢知曰，有夏服天命，惟有历年，我不敢知曰，不其延；惟不敬厥德，乃早坠厥命。我不敢知曰，有殷受天命，惟有历年，我不敢知曰，不其延；惟不敬厥德，乃早坠厥命……肆惟王其疾敬德。王其德之，用祈天永命。

周公表示，我不可不以夏为镜鉴，也不可不以殷商为镜鉴。我不敢知道说，夏接受天命后，可以享国多少年，也不敢知道说，它无法享国多少年，我只知道，因为夏人不敬重德行，所以早早丢掉了天命；对于殷商，我不敢知道说，殷商接受天命后，可以享国多少年，也不敢知道说，它无法享国多少年，我只知道，因为商人不敬重德行，所以也早早丢掉了天命。周公殷殷嘱咐周成王，从现在开始，要赶紧敬修德行，加紧推行德政。只有广泛推行德政，周王朝的天命才会长久不衰。

周公作为洞察能力卓著的优秀政治家，他不可能不知道，如果过分沉迷天命说，会像商纣王一样失去正确的判断，因此，他多次表示“天难堪”，意即天不可信任；“天不可信，我道惟宁王德延，天不庸释于文王受命。”（《尚书·君奭》）意即不可相信得到的天命不会失去，我们只有努力发扬光大周文王的德行，上天才不会收回它赐予周文王的大命。在《尚书·康诰》中，周公把天意与民情联系起来思考：

> 敬哉！天畏棐忱，民情大可见。小人难保，往尽乃心，无康好逸，乃其乂民。我闻曰：“怨不在大，亦不在小。”

周公提出要恭恭敬敬地对待天命。上天是可怕的，它只辅助诚心诚意对待天命的君王。而是否诚心诚意地对待天命，从民情民意中就可以看得到。

而小民往往是难以治理的。只有尽心尽力，不好逸恶劳，贪图享受，才能治理好百姓，让百姓满意。民怨无所谓大小，只要认真对待，大的民怨也不可怕，如果不认真对待，小的民怨也会带来祸患。《康诰》一文，是周公东征平定叛乱后，送康叔到殷地上任时做出的训诫之辞。从周公对民情的重视程度看，周公是把天命与民情放在一起考虑的。这也使得天命不再那么神秘莫测，有了更接地气的内容。

对天命的了解越深入，恐惧心理也就一点一点在减退；对政权更新交替规律的认知越接近真相，对国家命运的把握也就越来越自信。周公殚精竭虑，最后给周王朝的后世子孙，开出了确保江山永不变色的秘方：那就是“敬德保民”。在《尚书·梓材》篇中，周公详细阐释了自己的这一政治主张：

> 先王既勤用明德，怀为夹，庶邦享作，兄弟方来，亦既用明德……皇天既付中国民，越厥疆土于先王，肆王惟德用，和怿（yì）先后迷民，用怿先王受命。已！若兹监。惟曰：欲至于万年，惟王子子孙孙永保民。

周公说，周文王及先前的周朝先王们，努力推行德政，将德政发扬光大，因此，贤臣纷纷前来襄助，诸侯纷纷前来称臣，方国纷纷前来朝贡，这都是“明德”的结果。上天既然已将中国的民众及辽阔的疆土交给了周先王，现在的君王唯有大力推行德政，才会让殷商顽固的遗民心悦诚服地接受新王的统治，先王承接的天命才会得到很好的继承。要好好地以此为鉴。想让周王朝的政权长久万年，周君王的子子孙孙，都要将“保民”作为永恒的任务。敬德保民，作为化解天命不可信、天意琢磨不透的重要手段，为周王朝治国理政提供了强大的理论武器和政治智慧，也是周公给周王朝留下的最宝贵的政治遗产。这段文字中，出现了“中国”一词，这预示着周公给周王朝留下的政治遗产，将在中华大地上生根发芽，让中华文明永葆强大的生命力。

从公元前21世纪夏王朝建立，到公元前771年西周王朝落幕，中华文明在漫长的2000年左右的发展过程中，一直在探索天之道与人之道的有机融合。这是人类挣破神学枷锁的一场革命，是低级文明向更高级文明进化的必由之路。中华民族的先贤们以震古烁今的大智慧，将目光投向人类自身，皓首穷经、焚膏继晷，逐步将天命凝聚在“德”字上，将神秘的天之道，化解为可用可学可控的人之道，将超自然的力量，转化为适用于人类发展的共性规律。天意即民意，天心即民心，天情即人情，天道即人道，天和人，就这样有机地融合在一起，从此，以“德”为核心的中华传统文化，开始以一种全面的姿态，进入世界文明的发展舞台，将中华文明推向一个又一个高峰。

八、敬鬼神而远之，可谓知矣

尽管周王朝的创建者们自认为掌握了天命的密钥，但到了周幽王时代，朝代更替的魔咒再一次出现了。

公元前782年，周幽王上位。两年后，西周三川出现地震。当时的太史官伯阳甫对地震爆发做了自己的分析，并直言周之气数已尽。《史记·周本纪》载：

> 伯阳甫曰：“周将亡矣。夫天地之气，不失其序；若过其序，民乱之也。阳伏而不能出，阴迫而不能蒸，于是有地震。今三川实震，是阳失其所而填阴也。阳失而在阴，原必塞；原塞，国必亡。夫水土演而民用也。土无所演，民乏财用，不亡何待！昔伊、洛竭而夏亡，河竭而商亡。今周德若二代之季矣，其川原又塞，塞必竭。夫国必依山川，山崩川竭，亡国之征也。川竭必山崩。若国亡不过十年，数之纪也。天之所弃，不过其纪。”

很显然，伯阳甫并没有简单地把自然灾害当作周亡的重要原因，相反，“民乏财用，不亡何待”，这才是周亡的根本原因。伯阳甫甚至预言周朝亡国应在10年之内，这是因为周王的德行与夏、商之末代帝王相似，所以，

“天之所弃，不过其纪”。

《史记·周本纪》专门记载了一则历史上著名的烽火戏诸侯的故事：

> 三年，幽王嬖爱褒姒……褒姒不好笑，幽王欲其笑万方，故不笑。幽王为烽燧大鼓，有寇至则举烽火。诸侯悉至，至而无寇，褒姒乃大笑。幽王说之，为数举烽火。其后不信，诸侯益亦不至。
>
> 幽王以虢石父为卿，用事，国人皆怨。石父为人佞巧善谀好利，王用之。又废申后，去太子也。申侯怒，与缯、西夷犬戎攻幽王。幽王举烽火征兵，兵莫至。遂杀幽王骊山下，虏褒姒，尽取周赂而去。于是诸侯乃即申侯而共立故幽王太子宜臼，是为平王，以奉周祀。

周幽王宠爱褒姒，为搏美人一笑，不惜烽火戏诸侯；宠信“为人佞巧善谀好利”的虢石父为上卿，“国人皆怨”；废嫡立幼，动了王朝根本。最后，天怒人怨，被斩杀于骊山之下。从此，中国进入了漫长的春秋战国，又一个新历史纪元开始了。

伯阳甫生卒年不详，加上他上知天文，下晓地理，能预测王朝兴替，后人曾杜撰伯阳甫实为后来的老子。但伯阳甫时代的周幽王死于公元前771年，老子生于公元前571年，两者前后相差200年左右，因此，将伯阳甫视作老子，纯属牵强附会。

西周亡，东周只是保存了周王室的名号，王室的影响力衰微，真正称王称霸的是各路诸侯。东周时代，也即中国历史上的春秋战国时代，各路诸侯你方唱罢，我方登场，英雄豪杰，此起彼伏。思想上，也空前活跃。上千年的王朝兴亡衰败，惨无人道的攻伐杀戮，血流成河，均让先贤们痛定思痛，思索其中的缘由，寻找解除痛苦的真经。

老子是这一时期的杰出思想家之一，他曾入周王室任守藏室史（管理藏书的官员），一方面博览典籍，一方面冷眼观察，加上他深邃的思考，老子的思想因此彪炳千秋，光照千年，其两千多年前写在竹简上的话，至今仍被当下的人们口诵，其卓然超群的智慧，至今仍深深地影响着每一个中华儿女的行为。

老子的思想，从对宇宙本源的认识开始，“天”“天命”“天之道”等，均在他庞大的思想体系之中。

老子认为宇宙的本源是“道”，而不是“天”。天只是道的一个部分，并非天生万物，而是道生万物。老子在《道德经》中说：

> 道之为物，惟恍惟惚。惚兮恍兮，其中有象；恍兮惚兮，其中有物。窈（yǎo）兮冥兮，其中有精；其精甚真，其中有信。自古及今，其名不去，以阅众甫。吾何以知众甫之状哉？以此。
>
> 有物混（hùn）成，先天地生。寂兮寥兮，独立不改，周行而不殆，可以为天下母。吾不知其名，字之曰道，强（qiáng）为之名曰大。
>
> 道生一，一生二，二生三，三生万物。

在老子眼中，道先天地而生，是天地万物的始祖。道生出一，一再生出二，二再生出三，三再生出万物，自此，才有了天地人，整个社会才运转起来。在这个宇宙体系中，天和人一样，都是其中的一个存在部分：

> 道大，天大，地大，王亦大。域中有四大，而王居其一焉。人法地，地法天，天法道，道法自然。

天不再是主宰人间万物的至高无上的人格神，它和人一样，都由道所生，按自己的运行规律生存发展。天、地、人各有自己的运行规律，其运行规律依规而行，这个规则就是“人法地，地法天，天法道，道法自然”。在老子的哲学思想体系中，顺其自然，自然而然，这才是最高的运行规则，顺之则吉，逆之则凶。

老子对“天命”之说似乎并不在意。天地万物既然有其自身的运行规律，因此，就无所谓天来安排人世间的管理者了。天没有自己的道德是非判断，一切都是顺其自然：

> 天地不仁，以万物为刍（chú）狗；圣人不仁，以百姓为刍狗。

刍狗，是古代人用以祭祀的神品。刍，草之义。是指人们祭祀时，用草扎成狗形，以此献祭。天地并没有仁爱慈惠的判断，它把天地间的万物均看作是虔诚敬奉自己的祭品，如同以草结成的仿狗祭品一样，没有贵贱荣辱之别，天地并无偏爱。圣人治世，情同此理。圣人对百姓也没有偏私偏爱，不会以仁义道德标准去要求之，任其自然而然发展即可。

老子的哲学思想，将“天”“天命”等神秘特性尽力消除，取而代之的，是对天地万物运行规律的尊崇。人类的命运不再掌握在天的手中，而是完全可以在掌握天地万物运行规律后自由运行，进入无为而无不为的自在世界。从对天的无条件的盲目迷信膜拜，到将其视为一个普遍存在，这是人类历史上多么伟大的一次思想升华和站立。当然也是人类认识自身的一个极其伟大的智慧成果。当人类的目光开始转向自身、转向寻找万物生存发展的内在规律时，也意味着人类开始向更光明的未来前行。

在老子出生20年后，中国又一位伟大的思想家来到人世。公元前551年，孔子降生。孔子名丘，字仲尼，春秋时期鲁国人。传说因其出生在尼山，额头隆起，像个山丘，故得此名。孔子自称殷人，家世可追溯到殷商贵族之时。这可能使得他对王朝换代、君王更替，有着更强烈的感触。因此，孔子一生以克己复礼为使命，最后完成了对中国儒家思想的建构，完成了对中国历史进程的安排，同时，也完成了对中华儿女精神家园的再塑。

孔子一生最崇拜的人当为周公。在《论语·述而》中，孔子曾经说：“甚矣吾衰也！久矣吾不复梦见周公！”意思是说自己衰老得太厉害了，好久没有梦见周公了！由孔子对周公的魂牵梦萦，可知周公对孔子的影响之深。毫无疑问，周公的天命观及敬德保民等政治遗产，不可避免地会影响到孔子。

孔子崇拜周公，有着深刻的历史渊源。周公是周王朝创立和政权巩固的大功臣，中国的分封制始于周公，这也是中国由奴隶制社会向封建制社会过渡的起始。作为王室屏藩，周公先后封建的诸侯国家有71个。他还着手建立了周王朝的一整套典章礼乐制度，使周王朝的政治统治彻底走上正轨，影响了中国社会三千多年。周公归政之年的岁末，成王将周公之子伯禽分封到泰山之南，建立了鲁国，周公也就成了鲁国的始祖。周公去世后，周成王将其埋葬在周文王墓旁，以表示自己不敢以周公为臣。为了褒扬周公之德，周成王还特许鲁国在祭祀周公时用周天子的礼乐。为了祭祀周公，鲁国在曲阜建了周公庙，周公庙又称“文宪王庙”，其大殿为“元圣殿”，周公庙棂星门内两侧石坊分别是“经天纬地”“制礼作乐”，都是赞颂周公的丰功伟绩。因为是周公的封国，鲁国初封时得到了不少特殊政策，如鲁国可以“世世祀周公以天子之礼乐”，《礼记·明堂位》也说：“凡四代之器、服、官，鲁兼用之。是故，鲁、王礼也，天下传之久矣。”春秋时期，周王室礼坏乐崩，只有鲁国较完整地保存着周礼，所谓“周礼尽在鲁矣”（《左传》）。时人视礼为国家的根本，周礼似乎是周王朝统治的象征，鲁国在诸侯国的特殊地位可想而知。在周王朝治国政策的贯彻上，鲁国堪为典范，周公的保民思想、明德慎罚、勤政任贤等都似乎在鲁国当政者身上有明显体现。这一切对当时的孔子的影响可想而知。

孔子年轻时“入太庙，每事问”，对此，《论语》中《八佾》《乡党》都有记载。古代开国之君称太祖，太祖之庙称太庙。这里的“太庙”指鲁国周公之庙。孔子时代，许多周代典籍记载尚在，孔子比今天的人们能够看到更多的周初历史。孔子还实地学习考察，曾经到当时的文化中心东周洛邑参观访问，“问礼于老聃，访乐于苌弘”，还“历郊社之所，考明堂之则，察庙朝之度”，《孔子家语·观周》篇专门记述了相关情况。孔子对周朝政治制度的无限向往，对周公无比倾心仰慕。他曾经这样说：“吾乃今知周公之圣，与周之所以王也。”

孔子对周公事迹以及“周公之制”非常熟悉。例如，《孔子家语·冠颂》记孔子谈论天子、诸侯的冠礼，其中说：“天子冠者，武王崩，成王年十有三而嗣立。周公居冢宰，摄政以治天下。明年夏六月，既葬，冠成王而朝于祖，以见诸侯，示有君也。周公命祝雍作颂……此周公之制也。”

孔子对周公思想的继承，前人多有专述。如《淮南子·要略》说：“孔子修成、康之道，述周公之训，以教七十子，使服其衣冠，修其篇籍，故儒者之学生焉。”汉儒扬雄在《法言·学行》中也说：“孔子，习周公者也。”这充分说明了以孔子为代表的儒家学说与周公思想的直接联系。正因如此，后世称孔子所创立的儒学为“周孔之学”或者“周孔之教”“姬孔之教”。“周孔之学”几乎成为儒学的代名词。

既然对周公如此尊崇，周公的“天命论”“德治论”不可能不对孔子产生深远影响。据对《论语》统计，其中记录孔子论“天”的言论有12次，论

"命"的言论有5次，可见天命思想对于孔子的影响之深。但孔子的伟大在于他善于创造性吸收前人的思想成果，而不是被动地全盘接受。否则，他充其量只会是个知识搬运工，而不会是一位伟大的震古烁今的思想家。

孔子对天的态度，首先是敬畏。《论语》中曾记载了孔子和弟子的一段有趣的对话。孔子说："予欲无言"，子贡说："子如不言，则小子何述焉？"孔子复答："天何言哉？四时行焉，百物生焉，天何言哉？"这是说，天自有其内在的运行规律，不用做任何安排，四时有序运行，万物自由生长，天的安排是最完美的，无须多言。在《泰伯》篇中，孔子说："大哉！尧之为君也！巍巍乎！唯天为大，唯尧则之。荡荡乎！民无能名焉。巍巍乎，其有成功也。焕乎，其有文章。"孔子歌颂尧的成就，荡荡巍巍，老百姓都无法用言语来描述，而这一切，均是效法天的运行法则而成就。唯天为大，这是孔子对天的认知。

对天敬畏，对天命自然也要敬畏。《论语·季氏》载：子曰："君子有三畏：畏天命，畏大人，畏圣人之言。小人不知天命而不畏也，狎大人，侮圣人之言。"这里的天命，指的是上天安排的命运；大人，指的是德高望重、有权有势的人，圣人，指的是知晓古今治世之道的博学之人。小人不学无术，无知者无畏，从而大胆妄为，戏弄德高望重之人，嘲笑圣人的言论学说。

敬畏天命的另一层含义，就是顺从天命，接受天命。孔子的弟子子路在鲁国被人诬告，鲁国大夫子服景伯告诉孔子说，他可以将诬告者诛杀示众以为子路辩诬。孔子不同意这样做，感叹说："道之将行也与，命也；道之将废也与，命也。"（《论语·宪问》）说明孔子不愿意用强加于人的外力来改变他人的命运，诬告者有何下场，天命自会惩处，无须他人大动干戈。对命运的顺从，还体现在孔子看望患病弟子的言语中。孔子的弟子伯牛患上恶疾。孔子前去探病，伯牛的家人担心疾病不利于孔子，就没让他进屋，孔子只好隔窗握着伯牛的手安慰，痛心地说："亡之，命矣夫！斯人也而有斯疾也！斯人也而有斯疾也！"大意即"活不下去了，这就是命吧，这样的好人也会得如此恶疾呀！这样的好人也会得如此恶疾呀！"孔子对命运的无奈，于此可窥一斑。顺从命运的安排，以达观的态度来对待它，并不是懦弱的表现，接受现实，理性面对，及时调试状态，重新开始，这是另一种高超的智慧。孔子的这种天命智慧也影响到了他的弟子，在《论语·颜渊》中，同为孔子弟子的司马牛与子夏有这样一番对话：

司马牛忧曰："人皆有兄弟，我独亡。"

子夏曰："商闻之矣：死生有命，富贵在天。君子敬而无失，与人恭而有礼。四海之内，皆兄弟也。君子何患乎无兄弟也？"

司马牛伤心自己没有兄弟，孤独寂寞，子夏就劝他接受命运中的既定安排，做好君子应当做的事，这样，何愁前路无知己，何患天下无兄弟。正确理解了师傅天命观的子夏，此时此刻完全成了心理疏导大师，"四海之内皆兄弟"这句名言，至今还悬挂在联合国总部的大楼内，号召全人类团结起来，如兄如弟，友好和平相处。

如果只是将孔子对于天命的顺从理解为逆来顺受，那就有违孔子的本义了。"天行健，君子当自强不息。"这才是孔子在天命面前的真正态度。所以，孔子强调君子要知命：

不知命，无以为君子也；不知礼，无以立也；不知言，无以知人也。(《论语·尧曰》)

知道自己为何而生，生而为何，什么事应该做，什么事不应该做，什么是应得的，什么是应弃的，这些命运的安排，决定了人生的意义，因此，君子不可不知。孔子自称自己"五十而知天命"，可见窥知天命之难。

知晓天命的目的，为的是积极践行天命，奋发有为，而这，才是真正的天道。孔子在《泰伯》中有这样一段话：子曰："巍巍乎，舜、禹之有天下也，而不与焉！"舜和禹获得统治天下的资格，都是通过禅让的方式获取的，靠的是自己的德行和做出来的成就，所以，孔子对此大赞，这实际上也隐含了孔子对君权神授观念的不认同。命运虽由天定，但天定命运，定的绝不只是简单的生和死，而是一生要做的事，是生到死的过程。这个过程，才是人生真正的意义。所以，孔子对天、天命、天道更进一步的态度，就是不迷信，不盲从，求诸已。

孔子积极入世的现实理性主义精神，决定了他不可能过多纠缠于虚无缥缈的天地鬼神世界。所以，《论语·述而》说："子不语怪、力、乱、神。”对于弟子在这方面的提问，孔子也显得很不情愿。弟子季路向孔子请教鬼神之事，孔子很不高兴，回答说：“未能事人，焉能事鬼。”意思是对待人的事情还没有搞明白，还谈什么对待鬼神之事。弟子樊迟问孔子如何教化老百姓，孔子回答说：“务民之义，敬鬼神而远之，可谓知矣。”此处“知”，同“智”，也就是说，教化老百姓，只要对鬼神持尊敬态度就可以了，不必逢事必打卦问签，求示鬼神，这才是聪明的办法。

孔子用自己的实际行动，践行了自己知天命即必全力以赴奋力而为之的理念。史料记载，孔子在人过中年之后，即到知天命之年后，于55岁起，十多年时间，带领众弟子先后游历了卫、曹、宋、郑、陈、蔡、楚、杞等国，传播他的“周制、周礼”理念，一直到68岁才郁郁归国。《论语·宪问》中记载了一段他归国的故事：

> 子路宿于石门。晨门曰：“奚自？”
>
> 子路曰：“自孔氏。”
>
> 曰：“是知其不可而为之者与？”

石门是鲁国的城门。晨门是看守石门的人，早晨开门，入夜关门。孔子一行夜宿于石门之外。早晨入城时，子路前去叫门。看门的人问：“你从哪里来？”子路答说：“从孔子那里来。”看门的人就说：“是那个明明知道行不通，还要执意去做的人吗？”孔子以一个花甲老人的身份，颠沛流离于各诸侯国之间，宣扬自己的仁义之道，其执着敬事的事迹，在当时信息极其不畅通的时代，连一个普通看门的人都知道，可见孔子在践行天命方面，是多么地投入和执着了。

《礼记·哀公问》记载了孔子与鲁哀公的一段对话，反映了孔子之所以执着不休的原因：

> 公曰：敢问君子何贵乎天道也？
>
> 孔子对曰：贵其不已也。如日月东西相从而不已也，是天道也；不闭而能久，是天道也；无为而物成，是天道也；已成而明之，是天道也。

从这段对话中可以看出，在孔子心目中，君子之所以以天道为贵，敬重天道，在于天道始终如一地运行不止，日月星辰，未有一刻停止运行，造就万物，昭示万物，也从未有一刻停止。这种精神，恰是君子应该秉持的做事精神。孔子曾发过如下感叹：

> 子曰："莫我知也夫！"
>
> 子贡曰："何为其莫知子也？"
>
> 子曰："不怨天，不尤人，下学而上达。知我者其天乎！"

孔子感叹天下没有人理解自己的思想和为传播这一思想而做出的努力。子贡就问：为何这么感叹呀？孔子说，我不抱怨天，也不责怪他人，下学礼乐上达天理，能理解我的，只有上天了！

由将天当作至高无上、决定一切的万能人格神，顶礼膜拜，虔诚信仰，到发现天命的真谛，了解天和人的共生关系，找到天地人和谐相处、共生共荣的发展之规律，这是老子、孔子等思想大家为中华文明创立繁衍做出的杰出贡献，也是中华文化传承数千年、生生不息、至今仍充满生命力的灵魂所在。

"敬鬼神而远之，可谓知矣。"孔子的这一思想，使得中国人开始以更理性、更务实的态度来看待天人关系。桥归桥，路归路，一味地依靠天命，将自己的命运，交付到未知的神灵的手上，这是不可取的；相反，积极认知、把握事物发展的内在规律，加强自身的道德修养，顺势而为，德行天下，这才是真正的天之道。天很遥远，人在眼前，回归自我，天人相应，为人处世最大的智慧尽在其中。

人在做，天在看，天其实并没有远离我们的心灵，而是一直萦绕在我们身边，给我们鼓励、慰藉与平衡。

不明天之道，就无法理解人之道；不谙天人之间的感应原理，同样无法踏上成功的正确路径。这正是本讲的要旨所在。

第二讲

变之道：穷则变，变则通，通则久

在中国古代的爱情诗中，汉代乐府民歌《上邪》是一首非常有代表的诗作。这首诗作言简意赅，感情炽烈，成为千古绝唱。诗的原词是："上邪，我欲与君相知，长命无绝衰。山无陵，江水为竭。冬雷震震，夏雨雪。天地合，乃敢与君绝。"诗的大意是：天啊，我愿与君相知相爱，一辈子不会改变减退。除非山陵成为平地，长江黄河枯竭，冬天响雷阵阵，夏天漫天大雪，天地合而为一，如此才敢和你分手，有所改变。这首诗歌颂的是爱情的固如磐石，坚贞不变。但理想很丰满，现实很骨感，如果由汉代再往前推一千多年，就会发现，早在西周初期，中国古代的先哲们已通过《周易》中的卦图爻辞等，做出了明智的判断：变是永恒的，人类发展历史上最大的不变，就是一直在变。

一、《周易》中的“变”

《周易》，又名《易经》，成书于西周初年，但其思想的形成要溯源更早。东汉著名史学家班固在《艺文志》中称：“故曰《易》道深矣，人更三圣，世历三古。”后世学者认为，所谓三圣，一为伏羲氏，“观物取象”画出八卦；二为周文王，司马迁在《史记》中记载有“文王拘而演《周易》”，即对六十四卦做了卦辞的演绎；三为周公，汉以后的儒生们普遍认为六十四卦中的三百八十六则爻辞出自周公之手。至于三古，则是“伏羲为上古，文王为中古，孔子为下古”。《周易》成于古代众先哲之手，非一人之力，这在古代文献形成过程中是很正常的。《周易》是中国古人从蒙昧时代走向古代文明的所思所想的忠实记录，是中国古代先哲们思想智慧的集大成及重要结晶，是中华文明的基因及根脉，可以说，中华民族五千年的文明智慧史，都可以在《周易》中找到最早的源头。

《周易》中的“周”字，一指朝代，即为周朝，另一义指周密，周全，无所不备，周而复始，往复循环。“易”，是个象形字，上“日”下“月”，一阳一阴，象征阴阳。也有说易由蜥蜴而得名，蜥蜴俗称“变色龙”，“易”的变易义由蜥蜴引申而得，易指天下万物一直处在变化之中。易还有交易之义，即指阴阳交互转化，此消彼长之意；易同时还被解释为道，亘古不变的真理，常理，《系辞》有“生生之谓易”的说法。

东汉郑玄著《易论》记载“易一名而含三义：易简一也；变易二也；不易三也。”他所总结的易的三种意思：“易简”“变易”和“恒常不变”，道出了《易经》的真谛，后世的人们把《易经》称为“大道之源”，正是因为其包涵了深奥的天地万物变化规律之故。

相传周易中的八卦图为伏羲所作。伏羲是中国最早有记载的创世神，是中华民族的人文始祖，可上溯至7800余年前。他的生日为农历三月十八日。今天在许多地方还有在农历三月十八日祭祀伏羲的风俗。司马迁在《史记·

太史公自序》中说："余闻之先人曰：'伏羲至纯厚，作《易》八卦。'"这充分肯定了伏羲的历史地位。《周易·系辞下》这样记载：

古者包牺氏之王天下也，仰则观象于天，俯则观法于地，观鸟兽之文，与地之宜，近取诸身，远取诸物，于是始作八卦，以通神明之德，以类万物之情。作结绳而为网罟，以佃以渔，盖取诸离。

包牺氏没，神农氏作，斫木为耜，揉木为耒，耒耨之利，以教天下，盖取诸益。

日中为市，致天下之民，聚天下之货，交易而退，各得其所，盖取诸噬嗑。

神农氏没，黄帝、尧、舜氏作。通其变，使民不倦，神而化之，使民宜之。易穷则变，变则通，通则久。是以自天佑之，吉，无不利。

包牺氏，即为传说中的中华人文始祖伏羲。在远古的时候，人们对大自然及人类自身一无所知，伏羲仰观天象，俯察地理，近处观察鱼虫鸟兽及人类自身在天地之间的活动规律，做出八卦图象，将天地神明指引人类的谕示暗含其中，将天地万物运行的法则和遵循的规律描绘其中。人们开始结绳记事，织网捕鱼，伏羲去世后，神农氏、黄帝、尧、舜等根据八卦图的谕示，发明了农业工具，开通了交易通道，按照八卦图的变化规律，让老百姓孜孜不倦地劳作，因地制宜地进行生产生活。《系辞》作者提出《易经》最大的谕示就是："穷则变，变则通，通则久。"只要遵行了这样的万事万物变化的内在规律，自然会"自天佑之，吉无不利"，即会得到上天的帮助，做事情都会大吉大利。

八卦图的基础图只有一个长横，两个短横。所以人们常说"一画天地开"。一个长横和两个短横画出的线图，均称为"爻"，长横"—"为阳，奇画，俗称"阳爻"；两条断开的横线"--"，偶画，俗称"阴爻"。每三爻相叠成一卦，共为八卦，古人将此八卦的符号，总结了一则卦歌："乾三连，坤六断。震仰盂，艮覆碗。离中虚，坎中满。兑上缺，巽下断。"八卦象征着八种自然界的现象：即天、地、雷、风、水、火、山、泽。八卦两两相重，出现了六十四卦。每卦均有对应的卦辞和六则爻辞，每卦对应的卦辞和六则爻辞，喻示着该卦所包含着的神示，暗含着对应事物的运动、变化及发展特征。而八卦卦辞及三百八十六则爻辞，则展示着不同环境下万事万物运行的动态变化和运行规律，指示着事物的发展方向甚至结果，其中也包含着做人做事的基本哲理，中国最古老的智慧图像就此形成，它经过三千多年的演绎实践，也深深融入中国人的血脉和基因之中，并在日常生活中不时显露出来，继续发挥其重要的作用。

八卦图简单易识，这正是中国先哲们的伟大智慧所在。他们希望通过这种至简至易的方式，让人们认识并掌握天地万物的存在变化及发展规律，以简驭繁，以最简易的方式直通天地之理，从而走在吉之路上。《周易·系辞上》这样说：

> 天尊地卑，乾坤定矣。卑高以陈，贵贱位矣。动静有常，刚柔断矣。方以类聚，物以群分，吉凶生矣。在天成象，在地成形，变化见矣。
>
> 是故刚柔相摩，八卦相荡，鼓之以雷霆，润之以风雨；日月运行，一寒一暑。乾道成男，坤道成女。乾知大始，坤作成物。乾以易知，坤以简能；易则易知，简则易从；易知则有亲，易从则有功；有亲则可久，有功则可大；可久则贤人之德，可大则贤人之业。易简而天下之理得矣。天下之理得，而成位乎其中矣。

在这段话中，天地对应乾坤，尊卑对应贵贱，动静对应刚柔，自然现象与人事变化相互映现，万事万物的运行规律就蕴含在其中。“位”与“理”，是人们认识事物变化及其规律的基础，位正则理正，位顺则理顺。人事对应着天道，推天道则可明人事。吉与凶，就藏在这“位”与“理”中。先哲们认为，事情平易，才会让人容易知晓；道理简单，才会让人容易跟从；容易知晓了就会有人主动来亲近，愿意跟从了就可以建功立业了，有人来亲近可以做成长久的事业，一点点积累功德就会做成更大的事业。长久与宏大，这才是贤明之人的选择，所以，易简，往往可得天下之理，而懂得了天下的变化之理，事情就会各归其位，吉利祥和。

道的概念也在《周易》中出现。《周易·系辞上》这样写道：

一阴一阳之谓道。继之者善也，成之者性也。仁者见之谓之仁，知者见之谓之知，百姓日用而不知，故君子之道鲜矣。显诸仁，藏诸用，鼓万物而不与圣人同忧，盛德大业至矣哉！富有之谓大业，日新之谓盛德。生生之谓易，成象之谓乾，效法之谓坤，极数知来之谓占，通变之谓事，阴阳不测之谓神。

阴阳概念，是中国古代先哲们认识事物所发明的独特哲学概念，也是中华民族对天地万物运行规律与众不同的独创性认知，体现了中华民族特有的智慧。中国古代先哲们通过对天地万物的观察，发现万事万物都体现为阴和阳，日月、天地、昼夜、冷热、高低、上下、胜负、荣辱等等，几乎生活中遇到的万事万物，都有着相互对立的元素，千变万化，都逃不脱阴阳二字，正是在这相互转化的变动之中，“道”的概念出现了，老子将“道”这一哲学理念做了最完美的阐释，道也成了中国人认识事物的基本指南。阴阳相互转化，生生不息，就正是所说的“易”。效法天象运行变化的谓之“乾”；效法地理运行变化的谓之“坤”，占卜是为了预知未来变化之事，通晓其中的变化规律然后采取行动，这才是真正的做事。

中国古代先哲们非常强调“通变”，即精通事物变化的规律，然后才能顺利做事。在《周易·系辞上》中有这样一段精彩描述：

是故易有太极，是生两仪。两仪生四象。四象生八卦。八卦定吉凶，吉凶生大业。是故法象莫大乎天地；变通莫大乎四时；县象着明莫大乎日月；崇高莫大乎富贵；备物致用，立成器以为天下利，莫大乎圣人探赜索隐，钩深致远，以定天下之吉凶，成天下之亹亹者，莫大乎蓍龟。是故天生神物，圣人则之；天地变化，圣人效之；天垂象，见吉凶，圣人像之；河出图，洛出书，圣人则之。易有四象，所以示也。系辞焉，所以告也；定之以吉凶，所以断也。

太极生两仪，两仪生四象，四象生八卦，八卦定吉凶，吉凶生大业。在《周易》中，卦爻辞断语常用这样的概念，如吉（善，好、福泽、吉祥）、利（吉利、顺利，相配、适合），这是好的表示；相对应的，有吝（艰难）、厉（危险）、悔（后悔、悔恨，贫穷、困窘）、咎（灾祸、忧患）、凶（死亡、大祸、大灾、大难），简述之，一利一害。趋利避害，是人的本性，求吉去祸，是人的本能，要做到这一切，就得像圣明的人一样，观察天地万物的变化规律，然后，效法，顺应，按图索骥，以变应变。

《中庸》有言：

> 至诚之道，可以前知。国家将兴，必有祯祥，国家将亡，必有妖孽。见乎蓍龟，动乎四体。祸福将至，善必先知之，不善必先知之。故至诚如神。

这是说只要是精诚所至，祸福变化都会通过天地万物的异象，提前兆示给人们，让人们提前采取行动。但前提是只有至诚才会掌握这样的预兆，否则将一无所获。

断吉凶，知变化，其实并不是古代先哲们的真正的本意，预防这些变化的发生，真正做到提前趋吉避凶，这才是先哲们的本意所在，所以，在《周易·系辞下》中，有这样的话语：

> 《易》之兴也，其于中古乎？作《易》者，其有忧患乎？是故履，德之基也；谦，德之柄也；复，德之本也；恒，德之固也；损，德之修也；益，德之裕也；困，德之辨也；井，德之地也；巽，德之制也。履，和而至。谦，尊而光；复，小而辨于物；恒，杂而不厌；损，先难而后易；益，长裕而不设；困，穷而通；井，居其所而迁；巽，称而隐。履以和行，谦以制礼，复以自知，恒以一德，损以远害，益以兴利，困以寡怨，井以辨义，巽以行权。

古代先哲们在分析《易经》创始者的心态时，这样发问："《易经》的作者，大概有忧患、艰难吧。"之所以如此发问，是因为"履"卦、"谦"卦、"复"卦、"恒"卦、"损"卦、"益"卦、"困"卦、"井"卦、"巽"卦，全是告诫人们"德"的道理，正所谓生于忧患，死于安乐。创作《易经》的先哲们通过卦象、卦形、卦辞，告诉我们趋利避害的真正要旨，在于进德，修能，求诸已，在艰难困苦中磨砺自已的心志，提高自已的品行，自已的命运和未来掌握在自已的手中，“德”就是开启未来、趋吉避祸的真正密匙。这实在是古代哲人给后世留下的最大智慧。

有了“德”这把应对变化的金钥匙，古代先哲们提出要认真对待《周易》中喻示的事物变化的内在规律，以变对变。《周易·系辞下》这样写道：

> 《易》之为书也不可远，为道也屡迁，变动不居，周流六虚，上下无常，刚柔相易，不可为典要，唯变所适。其出入以度外内，使知惧。又明于忧患与故。无有师保，如临父母。初率其辞而揆其方，既有典常。苟非其人，道不虚行。

《易经》讲的是变化的道理，而事物的变化又是“上下无常，刚柔相易”，因此，不可把《易经》所讲的道理固化下来，以为典要，固守不变。易经中的六爻在上下变化，卦爻有解释，因地因情而各有不同，只有以变应变，才能适应实际需要。进退出入，要遵守法度规律，对内对外，要知道戒惧，知道了忧患产生的原因，就会免于忧患。有了《易经》，即使没有师傅教导，也如同父母就在自已面前。《周易》所揭示的事物的变化规律，只要认真思考揣度，还是能够掌握的，否则，《易经》也不会流传得如此长久。

《易经》的道理，在于它融会贯通了天地人之道：

> 《易》之为书也，广大悉备。有天道焉，有人道焉，有地道焉。兼三才而两之，故六。六者非它也，三材之道也。道有变动，故曰爻；爻有等，故曰物；物相杂，故曰文；文不当，故吉凶生焉。
>
> 《易》之兴也，其当殷之末世，周之盛德邪？当文王与纣之事耶？是故其辞危。危者使平，易者使倾。其道甚大，百物不废。惧以终始，其要无咎，此之谓《易》之道也。

《易经》包罗万象，既含天道，又有地道，还有人道，八卦中的六爻，讲的就是“三道”的呼应变化之道。三道周行不息，变化无穷，爻辞的解释也就随之变化，相互错综，既有卦象，又有实物，在相互交织中，一旦有不当位的情形发生，吉凶祸福也就随之而来。先哲们分析，在《易经》中，多有危耸之辞，这大概与周文王被拘羑里，因此对社会及周边环境多了几份惊惧所造成的。有了危险意识，就会加以小心，就多几份平安，而对危险漫不经心，疏忽怠慢，得到倾覆的命运应该也不是意外的。“惧以终始，其要无咎”，换句话说，只要慎终如始，常怀戒惧之心，做事就会很少出现意外差错，趋吉避害的理想就会实现，而《易经》最伟大的智慧，正是在此处体现出来。

在天地万物的运行中发现变化，在变化中发现其中隐含的规律，循着事物变化的规律采取适宜的行动，做出恰当的选择，从而趋吉避害，得到最满意的结果，这是贯穿《易经》的重要遵循。问题是，变化何时出现？影响变化的因素互相是一种什么样的关系？变化遵循的是一种什么样的规律？在千头万绪的复杂情形出现时，在对外界或自身情况茫然无知的情况下，什么样的行动才是适宜的？什么样的选择才是恰当的？这些问题都需要伟大的智慧才能回答和处理的。《易经》正是在这些问题上给予了人们最恰当的解释，从而成为数千年来中国人奉行不二的智慧宝典。

天人感应、天人合一，天地人三道互通，这是《易经》认识天地万物变化之道及运行规律的重要依据，以德为纲，则是《易经》应对事物变化的通用法则。《易经》蕴含着大量经天纬地的智慧，这些智慧，同时也是人们为人处世的基本遵循。“《易》之为书也不可远”，就是提醒人们应该时时牢记《易经》中的道理，人生才会过得顺利。

“乾卦”（☰），是易经中的第一卦，从乾卦中，可以管窥《易经》“变之道”的智慧所在。

乾卦的卦辞是：乾，元、亨、利、贞。乾，象征着天。元，原始，万物的开始；亨，通达，四通八达；利，和谐，大好之事；贞，正直，贞静美好。从卦辞上看，这是一个最吉利的卦象。

乾卦有六爻，即六画，均为阳爻。阳爻为九，阴爻为六。由下往上，乾卦爻辞分别为：

初九：潜龙勿用。

九二：见龙在田，利见大人。

九三：君子终日乾乾，夕惕若厉，无咎。

九四：或跃在渊，无咎。

九五：飞龙在天，利见大人。

上九：亢龙有悔。

用九：见群龙无首，吉。

对乾卦的卦象，哲人的解读是："天行健，君子以自强不息。"这句话把卦象反映的天象，与君子的作为联系起来，天之道，周行不息，健动不休；作为君子，应像天行一样，自强不息，积极向上，奋力进取。孔子云："惟天为大，惟尧则之。"意即天之道，是最应遵循的法则，过去尧舜遵行天的法则，国泰民安，后来的人们也应如此，方可事业有成。中华民族的灵魂及品格、中国人的精神气质及血脉，中国人的性格基因，正是建立在"自强不息"的基础之上。这条做人做事准则绵延数千年而不缀，在每个中华儿女的身上，至今仍焕发着强大的生命力。

七则爻辞，对应七种不同的情境，给出七种不同的应对之策，亦即变之道。变之道以"德"为统领，喻示人们做人做事应遵循的道理。爻辞初九之"潜龙勿用"，是指当一个人的才能尚未被人认知的时候，不妨静居水下，无声不息，不要主动争取，强行作为，以免引起不必要的麻烦。"潜"，蛰伏状，仍须积蓄力量，不可逞强。在此阶段，孔子给出的建议是"乐则行之，忧则违之，确乎其不可拔"，意即乐于所做的事情就去做，有一定麻烦的事要避开去做，意志坚定，毅力坚挺，沉着不动。

爻辞九二"见龙在田，利见大人"，是指一个人开始出现在世人眼中，开始被人们注意，此时要注意谨言慎行，防止不当言行影响到自身。内心依旧保持赤诚，可以用自己的美好德行去感化他人。小荷才露尖尖角，沉稳显德，孔子称之为"君德"。

爻辞九三"君子终日乾乾，夕惕若厉，无咎"，是指一个人的美好德行被人们渐渐发现，人们开始关注并愿意拥戴他。成就事业的机会正在一步步临近。越是这种时候，越应该每天保持勤勉刚健，直到夜晚还是保持警惕之心好像危险马上就要降临，如此应变，即可避免不必要的小灾小难。在此阶段君子最应该保持何样的德行？孔子说："君子进德修业。忠信，所以进德也。修辞立其诚，所以居业也。知至至之，可与几也。知终终之，可与存义也。是故居上位而不骄，在下位而不忧。故乾乾因其时而惕，虽危无咎矣。”这阶段最好的作为就是进德修业，苦练内功。忠实为本，信用为上，通过言语树立自己的至诚人设，积蓄自己的功业。可以寻找能辅助自己的力量，知道目标为何物且如期实现目标的人，可以与之交流机密；知道适可而止的人，可以与之结义，居于上位而不骄傲，居于下位而不担忧，时刻保持高度戒惧之心，虽然危机重重但不会有什么灾祸。

爻辞九四“或跃在渊，无咎”。经过三爻铺垫，时机已经来临。这时就要一跃而起，主动作为，勇敢实现自己的理想和目标。这个时候出头，应该是没有什么灾祸的。孔子说：“君子进德修业，欲及时也，故无咎。”孔子一直强调积极入世，进德修业，目标也是展示自己，发挥自己的才干，此时不应时而为，积极行动，抓住机会，反而会因失去时机而遭遇祸患。抓住机遇，果断出击，这是一个智慧者的作为。

爻辞九五“飞龙在天，利见大人”。飞龙一飞冲天，心中愿景实现，可以宏图大展，这是人生最风光的时候，也是人生最得意的时光。孔子描述人在这个阶段是：“同声相应，同气相求，水流湿，火就燥。云从龙，风从虎，圣人作而万物睹。本乎天者亲上，本乎地者亲下，则各从其类也。”正可谓要风得风，要雨得雨，心想事成，一顺百顺。君子完全可在此阶段大展宏图，成就丰功伟业。这是另一种机遇。

爻辞九六“亢龙，有悔”。激愤的巨龙飞到至高之处，必有后悔的事发生，这正体现了中国人独有的辩证思维模式，物极必反，飞得越高，摔得越惨。孔子说：“贵而无位，高而无民，贤人在下位而无辅，是以动而有悔也。”身居高位，离老百姓越来越远，贤明的人居于下位无法提高辅助，因此，君王动而有悔，人生在顶峰必然要黯然失色，重新跌落到黑暗时代。这是一个奇妙地轮回，人生的变化正是如此往而复返，循环不已。

从乾卦可以看出，人和周围的环境，始终在互为因果、相互作用之中。潜在水中，浮出水面，初被人识，主动结交，一飞冲天，至高跌落，一个完美的抛物线，恰如人一生的轨迹。《易经》用浅显易懂的卦画将此轨迹呈现出来，并不是让人听天由命，而是“唯变所适”“惧以终始，其要无咎”，既不要在居于人下时丧失信心，自甘堕落，也不要在一飞冲天后忘乎所以，目中无人。进德修身，是一辈子要坚守的事业，只有慎终如始，终日乾乾，夕惕若厉，才可以趋吉避害，平安度过一生。

中国人的智慧，尽在变之道中体现，读懂了《周易》，也就读懂了中国人的性格特点及布局谋事的方法。

二、老子：《道德经》中的“变”的智慧

将天地万物的变化规律研究得极为透彻，谙熟变化之道，形成自己独特的思想理论体系，使其成为中华民族最富贵的智慧财富之一者，两千五百多年来，无人能超过老子。

老子，姓李，名耳，字聃，又字伯阳，后人世称其“李耳”“李聃”或“老聃”，东周春秋时期陈国人。相传生于公元前571年，卒于公元前471年，享年100余岁。他曾长期在东周都城洛阳担任周朝守藏史，以博学多闻而著称，期间孔子曾多次入周，向老子问礼，得到老子指点。春秋末年，天下大乱，老子弃官归隐。据说，老子辞官退隐的消息传出后，引起函谷关关令尹喜的关注。他夜观天象，发现有紫气东来，于是命人清扫道路十里，早早恭迎在老子归隐必经途中。见老子后，他说：“子将隐矣，强为我著书。”于是老子驻足函谷关，著书上下篇，为《道德经》。后悄然离去，不知所终。函谷关今位于河南省灵宝市，当地人民立老子像，永为纪念。像中老子左手持卷，巍峨耸立，面容清秀，目光深邃，须发飘逸，道风凛然。《道德经》5000余字，思想深邃，义理精奥，至今仍有很多令人无法理解的内容，是全球文字出版发行量最大的著作之一。

老子对变的认识，源自他对宇宙及天地万物起源的认识，这个高起点，使后来的研究者只能远远地望其项背。在《道德经》中，老子用诗一样的语言描述他心目中的道：

有物混成，先天地生。寂兮寥兮，独立不改，周行而不殆，可以为天下母。吾不知其名，字之曰道，强为之名曰大。大曰逝，逝曰远，远曰反。故道大，天大，地大，王亦大。域中有四大，而王居其一焉。人法地，地法天，天法道，道法自然。

道是天地万物的源头，是天地万物之母。在老子的哲学思想体系里，天地生成之前，道已经存在，它寂寞寥廓，独立于宇宙之中，循环往复，无休无止，可以是天地万物的始祖。因不知其名，只能称其为道，勉强取个名，叫作大。“大”了就会消逝，“逝”又可叫作“远”，“远”至极处又会返回，是谓“反”。由此循环往复，无休无止，所以说，道是大的，天是大的，地是大的，王也是大的。宇宙有四个大，王是其中之一大。这四大如何运行？人要效法地的运行规律，地要效法天的运行规律，天要效法道的运行规律，道则要效法自然。事物变化的基本规律是什么？一个“反”字，老子对其予以了精准的总结。

既然道是万物之源，那么，道究竟是什么样子呢？老子进一步描述：

孔德之容，惟道是从。道之为物，惟恍惟惚。惚兮恍兮，其中有象；恍兮惚兮，其中有物。窈兮冥兮，其中有精；其精甚真，其中有信。自古及今，其名不去，以阅众甫。吾何以知众甫之然哉？以此。

道是个啥东西呢？老子回答说，“道”恍恍惚惚，谁也看不清。但正是在这看不清中，它有象，有物，有精，有信，自古至今，道一直发挥着功用，看着万事万物，生成，发展，成长。老子说，我怎么知道万事万物的形状及变化规律？就是凭着对道的把握。

一切事物皆起源于道，老子说：

道生一，一生二，二生三，三生万物。万物负阴而抱阳，冲气以为和。人之所恶（wù），唯孤寡不穀（gǔ），而王公以为称。故物或损之而益，或益之而损。

道生出一，一生出二，二生出三，三生出万物。万物有阴有阳，和谐共生。人们最瞧不起的，是“孤”“寡”“不穀”（贱谷），而王公贵胄却拿来作为自称。所以说，事物，有时贬损它反而会使它受益；给它好处又反而会使它受到贬损。在这里，老子将“损”和“益”这一相互对立的关系辩证地放到一起来思考，损益关系发生互换，这正是变之道的内在规律。

“万物负阴而抱阳，冲气以为和”，这是老子对世界最重要的认知之一。一阴一阳谓之道，万物皆有阴阳，阴阳生出万物，两种对立的事物，在运动中取得平衡，冲气一体，和声相应，和气共存，从而构成一个相对完整的世界。老子进一步解释说：

> 天下皆知美之为美，斯恶（è）已；皆知善之为善，斯不善已。故有无相生，难易相成，长短相形，高下相倾，音声相和（hè），前后相随，恒也。

天下人都知道什么是美，这是因为有恶的存在；都知道什么是善，这是因为有不善的存在。所以，有和无互生，难和易相伴，长和短相配，高和下相应，音和乐相呼，前和后相随，这是一个永恒存在的现象。在老子的哲学思想体系中，没有非黑即白、非对即错、非是即非之说，相反，事物本身就包含着两个相互对立的极端现象，阴阳只是两个极端事物的标志，没有矛盾不成世界，没有对立事物就不完整。有研究者统计，老子《道德经》中，出现相互对立的概念就的八十对之多，如美恶、有无、奇正、巧拙、存亡、动静、成败、主客、盈冲、曲全、枉直、洼盈、少多、雌雄、寒热、祸福、吉凶、终始、轻重、荣辱、静躁、弱强、废兴、取与、贵贱、进退、有为无为、有道无道、有事无事等，老子用这些相互对立的概念表明，这个世界是丰富多样的，是多极并存的，谁也取代不了谁，谁也消灭不了谁，只有用全局的眼光看世界，用包容的眼光看世界，才会理解这个世界，并找到合适的生存之道。老子的这一大智慧影响了中国人两千多年，构成了中国人独特的世界观，中华文明之所以能兼容并蓄，吸纳众长，中国人之所以能用谦逊的态度与世界各族人民打交道，与中国人千百年来形成的独特的包容博大的世界观有关。

相互矛盾对立的事物，并不是静止不动的，相反，它“周行而不殆”，永远处在变化之中，这一发现，是老子对中华文明做出的又一重大贡献。老子说：

> 致虚极，守静笃（dǔ）。万物并作，吾以观其复。夫物芸芸，各复归其根。归根曰静，是谓复命。复命曰常，知常曰明。不知常，妄作凶。知常容，容乃公，公乃全，全乃天，天乃道，道乃久，没（mò）身不殆。

在心灵空放至极致、心情安静至极致的时候，万物生机勃勃，有序运行，老子自称自己会“吾以观复”，即仔细观察万事万物由生到死、死而复生、由无到有、由有到无、翻来覆去的规律。老子发现，大千世界，芸芸众生，各有各的生存之道，各有各的发展规律，各有各的运作模式。“静”“命”“常”“明”，正是指事物各自本身所遵循的生存发展变化规则规律。这些规则规律，是天之道，是与生俱来的，不可违逆和人为改变，否则，就是不知常，不知常而自以为是，任性妄为，胡作非为，必会遇到灾祸和凶险。相反，了解了规则规律，按天之道行事，无为而为，做事就会宽容，就会心胸豁亮，就会公平公正公道，就会思虑周密，行事周全，就会行走在与天道同频的道路上，就会基业长青，终生不会有灾祸和凶险。

矛盾对立着的事物，会彼此成就，成就彼此，这是老子在“观复”中发现的一个重要规律。老子这样说：

> 反者，道之动；弱者，道之用。天下万物生于有，有生于无。

反，为往返、反复、周行不殆之意，道的规律是从始到终，再结束，再开始，生生不息，循环往复；以弱为强，以柔克刚，这是道的运行模式。天下万物，都是无中生有，有了继续繁衍，继续生有，最后，重归于无，无再生有。根据这一规律，老子提出：

> 大成若缺，其用不弊。大盈若冲，其用不穷。大直若屈，大巧若拙，大辩若讷。躁胜寒，静胜热。清静为天下正。

这段话意即：有大成就的人，貌似都是有缺陷不完备的人，但他的作用并不会缺失；内心冲盈的人，好像大盅一样，里面看着很空，其作用也是无穷无尽。所以，越是大直的，总像是弯曲着的；越是机智的，总像是笨拙的；越是雄辩家，看上去总是口舌不利索的。躁动胜过寒冷，心静自然清凉。清静，这是天下安定的根本。“缺”是“大成”的对立面，它成就了大成；“冲”是“大盈”的对立面，它成就了大盈；“屈”成就了“大直”，“拙”成就了“大巧”，“讷”成就了“大辩”，在这一由对立面相互成就的规律中，谁能无视、轻视、忽视对立面的存在呢？自身的兴亡存废，或许正是由对立面的兴亡存废决定着，这一高深的哲学思辨，实在是精妙无比。在《道德经》中，类似的观点随处可见：

> 故建言有之：明道若昧，进道若退，夷道若类；上德若谷，大白若辱；广德若不足，建德若偷；质真若渝（yú），大方无隅（yú）；大器晚成，大音希声，大象无形，道隐无名，夫唯道，善贷且成。

“大器晚成，大音希声，大象无形”，这是中国人千百年来家喻户晓的名言，也是中国人理性看待事物变化的依据。这是老子为中国人量身定做的智慧基因，明白了相互对立着的事物变化的规律，中国人在做事的时候，更加从容，更加处变不惊。为了强化这一观点，老子又从反面加以说明：

> 五色令人目盲，五音令人耳聋，五味令人口爽，驰骋畋田猎令人心发狂，难得之货令人行妨。是以圣人：为腹，不为目，故去彼取此。

在这段通俗易懂的话里，老子告诉人们一个“多”未必比“少”好，“占有”未必强过“放弃”的观点：色彩太多，会让人看不清色彩，变成盲人；音乐太多，会让人听不出音乐，变成聋人；美味太多，会让人失去味觉，再也品不出美味；纵横驰骋在野外打猎，会让人心生狂野无法冷静；奇货异宝给人带来困扰，会让人无法正常行事，所以，圣明的人只求平静清淡的生活，而不纵情于欲望满足。所有纵情声色，放任欲望疯狂的人，最后走向的都是不归路。古今中外，概莫能外。

根据事物对立面往往会相互成就的理论，老子还给了人们具体的行为指导：

> 将欲歙（xī）之，必固张之；将欲弱之，必固强之；将欲废之，必固兴之；将欲夺之，必固与之；是谓微明。

"欲取先予"，这是中国人千百年来遵循不二的人生行为准则之一，这也是老子留给后人的属于中华民族的伟大智慧之一。后来的学者们根据此理论总结出了"互惠原理""作用力与反作用力原理"等，用在人际关系上和事情处理中，没有不取得成功的。西方人不能理解东方智慧，动辄以"武力""制裁""打压"等多种手段压制第三方，企图使对方屈服，听命于己。殊不知，这反倒成了成就对方的最好方式，于是，越打压制裁，敌人越多越强大，自已的势力却一点一点减弱，东西方易势，看来这也是事物发展的基本规律之一。

矛盾对立着的事物也包括仁义与孝慈等内容在内。孔子是主张仁义礼信的思想统帅，老子则是主张无为而治的鼻祖，孔子曾到周朝都城所在地洛阳问礼事于老子，两人曾有过短暂的思想交流。老子对孔子进行了指导。

据《史记·孔子世家》载：

> 鲁南宫敬叔言鲁君曰："请与孔子适周。"鲁君与之一乘车，两马，一竖子俱，适周问礼，盖见老子云。辞去，而老子送之曰："吾闻富贵者送人以财，仁人者送人以言。吾不能富贵，窃仁人之号，送子以言。曰：'聪明深察而近于死者，好议人者也。博辩广大危其身者，发人之恶者也。为人子者毋以有己，为人臣者毋以有己。"孔子自周反于鲁，弟子稍益进焉。

据《史记·老子韩非列传》载：

孔子适周，将问礼于老子。老子曰："子所言者，其人与骨皆已朽矣，独其言在耳。且君子得其时则驾，不得其时则蓬累而行。吾闻之，良贾深藏若虚，君子盛德，容貌若愚。去子之骄气与多欲，态色与淫志，是皆无益于子之身。吾所以告子，若是而已。"孔子去，谓弟子曰："鸟，吾知其能飞；鱼，吾知其能游；兽，吾知其能走。走者可以为罔，游者可以为纶，飞者可以为矢 。至于龙，吾不能知，其乘风云而上天。吾今日见老子，其犹龙邪！"

这两段话虽稍有不同，但都反映了孔子求教于老子这一共同的事实。在这次求教过程中，孔子没有说太多的话，老子将自己的政治思考向孔子做了讲解。从谈话中可以看出，孔子很敬重老子，老子也很欣赏孔子，老子送给孔子的可以说是肺腑之言。明察近死，博辩危身，盛德若愚，老子的这些充满辩证思彩的人生智慧，一定深深打动了孔子，所以孔子评价老子说："鸟，我知道它能飞；鱼，我知道它能游；兽，我知道它能跑。会跑的可以去织网捕获，会游的可以制丝去钓，会飞的可以用箭去射。至于龙，我就不知道该怎么办了，它是驾着风云在天上自由飞翔的。我今天见到了老子，他大概就是龙吧！"可以说，孔子对老子的评价非常高。

老子对仁义之类的说辞，并不认可，他认为这是在主动改变人的思想认知，与无为思想不一致，因此，应予以绝弃。在《道德经》中，老子这样写道：

绝圣弃智，民利百倍；绝仁弃义，民复孝慈；绝巧弃利，盗贼无有。此三者，以为文不足，故令有所属。见素抱朴，少私寡欲，绝学无忧。（第十九章）

故失道而后德，失德而后仁，失仁而后义，失义而后礼。夫礼者，忠信之薄（bó）而乱之首。前识者，道之华而愚之始。是以大丈夫处其厚，不居其薄；处其实，不居其华，故去彼取此。（第三十八章）

儒家的积极入世思想，与道家的无为出世思想，在这里发生了激烈碰撞。老子认为，忠信仁义礼，为社会秩序混乱之源头，因此，应该绝弃，少思寡欲，绝学去忧，“去彼取此”。这是矛盾对立的体现，而这一矛盾对立的思想，似乎再次验证了老子的事物变化规律：矛盾对立着的事物，有时可以互相成就彼此。

矛盾对立着的事物，会随着时间推移，或特定情境变化，彼此发生互换性变化，位置互动，情势互易，内容互换，彼时的你，成了此时的我；彼时的我，成了此时的你，这一互换性变化，是老子发现的事物变化遵循的又一大规律。

“祸福相倚论”是老子对矛盾对立事物会相互转换的最精到描述：

> 祸兮福之所倚，福兮祸之所伏，孰知其极！其无正，正复为奇，善复为妖，民之迷其日固久。

这段千古传诵的名言，意即灾祸吉福相依，吉福与灾祸相伴。灾祸发生时，有福的事也会随之而至；吉福来临时，灾祸也会随之而降。谁知道究竟为何会这样？真的是没有标准或规律可循呀。方正的变成邪恶的；善良的变成凶残的，人们迷惑于这样的毫无规律的变化，已经很长时间了。祸与福相互依存，相互转换，这是矛盾对立事物基本变化规律之一。任何事物的变化都会遵循此理，都会随着时间及特定情境的变化而变化，一成不变的事物是不存在的，变化是永恒进行着的，而且，变化的方向会向着对方的方向而行进，这给了人们一个深刻警示，最坏的时候，不要悲观，最好的时候，不要忘形，因此坏和好，会因时间和特定情境的变化，而向着对方的方向进行变化。

西汉皇族淮南王刘安的《淮南子·人间训》，记录了这样一则民间故事：

> 近塞上之人，有善术者，马无故亡而入胡，人皆吊之。其父曰：“此何遽不为福乎？”居数月，其马将胡骏马而归，人皆贺之。其父曰：“此何遽不能为祸乎？”家富良马，其子好骑，堕而折其髀（读音 bì，股，大腿），人皆吊之。其父曰：“此何遽不为福乎？”居一年，胡人大入塞，丁壮者引弦而战，近塞之人，死者十九，此独以跛之故，父子相保。故福之为祸，祸之为福，化不可极，深不可测也。

这则在中国家喻户晓的《塞翁失马》的民间故事，说了这样一件事：在边塞附近的人中，有一个人善术数。他的马无缘无故跑到胡地去了，人们都为他难过。这个人的父亲说："这为什么就不是好事呢？"几个月过去后，这家人的马回来了，还带回了胡人的骏马，大家都来送祝贺。这个人的父亲说："这为什么就不是坏事呢？"家里的骏马多了，这个人的儿子喜欢骑马，结果从马上掉下来，摔折了大腿，村子里的人又为他难过起来。这个人的父亲说："这为什么就不是好事呢？"一年后，胡人大举入侵边塞，健壮男子都拿起弓箭上战场参战，近塞参战的人，十个人中死了九个。唯独这个人的儿子因为跛腿的缘故，父子的性命得以保全。所以福可变为祸，祸可变为福，这其中的变化真的是难以捉摸，深不可测。这则故事极为形象生动地阐释了老子的对立事物会相互转化的哲学思辨。

为了形象地说明对立事物的相互转化规律，老子还形象地用"轮毂""器皿""居室"作比：

> 三十辐共一毂（gǔ），当其无，有车之用。埏埴（shān zhí）以为器，当其无，有器之用。凿户牖（yǒu）以为室，当其无，有室之用。故有之以为利，无之以为用。

毂，是车轮中间的圆木，中空，辐条围其而成，形成车轮。因为车轮中间的毂是空的，所以，车子才可以使用，这是"无"的作用；揉捏黏土制作器具，因为器具中间是空的，它才会有用处，这是"无"的作用；做房子，也是此理，房间是空的，才会有用处，这还是"无"的作用。正是有了这些无用的东西，"利"才会产生，"无"也就变成了有用。所以，世界上的所有事物都有各自存在的价值，充分尊重，和谐共存，才是圣明的人应有的态度。

在了解了事物的变化规律之后，如何应变？这是后世的人最为关心的，而老子在这方面再次彰显了他作为一代宗师的卓越智慧。

首先是"无为"。"无为"是老子思想体系的核心内容，因此，在《道德经》中，老子的"无为"论述随处可见：

> 道常无为，而无不为。侯王若能守之，万物将自化。化而欲

作，吾将镇之以无名之朴。无名之朴，夫亦将无欲。不欲以静，天下将自定。（第三十七章）

为学日益，为道日损。损之又损，以至于无为，无为而无不为。取天下常以无事，及其有事，不足以取天下。（第四十八章）

既然道生天地万物，而天地万物又按照自己的运行规律在周行不殆地自我运行，生生不息，那么，无所作为，其实就是无所不为，王侯将相只要能遵守，静候万物自然而然地发生变化，这将是最大的作为。如果期间有什么反常，就用无名之道来对付，用无欲、静之法宝去镇之，无为而无不为，天下自然会得到安定。不停地追求学问，自然就会减少对道的感悟，感悟少之又少，就进入了无为的状态，无所作为，不乱作为，事物就会自然而然地运作下去，不去主动作为来改变天下，天下就会平稳运行，如果总是在胡乱妄为，就没有能力来管理天下了。无为，静候万物内生变化，这是老子在变化面前提供的大智慧之一。

其次，是“不争”。不争是无为的另一种表现形式，不争反倒会得到，这是老子从矛盾对立变化中得到的启示。

上善若水。水善利万物而不争，处众人之所恶，故几（jī）于道。居善地，心善渊，与善仁，言善信，政善治，事善能，动善时。夫惟不争，故无尤。（第八章）

曲则全，枉则直，洼则盈，敝则新，少则得，多则惑。是以圣人抱一，为天下式。不自见（xiàn）故明，不自是故彰，不自伐故有功，不自矜故长。夫唯不争，故天下莫与之争。古之所谓曲则全者，岂虚言哉，诚全而归之。（第二十二章）

江海所以能为百谷王者，以善下之，故能为百谷王。是以圣人欲上民，必以言下之，欲先民，必以身后之。是以圣人处上而民不重，处前而民不害，是以天下乐推而不厌。以其不争，故天下莫能与之争。（第六十六章）

善为士者不武，善战者不怒，善胜敌者不与，善用人者为下，是谓不争之德，是谓用人之力，是谓配天古之极。（第六十八章）

勇于敢则杀，勇于不敢则活。此两者或利或害。天之所恶，孰知其故？是以圣人犹难之。天之道，不争而善胜，不言而善应，不召而自来，繟（chǎn）然而善谋。天网恢恢，疏而不失。（第七十三章）

信言不美，美言不信；善者不辩，辩者不善；知（zhì）者不博，博者不知。圣人不积，既以为人，己愈有；既以与人，己愈多。天之道，利而不害。圣人之道，为而不争。（第八十一章）

老子多次赞美水，因为水的德行最接近于“道”，最符合道的品性。水最大的特点是“利万物”，能给人们带来实实在在的好处；其次是甘居人下，甘居最低贱的处所；其三是不争，不与人争名夺利。由水的德行出发，老子认为圣明的人“欲上民，必以言下之；欲先民，必以身后之”“圣人不积，既以为人，己愈有；既以与人，己愈多”，这都是只管付出，不求回报的意思。勇敢者被杀，懦弱者得活，天为何会做出这样的安排？老子说谁也说不清楚其中缘故。老子认为，不争，是天之道，是符合上天规定的运行的规则的，因此，不争就会无忧；不争就不会被祸害；不争会得到利益；因为不争，最后天下人莫能与之争。老子认为，日月星辰，天地万物，各有其自身的运行规律，这是上天早已安排好的，是“道”。争，就会破坏这些天定法则，会扰乱万事万物的运行规律，自己也会被“反噬”。不争即无为，无为则天下治。从这个角度来看，不争，其实是老子无为思想的另一个表现。老子对不争的阐释，实际上是他对无为思想的另一种解读。“不争”的智慧，至今仍在今天人们的生活中，发挥着积极的影响作用。

第三，是“守柔”。柔弱胜刚强，这是老子在矛盾对立事物中发现的普遍规律之一，因此，作为应对之智，守柔，就成了一个非常明智的选择。老子说：

天下之至柔，驰骋天下之至坚，无有入无间，吾是以知无为之有益。不言之教，无为之益，天下希及之。（第四十三章）

人之生也柔弱，其死也坚强。万物草木之生也柔脆，其死也枯槁。故坚强者死之徒，柔弱者生之徒。是以兵强则不胜，木强则

折。强大处下，柔弱处上。（第七十六章）

天下莫柔弱于水，而攻坚强者莫之能胜，以其无以易之。弱之胜强，柔之胜刚，天下莫不知，莫能行。是以圣人云：受国之垢，是谓社稷主；受国之不祥，是谓天下王。正言若反。（第七十八章）

据说老子是从牙齿与舌头的关系中感悟到守柔的道理的。牙齿虽然坚硬，但无法终人一生，终会脱落；舌头虽然柔软，却可以与人终身相伴，不会损益。老子还从水的特性中发现守柔的道理。水看似最柔弱，但最大的火，它也会将其浇灭，最坚固的房子，它也可将其冲毁。孔子认为“坚强者死之徒，柔弱者生之徒”，强大处下，柔弱处上，弱之胜强，柔之胜刚，这是又一个天之道。所以，忍辱负重，未必是祸，能承受大委屈，大灾祸，往往才能承受大责任，实现大梦想。

第四是“知足”“知止”。事物的变化是无穷无尽的，人的欲望也是永远不会满足的，因此，知足者常乐，知道适可而止，就成了人生的大智慧之一，老子对此没少费心思。他苦口婆心地这样说：

知人者智，自知者明。胜人者有力，自胜者强。知足者富，强行者有志。不失其所者久，死而不亡者寿。（第三十三章）

名与身孰亲？身与货孰多？得与亡孰病？是故甚爱必大费，多藏必厚亡。知足不辱，知止不殆，可以长久。（第四十四章）

天下有道，却走马以粪；天下无道，戎马生于郊。罪莫大于可欲，祸莫大于不知足，咎莫大于欲得。故知足之足，常足矣。（第四十六章）

春秋时期，社会大乱，为了争权夺利，拓土扩疆，君臣之间互相杀戮，诸侯之间战争频仍，杀人盈城，杀人盈野，老子冷眼看着这些无休无止的争夺，内心的激愤和忧伤是可想而知的，老子为此针对性极强地开出了“知足”“知止”的为人治世良方。他强调“祸莫大于不知足，咎莫大于欲得”“甚爱必大费，多藏必厚亡”“知足不辱，知止不殆，可以长久”，这是多么真切的劝诫。可惜的是，在欲望和野心的驱动下，人们追求肉体和物质满足的脚步一刻也停不下来，受辱、身殁、归零的悲剧于是一遍又一遍重演，直至今天，这样的悲剧仍时时发生。老子两千五百年前就发现了人性的弱点，有针对性地指出了人类克服自身弱点的路径，老子的大智慧，令人叹服。

石崇是西晋开国元勋石苞的第六子，因为官期间大肆抢劫过往客商，因此，积攒下巨额家产，生活奢靡，喜欢与人斗富。据《世说新语》等书记载，石崇庭院的厕所修建得豪华无比，客人入厕，会有十多个侍女恭立侍候，客人用过厕所后，会请客人换上新衣，旧衣扔掉。厕所里挂有绛色蚊帐、垫子、褥子等极其奢华的陈设，以致有客人进去后还以为进了石崇内室。举行酒宴，请美人劝酒，客人不喝，或饮酒不尽，就将美人当场斩杀。石崇曾与晋武帝的舅父王恺斗富，王恺饭后用糖水洗锅，石崇就用蜡烛当柴烧；王恺用紫色丝纱做了四十里步障，石崇就用锦绣绸缎做了五十里步障；王恺涂墙壁用赤石脂，石崇涂墙壁用珍贵香料花椒。晋武帝为了帮助王恺，赐他一棵世间罕见的皇室二尺来高珊瑚树。王恺将这棵珊瑚树拿来给石崇看，石崇不屑地用铁制如意敲碎珊瑚树，然后令手下人把家里的珊瑚树全部拿出来，这些珊瑚树大多高三尺四尺，任王恺挑选以作赔偿。正所谓不作不死，石崇后因得罪权贵，被诬陷为乱党，三族遭夷。全家从母亲、兄长、妻妾、至儿女共十五人被杀。石崇被杀时52岁，死前他曾在囚车里叹息：“这些人都是图谋我的家产。”押送他的人对答：“早知如此，何不早散家财保命！”石崇无语，给后世人留下了无尽的思索。

最后，是“积小”。难易转换，从易开始；大小移位，从小开始。风起于青萍之末，老子在两千五百年前，从自然现象的观察中，悟到了事物的渐变式变化规律，并再次提出了自己的应变之智慧。老子这样说：

> 为无为，事无事，味无味。大小，多少，报怨以德。图难于其易，为大于其细。天下难事必作于易，天下大事必作于细。是以圣人终不为大，故能成其大。夫轻诺必寡信，多易必多难，是以圣人犹难之，故终无难矣。（第六十三章）
>
> 其安易持，其未兆易谋，其脆易判，其微易散。为之于未有，治之于未乱。合抱之木，生于毫末；九层之台，起于累土；千里之行，始于足下。为者败之，执者失之。是以圣人：无为，故无败；

无执，故无失。民之从事，常于几成而败之。慎终如始，则无败事。（第六十四章）

老子擅长于宏观思考问题，也善于从微观入手解决问题。他提出，天下的难事、大事，必要从容易处入手，从细微处破题，一开始就容易，最后肯定会遇到大麻烦，而一开始就高度重视其困难程度，最后必然会顺利解决困难。圣明的人从来不会夸下海口，一口就想吃成个胖子。粗大的树木，也是从细小的萌芽开始生长；九层高的台子，也是一筐筐土积累起来的；千里远的路程，要从一步一步开始走起。要想有所作为，就要从一张白纸开始；要想大治，没有乱的时候就要开始施治。老百姓做事，往往会在快要成功时失败了。做事情，即使在快要结束时，仍像开始时那么小心谨慎，保持敬畏，就不会失败。“千里之行，始于足下”“慎终如始，则无败事”，这些中国人千百年耳熟能详的名言，是老子给中华民族留下的最宝贵的智慧财富。

三、孔子的变与不变

孔子对《易经》非常喜爱。司马迁在《史记·孔子世家》中记载：“孔子晚而喜《易》，序彖、系、象、说卦、文言。读《易》，韦编三绝。曰：‘假我数年，若是，我于易则彬彬矣。’”韦编三绝，指用牛皮绳编成的写的《易经》的竹简，多次断掉、散落，说明孔子研读《易经》，翻阅《易经》的频率很高，也说明孔子对《易经》这本简册的重视和喜爱。另有帛书《要》载：“夫子老而好《易》，居则在席，行则在囊。”也说明孔子对《易经》的喜爱程度远超其他经典。《易经》中的《彖》《系》《象》《说卦》《文言》等又称《十翼》，是否孔子所撰写，对此后世一直有争议，但孔子及其弟子为《易经》《十翼》成文有一定贡献，这是肯定的。

孔子一生最高的理想和目标是“克己复礼”，他一生都在为理想和目标而奋斗，言谈举止，口诵身行，孔子处处按周礼规定要求自己，这是他的“不变”；同时，他又突破了很多周礼的限制，对周礼规定做了很多变通，给了后人一个截然不同的孔子印象，这是他的“变”。变与不变，完美地体现在孔子身上，演绎了变之道的伟大智慧，给后人予以极大启迪。

孔子所处的时代，是中国的春秋时期。这个时期的重要特征，就如司马迁《史记·周本纪》所记载：“周室衰微，诸侯强并弱，齐、楚、秦、晋始大，政由方伯。”即周天子的影响力非常微弱，诸侯并起，群雄争霸，礼崩乐坏，民不聊生。为了争权夺利，各诸侯国之间战争频仍，有时一句玩笑话都会引发杀戮，臣弑君、子杀父等恶性事件经常发生，整个社会弥漫着血腥味和腐臭味。据史书记载，春秋240年间，有36名君主被臣下或敌国杀死，52个诸侯国被灭，有大小战事480多次，诸侯的朝聘和盟会450余次，百姓死伤不计其数。孟子曾有“春秋无义战”之说，对“争地以战，杀人盈野；争城以战，杀人盈城”（《孟子·离娄上》）现象深恶痛绝 。

孔子认为，社会变得如此不堪，皆是因为礼崩乐坏所致。这里的礼，即为周礼。在孔子心目中，“周监于二代，郁郁乎文哉，吾从周”（《论语·八佾篇》）。周礼是周朝创建初期，由周公旦借鉴从夏朝到商朝的礼乐制度，进行系统整理、改造后，创建的具有可操作性的全新的礼乐制度，它包括宗庙祭祀、诸侯朝觐、宫廷乐舞、饮食起居等社会生活的方方面面，是一整套国家政治制度和社会政治伦理标准，它使得周王朝延绵了近300余年历史，形成了国泰民安的社会局面。孔子对这套礼制颇为景仰，称其“郁郁乎文哉”。孔子曾经这样说：“吾说夏礼，杞不足征也。吾学殷礼，有宋存焉。吾学周礼，今用之，吾从周。”（《中庸》）孔子学习过夏礼，但在夏王朝后期中杞国没有找到证据，学习商礼，商朝的宋国还有部分礼制的残存，但孔子认为周礼在自己的时代仍被引用，所以他要学习周礼，“从周”。在与弟子颜渊的对话中，孔子提出了“克己复礼”的概念：

> 颜渊问仁。子曰：“克己复礼为仁。一日克己复礼，天下归仁焉。为仁由己，而由人乎哉？”
>
> 颜渊曰：“请问其目。”子曰：“非礼勿视，非礼勿听，非礼勿言，非礼勿动。”颜渊曰：“回虽不敏，请事斯语矣。”《论语·颜渊》

颜渊问孔子何为仁，孔子回答说，能够克制自己，言行合乎礼，即为仁。果真有一天能做到克己复礼，天下就都会回归到仁的美好世界了。仁是自己努力就可以做到的，不用外力的推动。具体来说，“非礼勿视，非礼勿听，非礼勿言”，非礼勿动，就是仁的具体体现。做到了这四个“非”，仁就会回来了。“仁”是孔子儒家思想的最核心内容，它通过礼的形式表现出来，礼，正是孔子所景仰的周礼。

孔子所生活的春秋时期，距离西周最后一位天子被灭已经200余年了，虽然周礼还在用，但基本上属于选择性使用，于己有利则用，于己不利则不用。孔子则不同，他选择了坚守，选择了“复礼”，选择了逆流而上——众人皆变我独不变。孔子的不变，首先体现在他不遗余力地学习研究并全面掌握周礼，成为当时名副其实的周礼大家。孔子所在的鲁国，为周公旦的封国，也是最完整继承了周礼的诸侯国，这给了孔子学习研究周礼提供了极为便利的条件。对孔子苦学周礼，《论语》中曾有这样一段记载：

> 子入太庙，每事问。或曰：“孰谓鄹（zōu）人之子知礼乎？入太庙，每事问。”子闻之，曰：“是礼也。”

孔子来到祭祀周公的太庙，见到什么就问什么，以至于有人提出质疑，不是都说孔子是个精通周礼的人吗？怎么来到太庙，啥都要问呀？鄹，是当时鲁国的地名，在今山东省曲阜市东南，孔子的父亲做过鄹大夫，所以当地人就把孔子称为“鄹人”。孔子听说后，不以为然，回答说，这正是礼呀。当时周礼名义上被尊重，许多诸侯国的国君并不以为然，就连周公的封地鲁国，国君在二百二十年间，只拜见周天子三次，以诸侯之礼拜见周王室四次，根本没有把周礼放在眼里。孔子坦然学习周礼，说明他并不以学周礼为耻，而引以为荣。

孔子对周礼的坚守和不变，还体现在他的身体力行上。《论语·乡党》中，记录了孔子与国君、群臣、乡亲、朋友及日常生活中，坚守礼的点点滴滴。

孔子在朝堂时，国君未到，孔子与下大夫交谈，侃侃而语，神情自若；与上大夫交谈，恭敬正直；国君到来，仪态安详，内心稍显不安（“朝，与下大夫言，侃侃如也；与上大夫言，訚訚如也。君在，踧踖如也，与与如也”），这是孔子在朝堂上很注意礼仪。

在和邻里乡亲交往时，孔子温和恭敬，好像不会说话似的，谦恭有加（“孔子于乡党，恂恂如也，似不能言者”），这是孔子在民间时很注意谦逊有礼。和乡里人一起饮酒，一定要等上岁数的人先出门，自己才跟着出去（“乡人饮酒，杖者出，斯出矣。”）；见到穿丧服的人，即使平时在一起游戏，也会马上变了脸色，以示同情，在乘车时见到穿丧服的人，会及时俯伏在车前横木上敬礼，以示哀伤，看到背负国家典籍的人，也会这样行礼（“凶服者式之，式负版者。”）。

用餐时不交谈，睡觉时不说话“食不语，寝不言。”；吃饭即使是菜羹瓜果之类的粗鄙饭菜，一定要拿出少许来祭祀祖先，祭祀时必定虔诚恭敬（“虽疏食菜羹，瓜祭，必齐如也。”）。孔子饮食方面的很多习惯，有一些一直保持到了今天，如“食不厌精，脍不厌细。食饐而餲，鱼馁而肉败，不食；色恶，不食；臭恶，不食；失饪，不食；不时，不食；割不正，不食；不得其酱，不食。肉虽多，不使胜食气。唯酒无量，不及乱。沽酒市脯，不食。不撤姜食，不多食”等等。

在坐座位时，席子摆得不正，则不坐（“席不正，不坐”）；乘车时，一定要先立定站直，然后拉着设在车上的绳子上车；在车内不左顾右盼，不高声说话，不指指点点（“升车，必正立，执绥。车中不内顾，不疾言，不亲指”）。细节处见精神，孔子对礼仪的坚守和不变，让他得到了时人的敬重。

颜回，鲁国人，字子渊，又名颜渊，是孔子最得意的门生，是《论语》记录中得到孔子夸赞最多的弟子，为孔门七十二贤之首。孔子曾多次赞扬：“贤哉回也！一箪食，一瓢饮，在陋巷，人不堪其忧，回也不改其乐。”“回也如愚；退而省其私，亦足以发，回也不愚。”“用之则行，舍之则藏，唯我与尔有是夫！”“有颜回者好学，不迁怒，不贰过。不幸短命死矣，今也则亡。”颜回去世时年仅40岁，孔子痛心疾首，长呼“天丧予，天丧予”，意即这是老天爷要我的命呀，可见其伤心之程度。但就在颜回的父亲请求孔子卖掉其车子，为颜回买副棺椁，孔子拒绝了。孔子说，自己的儿子孔鲤死时，也没有卖车买椁，这是因为“以吾从大夫之后，不可徒行也”。作为卿大夫，乘车上朝是礼仪，孔子不能因为给亲人买棺椁就改变了这个礼仪。弟子们要厚葬颜回，孔子也不允许，因为这不合礼仪。但弟子们自行决定坚持厚葬，孔子说："回也视予犹父也，予不得视犹子也。非我也，夫二三子也！"在哀伤中表达了自己的无奈。

对于不遵守礼的行为，孔子敢于挺身而出，予以斥责、制止，在力所能及的情况下，维护"礼"的尊严。这是孔子另一种形式的"不变"。鲁国卿大夫季平子，在家庙的庭院里，用八佾舞祭祀祖先，孔子听闻后深感痛心，说："八佾舞于庭，是可忍也，孰不可忍也。"八佾舞是天子祭祀太庙时专用的乐舞，每列八人，共八行，总计六十四人。依周礼，乐舞的人数规模，天子为八佾，六十四人；诸侯为六佾，共四十八人；卿大夫为四佾，共三十二人；士则只能用二佾，共十六人。季平子作为卿大夫，依周礼只能用三十二人的乐舞队，可他竟然也用了八佾舞，孔子认为他僭越礼制，故予以痛斥。

孔子对周礼的维护，在他担任鲁国司寇一职时，有更激烈的表现。鲁定公十年，即公元前500年，齐鲁两国国君相约在夹谷会盟，《左传》《史记·孔子世家》《孔子家语》等对此次会盟均有不同程度记载，可见此次会盟的重要性。在这次会盟中，孔子担任襄礼。齐国谋士认为"孔丘知礼而无勇，若使莱人以兵劫鲁侯，必得志焉"，莱人，为齐国俘虏，齐国人认为孔丘一介文弱书生，知礼，但不敢动粗，因此，想借会盟之际，以武力劫持鲁定公。但他们错估了孔子的能力。孔子在会盟之前，就提醒鲁定公："臣闻有文事者必有武备，有武事者必有文备。古者诸侯出疆，必具官以从。请具左右司马。"左右司马，即为当时的将官，孔子要求鲁定公带着武装士兵赴会，以防不测。会盟时，齐国的俘虏果然出现，孔子让人保护鲁定公撤退，并让鲁国的士兵抵御敌人。同时责备齐国国君齐景公说："两君合好，而裔夷之俘以兵乱之，非齐君所以命诸侯也。裔不谋夏，夷不乱华，俘不干盟，兵不逼好。于神为不祥，于德为愆义，于人为失礼，君必不然。"孔子认为，两国结盟，是为友好而来，现在以兵俘干政，对神明而言不吉祥，在道义方面属悖义，在待人方面属失礼。孔子据礼说理，齐景公理亏，只好命士兵退下。接下来，齐国谋士又安排了歌舞庆祝，"优倡侏儒为戏而前"，孔子认为诸侯会盟，是一件非常庄严肃穆的事，优倡侏儒有辱视听，是对国君的严重失礼，因此，厉声痛斥："匹夫荧侮诸侯者，罪应诛。请右司马速加刑焉！"将一干戏子当场处死，手足异处。齐景公被孔子的气势震慑，回去后惴惴不安，赶紧命人将此前从鲁国抢来的三处田地归还鲁国，以示谢罪。孔子用实际行动，赢得了“礼”的胜利。

夹谷会盟，是孔子政治生涯的顶峰之作。齐国从夹谷会盟中看到了孔子的治国理政的才能，于是，想尽办法离间鲁国君臣。公元前497年秋，鲁国郊祭，孔子未按惯例拿到所分配的祭肉，意识到鲁国政坛再也容不下自己，于是，离开鲁国，踏上了漫长的周游列国之路，意在向其他国家推行自己仁的政治主张，梦想能在有见识的国君那里实现自己“克己复礼”的梦想。是年孔子55岁。据历史记载，孔子周游列国以鲁国为圆心，先后去了卫国、曹国、宋国、齐国、郑国、晋国、陈国、蔡国、楚国等诸侯国。在战争纷仍、弱肉强食的春秋时期，孔子以仁、礼为核心的政治主张，其受到的冷遇可想而知。孔子家乡一位年长者叫微生亩的，曾这样问孔子：“丘何为是栖栖者与？无乃为佞乎？”意思是你这般栖栖惶惶地到处游说，是为了显示自己花言巧语的本事吗？孔子不以为然，回答说：“非敢为佞也，疾固也。”意思是并不敢用花言巧语来蛊惑他人，只是恨现在的人冥顽不化吧。栖栖惶惶，食不裹腹，席不保暖，居无定所，这就是孔子周游列国时的窘境。最凄凉的一幕，发生在郑国东门外。孔子与弟子走散，独立于东门之外，子贡寻找，郑国人告诉他：“东门有人，其颡似尧，其项类皋陶，其肩类子产，然自要以下不及禹三寸，累累若丧家之狗。”说是东门有个人，额头像唐尧，脖子像皋陶，肩膀像郑子产，腰部以下比禹短了三寸，狼狈不堪、没精打采，活像一条丧家之犬。由此可见孔子的惨状。但孔子依旧不以为然。在听完子贡的如实转述后，孔子笑着说：“形状描述的不像，但言及丧家之犬，确实是这样，确实是这样呀。”（“形状，末也。而谓似丧家之狗，然哉！然哉！”）

即便在如此凄凉的情况下，孔子并未改变自己的理想和做法。他在大树下也能继续教弟子们演习礼仪，见国君依然不卑不亢，被围困几天几夜仍然诵读如故。他的这种不怨天不尤人的坚守精神，广为天下人知，以至于有一次子路向一个看门人提起孔子时，看门人说：“就是那个明知其不可为而为之的人吧？”（“是知其不可为而为之者与？”）公元前484年，孔子的弟子冉求率领鲁国军队大败齐军，以礼迎接孔子回国，孔子这才结束了颠沛流离的周游列国之行，是年68岁。14年苦行僧般的传道生涯，虽然未得到任何国君赏识，但孔子的精神和毅力却被天下人所知，这可能是孔子因为理想“不变”而取得的另一种收获。

虽然在坚持周礼方面，孔子以坚守和不变赢得了名声，但这并不意味着他是一个僵化教条的人。在《论语·子罕篇》有这样一段话：

> 子曰：“麻冕，礼也；今也纯，俭，吾从众。拜下，礼也；今拜乎上，泰也。虽违众，吾从下。”

春秋时期，人们常用的礼帽，是用麻来制作的。后来开始改用纯丝品来制作，从材料上不合乎礼制，但节约工序，符合节俭的原则，因此，孔子表示接受。从众。但觐见国君，礼制是先在堂下跪拜，再到堂上跪拜，后来很多臣子省了堂下跪拜的礼节，只在堂上跪拜，这是傲慢的表现，虽然大家都这么做，但孔子拒绝从众，还是坚持堂下跪拜这一礼制。论语中记载：“子绝四：毋意、毋必、毋固、毋我。”意即不要意气用事，不要坚持偏见，不要固执偏执，不要唯我独尊，固执已见。这四个“毋”，都是强调要有开放的心胸，要有广阔的视野，不能在偏见固执中一条道走到黑，要有适当的灵活性，而这种灵活性又是在不违背大原则下的情形下采取的，要把握好分寸。在变与不变之间，在从众还是特立独行之间，孔子选择按自已的原则行事。“天不生仲尼，万古如长夜。”这种既坚持原则又保持适当灵活性的做法，体现了孔子为人处世的大智慧，也给后世留下了无尽的启迪。

四、商鞅变法的得与失

春秋战国时期，是中国历史上变动最激烈、斗争最残酷的时期，也是思想最开放、各种观点碰撞最激烈的时期。争当霸主，是这一时期每一位君王心目中最大的梦想，与之相响应，变革，也是这一时期的时代最强音。

时势造英雄，商鞅，就是为这个特殊历史时期而生的变革大英雄。商鞅的变之道，得与失，成与败，也是后人津津乐道的话题之一。

商鞅，生于约公元前395年，卒于约公元前338年，复姓公孙，名鞅，卫国人，又称公孙鞅、卫鞅。他是战国时期卫国国君后代，因辅佐秦孝公变法有功，又统率秦军收复了河西之地，被赐予商于十五邑，因此，又号为“商君”，史称商鞅。

商鞅变法，是在秦国国力极其衰弱，诸侯大会都被拒绝参加的背景下进行的。秦国国君秦孝公为恢复祖先的霸业，在全国发布进贤令，商鞅得知此消息后，就从卫国来到秦国，通过一位秦孝公宠信的景姓太监，见到了秦孝公。《史记·商君列传》详细记载了秦孝公三次会见商鞅的经过。第一次见秦孝公，商鞅所谈的是尧舜的治国之道，所谓“帝道”，秦孝公显然不感兴趣，“孝公时时睡，弗听”。五天后，商鞅第二次见孝公，这次谈的是大禹、商汤王、周文王、周武王的治国之道，所谓“王道”，秦孝公还是不感兴趣，并责备景监引荐非人，景监责备商鞅，商鞅心中有数，请求景监再给安排一次机会。商鞅第三次见到秦孝公，讲的是春秋五霸的治国之道，所谓“霸道”，秦孝公这次听了进去，事后告诉景监：“汝客善，可与语矣。”即是说景监介绍的客人不错，可以好好谈一谈了。第四次见面，秦孝公听得很专注：“卫鞅复见孝公。公与语，不自知膝之前于席也。语数日不厌。”这一次谈话，用了数天时间，可见双方谈话之透彻，同时，司马迁记载秦孝公不知不觉在前移膝盖，将坐的位置离商鞅更近一点，说明秦孝公听得很投入，很专注，也说明商鞅的话彻底打动了秦孝公的心。尧舜的帝道，强调顺天应人，恤民爱民；汤武的王道，强调的是以德治国，仁义礼信；而霸道，强调的是金戈铁马，富国强兵，所以，在明确了秦孝公的真实意图后，商鞅对景监说：“故吾以强国之术悦君，君大悦之耳。然亦难以比德于殷周矣。”意即用强国之术与秦孝公交流，秦孝公满心欢喜。但强国之术可能在德政上，恐怕就无法和商周时代相比了。这说明，商鞅对于自己改革会带来的血腥味，是早有所料的。

商鞅能将帝道、王道、霸道之术依次进献给秦孝公，说明商鞅的治国理政才能实为时人翘楚，非常人可以比拟。这一点，在商鞅没有到达秦国前就已有所铺垫。据史记载，商鞅“少好刑名之学”，即他在年轻时就非常喜欢研究法学方面的内容。到魏国后，在魏国相国公叔痤面前做了一名侍从，官位名称叫中庶子。公叔痤深知商鞅的本事非同小可。有一次，趁着魏国国君魏惠王前来探病，公叔痤推荐了商鞅，称“座之中庶子公孙鞅，年虽少，有奇才，愿王举国而听之”。公叔痤认为商鞅年少有奇才，请求魏惠王大胆启用，聘他为相，整个国家都可以听他的。这个推荐可以说真挚又大胆，显示出公叔痤的识人水平之高及用人胆略超群，但魏惠王不以为然，听后没有表态。公叔痤知道魏惠王看不上商鞅，在他将要离开时，屏退左右随侍人员，说：“王即不听用鞅，必杀之，无令出境。”意即如果不用商鞅，就一定要杀掉他，不能让他逃出国境。魏惠王表面答应，打个哈哈后就离开了。公叔痤是个有至德的人，他招来商鞅，如实相告：“刚才大王征询国相人选，我推荐了你。但大王看上去没有接受，我从忠君的角度出发，劝大王如不重用，就该杀掉你。大王已答应了。你赶快跑吧，要不就会被擒杀。”商鞅答复：“大王既然不听您的话任用我，又怎么能听您的话来杀我呢？”依然留在了魏国。这段记载从另一个角度证明了商鞅的才干，同时，也反映了商鞅在重大危难面前冷静、理智、从容、处变不惊的超强的心理素质，这是一个改革家必不可少的。

商鞅变法对推动中国历史进步所做出的贡献是不容质疑的，在中华民族发展史上也是值得留下一笔的。商鞅变法分两次进行，第一次是颁布《垦草令》，内容是鼓励重农垦荒，大力发展农业生产。在一个农耕文明的世界里，此举让秦国国力大增。中国两千余年的重农抑商传统此为发端。紧接着是颁布军功爵制法令，爵位设二十级，一律依军功大小晋升，王公贵族无功者不得晋爵，此举革除了达官显贵世袭功爵的制度，打通了平民庶士上升发展的空间，激活了社会发展活力，极大地推进了社会进步。既农且战的“农战”理论，将秦国打造成了一个健硕凶猛的拳击格斗士，秦国由弱侯一跃而成为逢战必胜的“强秦”。公元前350年，商鞅进行第二次变法，首先是推选郡县制，将全国划分为31个县，县令与县丞由国君直辖，极大地强化了中央集权，此制度影响中国两千余年，直到今天仍能看到郡县制的影子。其次是由井田制改为授田制，按户计税，开创小农经济模式。“百姓有二男丁而不分家者，加倍征收赋税”，此举强制分家立户，社会基层结构更加稳定完善，不但有利于社会生产，而且有利于国家税收，这一家庭基本结构，至今仍在影响着中国社会。

商鞅变法中引用的一些观点，至今仍在指导着中国人的实践。如：

> 圣人苟可以强国，不法其故；苟可以利民，不循其礼。
>
> 三代不同礼而王，五霸不同法而霸。故知者作法，而愚者制焉；贤者更礼，而不肖者拘焉。拘礼之人不足与言事，制法之人不足与论变。
>
> 圣人不法古，不修今，法古则后于时，修今则塞于势。

这是变法之前所做的思想铺垫，指出为了强国利民，不可拘泥于旧的礼制，必须改变祖宗成法，大胆推行新的法令。

商鞅推崇政令统一，利出一孔，这也是今天的人们仍在借鉴着的智慧。商鞅在《商君书》中称：

> 圣人之为国也，壹赏，壹刑，壹教。壹赏则兵无敌，壹刑则令行，壹教则下听上。夫明赏不费，明刑不戮，明教不变，而民知于民务，国无异俗。

商鞅认为，圣明的人治理国家，应该奖赏措施统一，刑罚律令统一，思想教化统一，只有做到了三个统一，君王的命令才会得到有效的执行，国家才不会有奇风异俗，生活才会简单有序。法律面前人人平等，也是商鞅提出壹刑论的最大价值所在：

> 所谓壹刑者，刑无等级，自卿相、将军以至大夫、庶人，有不从王令、犯国禁、乱上制者，罪死不赦。有功于前，有败于后，不为损刑。有善于前，有过于后，不为亏法。忠臣孝子有过，必以其数断。

商鞅在壹刑论中提出的无差别受刑，在今天看来仍有着非常现实的积极意义。

利出一孔，则国多物；出十孔，则国少物。守一者治，守十者乱。治则强，乱则弱。强则物来，弱则物去。故国致物者强，去物者弱。

这是对利益来源的分析。商鞅认为，如果利益出于一个渠道，则国家就会物资丰富，如果人人都可以从不同渠道获得利益，国家物资就会减少，这也是一个非常有现实意义的考量。

既然是法家的代表人物，商鞅对法的作用非常推崇。商鞅强调："民本法也。故善治者，塞民以法，而名地作矣。"商鞅认为，法律是民治的根本，只有严格依法治民，君王则可名地俱收。

法令者，民之命也，为治之本也，所以备民也。为治而去法令，犹欲无饥而去食也，欲无寒而去衣也，欲东而西行也，其不几亦明矣。一兔走，百人逐之，非以兔为可分以为百，由名之未定也。夫卖兔者满市，而盗不敢取，由名分已定也。

法令，是老百姓的命根子，是治理国家的根本。没有法令，就好像饥饿的人想去掉饥饿但又放弃了食粮，想摆脱寒冷又不穿衣服，想往东去偏向西行，这是多么不明智呀。商鞅还以百人逐兔为例，说明法令会让社会秩序各得其所，井井有条，百姓因此会安居乐业。商鞅说：

故明主慎法制。言不中法者，不听也；行不中法者，不高也；事不中法者，不为也。言中法，则辩之；行中法，则高之；事中法，则为之。故国治而地广，兵强而主尊，此治之至也。人君者不可不察也。

商鞅认为，只有严格按法律办事，才会国治而地广，兵强而王贵，这才是真正的国家治理。这个理念，今天看来并不过时。

商鞅变法中，还有一个非常远见的做法，那就是要把法令清晰地告诉每个人，让每个人都能就是非对错做出自己的判断，从而将争端消化在初始状态，避免矛盾激化，减少矛盾上交，这个认识，绝对体现了商鞅的智慧。这一制度加强了中国基层家族宗法制度的约束力，强化了国家的政权根基和政治稳定性，使得中国的基层社会治理结构数千年保持稳定，这不能不说是商鞅对中国社会治理的杰出贡献。商鞅说：

> 国治：断家王，断官强，断君弱……治则家断，乱则君断。治国者贵下断，故以十里断者弱，以五里断者强。家断则有余，故曰：'日治者王。'官断则不足，故曰：'夜治者强。'君断则乱，故曰：'宿治者削。'故有道之国，治不听君，民不从官。

商鞅认为，一个国家的治理，是非曲直由家族内部即可决断的，国家治理是最好的；由官员决断，国家治理可谓强大；必须上升到由君王来裁决，国家的治理水平就很弱了。所以，清明的国家政治，往往体现在家断上，还政治混乱的国家，则体现在君王断案上。按秦制，国家最基层的组织架构是什伍制，什主十家，伍主五家，分设什长、伍长，各负其责。百家为一里，设里魁。十里为一亭，设亭长。十亭为一乡。商鞅为此进一步说明，法令是不是清晰，民众对是非曲直能不能独立做出裁定，可直接体现出一个国家治理水平的高下。是非曲直能在十个"里"中做出决断的国家弱，在五个"里"中做出决断的国家强。因为事情解决的层级不同，给官员留下的处理事情的时间就不同。问题在民众家族内部就可以解决，官府的办事时间大大节余，当天的事情可以当天就了，当天能办完事的国家自然可以称王；家族内部无法决断事情，矛盾上交，官员要加班至深夜才能把事情处理好，这样的国家还算强大。官员也无法处理好政事，政事必须由君王来决定，这个国家的政治就不能说是清明的。所以说第二天才能把事情办好的国家是弱国。商鞅提出，一个治理有道的国家，应该是官员可以独立办理案件，不用请示君王；百姓可以自断家务及矛盾，不用上告到官府。商鞅这种还政于民，让老百姓清楚自己的行为是否合法、正当，将矛盾消化在最低层的做法，至今仍有着极其强大的现实意义，也是卓绝智慧的体现。

商鞅变法在当时取得的成就，是非常明显的。司马迁《史记》记载，商鞅新法推行后，"行之十年，秦民大说，道不拾遗，山无盗贼，家给人足。民勇于公战，怯于私斗，乡邑大治"。这是商鞅变法正面的一面。任何事情，有正面必有反面，有伟大成就，必有与之相伴的丑陋和不堪忍受的腐朽。商鞅变法概莫能外。在商鞅变法中，为人诟病的地方也不少，这也使得后世的人们提起商鞅，感情莫衷一是，点赞和摇头叹息者均大有人在。

商鞅变法的目的是为了富国强兵，加强中央集权，强化君王权势，提高国家作战能力，而不是为了富民、养民、恤民，老百姓如果从变法中获利，那也是客观结果，并非商鞅变法的本义。事实上，商鞅是主张“弱民”、削弱百姓实力的。在《商君书》中，商鞅拿出《弱民》篇章，专题论述如何使民弱，他认为：

> 民弱国强，国强民弱。故有道之国，务在弱民。朴则强，淫则弱。弱则轨，淫则越志。弱则有用，越志则强。故曰：以强去强者，弱；以弱去强者，强。

老百姓弱，则国家实力就会强大，老百姓强，则国家实力就会减弱，所以，治理有方的国家，一定要千方百计让老百姓弱小。百姓弱小，就会老老实实守法，百姓有实力了，就会任意妄为，不好控制。所以用强民政策来压制强民，国家实力就会被削弱，用弱民政策来压制强民，国家实力会更加强大。商鞅的这一理论，与当时的儒家思想背道而驰，与其同时期的孟子一直在宣扬“民贵，社稷次之，君为轻”，商鞅的做法正好是反其道而行之，商鞅得不到儒家修史者好评，这是一个根本性的原因。

商鞅公开反对用儒家思想治国。他认为：

> 国有礼、有乐、有诗、有书、有善、有修、有孝、有弟、有廉、有辩。国有十者，上无使战，必削至亡；国无十者，上有使战，必兴至王。国以善民治奸民者，必乱至削；国以奸民治善民者，必治至强。国用诗、书、礼、乐、孝、弟、善、修治者，敌至，必削国；不至，必贫国。不用八者治，敌不敢至；虽至，必却；兴兵而伐，必取；取，必能有之；按兵而不攻，必富。

在这段话中，商鞅将儒家治国思想贬得一无是处。认为用这些思想治国然后去打仗，国家必削弱乃至灭亡；敌人不来，国家则必贫穷不堪。与之相反，不用这些儒家思想治理国家，敌人必不敢来侵，来了也必会被打败。国家如果去讨伐他国，夺取土地是必须的，夺取土地后还会永远守得住，占有，不去攻击别国，国家则会富足。

抛弃了儒家思想中的仁的一面，剩下的就是严酷了。商鞅推崇严刑峻法。商鞅说：

> 重罚轻赏，则上爱民，民死上；重赏轻罚，则上不爱民，民不死上……贫者使以刑，则富；富者使以赏，则贫。治国能令贫者富、富者贫，则国多力，多力者王。王者刑九赏一，强国刑七赏三，削国刑五赏五。

设重刑，用重刑，少赏赐，这是君王爱百姓，百姓也会以死效忠。用严峻酷刑逼着老百姓去务农，国家就会富强，给富人多予赏赐，富人就会变穷，如此一来，国家的力量就会增加。可以称王的国家，用九分刑罚一分赏赐治国，可以强大的国家用七分刑罚三分赏赐治国，积弱的国家用五分刑罚五分赏赐治国。商鞅的这一理论，只能导致他热衷于用严刑峻法来控制百姓，而用恐怖和暴力来治国，这样的政权注定不会长久。

严厉的刑罚还体现在互相告密上，这是商鞅所获诟病最多的措施。《史记》载，商鞅“令民为什伍，而相牧司连坐。不告奸者腰斩，告奸者与斩敌首同赏，匿奸者与降敌同罚”。发现奸邪之事不告发，就会获“腰斩”之刑，还会被处以连坐之罪，父母妻子同僚全跟着遭殃。而告密者，不但自己可免予获罪，还可以获得与战场斩敌首者同等奖赏，可以继承被告发者的官爵、俸禄、土地和家产，这样巨大的诱惑，想不形成人人告密的局面都难。所以，在秦国，父子不敢同语，婆媳不敢相望，人人自危，个个惊惧，生活在这样的社会情境中，想想都令人毛骨悚然，这样的变法又怎么能得到国人的拥护呢？

商鞅变法，找准了制约社会发展的瓶颈，看到了困扰王权的弊病，发现了各个层面的矛盾，用高超智慧开出国家治理良方，为秦国奠定了坚实的根基。秦国后来能够灭掉六国，一统天下，成就中华民族的统一伟业，与商鞅变法是分不开的，从这个角度看，商鞅变法的功绩不容抹杀。但同时，也要看到，商鞅变法中，确少对普通民众的体恤和怜悯，一味地只使用杀威棒，普通民众没有获得变法的实质性好处，反而人人生活在恐惧之中；王公贵族的利益也没有得到照顾，“商君相秦十年，宗室贵戚多怨望者”。致使商鞅的变法，始终笼罩在巨大的阴影之中，天怒人怨，商鞅在变法的同时，也在为自己挖掘着坟墓。

商鞅是一个孤独的变法者。在变法过程中，除了得到秦国最高统治者秦孝公的绝对支持外，商鞅实际上是一个人在战斗，这就使得他在变法推进过程中，身边始终危机四伏。司马迁在《史记·商君列传》中，借用赵良这个人物，对商鞅的变法进行了隐喻。《商君列传》全篇不过三千余字，赵良劝说商鞅的话就占了将近一千字，约合三分之一篇幅，足见司马迁对赵良之言的认同度之高。

赵良在和商鞅交流时，重点比较了商鞅和百里奚的成就。百里奚，也称百里子或百里，姓姜，字子明，名奚，号五羖（gǔ）大夫，是秦穆公时期的国相、贤臣，与管仲为同时期人，管仲辅佐齐桓公成为春秋霸主，百里奚辅佐秦穆公成为春秋霸主，因此，百里奚在秦人中的威望很高。百里奚原为春秋时期的虞国（今山西平陆县）人，因在晋国灭虞的战斗中被俘，他被作为晋献公女儿的陪嫁送往秦国。百里奚以此为耻，就偷偷逃跑至楚国，在楚国边境被抓。秦穆公早就仰慕百里奚大名，想以高价赎回，又恐楚人发现秘密，从中作梗，于是就派人说：“吾媵臣百里奚在焉，请以五羖羊皮赎之。”楚国人不知是计，果然将百里奚交还秦国，百里奚就此得了个“五羖大夫”的称号。赵良指出，百里奚“相秦六七年，而东伐郑，三置晋国之君，一救荆国之祸。发教封内，而巴人致贡；施德诸侯，而八戎来服”，这是说百里奚为秦国称霸立下了大功。而百里奚本人在功劳面前，“劳不坐乘，暑不张盖，行于国中，不从车乘，不操干戈，功名藏于府库，德行施于后世。五羖大夫死，秦国男女流涕，童子不歌谣，舂者不相杵。此五羖大夫之德也”。这是说百里奚谦逊有礼，走路累了不用车，夏天热了不打伞，在国内公干，不乘车辇，不用卫兵，功名收起来，德行留后世。百里奚死时，秦国男男女女痛哭流涕，儿童不唱歌谣，舂米的人不再劳作而悲泣，这都是百里奚的“德”的表现。赵良接着比较商鞅说：

今君之见秦王也，因嬖人景监以为主，非所以为名也。相秦不以百姓为事，而大筑冀阙，非所以为功也。刑黥太子之师傅，残伤民以骏刑，是积怨畜祸也。教之化民也深于命，民之效上也捷于令。今君又左建外易，非所以为教也。君又南面而称寡人，日绳秦之贵公子……此数事者，非所以得人也。

这是说商鞅见秦王时，通过太监来引荐，本身就不光明正大，当了秦国的国相后，大兴土木，营建宫阙，这不能说是为了老百姓，自然也谈不上什么建立功业。给太子的师傅脸上刺字，用严酷刑法残害百姓，这是积累怨恨、蓄养祸患。不懂教化百姓，只知推行法令，在商于封地南面称君，天天用法令来控制秦国的贵族子弟。这些事，全是不得人心的。从这番言论，赵良实际上对商鞅的变法，是全盘否定的。而全盘否定的依据，就是这次变法，不是依德而行，野蛮专横，因此举国怨恨。赵良还指出：

君之出也，后车十数，从车载甲，多力而骈胁者为骖乘，持矛而操闟戟者旁车而趋。此一物不具，君固不出。

意即指商鞅出门，后边总得跟着数以十计的车辆，车上都是全副武装的卫士，一干身强力壮的人做贴身保镖，车子两边中跑着的人都持矛操戟。这些防卫缺少一样，商鞅就不敢出门。这实际上说商鞅的变法已招致民怨到自身安全都无法保障的地步，这和百里奚形成鲜明对照。

史料中多有商鞅刑处太子师傅的记载。秦孝公时期，太子为嬴驷，公子虔为太子首傅，公孙贾为右傅。有一次，太子犯法，商鞅说：“法之不行，自上犯之。”于是，要惩治太子，但太子是国之储君，不可用刑，于是，就对其师傅公子虔，公孙贾施刑。公子虔所受刑罚不详，公孙贾是被脸上刺了字。四年后，公子虔又犯了新法，被判处以劓刑，即被割掉了鼻子。商鞅刑处太子师傅，意在体现法律面前人人平等的原则，树立法令的威严，这个目的确实也实现了。但立威是不是非要用这种极端的方式，这是一个无法找到答案的问题。公子虔被处劓刑后，八年没有出家门一步，其对商鞅的仇恨用咬牙切齿形容当不为过。秦孝公去世后，太子嬴驷继位，是为秦惠王。秦惠王继位后第一个大动作，就是以谋反罪追杀商鞅，不但将商鞅满门抄斩，而且，在杀死商鞅后，又将其尸体处以五马分尸之刑，对其怨恨由此可窥一斑。

司马迁在《史记》中对商鞅有一段对后世影响深远的评价：

太史公曰：商君，其天资刻薄人也。迹其欲干孝公以帝王术，挟持浮说，非其质矣。且所因由嬖（bì）臣，及得用，刑公子虔，欺魏将卬，不师赵良之言，亦足发明商君之少恩矣。余尝读商君开塞耕战书，与其人行事相类。卒受恶名于秦，有以也夫！

司马迁认为，商鞅是一个刻薄少恩之人。他说自己曾经认真研读商鞅开塞垦令农战等书，商鞅的为人与他做事的风格基本一致，因此，他在秦国所受到的恶名，也是实至名归，并不奇怪。司马迁对儒家学说景仰备至，所以，他对商鞅的评价多负面情绪，只是一面之词。但赵良在与商鞅交谈时，用了两个古人的名言“得人者兴，失人者崩”“恃德者昌，恃力者亡”，这个可以作为商鞅变法最好的警诫。

变革，从来不是一件轻而易举的事，因此，研究变之道，研究变之道中的智慧，这对通过变革实现推动事情进步及取得成功，是非常有益的。两千五百年前的商鞅变法，有成功，也有失败，有经验，也有教训，作为中华民族最宝贵的精神财富，商鞅变法中蕴藏的智慧，至今仍留给我们无尽的启迪。

五、赵武灵王的胡服骑射革命

春秋时期，孔子在评价齐国政治家管仲时，曾称赞说“微管仲，吾其被发左衽矣”（《论语·宪问》），意即要是没有管仲，中原地区就要被野蛮人——夷狄胡人占领，像胡人那样穿着衣襟开在左边的衣服了。左衽，也是通常为死者准备的寿衣的样式。然而，孔子万万没有想到的是，进入战国时期，赵国人主动穿起了衣襟开在左边的衣服，推动这一伟大服饰变革的，是赵国第六位国君赵武灵王。在推动“胡服骑射”这一名垂千古的变革中，赵武灵王用生动的实践阐释了“变之道”。

春秋战国时期，汉族的主要服饰仍沿袭周王朝而来，上衣下裳。上身为衣，衣服领口向右开，即为右衽；右衽，也即左衣襟压住右衣襟，像个Y字型。下身为裳，亦即裙，腰部围一条宽边的腰带，肚围前加一条可以遮蔽膝盖的长带，称作“蔽膝”。后衣袖不断加大，变成大袖，衣裳也整体加宽。服装在当时是森严等级的标志，起着维护社会秩序的重要作用。《尚书·皋陶谟》载：“天命有德，五服五章哉。”意即上天为了使有德之人各司其职，制定了天子、诸侯、大夫、士、庶人五种服装制度，以表彰他们的德行。周王朝是礼仪之邦，万国来朝，其服饰是正统、文明和进步的象征，是高贵民族的体现，是世界的中心和统治者的标志。与之相反，周边的少数民族部落，披头散发，是野蛮、落后，没有开化，只配被奴役的象征。胡人的服饰，窄袖短衣，长裤子，裤子分裆，腰系皮带，足穿皮靴，皮带上束金钩。他们的衣襟开向左边，是为左衽，即右衣襟压住左衣襟。因为孔子的定义，“左衽”和“右衽”成了汉民族、儒家先进文明与蛮荒之地、野蛮民族的分水岭。赵武灵王想脱下传统服饰，换上胡人的衣服，这个“变”，从一开始就被一条巨大的鸿沟死死地拦着。

尽管明知阻力重重，作为国家的最高决策者，赵武灵王在变革面前，自知已没有退路。赵武灵王继位之时，赵国就面临着国力衰微，强敌环伺的严峻形势。其父丧礼之际，魏、楚、秦、燕、齐五国竟各派士兵万人参加会葬，意欲趁乱拿下赵国。此事虽经化解，但五国亡赵之心不死。赵武灵王当政第十三年时，秦军攻下赵地的蔺城，俘虏了赵国的大将军赵庄。赵国人无不深感耻辱。赵国的北部边境，少数民族游牧部落众多，不时袭扰赵国，边境压力山大。赵国东北部是中山国。中山国的前身是北方狄鲜虞部落，为白狄，周王朝时期所说的南蛮、东夷及西北的戎、狄国家或部落集团，其中就有鲜虞。中山国，有战国七雄之外的“第八雄”之称，它把赵国南北两部分领土分割开来，一直是赵国的心腹之患。赵国曾两次进攻中山国，均以失败告终。赵国军事实力远逊列强，甚至随时有亡国的危险，这是赵武灵王最忧心的。在和大臣楼烦议事时，赵武灵王表示："今中山在我腹心，北有燕，东有胡，西有林胡、楼烦、秦、韩之边，而无强兵之救，是亡社稷，奈何？"赵武灵王已经意识到，因为无强大的军队，因此，国家灭亡不是没有可能，因此，他才有了"无强兵之救，是亡社稷"的预判。换句话说，改革强兵，对赵武灵王来说，不是可选项，而是必选项，是形势逼人，箭在弦上，不得不发。

变革的突破口，赵武灵王选择从服饰开始。一个伟大的领导者，首先必须要有从一团乱麻中找到最关键线头的本事。牵一发而动全身，打蛇打七寸，找到了问题的关键点，也就找到了影响全局的着力点。以此为突破口，往往会起到事半功倍的效果。赵武灵王分析认为，赵军之所以总在交战中吃亏，无一胜绩，是因为步兵持戈作战、战车同行，已完全不适合在地形复杂、沟壑遍布的边境地区作战，传统的兵车同步的阵地式战法，在灵活机动的游牧部落的骑兵面前，没有任何优势可言。欲胜胡人，首先要有骑兵，而要有骑兵，首先要改变着装。

赵武灵王的变革绝非心血来潮。在他当政第十七年，《史记·赵世家》记载："王出九门，为野台，以望齐、中山之境。"意指赵武灵王到临近中山国的九门，修筑野台，以便随时观察瞭望齐国和中山国的边境情况。第十九年，"王北略中山之地，至于房子，遂之代，北至无穷，西至河，登黄华之上"。意指赵武灵王到北边巡视中山国的地界，到了房子县，到了代地，北到无穷，西到黄河，还登上黄华山顶。这充分说明，赵武灵王是非常注重实地调研的，正是在长期的对敌观察和实际作战中，赵武灵王发现了赵兵服饰在作战时的笨拙不利，而胡人服装轻便灵活，利于骑射，从而让他动了着胡服，学骑射，发展骑兵的改革心思。

有了变的心思，如何将想法变成现实，这就需要应用变之道的智慧了。

首先是打消顾虑，下定决心。赵武灵王深知，舍弃周王朝正统的服装，改穿被汉族人瞧不起的胡服，国人的非议是肯定要有的。能不能过了非议关？这是赵武灵王所顾虑的。他在和大臣楼缓商议时就流露出这种担心："要想取得超出普通人所理解的成就，就一定会被传统世俗习俗所羁绊拖累。"（"夫有高世之名，必有遗俗之累。"）在和大臣肥义交流时，赵武灵王再次流露出这一担心："我准备引领教导民众身着胡服，练习骑马射箭，只怕这样一来，国内的老百姓一定会非议指责我。”（“今吾将胡服骑射以教百姓，而势必议寡人矣。”《战国策·赵策二》）同时表示，“我不是怀疑胡服的作用，而是怕被天下人耻笑”。（“寡人非疑胡服也，吾恐天下笑之。”《战国策·赵策二》）赵武灵王将自己的顾虑和盘托出给肱骨重臣，一方面是在统一思想，促成共识，寻求支持，另一方面，也希望借助心腹之臣的分析，解决自己的思想顾虑，帮助自己下定决心。无疑，这是求变之道的重要智慧之一。

楼缓和肥义果然给了赵武灵王想要的东西。楼缓的答复简洁果断：“善”。肥义专门给赵武灵王讲了一番道理：

> 肥义曰：“臣闻之，疑事无功，疑行无名。今王即定负遗俗之虑，殆毋顾天下之议矣。夫论至德者不和于俗，成大功者不谋于众。昔舜舞有苗，而禹袒入裸国，非以养欲而乐志也，欲以论德而要功也。愚者暗于成事，智者见于未萌，王其遂行之。”（《战国策·赵策二》）

肥义分析认为，在做事上犹疑不决，事情就不会成功；在行动上举棋不定，行动就不会有结果。现在既然已决定摆脱传统习俗的羁绊，那就不用再顾忌天下人的议论了。道德高尚的人不会去应和世俗之见；建立大功名的人也不会与见识一般的群众商量。过去舜为了降服苗族之人，就学习苗人的舞蹈；大禹为了征服蛮国民众，也学着蛮国百姓袒露身体，这样做，并不为了满足自己的欲望，而是为了宣扬德政、建立功勋。愚笨的人对于已经成功的事也看不明白，智慧的人则在事情未成功前就已看出了其中的端苗。这一番解释有理有据，非常有说服力，当然，对帮助赵武灵王下定决心，也起到了非常重要的作用。赵武灵王表态说：“即使天下人都来非议讥笑我，胡地、中山我一定会占有它。”（“虽驱世以笑我，胡地中山吾必有之。”《战国策·赵策二》）

其次，在下定决心改穿胡服后，赵武灵王并没能贸然行动，他需要寻找影响力更大的支持者，同时，也相应减少自己推行新变革的阻力。叔父公子成权倾朝野，赵武灵王将他选为突破口。他派大臣王孙绁（xiè）给公子成送去了一套胡服，并告诉公子成自己已经准备穿着胡服上朝理事了，希望公子成和自己一样能穿着胡服上朝。公子成委婉地予以回绝，回话说：“中国这个地方，是聪明且有远见卓识者居住的地方，是物资和财富汇聚的地方，是圣贤对百姓进行教化的地方，是仁义道德得以施行的地方，是《诗》《书》《礼》《乐》等经书推行的地方，是各种精妙技艺得以应用的地方，是远方国家不远千里前来学习的地方，是四方不开化的少数民族前来参拜效仿的地方。现在大王舍弃这些优秀的东西，而去穿那些蛮荒部族的服装，这是悖逆人心之举，改变古代礼教，变换古代法则，不可取呀。”

公子成的回绝并没有让赵武灵王灰心，相反，他亲自登门，以探病为由，亲自来做公子成的思想工作。

> 夫服者，所以便用也；礼者，所以便事也。是以圣人观其乡而顺宜，因其事而制礼，所以利其民而厚其国也。

这是赵武灵王说服公子成搬出的第一个理由，即制作服装，是为了方便穿用；制定礼仪，是为了方便行事，圣明的人做事，往往会因地制宜，从利民厚国的角度来考虑问题。

> 是以乡异而用变，事异而礼易。是故圣人苟可以利其民，不一其用；果可以便其事，不同其礼。儒者一师而礼异，中国同俗而教离，又况山谷之便乎？故去就之变，知者不能一；远近之服，贤圣不能同。穷乡多异，曲学多辩。不知而不疑，异于己而不非者，公于求善也。

这是赵武文王说服公子成搬出的第二个理由，即地方不同使用就会不同，事情不一样礼仪也会不一样，圣明的人做事只要有利于百姓，就不会强迫统一一种做法，对不懂得的事物，不要轻易怀疑；对和自己不一样的做法不轻易非议，这才是正确有做法。第三个理由，直接搬出先祖来说事。赵武灵王说：

先时中山负齐之强兵，侵掠吾地，系累吾民，引水围鄗（hào），非社稷之神灵，即鄗几不守。先王忿之，其怨未能报也。今骑射之服，近可以备上党之形，远可以报中山之怨。而叔也顺中国之俗以逆简、襄之意，恶变服之名而忘国事之耻，非寡人所望于子！

这是说过去中山国侵掠赵地，欺压百姓，先王愤恨，怨仇未报，而如今胡服骑射，近可以保卫上党之地，远可以报中山欺赵之仇，如果叔父公子成逆先祖之意，因指责胡服骑射而忘了国耻家恨，这实在是违背了国君的厚望呀。第三个理由将国仇家恨搬了出来，对有着先祖情结的公子成来说无疑是攻心的重磅炸弹。果然，公子成表示：

今欲继简、襄之意，以顺先王之志，臣敢不听命乎！

意即既然这是先祖简、襄等人的意思，也是他们的志向所在，自己不敢不听从命令。公子成最终穿上了胡服。

赵武灵王颁布胡服令后，赵文、赵造、周袑、赵俊、赵燕、牛赞等大臣谏议请赵武灵王不要改穿胡服，还是要遵循古制。赵武灵王发表了一番变服的议论：

王曰："先王不同俗，何古之法？帝王不相袭，何礼之循……故礼也不必一道，而便国不必古。圣人之兴也不相袭而王，夏、殷之衰也不易礼而灭。然则反古未可非，而循礼未足多也……且圣人利身谓之服，便事谓之礼。夫进退之节，衣服之制者，所以齐常民也，非所以论贤者也。故齐民与俗流，贤者与变俱。故谚曰'以书御者不尽马之情，以古制今者不达事之变'。循法之功，不足以高世；法古之学，不足以制今。子不及也。"遂胡服招骑射。（《史记·赵世家》）

在这番议论中，赵武灵王认为古今习俗各有不同，何必去效法古代？历代帝王各不相袭，为什么非要遵行古代的礼制？所以治理国家不一定非要一种方法，只要对国家有利，自然也不必效法古代。违背古制其实不需要去非议，一味守旧遵循旧礼也没什么可以称道的。圣明的人都会这样认为，只要有利于身体适合穿着的，就可以称做好服装，只要方便办事的，就可以称之为好规章。圣明的人会随着世俗的调整而调整，贤能的人会随着事物的变化而变化，所以谚语说：照着书本上教的去赶车，根本不了解马的性情，用老办法来管理今天的事情，是不懂得通晓事物的变化。因循守旧无法建立盖世功勋，照着古人的法子是治理不了当今的世界的。不要再反对胡服骑射的事了。这可以说是制止反对变革的最强硬的声音。

最后，在与权贵和重臣的思想交锋过程中，赵武灵王始终保持着一种畅开言路、言者无罪的态度与他们沟通。如对大臣赵文，赵武灵王说："虑无恶扰，忠无过罪，子其言乎。"意即考虑问题，不要厌恶有不同的意见来干扰，尽忠直言不应算是罪过，你可以大胆地讲自己的意见。对大臣赵造，赵武灵王鼓励说："竭意不讳，忠也。上无蔽言，明也。忠不辟危，明不距人。子其言乎。"意即臣子畅所欲言，没有避讳，这是忠的表现；君上不遮蔽尽言之路，这是英明的表现。忠臣不会逃避危险，明君不会拒绝忠言，你可以大胆发表自己的意见。在和大臣们的交流中，赵武灵王反复强调："故势与俗化，而礼与变俱，圣人之道也。""知学之人，能与闻迁，达于礼之变，能于与时化。故为己者不待人，制今者不法古，子其释之。""故兵不当于用，何兵之不可易？教不便于事，何俗之不可变？"他耐心地劝说臣下与时俱进，不要拘泥于古礼古制，要能适应新的变化。

对于赵氏一门的贵族，赵武灵王的劝说策略更趋向于以君亲君臣之礼来说事。如贵族赵燕迟迟不肯穿胡服上朝，赵武灵王就责备他说：

> 事主之行，竭意尽力，微谏而不哗，应对而不怨，不逆上以自伐，不立私以为名。子道顺而不拂，臣行让而不争。子用私道者家必乱，臣用私义者国必危。反亲以为行，慈父不子；逆主以自成，惠主不臣也。寡人胡服，子独弗服，逆主罪莫大焉。以从政为累，以逆主为高，行私莫大焉。故寡人恐亲犯刑戮之罪，以明有司之法。（《战国策·赵策》）

这段话是批评赵燕有逆主之罪，并告诫他做臣子应该“微谏而不哗，应对而不怨”，委婉劝谏而不宣扬，认真执行而不怨恨，如果违背君意一意孤行，恐怕再英明恩惠的君主也不会容下这样的臣子。同时严正警告赵燕，君王已经改穿胡服，而做臣子的不予改穿，这是以违背君意来谋取忠臣的个人私名，恐犯刑戮之罪。这番说辞有理有节，有恩有义，同时也有严厉的警告，可以说是恩威并施。赵燕对赵武灵王的这番劝说心悦诚服，表态说：“前吏命胡服，施及贱臣，臣以失令过期，更不用侵辱教，王之惠也。臣敬循衣服，以待今日。”意即本人错过了改穿胡服的日期，君王您没有用惩罚的办法来处置，这是大王的恩惠，本人现在就穿上胡服，随时听从君王的召唤。

从《战国策·赵策》《史记·赵世家》的记载看，赵武灵王为了统一思想，仅与王公贵族重臣的沟通交流，有名有姓的人物就有九人之多，而且，在交流沟通的过程中，赵武灵王始终保持着一种耐心倾听、以理服人的态度，对于像叔父公子成这样的领袖级人物，甚至不惜屈尊登门拜访，这一方面说明推行胡服骑射变革在当时的阻力之巨大，另一方面也展示了赵武灵王推行变革的决心之坚定，与智慧之超群，在当时君要臣死臣不得不死的特殊历史语境下，这是非常罕见和难得的，而正是因为这种充分的沟通，使得朝堂之内形成了基本共识，最大程度地消除了推动胡服骑射变革的最大阻力和壁垒。上行下效，赵武灵王胡服骑射取得巨大变革成功，充分展现了赵武灵王变之道的智慧。

推行胡服骑射之后，赵国的军队实力大大增强，史载赵武灵王：“率骑入胡，出于遗遗之门，逾九限之固，绝五径之险，至榆中，辟地千里。”公元前305年，赵武灵王率三路大军进攻中山国，掠取多地，公元前296年，赵武灵王再次率领大军进攻中山国，最终把这个绵延了一百余年，一度达到战车九千乘的军事强国彻底灭亡，一举除掉了赵国的心腹大患。往北，赵武灵王所向披靡，与胡人交战再无败绩，占领了大量的胡地。赵国一举成为七国之雄中无人敢小觑的强国之一，胡服骑射取得了巨大成效。胡服骑射之后，汉族的服饰发生了重大变化，服装从此走向了实用便利的发展方面，不再成为身份等级的象征，胡人因为汉族穿上了胡服，心理排斥力大大减弱，民族融合的步伐进一步加快。骑兵开始出现在军队序列之中，各国的军事实力不同程度地有所提高。胡服骑射功在当下，利在后世，赵武灵王对中华文明的进步，做出了不可磨灭的贡献。

任何变革，都意味着利益冲突，意味着历史的变迁，阻力之大，可想而知。因变革发生的杀戮事件层出不穷，血流成河。赵武灵王在本次变革中，一开始分析形势，充分调研，做足功课，排除顾虑，下定决心；紧接着抓住“最关键少数”——在王公贵族大臣中反复沟通，充分交流，统一思想，力排众议，达成共识；再接着以身作则，率先示范，朝堂之上，先行推广；最后是进入实际应用，用实际成效来验证理论，支持理论，取得全国上下的一致响应。赵武灵王的变革，和商鞅变法一样，都是中国古代先哲变之道智慧的完美实践，两千多年后，他们留给后人的思考仍然远未结束。

第三讲

势之道：欲成事，先造势

“天下大势，合久必分，分久必合。”《三国演义》中的这句话，让“势”这个概念深入人心。孙中山先生演绎出的“天下大势，浩浩荡荡，顺之者昌，逆之者亡”，再次突出了势的作用。

那么，在古代传统文化中，势是一种什么样的思想？古代先哲们又是怎么理解的？本讲中我们将对此进行深入探讨。

一、商汤王造势

在中华民族的思想智慧体系中，时和势一直是一个辩证统一体，时者，势也。势，是取得事业成功或取得决战胜利的诸多关键内部、外部等力量的总和，这些力量表现形式各一，但对最后的胜负都会起到关键性的作用。

最早运用“势”的智慧的，是商汤王。夏朝最后一个帝王夏桀，暴虐成性，百姓怨声载道，商汤王决意革夏王的命。但夏王朝已传承了四百余年，势运是否已经衰竭？商汤王心里并没有底。公元前1601年，商汤王接受谋臣伊尹的建议，停止向夏桀王进贡。这也是他第一次测试夏桀王的势运。这一测不要紧，夏桀王的势运貌似还很强盛，其具体表现就是在夏桀王发出征讨商汤王的命令后，九部诸侯纷纷听命调拨部队，准备参与征讨商汤王的行列。商汤王意识到讨伐夏桀的进机还不成熟，于是赶紧承认错误，加倍献上贡品，表示甘愿臣服。

公元前1600年，夏朝赤地千里，江河干涸，天下大旱，百姓流离失所。商汤王瞅准时机，准备再次兴兵。兴兵前，再次用了老计策：停贡。夏桀闻听大怒，决定再次征调九夷之师讨伐商汤。但这次他的势运终于到头了。《说苑·权谋》这样记载：

> 汤欲伐桀，伊尹曰：请阻乏贡职以观其动。桀怒，起九夷之师以伐之。伊尹曰：未可，彼尚犹能起九夷之师，是罪在我也。汤乃谢罪请服，复入贡职。明年，又不贡职，桀怒，起九夷之师，九夷之师不起。伊尹曰：可矣。汤乃兴师，伐而残之。迁桀南巢氏焉。

九夷之师是夏桀称王天下的最大的“势”，能调动九夷之师讨伐商汤，说明夏桀的势运犹在，当“起九夷之师，九夷之师不起”，说明夏桀的势运已经消失。商汤王正是在对夏桀势运的把握上，找到了自己的时机。商汤王果断起兵，在鸣条发起对夏桀王的最后攻击，最终击溃了中国第一个延承了470余年的王朝，建立了强大的商王朝。夏桀的“势”，或者说他的权力基础，来自九夷之师的听命与支持，失去了这个“势”，夏桀也就弱不禁风、不堪一击了。

商汤创建的中国第二个王朝商朝，只延承五百余年就灭亡了。周武王革了商朝的命。在革除商朝命运的斗争中，周武王也注意到了势运的重要性。周武王继位后，决心继承父亲周文王的遗愿，推翻殷王朝。其继位第4年，即发兵5万，渡过黄河，抵达孟津，举行盛大阅兵。附近八百余诸侯闻听此信，纷纷率兵参与盟誓。《史记·周本纪》载：

> 是时，诸侯不期而会盟津者八百诸侯。诸侯皆曰："纣可伐矣。"武王曰："女未知天命，未可也。"乃还师归。

武王之所以在关键时候下令班师回朝，是因为他认为时机未到，商王朝的势运还在。周武王认为，虽然商纣王和夏桀王一样恶贯满盈，罪不容诛，但他身边还有比干、微子等在老百姓心目中影响卓著的贤良大臣存在，商纣王的势运还没有消失，因此，他还需要进一步等待。果然，周武王期待中的事发生了，比干被剖心，微子被迫装疯，箕子被囚禁，太师疵、少师强等带着商王朝最重要的祭祀乐器逃跑到了周国，这标志着商纣王的势运已经终结。《史记·周本纪》载：“于是武王遍告诸侯曰：‘殷有重罪，不可以不毕伐。’”一场世纪大战就此在牧野打响，是疫，周武王革了商纣王的命，中国历史上的第三个王朝——周王朝正式开始了自己新的历史纪元。在武王革命中，商纣王的“势”是贤臣良将的辅佐，一旦失去了贤臣良将，商纣王也就如同失去了左膀右臂，他就变得和夏王朝的最后一位帝王桀一样，软弱无力，不堪一击了。

二、管仲造势

周武王之后，春秋战国时期的先哲们，对“势”这一概念，理解最为透彻，把握最为准确，运用最为充分，并将其上升到哲学思想高度的，管仲是其中之一。管仲在《管子》一书中，多处谈及“势”这一概念。后来虽有人认为该书为托名之作，但《管子》一书反映了管仲的思想，这无可置疑。

管仲，生于约公元前723年，卒于约公元前645年，姬姓，名夷吾，字仲。他比老子、孔子早出生一百五十余年，是春秋战国时期著名的经济学家、哲学家、政治家、军事家。后世尊称其为“管子”，并誉其为“圣人之师”“华夏文明保护者”“华夏第一相”等。

管仲的名气在当时影响之大，从孔子多次谈及管仲就能看出来。在《论语·宪问》中，孔子分别和弟子子路、子贡论及管仲：

> 子路曰：“桓公杀公子纠，召忽死之，管仲不死。”曰：“未仁乎？”
>
> 子曰：“桓公九合诸侯，不以兵车，管仲之力也。如其仁，如其仁。”

子路认为，齐桓公杀掉他的兄弟纠，召忽和管仲同时辅佐纠，结果，召忽为纠殉死，而管仲独活。所以，子路不解，发问说：“管仲这样的算是做到了仁吗？”孔子耐心解释说：“齐桓公先后九次召集诸侯盟誓，成为春秋霸主，从来没有动用过武力，没有给百姓带来战祸，这都是管仲功劳，所以，管仲这样的人才是仁人，才是仁人。”孔子两次重复“如其仁”，可见其对管仲的高度认可。

类似的问题，子贡也提出来了：

子贡曰："管仲非仁者与？桓公杀公子纠，不能死，又相之。"

子曰："管仲相桓公，霸诸侯，一匡天下，民到于今受其赐。微管仲，吾其被发左衽矣。岂若匹夫匹妇之为谅也，自经于沟渎，而莫之知也。"

子贡还是围绕着"仁"字来发问，即齐桓公杀了他的兄弟公子纠，管仲不去殉死，反倒做了齐桓公的宰相，这样的人，能算仁人吗？孔子再次解释：管仲辅佐齐桓公，成为春秋霸主，匡正了征战不息的天下，老百姓过上了安定的生活，这都是拜管仲所赐。没有管仲，大家现在可能披头散发，衣襟向左敞开，成了野蛮人的奴隶。评价管仲这样的先贤，岂能按评价村夫野妇那样，果真那样，我们自杀于沟渠野径也未可知。由此可见，孔子对管仲是非常钦敬的。管仲被称为"圣人之师"，与孔子的评价不无关系。而孔子的评价其实并不过分。据《管子·小匡》载，在管仲的辅助下，齐桓公：

率天下定周室，大朝诸侯于阳谷。故兵车之会六，乘车之会三，九合诸侯，一匡天下。甲不解垒，兵不解翳，弢无弓，服无矢，寝武事，行文道，以朝天子。

意即率领天下诸侯维护了周王朝的安定局面，并在阳谷会盟天下诸侯，共商和平大计。其中带着兵车的会盟有六次，只乘车的会盟有三次。九次召集天下诸侯开会，让混乱的天下得到匡正，百姓安居乐业。战士们的铠甲捆扎起来，捆扎的绳子都解不开了；装弓弩的器具封存起来，很久都不开封了。弓袋里不装弓，箭匣里没有箭，战火熄灭，文明盛行。管仲被称为"天下第一良相"，确实名不虚传。

管仲是春秋时代齐国人，与鲍叔牙一样，少有贤名。齐国国君齐僖公驾崩时，留下三个儿子，分别是太子诸儿、公子纠和公子小白。齐僖公死后，太子诸儿即位，是为齐襄公。齐襄公淫乱无耻，滥杀无辜，国内人人自危，纷纷外逃。是时，管仲、召忽是公子纠的授业师傅，鲍叔牙是公子小白的授业师傅，因为预感到危险，管仲、召忽带着公子纠逃往鲁国，鲍叔牙带着公子小白逃往莒国。后齐襄公被杀，流亡在外的公子纠和公子小白又都争相回国继位齐国国君。在此过程中，公子纠命管仲提前行动，埋伏在公子小白返国必经之路上，并一箭射中小白身上的铜制衣带钩。小白借机诈死，骗过了管仲，然后抢先回国，被立为国君，是为齐桓公。齐桓公即位后，率军大败鲁国，强迫鲁国杀了公子纠，召忽殉死，并让鲁国囚禁管仲后送回。管仲到齐国后，鲍叔牙推荐其为齐相，得到齐桓公重用，鲍叔牙甘居其下。管仲与鲍叔牙的交往，被历史上称为“管鲍之交”，是友情的代名词。管仲对鲍叔牙非常感激，自称“生我者父母，知我者鲍子也”。《史记·管晏列传》这样记载；

> 管仲曰：“吾始困时，尝与鲍叔贾，分财利多自与，鲍叔不以我为贪，知我贫也。吾尝为鲍叔谋事而更穷困，鲍叔不以我为愚，知时有利不利也。吾尝三仕三见逐于君，鲍叔不以我为不肖，知我不遭时也。吾尝三战三走，鲍叔不以我怯，知我有老母也。公子纠败，召忽死之，吾幽囚受辱，鲍叔不以我为无耻，知我不羞小节而耻功名不显于天下也。生我者父母，知我者鲍子也。”

管仲归齐后，和齐桓公畅聊了三天三夜，深得齐桓公赏识，对管仲大有相见恨晚之意。成大业，必有大目标，有了大目标，才会有行动的决心和意志。为此，管仲先为齐桓公“造势”。《管子·大匡》载：

> 桓公二年践位，召管仲。管仲至，公问曰：“社稷可定乎？”管仲对曰：“君霸王，社稷定；君不霸王，社稷不定。”公曰：“吾不敢至于此其大也，定社稷而已。”管仲又请，君曰：“不能。”管仲辞于君曰：“君免臣于死，臣之幸也；然臣之不死纠也，为欲定社稷也。社稷不定，臣禄齐国之政而不死纠也，臣不敢。”乃走出，至门，公召管仲。管仲反，公汗出曰：“勿已，其勉霸乎。”管仲再拜稽首而起曰：“今日君成霸，臣贪承命，趋立于相位。”乃令五官行事。

齐桓公问管仲国家可否安定，管仲答复如果君王有称雄诸侯、图霸天下之心，则国可定，若无，则不可定。齐桓公称自己并无号令天下诸侯，雄霸天下之意，只想让小小的齐国安定下来即可。管仲劝齐桓公目标定高点，齐桓公不从，于是，管仲使出了欲就故推之策，称自己的目标是为齐国安定而来，但安定齐国，唯有雄霸天下，既然齐桓公无此雄心，安定齐国即为空谈，于是坚辞而去。齐桓公意识到了自己的胸怀不够宽广，急忙追出门外，召回管仲，流着汗说："愿图霸业。"管仲让齐桓公明确了国家未来的发展"趋势"，君臣有了一个共同的奋斗目标，从而让后面的所有努力都有了动力和前进的方向。

管仲深知朝堂之上的险恶，因此，他不但为君王造势，也为自己履职方便而造"势"。《韩非子·外储说左下》曾记录了一段管仲相齐的故事：

> 管仲相齐，曰："臣贵矣，然而臣贫。"桓公曰："使子有三归之家。"曰："臣富矣，然而臣卑。"桓公使立于高、国之上。曰："臣尊矣，然而臣疏。"乃立为仲父。

管仲做了齐国宰相后，对齐桓公说："我现在虽受宠，但很贫穷。"于是齐桓公就说，齐国税收的三分之一归你；管仲说："我现在很富，但地位很卑微。"齐桓公就把他的地位提高到当时齐国的两大贵族高姓、国姓的地位之上；管仲又说："我现在地位富贵都有了，但感觉和君上还有点疏远。"齐桓公就尊称管仲为"仲父"，仲父，是仅次于亲生父亲的位置，可见齐桓公对管仲的信任和重视。管仲一步步提出要求，实际上是在为自己更好地完成辅助齐桓公的霸业在一步步造势。管仲的良苦用心并非多余。在立其为仲父的过程，齐桓公专门征求了臣下的意见。《韩非子·外储说左下》记载：

> 齐桓公将立管仲，令群臣曰："寡人才将立管仲为仲父。善者入门而左，不善者入门而右。"东郭牙中门而立。公曰：寡人立管仲为仲父，令曰'善者左，不善者右。'今子何为中门而立？"牙曰："以管仲之智为能谋天下乎？"公曰："能。""以断为敢行大事乎？"公曰："敢。"牙曰："若知能谋天下，断敢行大事，君因专属之国柄焉。以管仲之能，乘公之势以治齐国，得无危乎？"公曰："善。"乃令隰（xí）朋治内、管仲治外以相参。

齐桓公欲重用管仲，偏偏东郭牙立于中门，保持中立，其理由并不是因为质疑管仲的智慧才能，而是担心其“乘公之势”夺取君位，而齐桓公认为这样的提醒非常重要，于是及时调整策略，令隰朋治内，管仲治外，相互制衡。乘公之势的“势”字，说明管仲的思虑多么周密。

三、“轻重术”中的势之道

管仲的经国济世思想，后人将其总结为“轻重术”。简单地说，就是利用资源多寡、价格浮动、物品流通等经济手段，减少或增加利益，从而达到富国强兵的目的。物资短缺，价格就会上升，利益自然就会随之增加，前者轻，后者重；物资丰盈，价格就会下降，获利相对减少，前者重，后者轻。轻重随时而变，随机而动，获利多寡，自然也就大不相同。而要发挥轻重术的作用，就必须用恰当的手段来进行商业操作。商业操作代替兵戎相见，和平取代战争，这是管仲2700年前给当时的社会做出的最大贡献。所以，孔子大赞管仲“如其仁，如其仁”，对管仲的治国经世智慧大加褒扬。

运用轻重术，最常用的手段就是用好“势”。

管仲对君王的“势”很有研究。他在《管子·法法》中这样论述：

> 凡人君之所以为君者，势也。故人君失势，则臣制之矣。势在下，则君制于臣矣；势在上，则臣制于君矣。故君臣之易位，势在下也。在臣期年，臣虽不忠，君不能夺也。在子期年，子虽不孝，父不能服也。故春秋之记，臣有弑其君、子有弑其父者矣。故曰：堂上远于百里，堂下远于千里，门庭远于万里。今步者一日，百里之情通矣；堂上有事，十日而君不闻，此所谓远于百里也。步者十日，千里之情通矣；堂下有事，一月而君不闻，此所谓远于千里也。步者百日，万里之情通矣，门庭有事，期年而君不闻，此所谓

远于万里也。故请入而不出谓之灭，出而不入谓之绝，入而不至谓之侵，出而道止谓之壅。灭绝侵壅之君者，非杜其门而守其户也，为政之有所不行也。故曰：令重于宝，社稷先于亲戚，法重于民，威权贵于爵禄。故不为重宝轻号令，不为亲戚后社稷，不为爱民枉法律，不为爵禄分威权。故曰：势非所以予人也。

管仲认为，君王之所以成为君王，在于他有“势”，此处“势”，权势之意。有势，才会有臣，无势，君臣就会易位。臣杀君，子杀父，均是权势旁落的结果。如果君王对堂上、堂下、门庭内外的事情都不知晓，无法正确行使权力，他的势也就不在了。所以说，政令、社稷、法则、威权，这都是势的有机组成部分，比宝物、亲戚、百姓、爵禄都更珍贵，一天也不可失，绝对不可以轻易予人。在《管子·小匡》中，管仲更是将君王之势细分为六种，即“杀、生、贵、贱、贫、富，此六秉也”，即让人死亡、生存、高贵、卑贱、贫穷、富有。无此六势，君王是当不好的。

君王有“势”，天地万物，亦各有其“势”，在《管子·形势》中，管子这样论述：

山高而不崩，则祈羊至矣；渊深而不涸，则沈玉极矣，天不变其常，地不易其则，春秋冬夏，不更其节，古今一也。蛟龙得水，而神可立也；虎豹得幽，而威可载也。风雨无乡，而怨怒不及也。贵有以行令，贱有以忘卑，寿夭贫富，无徒归也。

……牺牷圭璧，不足以飨鬼神。主功有素，宝币奚为？羿之道，非射也；造父之术，非驭也；奚仲之巧，非斫削也。召远者使无为焉，亲近者言无事焉，唯夜行者独有也。

在这篇宏论中，管子认为，山高不崩，水深不竭，都有人来送上牛羊、璧玉来祭祀，天地四时，运行有序，从不改变，自古如一，独立独行，人人都不敢不敬行。蛟龙只有在水中，才可以得立威严，虎豹凭借幽谷深山，才能显示出神力。风雨飘来移去，没能方向，没有依靠，自然也就没有人理睬埋怨它。尊贵因其可以发号施令，卑贱因为其被人忽略。人之所以有长寿、短命、贫穷、富有等命运，这都不是无缘无故得到的结果。必依其所凭借或具备的“势”。管子对向天地进献贡品并不是很认同，他认为，用牛羊玉器来供奉鬼神，鬼神未必就会从人心愿。君王只要加强自身修养，养足了“势”，何必去用珍贵的祭品讨好鬼神。人们看到后羿射箭，百发百中；看到造父驾车，马儿如懂人语，看到奚仲砍削木头，要圆得圆要方得方，就感觉很不得了，其实，这只是表面现象而已，真正的功夫，是他们掌握了射箭、驾车、制木的内在规律，从而可以任意作为而不失手，如有神助。管子指出，让远方的人来归顺，派使者去劝说是没有用的；让国内的人依附，靠说空话也的无济于事的。有实力才有话语权，才会有作为。这种实力，其实也是“势”之所在。

事物发展本身所具有的规律性，也是一种势，因此，需要顺势而为。这种规律性，在管子的眼中，即天之道。《管子·形势》中这样论述：

> 持满者与天，安危者与人。失天之度，虽满必涸。上下不和，虽安必危。欲王天下，而失天之道，天下不可得而王也。得天之道，其事若自然。失天之道，虽立不安。其道既得，莫知其为之。其功既成，莫知其释之。藏之无刑，天之道也。疑今者察之古；不知来者视之往，万事之生也，异趣而同归，古今一也。
>
> 生栋覆屋，怨怒不及；弱子下瓦，慈母操棰。天道之极，远者自亲。人事之起，近亲造怨。万物之于人也，无私近也，无私远也；巧者有余，而拙者不足；其功顺天者天助之，其功逆天者天违之；天之所助，虽小必大；天之所违，虽成必败；顺天者有其功，逆天者怀其凶，不可复振也。

管子认为，依照天的法则，顺势而为的，会获得成功、获得发展，即“持满”；掌握人心变化的规则，顺应民心而为，国家就会安定，天就不会岌岌可危。不遵守天的法度，水满也会干涸；君臣百姓上下不和，即使一时安定也会有危险灾祸降临。想称王天下，又不遵守天之道，这是不可能的事。掌握了天之道，成功是自然而然的事；违背了天之道，成功只是侥幸，不能保持多久。顺势而为，按天之道去做事，会自然而然地成功，而成功的原因甚至都不知道。天之道，不会刻意地表现出来，它无形无状，但一直存在着。对当下的事疑惑不定的可以考察古人是怎么做的；对未来的事无法预知的可以看看过去的历史是怎么样发展的。天地万物，生死存亡的表现形式各有不同，但其发展的本质规律是不会改变的，从古至今皆是同一个道理，都是一样的，殊途同归。

管子进一步用生木盖屋、慈母打儿的比喻来讲这个道理：用新砍下来的木材去做屋柱，会让房子倒塌，这是自然而然的事，所以，谁也不会去迁怒木材；小儿上房揭瓦，这是违逆行为，因此，即使是最慈爱的母亲，也会操起棍子痛扁他。顺着天道去做事，远方的人都会来亲近；带着自私之心去做事，亲近的人也会心生怨恨。天地万物对于人来说，一视同仁，并没有远近亲疏之分。智慧的人做事成功有余；笨拙的人做事失败有余。何故？管子认为，这是因为顺着天道去做，顺势而为，天就帮助他；反之，违背天道去做，就会遭天背弃。得天帮助，弱小也可以变得强大；背弃天道，即使成功，也会转为失败。顺天逆天，顺势逆势，结果就是这么泾渭分明，前者获得成功，后者招灾致祸，这都是无法改变的。

“善者用非有，使非人。”这是管仲运用经济手段治国理政的最高境界，意思是，贤达聪明的人，往往能用自己没有的东西来为自己服务，能用不归自己役使的人来为自己出力，从而实现自己的目标。这当然就需要借势。《管子》中，多篇记录了管仲借势成事的案例。

齐桓公想去朝拜周天子，但囊中羞涩。就请管仲给想办法。管仲请齐桓公下令在齐国修建阴里城，阴里城要建三层城墙，九道城门。以此项工程名义，请石匠们到乱石岗去利用原石雕制石壁，直径一尺的石壁定价为一万钱，直径八寸的石壁定价八千钱，七寸的定价为七千钱，石珪定价四千钱，石瑗定价五百钱。如此安排完毕后，管仲专程奔赴周天子所在的都城洛阳，表明齐国国君想率领众诸侯朝拜先王宗庙，观礼周室，恭敬勤王的心意，巩固周天子的地位，制止不利于王室的行为。周天子大权旁落，影响式微，巴不得众诸侯来表达忠心，对齐国领衔操办此事深感欣慰，立马同意。管仲借机提出请求，让周天子发布命令，要求天下诸侯朝拜先王宗庙、观周礼时，都必须带上彤弓和石壁，不带彤弓石壁者不准入朝。周天子一听这根本不算过分要求，满口答应。周天子号令一出，天下诸侯纷纷运载着黄金、珠玉、粮食、彩绢和布帛，到齐国来争购石璧。齐国的石璧流通于天下，天下的财物尽归于齐国。齐国八年不用再征赋税，齐桓公对管仲的借势之谋赞叹有加。

周天子号令只在洛阳城中管用，日子过得紧巴巴的，向众诸侯讨要给养，没有一个当回事。齐桓公想讨周天子欢心，借机巩固自己春秋盟主的地位，于是向管仲问计。管仲称不难。管子告诉齐桓公，在长江和淮河之间，有一种茅草，名叫“青茅”。这种草三条脊梗直贯到根部，样子普通，随处可见，可做垫席。周天子可命令自己的官吏把青茅产地的四周封禁起来，严加看管。按惯例，周天子每年都会率领众诸侯去泰山祭天，去南梁父山祭地。再去时，可发布这样一条命令：天下诸侯凡随从天子去泰山祭天、南梁父山祭地的，都必须携带一捆青茅作为祭祀之用的垫席。不按照命令行事的不得随从前往。齐桓公依计而行，禀告周天子。周天子的命令下发后，天下诸侯带着黄金争先恐后奔走求购青茅。江淮的青茅价格一涨再涨，一捆可以卖到百金以上。周天子乐了，在朝中端坐仅仅三天，天下的黄金就从四面八方像流水一样聚了过来。周天子为此七年没有索取诸侯的贡品，对齐桓公更加另眼相看。

诡异事件及异常天象也可以作“借势”之用。齐国有人传说看见龙在都城外的马渭河边、牛山之上打架，齐国上下人心惶惶。管仲告诉齐桓公，这是上天派使者来到城郊了，这是齐国之幸，请您带领各位大夫穿上黑服，左右随员也穿上黑服，一齐到郊外对天呼号，感谢上天的恩泽。齐桓公依计而行，事情传开，各路诸侯都称：“神哉，齐桓公，上天都派使者来到他的城郊！”于是，纷纷前来朝贺，其中有八个诸侯表示愿意臣服齐国。龙打架的事刚刚平息，又有齐国人看见彗星出现在齐国上空。彗星俗称“扫把星”，是大凶的天象。管仲请齐桓公借机发布命令，说彗星出现，齐国恐有兵祸之灾。请功臣世家、平民百姓积极贡献五谷粟米、布帛彩绢，由国家按平价收购，以备战时之需。功臣世家和居民百姓把他们的粮食、财物呈献出来，支援国家大事。灾异没有祸害到齐国，反而大大增强了齐国的实力。

有可借之势借之，无可借之势造之。在造势方面，管仲可称为“千古第一师”。管仲造势，依据的是他对人性的深刻认知和精准把握，以及对“天之道”的精辟理解。在《管子·版法解》中，管子这样理解治人治事：

治之本二：一曰人，二曰事。人欲必用，事欲必工。人有逆顺，事有称量。人心逆则人不用，事失称量则事不工。事不工则伤，人不用则怨。故曰："取人以己，成事以质。"

管子认为，治国理政，最根本的是做好两件事，一则是把人用好，一则是把事做好。用人要尽其才，做事要周密完善。人有顺从和悖逆的，事有分寸尺度。人心悖逆则不可用之，事不周密则做不成功。事情做不成功就会引起祸害，人用不好就会产生怨恨。那么，如何把人用好，把事情办好？管子给出的方案是用人时当作使用自己，做事时衡量把握好尺寸。管子强调：

民不足，令乃辱；民苦殃，令不行。施报不得，祸乃始昌。祸昌而不悟，民乃自图。

意即：老百姓用度不足，就不会把政令当回事；老百姓受苦受虐，政令也就行不通。施予老百姓的恩惠没有得到适当的回报，灾祸就开始滋生；已经出现灾祸的苗头还不及时醒悟纠正，老百姓就会自己起来造反了。那么，如何让老百姓心甘情愿地卖力办事呢？管子说：

凡众者，爱之则亲，利之则至。是故明君设利以致之，明爱以亲之。徒利而不爱，则众至而不亲；徒爱而不利，则众亲而不至。爱施俱行，则说君臣、说朋友、说兄弟、说父子。爱施所设，四固不能守。故曰："说在爱施。"（《管子·版法解》）

管子认为，对待老百姓，爱护关心他，他就会和君王亲近；给他实实在在的恩惠利益，他就会主动为君王效力。所以，真正的君王，不但在态度上爱护关心百姓，而且，还实实在在给百姓带来利益。只给实惠，感情上不予亲近；或者只是口头表示关爱，不予任何实际利益，口惠而实不至，这样都会影响百姓的行为选择：只给利益，百姓在感情上不会与君王亲近；口惠而实不至，百姓则只会口头表示支持实际并不付诸实际行动。只有感情与实际利益两者并用，才会君臣高兴、朋友高兴、兄弟高兴、父子高兴。爱、利兼行的结果，如发生战争，敌国的四境再坚固也守不住。所以说："让人高兴中，就得爱、利并施。"

管子为此强调：

> 凡人者，莫不欲利而恶害，是故与天下同利者，天下持之；擅天下之利者，天下谋之。天下所谋，虽立必隳；天下所持，虽高不危。故曰："安高在乎同利。"（《管子·版法解》）

人都是喜欢得到好处、实惠而厌恶祸患不利的。管子称，正是因为人的这一天性，所以，与天下人共享利益，就会得到天下人的支持拥戴；将天下之利据为己有，天下人就会共同讨伐夺取。如果天下人共同起而攻之，即使到手的利益也保不住；而如果与天下人共享利益，虽然居于高位也不会有什么危险。管子为此做出结论：君王如果要想高枕无忧，与民同利可也。

管子将自己的思想，用到了治国理政的实践之中。有大臣向齐桓公建议，称农夫到田地里劳作，离不开犁、锄、镰等工具；造车工匠打造新车，少不了斧、锯、铁钉、钻、凿、钵和轴铁等工具；妇女做针线活，必须要有剪刀、椎、针等工具。这些工具都离不开铁。因此，可以下令砍伐树木，鼓炉铸铁，通过卖铁来增加国家收入。齐桓公征求管仲意见。管仲坚决反对。管仲认为，开山铸铁，需要大量人力。如果派罪犯去做，罪犯会逃亡；如果征发百姓去做，百姓会怨恨国君；一旦边境发生战事，百姓因为怨恨必不肯为国出力。如此一来，开山冶铁未见其利，国家反遭"内败"。管仲提出的解决方案是将铸铁一事交民间经营，卖出铁器，百姓分利七成，君主分利三成。如此一来，国君与百姓皆大欢喜。

齐桓公与民争利的心思一刻也没有停止，管仲不得不继续为他出谋划策。齐桓公提出要征"房屋税"，管仲认为这会逼迫老百姓自毁房屋，不可行；齐桓公提出要按人头征税，管仲认为这会降低生育率，将来战争时无兵丁可用，不可行；齐桓公提出要征牲畜税、林木税，管仲认为这会逼着人们去宰杀幼畜、砍掉幼苗。齐桓公很不高兴。管仲建议齐桓公"向鬼神征税"。桓公很不满："房屋、人头、牲畜、树木都不能征税，还能向鬼神征税么？”管仲回答说：

> 厌宜乘势，事之利得也；计议因权，事之囿大也。王者乘势，圣人乘幼，与物皆宜。

这句话的大意即：行事合宜，顺势而为，就可以得到好处；谋事根据实际情况变化制定对策，就可以得到大助。君王善于运用时势，圣人善于运用精微之术，从而使万事各得其宜。”具体到收税，管仲称，从前尧有五个功臣，现在无人祭祀，国家可以建立对这五个死者的祭祀制度，让人们来祭祀尧的五个功臣。春天可以敬献兰花，秋天则以新谷为祭；可以用高原产的鱼做成鱼肉干，还可以用稀罕的娃娃鱼做神的佳肴。通过对鬼神的祭祀，国家可以征收鱼税，这样不影响百姓的生计，又推广了礼义教化，还提高了国库收入。通过造势、顺势而为，可以取得皆大欢喜的结果，何必再做其他求索呢？

在凝聚军心、鼓舞士气方面，管仲也灵活运用了造势之术。管仲请齐桓公拿出全年税收的四万二千金，并在一天之内奖赏全军将士。齐桓公应允。奖赏大会在郊野进行。全军将士召集完毕后，齐桓公站在台上，管仲当着将士的面发话：“在即将开始的战争中，谁敢承诺陷阵攻破敌众？赏黄金百斤。”问了三次都无人回答。有一士兵执剑向前询问：“要攻破敌众多少人算数呢？”管仲回复：“千人之众。”士兵说：“千人之众，我可以攻破。”于是得赏一百金。管仲又发问说：“在交战当中，谁敢承诺擒获敌军的千夫长？赏百金。”又有响应的，管仲即兑付百金。接着管仲依次进行“预赏”，四万二千金一日之内花光。齐桓公叹息说：“花了这么多钱，如果得赏金的人不兑现承诺怎么办？”管仲回答说：“这些领到赏金的人，已经名扬天下。四乡八里以他为荣，父母双亲以他为傲，妻子儿女引以为自豪。他们只会想着保住荣誉，报效国家，报效君王，怎么会逃避责任呢？而他们攻城略地，占领敌国，君王所得，何止于四万二千金的利益。”齐桓公大悦。

管仲继续“造势”。他告诫军中的大将们说：“凡统领百人的将官来拜见，你们一定要以礼相待，不可慢怠；统领千人的将官来拜见，告别时一定要下两级台阶拜别。这些士官中有父母的，要赏给他们的父母酒四石、肉四鼎；没有父母的，要赏给他们的妻儿酒三石、肉三鼎。”这个办法实行半年后，百姓中父母告诫儿子，兄长告诉弟弟，妻子劝告丈夫，都说：“国家待我们如此优厚，若不在战场以必死的决心投入战斗，还有脸回乡吗？”齐桓公举兵攻伐莱国，尚未交战，莱国军队已望风而逃。爱利兼施，齐国从此战无不胜。

国与国之间、诸侯与诸侯之间的征服兼并，并非只有兵戎相见一种方式。管仲巧用轻重术，充分发挥势的作用，达到不战而屈人之兵的目的。鲁国的南南梁之地，与齐国紧邻，齐桓公想将其拿下，问计管仲。管仲称，南梁的百姓，向来以织绨为业。请齐桓王率先垂范，带头穿绨做的衣服，朝臣上堂奏事，必须穿绨做的衣服。上行下效，齐国百姓都会以穿绨做的衣服为荣耀。同时，下令齐国人自己不准织绨，只能从南梁引进。管仲接着对南梁的商人开价：贩绨至齐国，一千匹绨给黄金三百斤；一万匹绨给黄金三千斤。南梁国君听闻此事，动员全国百姓不再耕地，专门织绨。十三个月以后，管仲派人南梁打探情况，只见路上尘土飞扬，十步内互相看不清楚，坐车的车轮相碰，骑马的列队而行，全是抢购绨的。管仲告诉齐桓公，现在开始，请君王改穿帛料衣服，朝臣上堂奏事，也必须穿帛料衣服。上行下效，齐国百姓也都改穿帛料衣服了。管仲接着下令封闭关卡，与南梁断绝经济往来。十个月后，南梁的绨一匹都卖不出去，粮食极其短缺，百姓陷于饥饿，正常赋税交不起，国库空虚。南梁的百姓买粮每石要花上千钱，齐国粮价每石才十钱。两年后，南梁的百姓有十分之六投奔齐国。三年后，南梁的国君也都请求臣服于齐国。

齐桓公想打败楚国，问计于管仲。管仲说，楚国盛产鹿，齐国可以高价收购。管仲告诉楚国商人，给齐国贩来生鹿二十头，可得黄金百斤；加十倍，可得黄金千斤。楚王得知后，大喜，说：“黄金是个好东西，增加国库收入，还能赏赐功臣。禽兽，不过是有群之物，明君当弃。现在齐国高价收买楚国的害兽，玩物丧志，这是楚国的福分，是上天要把齐国送给楚国。举国上下，都要全力猎取生鹿，换取齐国的财宝。”于是，楚国百姓全都不再耕田务农，一门心思只想猎鹿。楚国猎鹿，齐国贮粮。一年后，管仲下令封闭关卡，不再与楚国进行贸易。楚国野鹿满地，粮食短缺。齐国派人低价卖粮，楚人于是纷纷投奔齐国，不到三年时间，楚国就降服了。

齐桓公想要拿下衡山国，求计于管仲。管仲分析说，衡山国善于制造兵器，齐国可派人去收购，然后进行转卖，再让人高价收买，引导燕国、代国、秦国和赵国等地商人跟风购买，助推衡山兵器的价格。事情果然如管仲设计的那样，衡山兵器一夜之间价格暴涨二十倍。衡山国君下令百姓放弃农业专心于制造兵器。齐国趁机在各诸侯国中收购粮食。时机成熟后，管仲下令封闭关卡，断绝与衡山国的经贸往来。衡山国的兵器已经卖光，囤积了大量黄金，但却买不到粮食。衡山国自知中计，只好无奈降齐。

管仲灵活的经济手段还有很多。齐桓公担忧都城郊外的农民贫穷，商人又太富有，想改变此现状，问计于管仲。管仲献计说，可以下令疏通洼地积水，让它流进河流，贯穿郊野。河道修成后，飞鸟集合，弱燕驻留，景色宜人，于是，商人带着货物前来售卖，因为着急打鸟玩，宁可损失利益也要低价早早处理完货物，以便及时行乐。农民则把他们的土特产在河两岸的集市上高价售卖。两下调济，农民富裕了，商人利薄了，市场活跃了，齐桓公去了一桩心事。看到五方百姓衣敝鞋破，齐桓公又担忧起来，问计管仲。管仲下令把村道旁的大树树枝剪去，去掉树荫。齐桓公不解。管仲解释说，五方百姓贫穷，在于其总是聚集于树荫之下，谈天说地，终日不归，于是土地没人理，男的不耕田，女的不织布。如此“三不归”，皆因树冠提供了便利的休闲场所而致。去掉后，百姓们男的到田地耕种，女的在家里纺纱织布，勤劳耕作，家境富裕，五方百姓怨言少多了。齐桓公对管仲的政策很满意。

将“势”的理念用于国与国之间的争斗中，运用经济手段来达到富国强兵、争城掠地的目的，这在铁血杀伐的春秋战国时期是非常罕见的，这也是三千多年前的管仲，给后人留下的最富贵的智慧财富。

四、孙武：势者，因利而制权也

管仲去世100多年后，两位影响中华文明进程的伟大思想家前后脚降生人间，一位是万世师表孔夫子，一位是军事奇才孙武。孙武的《孙子兵法》自诞生到现在一直备受推崇，至今仍被军事、商业领域奉为圭臬。孙武在

《孙子兵法》中写下的名言，如“不战而屈人之兵，善之善者也”“知彼知己，百战不殆”“上兵伐谋，其次伐交，其次伐兵，其下攻城”等等，千古传诵，妇孺皆知，显示了其强大的生命力。

《孙子兵法》共十三篇，总字数6000字左右。在这部影响后世3000余年的兵书中，孙武在多处谈及“势”，足见其对这一个概念的高度重视。孙武在《孙子兵法》开篇《始计》中，对战争的风险就予以充分评估：“兵者，国之大事，死生之地，存亡之道，不可不察也。”孙武认为，发动战争，兵戎相见，这对一个国家来说，是一件天大的事。在战争中，一个国家可能生，也可能死，可能存，也可能亡，即使侥幸在战争中存活，也会大伤元气，苟延残喘，因此，发动战争，不可不慎重。孙子认为，发动战争前，五件事不可不首先考察，从这五件事中，战争胜负已露端倪：

故经之以五事，校之以计，而索其情：一曰道，二曰天，三曰地，四曰将、五曰法。道者，令民与上同意也，故可以与之死，可以与之生，而不畏危。天者，阴阳，寒暑、时制也。地者，远近、险易、广狭、死生也。将者，智、信、仁、勇、严也。法者，曲制、官道、主用也。凡此五者，将莫不闻，知之者胜，不知者不胜。故校之以计，而索其情，曰：主孰有道？将孰有能？天地孰得？法令孰行？兵众孰强？士卒孰练？赏罚孰明？吾以此知胜负矣。

这五件事分别是：道、天、地、将、法。道，即上下同心，同仇敌忾，可同生，可同死；天，即气候变化；地，即地形险峻；将，即统领部队之人，应具备智、信、仁、勇、严五德；法，即法制。“索其情”，正是要弄明白这五件事的真实情况，根据这些真实情况，才可能制定相应的对策。君王是否有道？将军是否具备将才？天地情形是否掌握？军法是否能严格执行？赏罚是否分明？士卒兵众是否受过严格训练？战斗力强弱如何？通过对这一系列情形的研判，战争尚未开始，高下已经显现。所以，孙武在本篇最后一段说：

夫未战而庙算胜者，得算多也；未战而庙算不胜者，得算少也。多算胜，少算不胜，而况于无算乎？吾以此观之，胜负见矣。

孙武就此引出自己对“势”的理念。孙武在《始计》篇中称：

> 计利以听，乃为之势，以佐其外。势者，因利而制权也。

发动战争，需要积蓄各种力量，营造有利于战争的各种态势。所谓“势”，正是根据各种利害关系而制定的相对应策略。孙武之所以强调对道、天、地、将、法这五件事“索其情”，正是为了研判形势、营造态势，“因利而制权”。

孙武对“势”的作用及应用非常看重。在《兵势》篇中，他再次谈到“势”：

> 激水之疾，至于漂石者，势也；鸷鸟之疾，至于毁折者，节也。故善战者，其势险，其节短。势如彍弩，节如发机……故善战者，求之于势，不责于人，故能择人而任势。任势者，其战人也，如转木石。木石之性，安则静，危则动，方则止，圆则行。故善战人之势，如转圆石于千仞之山者，势也。

在这段话中，孙武以激水与巨石的关系来比喻“势”。奔涌激击的流水在最疾急时，会把巨石漂浮推动起来，之所以如此，是水势强大所致；天上的鹰鹫之类的猛禽在最疾急时，会把地上的鸟兽击毁，之所以如此，是节奏狠准的缘故。所以，善于战斗的人，他会营造出势不可挡的险峻形势，其进攻的节奏也会把握得迅疾短捷。势，就好像拉满的弓；节，就好像短促有力的扳机。因此，善于作战的人，总是在积蓄力量、营造有利态势上下功夫，而不是对部属求全责备，在人身上下功夫。而是选择人才，把握掌控大势，凭借已形成的有利态势，顺势而为。根据“势”积聚的力量，依势而动，发起战斗，如同转动巨木滚石。巨木滚石的特点，放在平稳的地方它就会安定静止，放在危险峻峭的地方它就会发力滚动。方的，就会停止；圆的，就会滚动。所以，善于战斗的人，必善于造势、蓄势、用势、顺势。如同将巨型圆石从万丈高山上推下，这就是所谓的“势”。

功夫在诗外，用兵亦是如此。中国古代先哲们从来都不用孤立的眼光来看待事物，解决问题，而是综合考量各种因素，仔细研判各种因素之间的关系及相互影响，充分评估敌我双方多种情形，最后运筹于帷幄之中，决胜于千里之外。“上兵伐谋”，这里的“谋”，正是“计”，是战争开始前，于庙堂之上的反复推演、设计、制定对策，对各种形式的反复评估和研判，最后才形成制胜谋略并付诸实施。在孙子的兵法思想体系中，“道”是战争开始前要考虑的第一件大事。“道者，令民与上同意也。”决定战争的首要因素，不是武器装备，不是人员数量，而是人心。发起战争方的决策者和老百姓是否上下同心，心往一处想，劲往一处使，同仇敌忾，这是孙武留给后世一个非常值得借鉴的智慧。这让人们很容易想起周武王伐商纣王时在《泰誓》中所说的话：“受有臣亿万，惟亿万心；予有臣三千，惟一心”（《泰誓上》），“受有亿兆夷人，离心离德。予有乱臣十人，同心同德”（《泰誓中》），此处“受”，即商纣王。商纣王有亿万臣民，但离心离德，各怀心思；周武王虽然有臣三千，乱臣十人，但团结一致，同心同德，正所谓“上下同欲者胜”，在战争尚未开始前，一个“道”字，已经让战争的天平出现倾斜。这个“道”，同时也是势的有机组成元素之一。万众同心，众志成城，这样的“势”，气壮山河，对战争的胜负往往会起到决定性作用。

司马迁在《史记·孙子吴起列传》中对孙武的生平事迹做了介绍。令后人感兴趣的是，司马迁对孙武西破强楚，攻入郢都，北威齐晋的著名战例寥寥数笔带过，浓墨重彩讲述的是一段“吴宫演兵”的故事。

孙武从齐国投奔到吴国，吴王阖庐很好奇，说：“您的兵法十三篇我看过了，可以用妇女实验一下吗？”孙武回答：“可以。”于是，吴王阖庐安排宫中美女约百八十人，供孙武驱使。孙武把她们分为两队，并让吴王阖庐最宠爱的两位侍妾分别担任两队队长，所有宫女人手一支戟。孙武提问：“你们都知道自己的心、左右手和背的位置吗？”宫女们回答说：“知道。”孙子发布号令：“我说向前，你们就看心口所对的方向；我说向左，你们就看左手所对的方向；我说向右，你们就看右手所对的方向；我说向后，你们就看背所对的方向。”号令宣布完毕，击鼓发令，叫她们向右，宫女们不以为然，全都嘻嘻窃笑。孙武严肃地强调：“纪律不清楚，号令不熟悉，这是将领的过错。”再次重复号令，宫女们还是左摇右摆，嘻哈作乐。

孙武说："纪律不清，号令不明，这是将官的罪过。"当即命人绑了两个队长，就要处斩。吴王看到孙武来真的，要杀自己的爱妾，大吃一惊。急忙派使臣传令："我已经知道将军善用兵了，我要没了这两个侍妾，吃不香，睡不着，请求不要杀她们。"孙子回答说："我已受命为将，将在军队里，国君的命令有的可以不接受。"于是命人当场斩杀两个队长示众。然后按顺序任用两队第二人为队长，再击鼓发令，宫女们向前、向后、向左、向右，全都符合命令要求，大气都不敢出一声。孙武于是向吴王报告说："队伍已经训练整齐，大王可以来验视了。任凭大王怎样驱使，让她们赴汤蹈火也是可以办得到的。"吴王阖庐由此知道孙子果真善于用兵，于是任命他做了将军。

"吴宫演兵"之所以能在司马迁惜墨如金的《史记》中占有一席之地，后人分析认为，可能是这则故事在当地妇孺皆知，广泛传播，司马迁又喜欢："爰引古史籍，更是实地考察，访问传主故里，问其遗老，询其详情……"司马迁认为此故事真实、可信，又能体现孙武的兵法思想，故不吝笔墨予以翔实记载。孙武在兵法中认为，在举兵前应对五件大事"索其情"，其中第五件大事为"法"，"吴宫演兵"很能体现孙武军纪严明、将在外君命有所不受的兵法思想，也展示他不同凡响的"势"的力量，因此，从"吴宫演兵"中，后人可以管窥孙武重"势"的大智慧。

在孙武的辅佐下，吴王阖庐在春秋诸国中雄霸一方，风光一时。但不幸的是，他栽在了邻国越国的手上。在和越国的战争中，他的脚趾头被砍伤，不治而亡。其子夫差继位，成为给后世提供了无数故事素材的吴王夫差。吴越之间由此上演了一幕荡气回肠的春秋大戏。在这场历史大戏中，孙武因为提前退隐而不为人知，反倒是越王勾践把《孙子兵法》中"势"的理念，演绎得入木三分，运用得炉火纯青，如得孙武真传。

史载，吴王夫差为了替父报仇，安排了十个人，每天轮流站在庭院门口，见到夫差路过，即指名道姓大喊："夫差，你忘了越人杀死你父王的事了吗？"夫差赶紧流泪对答："不敢，一刻也不敢忘！"在这种精神激励下，吴王夫差命顾命大臣伍子胥、伯嚭加强兵士训练。公元前494年，吴王夫差终于在会稽山大败越王勾践，迫使勾践做了俘虏。伍子胥看出勾践的投降只是权宜之计，于是苦劝夫差灭掉越国，以绝后患：

夫吴之与越，仇雠敌战之国也。三江环之，民无所移，有吴则无越，有越则无吴，将不可改于是矣。员闻之，陆人居陆，水人居水。夫上党之国，我攻而胜之，吾不能居其地，不能乘其车。夫越国，吾攻而胜之，吾能居其地，吾能乘其舟。此其利也，不可失也已，君必灭之。失此利也，虽悔之，必无及已。(《国语·越语上》)

他认为吴与越，是一对天敌，有你无我，有我无你，如果不能趁机灭越，将来必定后悔莫及。夫差不听。

越王勾践为了求得吴王夫差的饶恕，自愿为奴，带着夫人、大臣范蠡来到吴国做人质，侍奉吴王，最屈辱的事是尝吴王的粪便为其诊病，讨取吴王欢心。吴王果然中计，与勾践冰释前嫌，放了勾践一行回越国，越王勾践的轰轰烈烈复仇大计就此拉开帷幕。在越王的复仇大计中，为了彻底击垮吴国，越王在“势”字上用足功夫，确保自己在灭吴大战中能势如破竹，如运圆石自千仞之山上落下。

越王勾践回国后，营造的最大的势，就是凝聚国心、军心、民心，“上下同意、万众一心”，灭掉吴国，一雪前耻。《史记·越王勾践世家》记载：

吴既赦越，越王勾践反国，乃苦身焦思，置胆于坐，坐卧即仰胆，饮食亦尝胆也。曰：“女忘会稽之耻邪？”身自耕作，夫人自织，食不加肉，衣不重采，折节下贤人，厚遇宾客，振贫吊死，与百姓同其劳。

这段话记载了勾践回国后苦行僧般的自我救赎经过：他每天自甘受苦，成天陷入深思，身边放一苦胆，坐着时尝一下，躺下时尝一下，吃饭前尝一下，另口中大呼：“你忘了会稽之耻了吗？”中国著名成语“卧薪尝胆”，即由此演绎而出。他亲自下地劳动，耕田种地，夫人则亲自纺棉织布。不吃肉菜，不穿华丽的衣服，尊重贤人，礼节下士，安抚穷人，与老百姓同甘共苦。

勾践的一举一动，吴国大忠臣伍子胥尽在掌握之中。在吴王夫差准备兴兵伐齐、征求老臣意见时，伍子胥劝夫差关注越国情况，暂缓伐齐。伍子胥这样说：

胥闻越王句践罢吴之年，宫有五灶，食不重味，省妻妾，不别所爱，妻操斗，身操概，自量而食，适饥不费，是人不死，必为国害！越王句践食不杀而餍，衣服纯素，不袀不玄，带剑以布，是人不死，必为大敌。越王句践寝不安席，食不求饱，而善贵有道，是人不死，必为邦宝。越王句践衣弊而不衣新，行庆赏，不刑戮，是人不死，必成其名。越在我，犹心腹有积聚，不发则无伤，动作者有死亡。欲释齐，以越为忧。(《越绝书·请籴内传》)

此处“句践”，即为勾践。伍子胥看出勾践自甘受罪，苦其心志，意在复仇。因此，清醒地判断，是人不死，“必为国害”“必为大敌”“必为邦宝”“必成其名”，请求吴王夫差不要去伐齐，而“以越为忧”。吴王夫差照旧不以为然，不听伍子胥的苦谏。伐齐凯旋归来后，对伍子胥的聒噪不胜其烦，干脆赐其一把“屡镂”剑令其自尽。

伍子胥临死前交代家人：

必树吾墓上以梓，令可以为器；而抉吾眼县吴东门之上，以观越寇之入灭吴也。”(《史记·伍子胥列传》)

意即一定要在我的坟上种树，待树木成材后可以做成棺材收苆吴国将士的尸骨；把我的眼睛挖出来悬挂在吴国东门城墙之上，我要亲眼看着越寇入城灭吴。发完毒誓，即自刎而死。吴王夫差听闻后恼羞成怒，让人将伍子胥的尸体装进皮革口袋，扔进江水中去喂鱼。吴国人可怜这位忠臣的悲惨遭遇，就在江边立了祠堂纪念他，还把当地的一座山命名为“胥山”。

越王勾践继续在上下同心上下功夫。他召集部队，下令说，官兵中如有年迈父母需要赡养的，可以回家给父母养老送终；兄弟四五人一齐从军的，其中一人可以回家延续香火；眼睛昏花体能不支的，允许主动退伍。在国内，越王勾践体恤百姓，下令说，家中嫡子死亡，全家免除三年徭役；庶子死亡，免除三个月徭役。对死者，官员一定要亲自哭泣着参加送葬，如同自己的亲子丧生一样。对于鳏夫、寡妇、有病和贫弱的家庭，其子女由国家供养。对国内的贤达之士，国家提供他们整洁的住房，给他们穿好的，吃好的；对他国来投奔越国的士人，一定要在庙堂里以礼接待。勾践还坐着装载粮食和肥肉的船出行，遇到流浪的年轻人，给吃给喝，还记下他们的名字。十年国内不收赋税，百姓家里皆有三年存粮。百姓们于是纷纷请战，父亲勉励儿子，哥哥勉励弟弟，妻子勉励丈夫，大家都说："孰是君也，而可无死乎？"（《国语·越语上》）意即："谁有我们这样好的国君啊，能不为他拼死作战吗？"越国百姓的士气就这样鼓动起来，上下同欲，形成如虹气势。

一方面在己方蓄势、造势，另一方面，对对方实施离间、瓦解之计，千方百计削弱对方的"势"。《越绝书·越绝·内经九术》第十四记载了越王勾践与大臣文种的对话，文种对如何瓦解吴国之势作了非常周密的谋划：

> 越王句践问大夫种曰："吾欲伐吴，奈何能有功乎？"大夫种对曰："伐吴有九术。"王曰："何谓九术？"对曰："一曰尊天地，事鬼神；二曰重财币，以遗其君；三曰贵籴粟槁，以空其邦；四曰遗之好美，以为劳其志；五曰遗之巧匠，使起宫室高台，尽其财，疲其力；六曰遗其谀臣，使之易伐；七曰疆其谏臣，使之自杀；八曰邦家富而备器；九曰坚厉甲兵，以承其弊。故曰九者勿患，戒口勿传，以取天下不难，况于吴乎？"越王曰："善。"

据史料记载及传说，文种的计谋几乎一一实现。吴王夫差欲建姑苏台，勾践命三千人到深山伐木，然后将珍贵巨木沿江顺流而下送至吴国，吴王大喜，姑苏台耗时三年收集木料，用了五年时间才建成，登上顶层，一眼可望见二百里地的风景，但吴王看不见的是，因为修建姑苏台，"行路之人，道死尸哭"。有了姑苏台，就得有能在台子上能歌善舞的美女充填，勾践下令在全国物色美女，呈献吴王。西施就此名入史册。吴王夫差宠爱西施，专门为她建了一处响屎（xiè）廊，屎是薄地木拖鞋，响屎廊下为一巨大圆形大坑，上面覆以厚木板，西施和她的婢女走在上面，清脆柔美，吴王夫差以为天人，哪里还顾得上朝政。接着，文种提出借粟之计，即向吴国借一万石粮食，夫差痛快地答应了。文种知道这是夫差彻底放弃对越国警惕之心的标志。于是，在还粮时，特意还上了煮熟了的稻米。夫差不知是计，看到稻米颗粒饱满，下令吴国百姓以此为种撒播到田在，结果粮食颗粒无收，吴国出现粮荒。这边是越国励精图治，全民动员，武装到了牙齿；那边是吴国君王荒淫无道，小人如鱼得水，大臣接连被诛杀。战争的天平就这样彻底倾斜向越国。“越十年生聚，而十年教训，二十年之外，吴其为沼乎！”（《左传·哀公元年》）《左传》的这句精辟总结，道出了吴越之争的成败之因。越国有二十年时间蓄势，造势，将一颗巨大的圆石终于推到了吴国的头顶，顺势拿下吴国已是毫无悬念的事。越王勾践用二十年的复仇传奇，对孙武兵法中“势”的智慧，做了最完美的诠释。

三千年后，美国前国务卿，中国人民的老朋友亨利·基辛格博士，在他的《论中国》一书中，专门谈到了自己对孙子“势”的思想的理解：

> 也许孙子最重要的深邃思想是，在一次军事或战略的较量中，一切因素互为影响：气候、地形、外交、情报、供应和后勤、力量对比、历史观以及出其不意和士气等无形因素。无论哪个因素都会牵一发而动全身，造成军事形式和相对优势的微小变化，没有孤立的事件。因此，战略家的任务不是分析具体形势，而是弄清这一形势与它形成的外部条件之间的关系。没有一种局面是一成不变的，任何现象都是暂时的，都在不断发生变化。孙子用“势”这个词表达这一特征，而西方没有类似的概念。
>
> 在军事上，“势”指战略发展趋势和演变的形势中蕴含的潜能，即“各种因素之特定组合及其发展趋势中蕴含的巨大能量”。在《孙子兵法》一书中，“势”指力量强弱及总体趋势的不断变化……通常，中国的政治家把战略形势看作全局的一部分：善恶、远近、强弱、过去与未来皆互相关联。西方人认为，历史是走向近代化的过程，是战胜邪恶与落后的过程，而中国人的历史观强调的是衰落与复兴的周期，在这一过程中，人可以认识自然与世界，却不能完全主宰。最佳结果是与之融为一体，战略与治国方针成为对手“互斗互存”的手段，目的是化强敌为弱敌，同时，加强自己一方的“势”，或者说战略态势。

不能不说，基辛格博士的“中国通”称号绝非浪得虚名，他对《孙子兵法》中“势”的理念的认知，入木三分，非常精辟。

五、慎子的势之道

越王勾践灭掉吴国后，标志着中国春秋时代接近尾声，战国大幕徐徐拉开。在这一时期，法家思想占据上风，“势”的概念、与势有关的智慧再次被讨论、提及并进一步推广应用。

慎到，又称慎子，生于约公元前390年，卒于约公元前315年，他与孟子、庄子、商鞅等一批思想家为同时代人，曾在齐国稷下学宫游学。稷下学宫始建于齐桓公时期，位于齐国国都临淄（今山东省淄博市）稷门附近。中国战国时期蔚为壮观、世界思想史也颇为罕见的“百家争鸣”，就是以齐国稷下学宫为中心的。在齐宣王时，受上大夫称号的稷下士多达七十六人。司马迁在《史记·孟子荀卿列传》中记载：

> 自驺衍与齐之稷下先生，如淳于髡、慎到、环渊、接子、田骈、驺奭之徒，各著书言治乱之事，以干世主，岂可胜道哉！

充分说明当时先哲们的思想之活跃。司马迁提及“慎到著十二论”，说明慎子的思想内涵非常丰富。今人读到的《慎子》虽只有寥寥数篇，但其见解之独到，仍令人叹为观止。其中慎子对“势”这一思想智慧的理解和诠释，对后世极具启迪意义。

慎子认为，“势”是控制事态发展、促进事物变化、助人获得成功不可或缺的一种力量。它往往来自外部，可资依托、凭借、利用，运用驾驭得当，则可助人成事；运用驾驭不当，则可反噬自身，因此，对“势”不可不知，对用“势”不可不慎。《慎子》中有这样的论述：

> 毛嫱，西施，天下之至姣也。衣之以皮倛，则见者皆走；易之以元緆，则行者皆止。由是观之，则元緆色之助也。姣者辞之，则色厌矣。走背跋踚穷谷野走十里，药也，走背辞药则足废。故腾蛇游雾，飞龙乘云，云罢雾霁，与蚯蚓同，则失其所乘也。故贤而屈于不肖者，权轻也；不肖而服于贤者，位尊也。尧为匹夫，不能使其邻家。至南面而王，则令行禁止。由此观之，贤不足以服不肖，而势位足以屈贤矣。故无名而断者，权重也；弩弱而矰高者，乘于风也；身不肖而令行者，得助于众也。故举重越高者，不慢于药；爱赤子者，不慢于保；绝险历远者，不慢于御。此得助则成，释助则废矣。夫三王五伯之德。参于天地。通于鬼神。周于生物者。其得助博也。

慎子以毛嫱、西施两位人们公认的美女为例，如果让二人穿上兽皮、粗麻布衣服，看见的人都会跑开；但如果让二人穿细麻布做成的衣服，正在走路的人都会驻足观看，由此可见，美女要想被人欣赏，要靠漂亮的衣服来映衬。背着沉重的东西长途跋涉，必须要将东西捆绑在脊背上才可以，否则，走不了长路。腾蛇趁雾游行，飞龙乘云往来，如果云消雾散，腾蛇、飞龙与蚯蚓没有什么两样，这是因为它们失掉了依托的缘故。贤人因为权轻逼迫向不肖者低头，不肖者也是因为贤人地位尊贵才不得不收敛自己而向贤人表示臣服。慎子据此说，尧如果只是一个普通百姓，邻居都不会搭理他，正是因为他南面称王，所以才会有令必行，有禁必止。由此可见，品德并不能让人臣服，让人臣服的是权势地位。慎子认为，一个无名之辈可以决断一切，是因为拥有权势；弓弩不强而能射向高空，是凭借风力所致。品行不高却能令行禁止，是得到众人帮助的缘故。所以，人们应对提供帮助的外力表示恭敬并诚恳对待、不可忽视，就如同负重远行不可忽视将东西捆绑结实于脊背；喜爱婴儿不可慢待保姆；驾车远行不可慢待驭手等。“得助则成，释助则废”，这是慎子最后想说的结论。慎子认为古代的三王五伯，显赫人物，之所以能与天地鬼神对话，获得领导天下、管理万物的资格，是因为他们得到了广泛的帮助所致。此处的“助”，即为慎子所强调的“势”。

君王的权势来自万众的帮助和认可，这在三千年前以君权神授为正统思想的年代，可谓空谷绝响，显示出慎子与众不同的智慧。慎子由此大胆提出：

古者立天子而贵之者，非以利一人也。曰：天下无一贵，则理无由通，通理以为天下也。故立天子以为天下，非立天下以为天子也；立国君以为国，非立国以为君也；立官长以为官，非立官以为长也。

这个意思即为：古代人设立天子之位，让这个位置成为天下最贵重的位置，并不是将天下的好处尽归于天子，而是没有这么一个人人遵从的最高位置，道理法令就无法得以推广实施，推广实施法令是为了天下人获利，获得好处。所以，设立天子之位管理天下，并不是让天下人都来为天子服务；设立国君是为了管理国家，并不是用举国之力为君王享受服务；设立官员之位是为了管理事务，并不是为了尊敬官长而设立官位。将天子与天下人、君王与老百姓、官员与事务平等看待，从俯视的角度来看待天子、君王、官位，将其置于天下人、老百姓、具体事务之下，这是何等振聋发聩的认知，这一认知即使在三千余年后，仍有着极其强烈的现实意义，值得当下社会认真借鉴和反思。

和同时期的思想家们一样，慎子的理想也是“言治乱之事，以干世主”。慎子分析天子与天下、国君与百姓等之间的关系，目的正在为君王的治国理政提出自己的见解，开出自己的“药方”，为国泰民安献计献策。慎子看到夏桀王虽有忠臣比干、箕子等，仍国破人亡；吴王夫差虽有忠臣伍子胥辅佐，最后身败名裂，因此，认为国家治理不能仅仅依靠一两个忠臣，把希望寄托在少数人身上。而应该人尽其才，物尽其用，充分发挥“势”的作用，使国家长治久安。《慎子》中有这样的分析：

民杂处而各有所能，所能者不同，此民之情也。大君者，太上也，兼畜下者也。下之所能不同，而皆上之用也。是以大君因民之能为资，尽包而畜之，无能去取焉。是故不设一方以求于人，故所求者无不足也。大君不择其下，故足。不择其下，则易为下矣。易为下则莫不容，莫不容故多下，多下之谓太上。君臣之道，臣事事而君无事，君逸乐而臣任劳。臣尽智力以善其事，而君无与焉，仰成而已。故事无不治，治之正道然也。人君自任，而务为善以先下，则是代下负任蒙劳也，臣反逸矣。故曰：君人者，好为善以先下，则下不敢与君争为善以先君矣，皆私其所知以自覆掩，有过，则臣反责君，逆乱之道也。君之智，未必最贤于众也。以未最贤而欲以善尽被下，则不赡（shàn）矣。若使君之智最贤，以一君而尽赡下则劳，劳则有倦，倦则衰，衰则复反于不赡之道也。是以人君自任而躬事，则臣不事事，是君臣易位也，谓之倒逆，倒逆则乱矣。人君苟任臣而勿自躬，则臣皆事事矣。是君臣之顺，治乱之分，不可不察也。

慎子认为，天下百姓，混居一处，各做各事，每个人的专长也各不相同，这是民众的实际情况。君王高高在上，兼容并蓄，民众的专长虽各不相同，但都可以为君王所用。聪明的君王对待这些各持所长的人才，是将其作为助手，尽力包容他们，精心培养他们，对他们绝不挑三拣四，随便取舍。君主不挑剔，人才就充足，臣下做起事来没有思想负担，做事就容易，处在下面的人就自然就越来越多。处在下面的人越聚越多，君主的威望就越来越高，“势”也就越来越强。所以，君臣的位置关系很重要。慎子认为，在君臣分工中，臣子要多做实事，君主尽可坐享其成就，这是治理国家的正道。君主如果事必躬亲，与臣下争着干实事，臣下不敢争功，只好把自己的聪明才智隐藏起来，乐得安逸。一旦朝事出现失误，臣下就会站出来责备君主，将责任推到君主头上，这是导致臣子背叛君主、国家出现祸乱的根本原因，是“逆乱之道”。慎子不客气地指出，君王的聪明才智，不见得比众人高明多少。以君王未必是最高明的才智，却想着给国家以尽善尽美的治理，这实在是力所不及的。即使君主的才智是最高明的，而仅凭君主一人之力来赡养天下，也是相当辛劳的。辛劳过度就会疲倦，疲倦就会加速衰老，衰老就会重回无法赡养百姓、让百姓得到富足的老路上。慎子因此再次指出，君王如果事必躬亲，臣下就会无所事事，这样君主和臣子的位置就会颠倒，这就叫作“倒逆”——倒行逆施。君臣关系倒行逆施，国家就会出现混乱。相反，君王放手让臣下去做事，自己不必亲自动手，那么臣下就会尽职尽责，君臣的关系也就理顺了。国家是大治还是大乱？分界限正在这里。

慎子认为，将亡国之责置于君王一个人的头上是不公平的。他在《慎子》中这样说：

> 亡国之君，非一人之罪也；治国之君，非一人之力也。将治乱，在乎贤使任职而不在于忠也。故智盈天下，泽及其君；忠盈天下，害及其国。故桀之所以亡，尧不能以为存。然而尧有不胜之善，而桀有运非之名，则得人与失人也。故廊庙之材，盖非一木之枝也；粹白之裘，盖非一狐之皮也；治乱安危，存亡荣辱之施，非一人之力也。

一个国家是混乱无序还是清明政治，关键在于任贤使能，人尽其才，物尽其用。只靠忠心是不行的，君王治理国家，只靠忠臣，没有贤智，是行不通的。忠臣有时也能误国。夏桀与尧舜的区别，并不是其品德的高下，而是“得人与失人”。慎子反复强调“治乱安危，存亡荣辱之施，非一人之力”，目的是提醒君王，君王的“势”在于拥人、用人，在于集合集体的智慧。“万众”“贤能之士”是君王的“势”，人尽其才，物尽其用，则“势”足；人才闲置，物品撂荒，则“势”去。有所凭依，则“势”存，无所凭依，则“势”亡。君王之所以能高高在上，是因为人多“势”众，离开了万众帮助，君王会如龙蛇失去云雾变成蚯蚓一样，成为一介匹夫，落得个国破家亡的悲惨下场。

六、韩非子：势者，胜众之资也

韩非子在慎到之后，明确提出“势治”思想，对“势”在治国理政的作用进行了进一步的阐释。韩非，生于约公元前280，卒于约公元前233年，后人称韩非子或韩子，战国时期韩国人，为韩国公子，他与李斯都曾做过荀子的门生，是法家学派代表人物。

韩非子认为，对于君王来说，法令、权术、势位，一个都不能少，势位的作用尤其重要。在《韩非子·八经》中，他这样论述：

> 凡治天下，必因人情。人情者，有好恶，故赏罚可用；赏罚可用，则禁令可立而治道具矣。君执柄以处势，故令行禁止。柄者，杀生之制也；势者，胜众之资也。

治理天下，必须依据人情，趋利避害，是最大的人情。趋利，可予以奖赏；避害，可予以惩罚。赏罚是君王必须掌握的利器，君王的权柄正体现在赏罚二字上。赏罚以法令为标准，法令立，则治理国家的根据就有了。韩非子在此处特别强调的“势”，准确地说，是一种居高临下的位置，有了这样一种“势”，才有了治理众人、号令天下的资本，所以，势是“胜众之资”。

在《韩非子·功名》篇中，韩非子对“势治”思想进一步做了说明：

> 明君之所以立功成名者四：一曰天时，二曰人心，三曰技能，四曰势位。非天时，虽十尧不能冬生一穗；逆人心，虽贲、育不能尽人力。故得天时则不务而自生，得人心，则不趣而自劝；因技能则不急而自疾；得势位则不推进而名成。若水之流，若船之浮，守自然之道，行毋穷之令，故曰明主。

韩非子认为君王要想建功立业，功成名就，四个条件不可或缺：一是天时，即时机合适，如果时机不合适，就是十个尧舜在世，也不可能让稻米在冬天里生长；二是人心，得人心，自会人人尽力，逆人心，只会众叛亲离；三是技能，就是驾驭天下统治人心的方法及本领，最后是势位，即拥有号令天下的资质。这四个条件互为因果，互相制约，共同作用，缺一不可。只有四个条件同时具备，推动事情成功，才会如行云流水，船行江面那般容易。

在韩非子“势”的思想体系中，“势”等同于位，即与权力相等的位置。韩非子说：

夫有材而无势，虽贤不能制不肖。故立尺材于高山之上，下临千仞之谷，材非长也，位高也。桀为天子，能制天下，非贤也，势重也；尧为匹夫，不能正三家，非不肖也，位卑也。千钧得船则浮，锱铢失船则沉，非千钧轻锱铢重也，有势之与无势也。故短之临高也以位，不肖之制贤也以势。

韩非子非常重视势位，再有本事，不给发挥本事的位子，也不会做出什么成就。治国理政的才能再高，没有合适的位子，不肖之徒照样能把贤达之士治得服服帖帖。所以，夏桀荒淫无道，而依然坐拥天下，并不是因为他的品行，而是因为他的天子之位；尧舜品行高洁，作为普通百姓，他三户人家也管不了，不是他的本事不够，而是他的地位太低了，不在号令他人的位置上。故此，韩非子比喻说，千斤重物，有船就会浮起来，再轻的东西，没船也会沉下去。为什么会这样，“有势之与无势也”。拥有了发号施令的权力，坐上了可以役使众人的位子，是不是就等同有了“势治”？显然并非如此。韩非子认为：

人主者，天下一力以共载之，故安；众同心以共立之，故尊。人臣守所长，尽所能，故忠。以尊主御忠臣，则长乐生而功名成。名实相持而成，形影相应而立，故臣主同欲而异使。人主之患在莫之应，故曰：一手独拍，虽疾无声。人臣之忧在不得一，故曰：右手画圆，左手画方，不能两成……立功者不足于力，亲近者不足于信，成名者不足于势。近者已亲，而远者不结，则名不称实者也。圣人德若尧、舜，行若伯夷，而位不载于世，则功不立，名不遂。故古之能致功名者，众人助之以力，近者结之以成，远者誉之以名，尊者载之以势。如此，故太山之功长立于国家，而日月之名久著于天地。

君王，只有全天下的人都一心一意拥戴，地位才会安定；只有臣子百姓们同心同德都扶持认可，才会得到尊崇。人臣坚守所长，尽其所能，忠心耿耿，君王以权势驾驭忠臣，共谋大业，这样才会有长久的安乐生活，才会功成名就。韩非子提出，名与实相符，形与影成对，这才是事情成功的根本。换句话说，有名无实，有位无势，并不足以完成功成名就的大业。君王最担心的是无人响应，臣子最忧患的是一心二用。如果亲近的人不值得信任，远方的人不主动归顺，那么，君王就名不符实。一个伟大的德行如尧舜，才能如伯夷，不能得到臣子百姓的拥戴，是无法做到功成名就的。韩非子为此总结"势治"的核心要素，即"众人助之以力，近者结之以成，远者誉之以名，尊者载之以势"，只有得到了各方力量的拥戴和支持，君王的"势位"才会名副其实，也才会建立如同泰山一样的丰功伟绩，享有如日月一样长久的英名。

韩非子的势治思想，可能受到战国时期发生的赵武灵王被活活饿死一事的直接影响。赵武灵王生于约公元前340年，卒于约公元前295年。在赵武灵王去世约15年后，韩非子降生。赵武灵王被活活饿死这样的时代大事件，对韩非子的治国理政思想不可能不产生影响。

赵武灵王，本名赵雍，约公元前326年继位，成为赵国第六位国君。赵武灵王继位时，年龄在15岁左右，在给亡父办丧礼时，魏、楚、秦、燕、齐五国欺他年少，各派士兵万人来参加会葬，意欲借机拿下赵国。在托孤大臣肥义的帮助下，赵武灵王沉着应对，化解了这次合围危机，显露出过人胆识。在接下来岁月里，赵武灵王尽情展示他的雄才大略：下令全国人民抛弃长袍宽袖，改着胡服；淘汰战车，改习骑马射箭——这项中国历史上著名的"胡服骑射"改革，极大地提升了赵国的军事力量，使得赵国在列国争战中占尽上风；在赵武灵王的带领下，赵国一举灭掉了素有"千乘之国"称谓的军事强国中山国，进军胡地，大败游牧民族部落，取得了汉人战胜游部落的骄人业绩。在赵武灵王的如虹气势下，赵国的领土足足扩大了三倍，成为战国七雄之一。史载赵武灵王曾在赵国别都信宫（邢台）召集天下诸侯开会，诸侯没有敢不来的，最长的一次诸侯大会一连开了五天，足见赵武灵王在当时战国群雄中的影响力之大。梁启超认为赵武灵王是黄帝以后的第一伟人，将他和秦始皇、汉武帝、唐太宗、宋太祖、明成祖并列，还为他撰写了《黄帝以后的第一伟人——赵武灵王传》。

赵武灵王的过人之处，还在于他42岁，正值盛年时，将王位传给了自己的次子——当时年仅10岁的公子何。公子何成为后来的赵惠文王，赵武灵王自称主父。后世分析，赵武灵王在自己人生顶峰的时候放弃王位，一是希望平稳过渡政权，自己从旁辅助，让新王直接得到历练，确保大权不会旁落；二是赵武灵王一直在领兵开疆拓土，沙场争战，难免不测，及早传位，一方面有利于自己集中精力驰骋沙场，建功立业，另一方面也防止在战争中遭遇不测时赵国的天下仍是赵家天下。当然，传位的前提条件，是赵武灵王自认为即使没有了王位，自己依然能控制住权力，而这恰好成为他被活活饿死的转折点。韩非子也正是从这一点上，看出了势位的重要性。

赵武灵王一生有过两个自己非常喜爱的女人，一个是原配夫人，韩王的女儿，史称韩夫人，韩夫人为他生下了公子章，赵武灵王将其立为太子。韩夫人去世后，赵武灵王又迎娶了一位夫人，名为孟姚，爱称吴娃。赵武灵王娶孟姚之前，曾经梦见一个少女鼓琴而歌："美人荧荧兮，颜若苕之荣。命乎命乎，曾无我嬴。"赵武灵王对梦中少女念念不忘，就在酒宴时说了这个梦，还具体地描绘了少女的形象。有一位臣子吴广听说后，觉得自己的女儿孟姚很吻合赵武灵王的梦中情人，就将其献给了赵武灵王。这段神奇传说可能是后人为赵武灵王废嫡立庶作说辞。但赵武灵王宠爱吴娃，应该是一个不争的事实。吴娃命薄，红颜早逝，临死前提出的唯一遗愿，就是将自己的儿子公子何立为太子,继承王位。赵武灵王爱屋及乌，满足了吴娃的心愿，也埋下了一个巨大的隐患。

赵武灵王废嫡立庶，本来就觉得特别对不起自己喜爱的韩夫人，对不起公子章，心中的愧疚是一直存在着的。公子章在太子之位被废以后，并没有表现出任何怨言，相反，跟着赵武灵王南北征战，伤不退缩，战不惜命，为赵国立下了汗马功劳，这更让赵武灵王觉得对不起公子章。这一愧疚之情，在一次朝拜会后，彻底爆发。《史记·赵世家》详细记载了让赵武灵王心理发生重大变化的细节：

> 四年，朝群臣，安阳君亦来朝。主父令王听朝，而自从旁观窥群臣宗室之礼。见其长子章劚（zhú）然也，反北面为臣，诎（qū）于其弟，心怜之，于是乃欲分赵而王章于代，计未决而辍。

此处安阳君，即为公子章。赵武灵王让新继位的赵惠文王主持朝礼，自己躲在一旁观看朝臣们的表现。公子章也是朝拜臣子中的一员。赵武灵王看到公子章“儡然”，儡，是古代刀砍斧削制成的一种类似锄的农具，由此可以想象公子章被废黜以后身心承受的巨大压力及外貌发生的巨大变化，有了这种变化还要小心翼翼地向自己的幼弟屈膝下跪行礼，这一幕让本来就英雄情长的赵武灵王情何心堪。所以司马迁记录赵武灵王“心怜之”，可谓准确之极。心生怜悯之后，自然就是想将赵国一分为二，将公子章封于代地为王，与赵惠文王并享王权。但这个计划肯定受到了朝堂上下的反对，所以，赵武灵王只好暂时按下这个念头。

公元前约295年，赵武灵王约赵惠文王、公子章一起游沙丘。赵武灵王、赵惠文王各居一宫，公子章的馆舍在两宫之间。其间，公子章诈称赵武灵王召见赵惠文王，不想被辅佐赵惠文王的大臣肥义识破，肥义被杀，公子章的阴谋就此败露，只好到赵武灵王的宫中躲藏。赵惠文王的手下追进赵武灵王的行宫，搜出公子章，当场斩杀，然后，将宫中其他人等尽皆释放，只留赵武灵王一人独居宫中，将行宫团团围住，隔绝其外界的所有联系。赵武灵王吃光了行宫中的存水存粮，就去宫院中的树上掏鸟蛋、啃树叶，三个月后，被活活饿死在沙丘宫中。司马迁为此感叹：“主父初以长子章为太子，后得吴娃，爱之，为不出者数岁，生子何，乃废太子章而立何为王。吴娃死，爱弛，怜故太子，欲两王之，犹豫未决，故乱起，以至父子俱死，为天下笑，岂不痛乎！”

韩非子从赵武灵王的遭遇中，看到了“势治”的重要性。在《喻老》篇中，他这样写道：

> 邦者，人君之辎重也。主父生传其邦，此离其辎重者也，故虽有代、云中之乐，超然已无赵矣。主父，万乘之主，而以身轻于天下。无势之谓轻，离位之谓躁，是以生幽而死。故曰：“轻则失臣，躁则失君。”主父之谓也。势重者，人君之渊也。君人者，势重于人臣之间，失则不可复得也。

老子在《道德经》中有这样一句话：“君子终日行，不离辎重也。”韩非子解读说，国家，就是君王的辎重。赵武灵王以万乘之主的身份，在有生之年将君王之位交出，这是自己选择了被天下人看轻。没有了权势，自然就不会有臣下来拥戴，缺乏冷静决策，盲目躁动，自然就会失去君位。这正是赵武灵王悲剧给后人的启示。“势重者，人君之渊也”“失则不可复得也”，对于君王来说，君位，如同鱼所依赖的深渊。渊在鱼活，无渊鱼死。势的重要性，由此可见一斑。

欲成事，先造势。虽然先哲们对势的解读各有不同，但因势利事，事以势成，对这个谋事成事的共同点的看法还是一致的。如何造势、驭势、以势促事，这是一门高深的学问，掌握了势之道的智慧，距离成功，也就只剩一步之遥。

第四讲

知之道：知人者智，自知者明

知，同智。中国先哲们对智有非常独到的理解。知人，知如何识人用人；知情，知如何因情处事；知识，知如何提高本领……一个“知”字，显示了中国人经天纬地的本领，世故人情的通达，是中华民族数千年生存发展智慧的结晶。知之道，带给我们无穷无尽的智慧的启迪。

一、治国要义：知人安民

人是各种社会关系的总和，推动人类社会进步发展，离不开人的力量，因此，对每一个致力于事业进步、国泰民安的领导者来说，知人用人，是要迫切解决的第一个难题，而知之道所蕴含的智慧，正是在解决这一人类难题的过程中显露出来。

《尚书·尧典》比较真实地还原了距今四千多年前，尧帝在知人用人方面的智慧。尧帝准备选用一位可以司天授时的大臣，在朝堂上向大家征求意见，臣子放齐推荐丹朱，丹朱是尧帝的儿子，放齐给出的推荐理由是丹朱“启明”，即聪明通达。尧帝当场否决，说像丹朱这样愚钝而不守信用的人，怎么可以担任这样的官职？接着，尧帝请大家推荐一位贤才给自己做助手，三苗部落首领之一驩（huān）兜，向尧帝推荐另一部落首领共工，称共工在安定民心方颇有成效。尧帝还是当场否决， 认为共工为人表面一套，背后另一套，阳奉阴违，看似恭敬，实际轻慢君王。尧帝请大家推荐治水官，有大臣推荐部落首领鲧（gǔn），尧帝认为鲧不守法纪，不听指挥，危害同族的人，不适合担任此官职。众大臣提出让鲧试试再看，尧帝勉强同意。鲧用筑堤堵水之法治水，结果，堤越筑越高，水也越涨越高，治水九年，洪水泛滥如故。从尧帝用人方法来看，尧帝在用人态度上是开放的，愿意广泛地征求臣下的意见；同时，他对臣下的表现心里有一杆秤，对臣下的是非功过有自己的独到见解，在用人时，既表现出权威和果断，如直接拒绝丹朱和共工的任职推荐，又表现出一定的灵活性，如同意试用鲧。

尧帝在位七十年时，决定禅让天子之位。他向大臣们征求意见，大臣们向他推荐了舜。大臣们的推荐理由是，舜有个父亲，是个盲人，心术不正；有个后母，一心只想害死舜；还有个后母生的弟弟，更是想把舜赶出家门而后快。但舜以孝行美德感化了家庭成员，使得全家人都能和谐相处。尧帝表示满意，为了考验舜，他把两个女儿嫁给了他，提拔舜总理百官，让舜孤身进入荒山野林接受风雷雨电的打击……经过这一系列严峻考验后，尧帝认可了舜的德行和能力，将治理天下的重任传递给了舜。

舜在位时，在用人方面，大胆起用了鲧的儿子大禹。禹总结了父亲鲧治水失败的教训，决定以疏导之法治理水患，他利用水往低处流的自然规律，走遍大江南北，终于疏通了天下干江支流，将百姓生活的第一大灾难洪水灾害，化为无形。《尚书·皋陶谟》载，禹曾自述自己治水是过家门而不入："予娶涂山，辛壬癸甲。启呱呱而泣，予弗子，惟荒度土功。"意即我娶妻涂山，三天后即奉命出发治理洪水。儿子启降生，一落地就呱呱而泣，我虽从家门经过，但未进门去探视，因为我要紧着前去治理洪水。

与禹殚精竭虑治理洪水不同，帝尧的儿子丹朱遭到舜的痛斥。舜指责丹朱："无若丹朱傲，惟慢游是好，傲虐是作。罔昼夜额额，罔水行舟。朋淫于家，用殄厥世。"意即丹朱傲慢无礼，只知道四处游玩享乐，放纵轻浮，暴虐无常。他不分昼夜，让人推着船在浅水中行走取乐，在家内更是纵情声色，奢靡腐化。舜严厉地惩罚了丹朱，灭绝了他的后代，同时，将前朝恶臣共工流放于幽州，驩兜流放于崇山，鲧流放于羽山，民心大快。天子之位，舜在即位五十余年后，将其禅让给了禹。舜的用人风格是不计前嫌，唯德才是举，而对于危害天下的行为，则果断处置，严惩不贷。

皋陶（gāo yáo）是舜帝执政时期重要的辅佐大臣，上古时期杰出的的政治家、思想家、教育家，被中国人公认为"司法鼻祖"，孔子将他与尧、舜、禹并列为"上古四圣"。《尚书·皋陶谟》一文记载了舜、禹及皋陶在一起讨论治国理政的重要核心问题，其中较为完整地体现了皋陶的用人思想。儒家的用人思想也由此延伸而出，它成为数千年来中国历朝历代统治者用人的重要思想依据。

皋陶认为，治国理政的核心方法在于两条："在知人，在安民。"禹接过话头感叹说：

> 吁！咸若时，惟帝其难之。知人则哲，能官人。安民则惠，黎民怀之。能哲而惠，何忧乎驩兜？何迁乎有苗？何畏乎巧言令色孔壬？

大禹很认可皋陶的观点，他感叹即使帝尧在世，也恐怕很难这两样都做到。知人善任，意味着智慧和通明，是可能把臣民带领管理好的；安定百姓，也就是给百姓以恩惠，百姓自然会感恩怀念。既智慧又慈惠，何必担忧驩兜这样的乱臣？何必将苗民流放至蛮荒之地？何必害怕那些巧言令色献媚取宠的奸佞之人呢？大禹的感叹，说明上古时期的大同社会里，朝堂之上并不平静，忠奸之斗非常激烈，人事矛盾十分尖锐，这也使得知人用人问题显得非常重要和迫切，这也才有了尧、禹与皋陶专题研究这个问题的记载。

皋陶在这次讨论中，提出了自己的知人用人思考。

> 皋陶曰：行有九德……宽而栗，柔而立，愿而恭，乱而敬，扰而毅，直而温，简而廉，刚而塞，强而义。彰厥有常吉哉！日宣三德，夙夜浚明有家。日严祗敬六德，亮采有邦，翕受敷施。九德咸事，俊乂在官。百僚师师，百工惟时，抚于五辰，庶绩其凝。

皋陶指出，人的德行有九种。宽厚又能警惕；温和又有主见；谨慎又能恭敬；忙碌又能严谨；兼听又能果断；正直又能谦和；大处着眼又能小处着手；刚强又不鲁莽；勇敢又能讲义理。在日常行为中有此九德，事情就能做得很好了。皋陶表示，每天能坚持做到其中三德，可以为卿大夫；做到其中六德，可以为诸侯；天子按九德来任用臣下，则天下必然大治，功成名就可也。皋陶的以“德”为标准的知人用人观，对后来的统治者影响极大，中国士大夫阶层的君子人格的形成，与此也有极大的关系。可以说，以尧、舜、禹、皋陶为代表的上古时期的先哲们，将知人用人的重要作用提到了一个前所未有的高度，他们推出的以德行为基础的知人用人的标准，也为后来者立下了很高的标杆。他们开启了中华民族的知之道，为中华河山的传承奠定了坚实的基础。

“知”的核心是知人。这个上古时期形成的理念，到了夏商周时代被继续传承和发扬光大。

武丁是商王朝第二十三位君主，即商高宗，他在位的时间大约是公元前1250年至公元前1192年，距今三千多年了。武丁的父亲名字为小乙。小乙在武丁居太子位时，将他下放到民间去做苦役。《尚书·无逸》载：

“其在高宗，时旧劳于外，爰暨小人。”即指武丁在这段时期漂泊劳作于民间，与普通老百姓打成一片，切身感受到了民间疾苦。在此期间，民间一批有识之士，贤能之人，一定进入了他的视野，这其中，应该就有后来被他任命为国相的傅说（fù yuè）。小乙去世后，武丁继位，但他隐忍不发，等待时机。《史记·殷本纪》载：“帝小乙崩，子帝武丁立。帝武丁即位，思复兴殷，而未得其佐。三年不言，政事决定于冢宰，以观国风。”武丁想复兴商王朝，但没有得力辅佐大臣，所以，他在继位三年的时间内，没有发表过任何政见，所有政事，一律交给冢宰，自己只作壁上观。其实，他心目中的辅政人选早已确定，就是他在民间时访得的贤人傅说。但傅说此时正在以刑徒奴隶的身份在民间作苦役。按《孟子·告子下》的记载是：“傅说举于版筑之间。”版筑，是上古时期传下来的修建墙体的一种方法，即把土夹在两块木板之间，用杵捣结实，使之成为土墙。这是指傅说在从事筑土墙的奴隶苦差。《墨子·尚贤下》载：“昔者傅说居北海之洲，圜土之上，衣褐带索，庸筑于傅岩之城。”这是说傅说住在北海之州的圜土（监狱）里，身着粗麻布衣服，脚上带着索链，在傅岩这个地方修建土墙，以为生活。傅岩是个古地名，在今天的山西平陆县与河南灵宝市之间，三门峡市附近。《韩非子·难言》则记载“傅说转鬻，舂（chōng）于深岩以自给”，意即傅说作为奴隶，被多次转卖，最后在深山里做了个舂膳的奴隶以求自活。这些记载，虽然内容有差异，但都在强调傅说囚徒奴隶的身份，以突出武丁后来知人用人的独到眼光。

武丁深知将傅说从奴隶身份中解放出来，将其提拔到朝堂之上重用，阻力重重，难以服众，于是，他就用了造势的手法。《尚书·说命上》载，武丁以给父亲守丧的名义，三年时间不理朝政，不说话。守丧三年期满，他还是不发表任何言论。大臣们都着急了，纷纷进谏说：

> 呜呼！知之曰明哲，明哲实作则。天子惟君万邦，百官承式，王言惟作命，不言臣下罔攸禀令。

大意即天子是天下最圣明的人，百官都要依天子的命令行事。天子不说话，臣下无所适从，都不知道该怎么办了。武丁看造势已经成功，于是发布文告：

> 王庸作书以诰曰："以台正于四方，惟恐德弗类，兹故弗言。恭默思道，梦帝赉予良弼，其代予言。"乃审厥象，俾以形旁求于天下。说筑傅岩之野，惟肖。爰立作相。王置诸其左右。

武丁的文告，大意内容即做天子应该是天下人的表率，但自己唯恐德行不好，所以一直不敢说话，一直在恭敬沉默中思考治国良方。终于梦见上天赐给我了一位贤能的助手，他将代我讲话。

殷商时期，是神鬼文化最盛行的时期，人们每天都在占卜打卦，以求上天谕示，所以，武丁说出上天的谕示，大臣们非常容易接受。大臣们根据武丁梦中所见，详细画出了这位辅佐良臣的画像，然后，在全天下寻找。不难理解，这幅画像，应该就是傅说。果然，人们在傅岩之野，找到了傅说，他与画像上的人极其相似。人们将他迎回朝堂，武丁立他为丞相，把他安置在自己的左右。傅说就此完成了从奴隶到重臣的转变。

这段传奇故事，在《史记·殷本纪》也有记载：

> 武丁夜梦得圣人，名曰说。以梦所见视群臣百吏，皆非也。于是乃使百工营求之野，得说于傅险中。是时说为胥靡，筑于傅险。见于武丁，武丁曰是也。得而与之语，果圣人，举以为相，殷国大治。

这段话说，武丁梦中遇见一个圣明之人，告之自己的名字为"说"。武丁醒来后召集群臣验视，没有一个与梦中之人长得像的，于是下令大臣们到全国去寻找，终于在傅岩从事苦役工作中的奴隶中，发现了一个叫"说"的人，将他带来见武丁，武丁承认他就是梦中之人，深入交谈之后，果然见解非凡，确实圣明，于是，武丁拜他为国相，商朝得以大治。

武丁得到傅说后，发自肺腑地相信和重用他。武丁为此再次发布文告：

> 命之曰：朝夕纳诲，以辅台德。若金，用汝作砺；若济巨川，用汝作舟楫；若岁大旱，用汝作霖雨。启乃心，沃朕心。

武丁的文告说，请早晚进谏，来助我提高德行。如果是金属器物，你就是那打磨器物的磨石；如果要渡大河，你就是那船和桨；如果天下大旱，你就是那消除大旱的甘霖。开启你的心泉，灌溉我的心吧！“启乃心，沃朕心”，一个君王求贤若渴的心情表露无遗。在另一个和傅说的对话中，武丁再次表态：

尔惟训于朕志，若作酒醴，尔惟麴蘖；若作和羹，尔惟盐梅。尔交修予，罔予弃，予惟克迈乃训。

武丁在这段对话中，谦虚地要求傅说顺从自己甘做学生的心愿。他比喻说，作甜酒，傅说就是发酵用的曲蘖；做羹汤，傅说就是调味必需的盐和梅。他要求傅说多方指正，不离不弃；而自己也一定会谨遵傅说的教导去执行。一个高高在上的君王能对臣下说出这样谦恭的话，实属罕见。商王朝的中兴从此拉开帷幕。

历史上真实发生的商王朝“武丁中兴”，与傅说被重用有着极大的关系。武丁与傅说之间的神奇故事被《尚书》《楚辞》《庄子》《孟子》《墨子》《韩非子》《国语》《荀子》《吕氏春秋》《史记》等重要历史典籍一再提及，说明古代先哲们对“知人”这一核心治国理政理念的高度重视。先哲们希望高居君位的统治者们能放下身段，不拘一格发现人才，重用人才，唯此，才会出现中兴盛世，成就万世功业。“朝为田舍郎，暮登天子堂。”这也是古代士人们发奋读书、自我激励、期待改变命运的一种梦想。

傅说走马上任后，辅佐高宗武丁大力发展生产，体恤百姓，积极改善民生，富国强兵，扩疆拓土，四方归服，一举将商朝带入历史上最强盛的时期。傅说成为我国历史上最早的“圣人”之一，并演化为传说的神灵。傅说的治国理政思想，集中体现在收录他和武丁对话的三篇《说命中》，从而成为古代最珍贵的治国理政文献，“非知之艰，惟行之艰”等名言千古流传，至今仍是中国人的座右铭之一。在《说命中》，傅说特别谈到了知人用人的问题：

惟治乱在庶官。官不及私昵，惟其能；爵罔及恶德，惟其贤。

傅说认为，天下是大治，还是大乱，取决于上上下下的官员。因此，授予官职，一定要依据本人的才能，而不能凭私交，凭与统治者个人关系的远近授予；授予爵位，一定要依据本人的德行，决不可将爵位授予那些品行不端之辈。傅说生于约公元前1335年，卒于约公元前1246年。任贤用能，出自三千年前的傅说之口，这实在是令人感慨良多。任贤用能，从此也成为中国国家和社会治理在用人方面的基本遵循，数千年来未有大有改变，直到今天，现代中国的社会治理仍奉此为圭臬。中国古代先哲们的“知”智慧，实在是令人钦敬。

二、知人者智，自知者明

欲知人，先自知。一个人，只有对自身的品德修行、专长本领、性格优缺点、为人处世之道等，了如指掌，才是一个明智的人，一个聪慧的人。“自知”说起来容易，能做到就相当困难了。“了解你自己”，这是人类面临的一个永恒的难题。两千五百多年前，中国先哲老子就在《道德经》中留下这样的著名判断：

知人者智，自知者明。（第三十三章）

老子的这句名言，后世的人将其演化为“人贵有自知之明”。老子将“知人”和“自知”并列而提，将“自知”放在“知人”之后，显然更强调“自知”。中华民族的与生俱来的“谦逊”的集体民族性格，中国人的内敛文化，与“自知者明”有着不可分割的关系。相对于“知人”，中国人往往更在意“自知”。能做到“自知”，意味着进入了圣人的境界。老子在《道德经》中这样说：

民不畏威，则大威至。无狎其所居，无厌（yà）其所生。夫唯不厌，是以不厌（yàn）。是以圣人自知，不自见；自爱，不自贵。故去彼取此。（第七十二章）

圣明的人知晓自己的一切，但并不追求自我表现，而是含蓄内敛；很注重爱惜自己的德行，但并不因此而显示自己有多么与众不同，多么高贵。老子劝诫人们“去彼取此”，即多了解自己，多自省内省，而不是急于表现自己，急于展示自己的与众不同。

老子劝诫人们“知足”“知止”。他在《道德经》中这样说：

知止可以不殆。（第三十二章）

知足者富。（第三十三章）

知足不辱，知止不殆，可以长久。（第四十四章）

祸莫大于不知足，咎莫大于欲得，故知足之足，常足矣。（第四十六章）

“知足”“知止”均属于“自知”范畴的内容。老子认为，天地万物，各行其道，人作为万物之灵长，也有自己的生存和发展之道，只有看清了自己，也才能看清眼前的“道”。“知止”与“知足”只是“自知”的两个方面。老子因为看到了太多不知止、不知足而引发的悲剧，所以才将其专门拿出来说，他明确告诉人们知道适可而止，才可以永立不败之地，才可以福运长久；知道满足，才可以常足，才可以保住财富。没完没了地追求身外之物，只会招来祸患，招来羞辱，招来罪过。从老子对知止、知足的反复强调，足见其对“自知者明”的重视。自知，可以让人发奋图强，知耻而后进；自知，同样可以让人把握好分寸，不至于让欲望的野马脱缰狂奔，将人带入不归之路。自知文化，为中国人提供了独特的生存和发展智慧，让中华民族的发展始终运行在韧性的轨道上，胜而不骄，败而不馁，虽历经磨难，但中华文明的发展脉络从未中断。

儒家宗师孔子属于典型的“自知者明”。

公元前496年，孔子56岁，他的政治生涯在鲁国达到顶峰，不但被任命为大司寇，还代理国相，可以称得上是权重一时。在他的治下，鲁国百姓人人欢喜：贩卖猪、羊的商人不敢漫天要价了；男女行人分开走路了；路上掉了东西也不用担心被人捡走；四方宾客来到鲁国不用向当官的人送礼，也能得到周到照顾，感觉宾至如归。孔子此时的表现应该是喜形于色，这一点，连他的门人也注意到了。据《史记·孔子世家》载："门人曰：闻君子祸至不惧，福至不喜。孔子曰：有是言也。不曰'乐其以贵下人'乎？"。门人提醒孔子应该遇祸不惧，遇福不喜，孔子不以为然，回答说，身居高位而能礼贤下士，这是一件值得高兴的事。

孔子很快就高兴不起来了，因为齐国君臣注意到了鲁国在任用孔子之后发生的变化。齐国君臣感到很害怕，担心鲁国任用孔子后必然强大，强大则必然要称霸，齐国与鲁国相邻，一旦鲁国称霸，必先兼并齐国。齐国国君想先割地给鲁国示好，一位臣子给拦住了，他出了一个计策：挑送80个美貌女子，让这些女子穿上华丽的衣服，学习奇丽的舞蹈，然后，将其送给鲁国。另送上120匹有异域风格的骏马，供鲁国君臣赏玩。女子和骏马送过去后，再视情做下一步行动。美女和骏马抵达鲁国后，先驻扎在城外。权臣季桓子听说后，跑到城外先睹为快，一看不要紧，骨头都要酥了。他赶紧回到宫内，动员鲁国国君鲁定公也去观赏，并全部接受。收下这些美女和骏马后，鲁定公和重臣无心再理国事，数天都不上朝。子路看到这种情形，就对孔子说："老师，看来鲁国容不下我们了。"孔子说："马上鲁国就要在郊外进行祭祀活动了，如果祭祀过后，国君能按传统周礼，将祭肉分给大夫们，我们可以继续留下来。"孔子的希望落空了。鲁定公沉迷享乐，将分祭肉的权力交给了季桓子，季桓子也忙于与美女嬉戏，那还顾得上分祭肉的事。孔子没有收到祭肉，终于明白自己的政治理想无法在鲁国实现了，他果断做出了离开鲁国的决定，并开始踏上周游列国的艰难旅程。孔子在自己的政治抱负无法实现的情况下，毅然决然地舍弃高官厚禄，体现了他"自知者明"的智慧。

自知者明，是古代先哲们在残酷的现实社会中总结的独特的生存和发展智慧。先哲们认为，国家要想国泰民安，君王要想建功立业，离开了贤能之人的支持和辅佐，是万万行不通的。自知，就是要知道自己是不是具备可供君王使用的德和能，只要具备了施展抱负的德和能，自然会被有识之士赏识，得以重用；同时，自知，还要知道自己是不是掌握为人处世的基本方法，情商是否够用，是否具备了相应的“术”。只有做到了自知者明，也才有可能做到孔子所说的“智者不惑”。

自知，首先要从自省开始。孔子在《论语·里仁》中说：“见贤思齐焉，见不贤而内自省也。”他希望人们见到贤德之人，就想向着向他学习看齐；见到不贤德的人，就要反省内视自己，是否有和他一样不贤德的行为、毛病，然后及时加以改正。弟子司马牛向孔子请教何为君子，孔子向他提到了“内省”：

> 司马牛问君子。子曰：“君子不忧不惧。”
>
> 曰：“不忧不惧，斯谓之君子已乎？”
>
> 子曰：“内省不疚，夫何忧何惧？”

司马牛性格急躁，内心忧愤之事较多。所以，当他请教孔子如何做一个君子。孔子针对性对回答说说：“能做到不忧愁，不恐惧，就算得上是君子了。”司马牛不解，继续追问说：“不忧愁，不恐惧，这样就可以算得上是君子了吗？”孔子说：“君子总是反省自己，有问题及时解决，有不足及时弥补，有过错及时改正，做人做到了问心无愧，那他还会有什么忧愁和恐惧呢？”孔子通过“内省”，完成“自知”，有了“自知”，自然就实现了“知者不惑”。

孔子的内省精神，极大地影响了弟子的行为。《论语·学而》中曾参就曾这样说：

> 曾子曰：“吾日三省吾身：为人谋而不忠乎？与朋友交而不信乎？传不习乎？”

曾参16岁时拜孔子为师，是孔子晚年最有影响的弟子之一。曾参勤奋好学，孔子最得意的门生颜回病故后，他就成为孔子学说的主要继承人。孔子卒于公元前479年，享年73岁。当时曾参27岁，他执父丧之礼为孔子守墓。孔子临终前还将其孙孔伋（字子思）托付于曾参。可见对曾参的高度信任。孟子后来师从子思，成为一代儒门宗师，曾参的地位因此得以不断提高。明朝时他被封为“宗圣”，地位仅次于“复圣”颜渊。他后来与孔子、颜子（颜回）、子思、孟子一起比肩被尊称为五大圣人。曾参“一日三省吾身”的做法，对如何“自知”做了最完美的诠释。曾参病重时，曾召唤弟子们近前，让他们打开他的手看，打开他的脚看，毫发无损，曾参以此告诫弟子们：“《诗》云：‘战战兢兢，如临深渊，如履薄冰。’而今而后，吾知免夫，小子！”“战战兢兢，如临深渊，如履薄冰。”这三个千古流传的人生警语，曾参遵守了一生。曾参称自己正是因为秉持了这样的人生态度，所以，身体完好无损，没有受到任何诸如割手断足之类的刑罚，顺利平安地度过了一生。如今，在他心无挂碍、心安理得地辞世之际，他让弟子们检视自己的手和足，其实也是在提醒弟子们遵循警惕戒惧的处世方式，深刻进行内心自省，唯有如此，方可有所善终，人生得以圆满。

“内省”文化，也是中华民族特有的一种刀刃向内、自我解剖的文化，中华民族之所以生生不息，有着强大的学习和改进能力，与这种自省文化有着极大的关系。这是孔子等先哲们给中华民族留下的宝贵的精神财富，也是“知”之道的精髓之一。

孔子多次强调不必在意他人是否赏识自己，而需要在意是自己是否具备了相应的才能。《论语》开篇第一段话，就显明地表明了孔子的这一人生态度：

> 子曰：“学而时习之，不亦说乎？有朋自远方来，不亦乐乎？人不知而不愠，不亦君子乎？”

孔子认为人生有两大乐事，一是学而时习之；二是有朋自远方来。与这两大乐事相提并论的，就是在不被人了解知晓重用的情况下，仍能拥有淡定从容的心理，自持温和安静的平常心，不怨天，不尤人，自己把握自己的命运，学在自我，用则由天，故无怨无恨，顺天承命，君子以我为主的宁静致远的人生态度，尽在“人不知而不愠”中体现。中华民族千百年来形成的温和谦顺、不与人争的民族性格，与孔子这一千古相传的人生格言，有着极大的关系。孔子在《论语》中，也多次表露类似“人不知而不愠”的思想：

> 子曰：“不患无位，患所以立；不患莫己知，求为可知也。”

(《论语·里仁》)

子曰:"不患人之不己知,患其不能也。"《论语·宪问》

子曰:"古之学者为己,今之学者为人。"《论语·宪问》

子曰:"君子病无能焉,不病人之不己知也。"《论语·卫灵公》

子曰:"君子疾没世而名不称焉。"《论语·卫灵公》

子曰:"君子求诸己,小人求诸人。"《论语·卫灵公》

孔子认为,君子值得忧患的,是自己凭什么立身占位,自己有没有才能,德能与自己的名位是否相称,而不是自己是否有位子,他人是否赏识自己,是否任用自己。孔子对古代的贤人能士非常赞赏,认为他们的学习,都是为了提高自身的修养和才能,而后来的人们,则是为了让别人赏识自己而去学习才能,这是孔子所不认同的。那些为着功利目的去学习和做事的人,在孔子心目中即为"小人",而为着提高自身修养和才能去学习的人,在孔子心目中即为"君子"。小人总是千方百计求得他人的赏识,而君子则只在乎自己行得端,坐得正,问心无愧,自我人格无损有道,品行符合道德要求。孔子对君子和小人有过多次画像,此为其中一种。孔子把君子人格的修炼视为人生最重要的事,他多次提及君子与小人的区别,号召人们去做君子而不要去做小人。君子,是"自知"文化的代言人和践行者,是非常注重个人品德和才能修行的典范。正是因为君子能不断求诸己,所以,相应也才能更有本事去"自知",也才能做到"知者不惑"。

"求诸己"的另一种表述方式,是"修己"。弟子子路向孔子请教何为"君子",孔子就用"修己"来应答:

子路问君子。子曰:"修己以敬。"

曰:"如斯而已乎?"曰:"修己以安人。"

曰:"如斯而已乎?"曰:"修己以安百姓。修己以安百姓,尧、舜其犹病诸!"《论语·宪问》

对于子路关于何为君子的提问,孔子回答说:"只要修养自己,待人接物做事一直保护恭敬尽责的严谨态度,这就可以算得上君子了。"子路觉得这样的标准似乎过于简单，就追问："这样就可以算得上君子了吗？"孔子耐心回答："修养自己，待人接物保持恭敬的态度，进而可以安定百姓，这样就可以算得上是君子了。"孔子可能觉得这个标准太高，不是弟子所能做到的，于是就补充说："修己以安百姓，这是尧舜这样的帝王做起来也是很困难的呀。"这是孔子再一次为君子进行画像，这次君子的画像里加了"安民"的色彩，这实际上也是孔子毕其一生追求的政治理想。在孔子的视野里，自知，就是要知道自己的品德修行如何，自己的济事安民的本领如何，不足，则求诸己，则修己，"修己以安人"，中国先哲们的生存和发展智慧，全部囊括在这五个字里了。

孔子"求诸己"的思想，在当时影响很大。《韩非子·外储说右下》记载了这样一则故事：

> 公仪休相鲁而嗜鱼，一国尽争买鱼而献之，公仪子不受。其弟谏曰："夫子嗜鱼而不受者，何也？"对曰："夫唯嗜鱼，故不受也。夫即受鱼，必有下人之色；有下人之色，将枉于法；枉于法，则免于相。虽嗜鱼，此必不能致我鱼，我又不能自给鱼。即无受鱼而不免于相，虽嗜鱼，我能长自给鱼。"此明夫恃人不如自恃也，明于人之为己者不如己之自为也。

公仪休，又名公孙仪，因品学兼优，曾做过春秋时期鲁国的宰相，司马迁《史记·循吏列传》第五十九中对他曾有记载。公仪休担任鲁国宰相期间，人们听说他酷爱吃鱼，于是，纷纷买鱼来送给他。但公仪休一条也不收。公仪休的弟弟对此很不理解。问哥哥说：你酷爱吃鱼，但别人送来的鱼你一条也不收，这是啥原因？公仪休解释说："正因为我爱吃鱼，才不能收别人的鱼。收了，就会迁就送鱼的人；有了迁就，就会徇私枉法；就会被罢免相位。如此一来，即使我爱吃鱼，也必不会有人再送我鱼，我也无法自己去捉鱼。不收别人的鱼，就不会被罢免相位，这样我就长期自给自足地吃上鱼了。"韩非子为此感叹说："此明夫恃人不如自恃也，明于人之为己者不如己之自为也。"即说这是懂得求人不如求诸己、依靠别人不如依靠自己、靠别人相助不如自己帮助自己的道理。

春秋时期一位著名的善于教子的贤人田鲔（wěi），在教育其子田章时留下一句名言："主卖官爵，臣卖智力，故自恃无恃人。"意即君主出售爵位给臣子，臣子出售智力给君主。所以说只能自己依靠自己，不能依靠别人。这是对"求诸己"的另一种现实主义解释。

孔子愤而离开鲁国开始自己的周游列国之行，一方面是知道自己的政治理想抱负无法在鲁国得以实现，自己的治国理政才能无法在鲁国加以施展，这是"自知"；另一方面，谁造成了自己在鲁国无用武之地的结局？国君鲁定公，权臣季桓子等。鲁国当权君臣追求享乐，无心政事，令孔子失望透顶。孔子正是看到了自己政治环境的恶化，自己已无施展抱负的可能，才决定离开，这是"知人"。

知的核心内容之一，就是"知人"。孔子在《论语》中，在不同的场合和情境里，曾对与他朝夕相处的弟子做过多次点评，显示了他不同凡响的知人水平。

> 孟武伯问："子路仁乎？"
>
> 子曰："不知也。"
>
> 又问。子曰："由也，千乘之国，可使治其赋也，不知其仁也。"
>
> "求也何如？"
>
> 子曰："求也，千室之邑，百乘之家，可使为之宰也，不知其仁也。""赤也何如？"
>
> 子曰："赤也，束带立于朝，可使与宾客言也，不知其仁也。"
>
> 《论语·公冶长》

孟武伯是鲁国的权臣之一。他曾就孔子弟子在"仁"方面的表现，向孔子进行询问。孔子认为，自己对子路是不是做到仁的回答是"我不知道"，实际上是认为子路没有做到仁。仲由可以管理一个千乘之国的军事；冉求可以做一个千户人家的公邑的总管；公西赤可以身着礼服，站在朝廷上接待贵宾。孔子认为这些弟子虽然都还没有做到仁，但都具备各自的特长，可以发挥不同的作用。

仲由，字子路，又字季路，是孔子的得意弟子之一，被列入"孔门十哲”“孔门七十二贤”。他比孔子小9岁，《史记·仲尼弟子列传》载：“子路性鄙，好勇力，志伉直，冠雄鸡，佩豭豚，陵暴孔子。”即指子路性情粗野，喜欢好勇斗狠，心性高傲，性格直爽，曾经头戴雄鸡冠式的帽子、佩戴用公猪皮做成剑套的宝剑招摇过市，还一度欺凌孔子。但孔子用礼乐之道感化仲由，仲由于是穿着儒服，提着拜师的束脩，求孔子门生引荐，自己也成了孔子的弟子。孔子对仲由评论颇多，字里行间尽显老师对学生的爱怜之情，如：“片言可以折狱者，其由也与！”“由也升堂矣，未入于室也。”“道不行，乘桴浮于海，从我者，其由与！”“由也好勇过我，无所取材。”“若由也，不得其死然。”意指仲由办事鲁莽，只听只言片语即敢决断案子，仲由的学问只是进入正厅，未能进入内室，即并未领略到孔子学问的精髓，同时，还指出仲由勇猛有加，忠诚过人，这是值得肯定的，孔子感叹如果自己的学问无人接受，大道不行，不得已乘木筏出海飘浮，能跟从自己流浪的只有仲由了。但孔子也不客气地指出，一味崇尚勇武，只怕不会得到善终。孔子对仲由的判断和评价，后来在仲由的身上一一应验。

仲由离开孔子后，先是在鲁国季孙氏门下任官职，在任内，他指挥开挖沟渠，扶困济贫，辖域大治。后他又来到卫国，做了卫国权臣孔悝的家臣。卫国此时的君王为卫出公。卫出公之父为蒯聩（kuǎi kuì）。蒯聩在做太子时被逐出卫国，他留在卫国的亲儿子阴差阳错代替他做了国君。蒯聩不甘心，于是偷偷跑回卫国，找到自己的亲姐姐伯姬，胁迫孔悝发动了政变，将自己的亲儿子卫出公赶出卫国。政变发生时，仲由并不在城内，闻听孔悝被胁持，他奋不顾身，返回城内欲救孔悝。在和蒯聩决战时，被蒯聩部将石乞挥戈击落了帽子。子路说：“君子死，冠不免。”就在他整理帽缨时，被人砍杀肉酱。孔子闻听此讯，非常悲伤，从此再也不吃下人们送来的肉酱饭。

孔子对门下众多弟子恰如其分的判断，说明这位老师对门下弟子非常了解，可谓“知人”。孔子通过对弟子观察和分析，还总结出了不少识人的方法。如有一次，他发现弟子宰予大白天睡觉。孔子感叹说：“朽木不可雕也，粪土之墙不可圬也，于予与何诛？”“腐烂的木头不堪雕刻，烂草加泥巴垒成的对于宰予，还能再苛求什么呢？”亦即腐烂的木头不能用于雕刻，烂草和泥巴做成的墙无法粉刷，对于宰予这样的人，我还能有什么过多的要求呢？接着，孔子总结说："始吾于人也，听其言而信其行；今吾于人也，听其言而观其行。于予与改是。"孔子通过对宰予的观察，得出了一个知人的方法：对人的了解，不能"听其言而信其行"，即只根据言语来判断一个人，还要"听其言而观其行"，即再加上一个"观其行"的条件，才有可能全面观察一个人的德行。"听其言而观其行"，成为后来人们考察了解别人的基本方法之一。

孔子认定一个人，就不会轻易改变对他的信任，这是他的又一个"知人"智慧之一。公冶长是孔子的弟子，他有个特别的才能，就是能听懂鸟语。有一次，他在从卫国回鲁国的途中，听到众鸟叽叽喳喳，相约一起到青溪啄食死人肉。再往前走，看到一老太婆在道路边放声哭泣，一问，老人说他的儿子出门好几天了，一直未归家，想必死了，但不知死在哪儿。公冶长告诉他关于鸟的议论，老太婆赶紧到青溪边寻找，果然找到了儿子的尸身。老太婆立即报了官，公冶长杀人嫌疑最大，因此，被捉拿下狱。公冶长辩称自己是因为听懂鸟语才知道死人的地点，无人相信。关押两个月后，又有一群鸟在监狱的窗户上叽叽喳喳，相约，说白莲河边，有一个运粮食的车翻了，粮食洒落一地，可赶去啄食。公冶长报告典狱官此事，典狱官暗自称奇，派人到白莲河边查看，果然如公冶长所说。公冶长的冤情得雪。公冶长被关押期间，正好有人替公冶长向孔子提亲，要迎娶孔子的女儿。《论语·公冶长》载：

> 子谓公冶长："可妻也，虽在缧（léi）绁之中，非其罪也！"以其子妻之。

缧绁，捆绑犯人的黑色绳索，意指牢狱。对于身陷牢狱的公冶长，孔子坚定地相信他无罪，虽有牢狱之灾，但并非公冶长的罪过。还是坚持把自己的女儿嫁给了他。一代宗师孔子，用自己的实际行动，阐释了自己的知人智慧。

治国理政，知人为第一要务。《论语·为政》中记载了孔子在这方面的见解：

哀公问曰：“何为则民服？”孔子对曰：“举直错诸枉，则民服；举枉错诸直，则民不服。”

鲁哀公是鲁定公的儿子，在鲁定公去世后继位。虽然在他父亲的任上，孔子负气出走，但他子承父业后，对孔子依然是尊敬有加。他请教孔子，应该如何为政，才会得到老百姓的信服？孔子给了也一个简单的答案：选拔任用正直贤良的人，将邪恶自私的人闲置一边，老百姓就会心服口服；相反，让邪恶自私的人高居庙堂之上，将正直贤良的人发配流放荒野，老百姓就不会心服口服。百姓不服，就会反抗，君王的政权就不稳定，国家就会有祸事。由此可见，知人用人，实为成就事业之第一要务。

君子与小人，是孔子对朝野中人所做的最基本的分类。君子人格，是中华民族数千年一直向往并陶冶锻造的集体人格；小人，则是中华民族数千年一直唾弃不齿的恶劣人格。君子人人向往并尊敬，小人则人人厌恶并唯恐躲之不及。但成为君子，需要进行艰苦的修行，并非人人可以生而为君子，小人则绝不会将“小人”二字置于脸上，以至于可以轻易辨别。有君子，必有小人；此时为君子，彼时未必不会是小人；同理，此时为小人，彼时就不会为君子。万事万物，总是在特定的情境中发展变化，总是在运动变化中成就映射彼此。据统计，孔子在论语中，提及“君子”一词，达107次之多。一方面，这是为人们的学习修行指明方面，划定路径，另一方面，则是提供知人用人之镜鉴，提醒用人者，亲君子，远小人；用君子，弃小人。

何样的品格为君子？何样的品格为小人？孔子做了如下描述：

子曰：“君子周而不比，小人比而不周。”《论语·为政》

子曰：“君子怀德，小人怀土；君子怀刑，小人怀惠”。（《论语·里仁》）

子曰：“君子喻于义，小人喻于利。”（《论语·里仁》）

子曰：“君子坦荡荡，小人长戚戚。”（《论语·述而》）

子曰：“君子成人之美，不成人之恶；小人反是。”（《论语·颜渊》）

子曰：“君子和而不同，小人同而不和。”（《论语·子路》）

子曰：“君子泰而不骄，小人骄而不泰。”（《论语·子路》）

孔子对君子和小人的画像，是从不同侧面、各个角度进行的。从公私角度来看，君子是以公为先，先公后私，如大禹治水，三过家门而不入，这就是公在私先；小人则反其道而行之，遇事先算计个人得失；从原则与灵活性来看，君子以道德、制度、规定、原则等为判别标准，是维护原则和道德的坚定力量，小人则以小恩小惠等私利为做事标准；从义利的角度看，君子大义凛然，以义为一切行为的出发点和落脚点；小人则唯利是图，以利为核心来做人处事；在助人方面，君子帮助别人成就有利于品德修行的好事，对于不利于品德修行会帮助别人来摒弃，小人则反其道而行之，只要能讨他人欢喜高兴，什么事情都可以去做；从为人处世的态度看，君子心地无私，坦坦荡荡，安详泰然，大局为重，追求和谐但有保持自己独立的见解，小人则与之相反，时时刻刻都在算计、忧虑、担惊受怕、惶惶不可终日。孔子对君子与小人的精辟划分，实际上是给当政者知人用人提供了一个清晰的判别标准；得君子者，政治清明；小人当道，必然政治混乱，祸国殃民。

孔子生活在礼崩乐坏、政治动荡、社会秩序混乱的春秋时期，尔虞我诈、钩心斗角的朝堂政治，翻手为云、覆手为雨、城头变幻大王旗的残酷战争，都让人性的善良和卑劣尽情释放，也让孔子等先哲们痛心地看到了人性最丑陋的一面。孔子一方面美化君子，歌颂君子，为中华民族塑造君子的集体人格，另一方面，又提醒人们警惕小人，防范小人，避免因小人而带来国破人亡的悲剧。

孔子在识人方法方面强调：

> 子曰："视其所以，观其所由，察其所安，人焉廋哉？人焉廋哉？"（《论语·为政》）

孔子认为，对于一个人，只要观察他平时所做事情的缘由、动机和目的，再观察他做事所用的手段，最后观察他事成之后的表现，有此三个环节，一个人的真实情况基本就无法隐瞒了。《论语·尧曰》最后一段话是：

> 子曰："不知命，无以为君子也；不知礼，无以立也；不知言，

无以知人也。”

孔子认为，君子德行高洁，做事符合天道，处世顺应天命。不知天命，自然谈不上是君子；礼义，是处世立身之根本，不懂礼义，无法登大雅之堂，为神人共弃；言为心声，辩言识人。如果听不出言外之意，悟不透话外玄机，则谈不上知人。全部《论语》的落脚点，最后在“知人”处收尾，《论语》编纂者的良苦用心，尽在其中。

三、知人始于知言

“不知言，无以知人也”，这是孔子2500年前留给后世“知人”的最直接方法和最伟大的智慧之一。言为心声。察言识人，观色辨人，孔子的“知之道”，简单却又极其深奥。

孔子主张君子应“慎于言”“讷于言”，即君子不可信口开河，随便表态发言，凡事应该反复考虑，谨言慎行，决不可贸然表态或行事。他在《论语》中这样说：

子曰：“君子食无求饱，居无求安，敏于事而慎于言，就有道而正焉，可谓好学也已。”（《论语·学而》）

子曰：“君子欲讷于言而敏于行。”（《论语·里仁》）

君子之所以不轻易开口，是因为君子的德行之一就是严守信用，说到做到，言必行，行必果。没有经过深思熟虑的话语，往往会轻诺寡信，无法做到言行一致，从而使自己的德行蒙上阴影。君子所说的话，还需要有实质性的内容，能起到实质性的作用，所谓文质彬彬，即形式与内容相统一，相吻合。这样才会得到别人的信任，才会推动事情获得实质性进展。孔子指出：

"古者言之不出，耻躬之不逮也。"这是说古代的贤明之人轻易不说话，这是因为他们唯恐多言有失，说到而做不到。言而无信，言而无物，这是一件很可耻的事。孔子为此反复强调慎言、讷言，正是基于这一认知。

孔子赞赏慎言、讷言，非常厌恶"佞（nìng）"。佞本意是指才智。但孔子之后，佞，变成了巧言善辩，曲意奉迎，巴结谄谀，用卑贱的态度去讨人欢心的代名词。《说文》解释"佞"字时说："佞，巧谄高材也。"而后世对"佞"多取其"善辩，巧言谄媚"之义。没有才智的人，往往做不到"佞"；而越是才智高杰的佞人，社会危害往往更大。孔子提到"佞"时，想必也一定是胆战心惊。他之所以极其厌恶"佞"，正是因为他意识到了佞人的巨大危害能量。

孔子是在和人讨论弟子对冉雍的看法时，提到"佞"这个词的：

> 或曰："雍也，仁而不佞。"子曰："焉用佞？御人以口给，屡憎于人，不知其仁。焉用佞？"（《论语·公冶长》）

冉雍，字仲弓，生于公元前522年，小孔子30余岁，是孔门十贤之一。有人评价冉雍是个仁德之人，就是"不佞"，即不会说话，口才不行，不能言善辩。孔子对这个评价很不满意，连说两遍"焉用佞"，即为什么要用能言善辩来评价他呢？用伶牙俐齿、能言善辩来驾驭、控制、影响别人，这是非常招人憎恶的。冉雍是不是做到了仁，暂且不提，但用"佞"来评价他实在是不应该的。

在孔子的一众弟子中，冉雍其实是颇得孔子赏识的。他曾做过一个地方的主政长官，为政期间"居敬行简"，强调"以德化民"，是孔子弟子中德行较高的一位。孔子曾誉其"雍也可使南面"，即认为冉雍有可做诸侯、卿大夫的能力和德行，这是孔子从未对其他弟子做过的评价。孔子在临终时夸奖他说："贤哉雍也，过人远也。"孔子在和其他人讨论冉雍时以"不知其仁"来含糊其词，并不是不认可冉雍的仁的德行，而是反对别人将"佞"这个评价标准附加到冉雍的身上。因为"佞"，并非善德，而是耻行，是孔子最为不齿的特征，所以，孔子两次强调"焉用佞"，实际上是在表达他对巧言善辩行为的不满和不齿。经过孔子的重新定义，与佞有关的人，均是集合了负面评价的人，与君子、忠良之义相反，与小人、奸臣基本同义。如佞人（巧舌如簧但心术不正之人）、佞幸（因谄媚而获宠幸）、佞臣、奸佞等。

孔子有一次在和子路交谈时，再次提到了"佞"。

> 子路使子羔为费宰。子曰："贼夫人之子。"子路曰："有民人焉，有社稷焉，何必读书，然后为学？"子曰："是故恶夫佞者。"（《论语·先进》）

子路和子羔都是孔子的弟子，子路比子羔大20岁左右。子羔姓高名柴，又称子皋、子高、季高、季皋、季子皋。他是孔门弟子中最长寿之人，据说他活了128岁。子路当时在权臣季氏手下当大臣，他准备委派子羔去费城当主政官。孔子认为子羔当时学业未成，不适合仕，这也符合孔子"学而优则仕"的用人标准。因此，就对子路说，这是害子羔呀。子路不以为然，辩称："费邑有百姓，可以从治人中学统治；有宗庙社稷，可以从管理宗庙社稷中学习管理。何必非要通过读书这一条道来进行学习呢？"子路这种边学边干，边干边学，在治理中学习治理的说辞，听起来非常有道理。但孔子对这套说辞非常反感，他认为没有学成就去行动，相当于拿老百姓当成了实验品，相当于戏弄了宗庙社稷的庄重和肃穆，实在是极不仁的，是极不道德的。他不愿意去辩驳子路的歪理邪说，只是感叹"是故恶夫佞者"，即这就是人们憎恨厌恶"佞"的原因。佞人之言，总是满口道理，总是永远正确，外面总是笼罩着光环，一般人很难识破，实际上却夹杂着私心，裹胁着私祸。古代先哲们早就看到，冠冕堂皇的说辞背后，掩盖着的是不为人知的私心、阴谋，最终要满足的是私利、私欲或小集团利益，祸害国家和民族的整体利益。所以，孔子用鲜明的态度抨击"佞"，实际上是在告诫人们不要被花言巧语所迷惑，"不知言，无以知人也"。

"佞"，更具象地来说，就是"巧言令色"。对于巧言令色，孔子继续不留情面地进行批评。孔子说：

> 子曰：巧言令色，鲜矣仁。（《论语·学而》）
>
> 子曰："巧言乱德。小不忍则乱大谋。"（《论语·卫灵公》）

子曰："巧言，令色，足恭，左丘明耻之，丘亦耻之。匿怨而友其人，左丘明耻之，丘亦耻之。"(《论语·公冶长》)

"巧"和"令"，本来都是褒义词，是美好的意思。但当言语和态度，被裹上一层伪装的时候，它就走向了美好的反面。孔子认为，花言巧语，曲意逢迎，这都是不仁的表现，是没有道德的表现，是不足取的。巧言的另一大祸害，是"乱德"，即它通过精心包装，表面上看不出什么毛病，甚至觉得说得非常好，非常有道理，但实际上，它却在改变人们的道德观、价值观，从根本上破坏社会伦理秩序，瓦解人们的共识和信仰，从而达到让人们思想解体的根本性目的，这才是巧言真正的危害所在。

为了引起人们对巧言危害性的重视，孔子还拿在当时受人尊敬的左丘明来做例证。孔子与左丘明是春秋末期人，据《孔子家语·观周》篇载："孔子将修《春秋》，与左丘明乘如周，观书与周史，归而修《春秋》之经，左丘明为之传，共为表里。"为了修订《春秋》，孔子与左秋明曾一同乘车，到周朝都城一同查阅资料，阅读史书，回来后，孔子修订完成了《春秋》一书，左秋明则完成了内容浩繁的《左传》一书，这说明两人的关系非同一般。左丘明曾担任鲁国的太史官，不但学识渊博，德才兼备，而且恪尽职守，正直不阿，为时人所崇拜。左丘明是肥城人，有一次孔子前往齐国，在路过肥邑时，他驻足说："肥有君子焉。"意即肥城这个地方有一位令人尊崇的谦谦君子，对左丘明的褒扬溢于言表。鲁君子，从此成了史书上人们对左丘明的别称。左丘明在晚年双目失明的情况下发奋写成《国语》，司马迁在《史记》载"左丘失明，厥有国语"，将左丘明视为励志榜样。孔子在《论语》中，将自己的观点附议在左丘明之后，说明当时人们对左丘明的言论是非常折服崇拜的，花言巧语，态度虚伪，过分恭敬，左丘明是看不起这样的人， 孔子也是一样看不起；明明对朋友有怨言，却隐瞒起来不说，依然假装友好的样子与朋友相处，这样的行为左丘明以之为耻，孔子也一样以之为耻。孔子将令人尊敬的左丘明态度搬出来，一起批评"巧言令色足恭"，足见这种为人处世行为的危害之大，毒害之深。

孔子对巧言令色行为的深恶痛绝，与前朝及春秋时期频频出现的佞人乱政的实际事例有关。管仲是孔子非常尊崇的治国理政先贤。孔子曾说过，没有管仲，华夏民族的后人都要被野蛮人打败，变成披头散发野蛮人了。在管仲的辅佐下，齐桓公不用流血及杀戮，成就一世伟业，一度成为春秋五霸之首。但令人意想不到的时，管仲去世后，齐桓公因为用错了人，令小人佞臣当道，自己最后落了个活活被饿死的下场，齐国最后一蹶不振，这种因为知人用人不当而引起的悲剧，不能不引起孔子高度警觉，孔子对巧言令色行为反复提醒，与此不无干系。

齐桓公晚年重用的三个人分别是易牙、竖刁、卫开方。易牙做一手好菜，曾被后人称为庖厨祖师。他善于把火、盐、调料等巧妙配合，做出来的饭菜各得其味，回味绵长。齐桓公的味蕾被易牙打点得很舒服。有一次，齐桓公无意中感叹说："天下美味寡人已经享用遍了，只是不知道人肉的滋味，这是个憾事呀。"齐桓公本意只是闲聊，没想到易牙却一字不漏地听了进去。为了博取齐桓公的欢心，易牙竟然把自己4岁的儿子杀了，做成肉汤献给齐桓公。齐桓公品尝此汤觉得味道不同寻常，就问易牙如何做成此汤。易牙将自己杀子做汤的经过如实相告，齐桓公从此对易牙深信不疑。竖刁本是齐桓公一个后宫嫔妃的小侍从，成人本应离宫，他为了表达对齐桓公的忠心，竟然自己阉割了自己，从此以太监身份留在了齐桓公身边，将后宫管理得井井有条，让齐桓公在美人堆里飘飘欲仙；与前两人相比，卫开方是卫国的贵族后代，他为了追随齐桓公，整整15年没有回家，父母去世他也无心回国奔丧，令齐桓公深受感动，在齐桓公的耳边，卫开方总能说些"利言卑辞"，让齐桓公耳根子很是受用。齐桓公在管仲病重时，专门问到此三人如何使用，管仲一一点评：

管仲寝疾，桓公往问之曰："仲父之疾甚矣，若不可讳也不幸而不起此疾，彼政我将安移之？"……管仲又言曰："东郭有狗啀啀，旦暮欲啮我，猳而不使也，今夫易牙，之子不能爱，将安能爱君？君必去之。"公曰："诺。"管子又言曰："北郭有狗啀啀，旦暮欲啮我，猳而不使也，今夫竖刁，其身之不爱，焉能爱君，君必去之。"公曰："诺。"管子又言曰："西郭有狗啀啀，旦暮欲啮我，猳而不使也，今夫卫公子开方，去其千乘之太子，而臣事君，是所愿也得于君者，将欲过其千乘也，君必去之。"桓公曰："诺。"管子

遂卒。(《管子·戒》)

管仲眼光老辣，知人善用。他告诉齐桓公，易牙连自己的亲生儿子都不爱，竖刁连自己的身体都不爱，他们怎么会爱君王您呢？公子卫开方本可以继续千乘之地，但他却依然跟随着您，他的目的是想得到超过千乘之地的更大的东西。这三人都有自己的私心和私利，必须去之，去之，远离他们。齐桓公当时答应了，但离开了易牙，齐桓公吃啥啥不香，离开了竖刁，后宫艳福越来越少；离开了卫开方，耳根子再也听不到奉承之语。齐桓公终于忍不下去了，三年后，将三人全部召回到身边。齐桓公病重后，三个人原形毕露，借着齐桓公六个儿子内乱之际，将齐桓公禁锢于宫室，筑起高墙不准任何人进入。齐桓公最后被活活饿死，死后尸体放在床上六十七日，蛆都爬出门外了，也没有人来过问。易牙、竖刁大开杀戒，除百官而立公子姜无诡为君，卫开方则拥立另一位公子姜潘为君。一代强国，在三个小人的作用下，走向大乱，齐桓公的一世英名，折损的一干二净。知人用人之重要，由此可窥一斑。对于孔子的“巧言乱德”“巧言令色鲜矣仁”，人们也有了更深层的理解。

四、知人方可用人

知人的目的，在于用人。用人，有用人的方法。知道用人的方法，这是知之道的另一种智慧。

韩非子在《韩非子·观行》篇中，提到了为何必须用人：

天下有信数三：一曰智有所不能立，二曰力有所不能举，三曰强有所不能胜。故虽有尧之智而无众人之助，大功不立；有乌获之劲而不得人助，不能自举；有贲、育之强而无法术，不得长生。故势有不可得，事有不可成。故乌获轻千钧而重其身，非其重于千钧也，势不便也。

韩非子认为，普天之下，有三条道理放之四海而皆准：一是聪明绝顶的智者，也必有办不成的事情，二是力气超强的大力士，也有举不起的东西，三是勇猛超强的战士，也有不能完胜的对手。韩非子总结说，帝尧再有智慧，没有其他人的帮助，是不会建立功勋的；大力士乌获再有力气，没有别人的帮助，也不可能自己举起自己；孟贲、夏育作战勇猛，不懂得方法，也不可能总是取胜。所以形势条件总有不具备的，事情总有办不成的。韩非子在此引申出的思想，就是成就大业，必须合力而为，用人，是所有成大业者无法回避的必然选择。

君臣关系问题，是中国古代社会治理体系中，最核心最关键的问题之一，也是最能体现知人用人智慧的领域。韩非子在他的《难二》篇中，曾做过一个发人深省的思考。他引用了一个事例说，春秋时期，晋国国君晋平公与上卿叔向、著名乐师叔旷，一起探讨君臣的作用。晋平公问，历史上，齐国齐桓公曾经9次召集诸侯开会，引领天下发展的方向，成就了最伟大的事业。请问，这是君主的力量？还是臣子的力量？叔向的回答是：齐桓公当时拥有三位大臣，管仲、宾胥无、隰朋。他们如同裁缝一样："管仲善制割，宾胥无善削缝，隰朋善纯缘，衣成，君举而服之。亦臣之力也，君何力之有？"意即管仲善裁剪，宾胥无善缝制，隰朋善装饰溜边，衣服做成了，君王拿起来穿上，这完全是臣下的功劳，君王在此过程中，出什么力了？师旷不以为然，"伏琴而笑之"。师旷对此问题的看法是：为人臣的，如同一个厨师，做好了美味，捧起给君王吃，君王不吃，谁敢强迫？如果要做个比喻，君王好比土地，臣下好比草木，只有土地肥硕，草木才会茂盛赞。以此来看，这都是做君王的功劳，臣下又何作用？

韩非子借此事例分析说，叔向、师旷的说辞，都是片面之言。"夫一匡天下，九合诸侯，美之大者也，非专君之力也，又非专臣之力也。"意即成就统领天下的霸主大业，不只是靠君王的一己之力，也不是只靠臣下的力量。韩非子还以齐桓公为例分析说，齐桓公在管仲的辅助下，成为春秋五霸的霸主；但他在管仲去世后，晚年用了竖刁等奸臣辅佐，结果落得个权位旁落，自己被活活饿死的下场。如果只强调臣子的作用，没有齐桓公赏识重用，管仲又能发挥什么样的作用呢？如果只强调君王的作用，为何又会被竖刁等奸臣蒙蔽，成为历史上的笑柄呢？韩非子得出的结论是："凡五霸所以能成功名于天下者，必君臣俱有力焉。故曰：叔向、师旷之对，皆偏辞也。"意即成就雄主霸业，必须君臣合力，臣无君不行，君无臣不可。单方面强调一方的力量，只会有失偏颇，对事业发展不利。

既然君臣关系如此敏感且重要，那么，如何构建和谐的君臣关系，从而使其在国家和社会的治理中发挥重要的作用呢？早在韩非子之前，伟大的先贤们就已经开始理性的思考。

孔子给出的答案是："君使臣以礼，臣事君以忠。"

孔子是在回答鲁国国君鲁定公问政时，提出这一思想的。春秋时期，鲁定公名为国君，大权实则旁落在权臣季孙氏、孟孙氏和叔孙氏三人的手上。鲁定公为此召见孔子，虚心向他求教。鲁定公问孔子："君使臣，臣事君，如之何？"意即君上应该如何使唤臣子？臣子又应如何对待君王？孔子答说：君王应依"礼"来使用臣子，而臣子则应忠诚完成君王交付的使命。

孔子一生以克己复礼为己任，礼是孔子思想的基石之一。孔子关于礼的论述很多，其内涵也十分丰富。从"君使臣以礼"的语境来看，这里的礼至少包含三层意思，一是"敬"，即尊敬之意。礼者，敬也，为人臣子，往往是贤能有识之士，君王对待这些臣子，应持恭敬端肃尊重的态度。敬不能仅停留在表面，还应发自内心。子游是孔子的弟子，他向孔子请教孝道，孔子回答："今之孝者，是谓能养。至于犬马，皆能有养，不敬，何以别乎？"孔子表示，现在的人们把养活父母当成是孝，其实，对于狗和马，用狗食马草，一样可以养活。没有了发自内心的尊敬，这样的养活怎么能说是孝呢？孔子在回答弟子子夏关于孝的提问时，回答是"色难"，即对待父母要发自内心地和颜悦色，这才是真正的孝。来自内心的尊敬，才是真正的尊敬，这是孔子强调"礼"的一个重要内涵。

孔子去世二百年后，儒家思想的重要传承人之一，孟子，用实际行动了阐释了敬的内涵。有一次，齐宣王相约孟子，见面问政。孟子准备好了，齐宣王却派人来传话，说自己得了感冒，见不得风，请孟子移步朝堂之上见面。实际上有点居高临下召见孟子的意思。孟子当即做出反应，称自己也得病了，不能赴朝堂上相见。第二天，孟子去好友东郭氏家吊唁，出门不久，齐宣王派医生到孟子的住处来探病。孟子的堂弟一方面在医生面前打马虎眼，说孟子已经去朝堂上了，只怕是还在路上。另一方面，派人追上去别人家吊唁的孟子，让他赶紧去朝堂见齐宣王。孟子无奈，只好去好友景丑氏家中借宿。在景丑家，景丑和孟子围绕君臣关系进行了一番讨论。

景丑对孟子说："内则父子，外则君臣，人之大伦也。父子主恩，君臣主敬。丑见王之敬子也，未见所以敬王也。"（《孟子·公孙丑下》）这句话的意思是说，父子，君臣，这是人际间的至上关系，父子讲究恩慈，君臣讲究敬重。我现在看到齐宣王非常尊敬您，但没有看到您尊敬齐宣王。景丑还引用《礼》的规定说："礼曰：'父召，无诺；君命召，不俟驾。'固将朝也，闻王命而遂不果，宜与夫礼若不相似然。"意即如果是父亲召唤，来不及应声就得跑上前去；君王召唤，来不及备车也得飞奔前往，现在齐宣王召见您，您不往，这不合礼制吧？

孟子反驳道："怎么能这样说呢？"他接着说道：

> 天下有达尊三：爵一，齿一，德一。朝廷莫如爵，乡党莫如齿，辅世长民莫如德。恶得有其一，以慢其二哉？故将大有为之君，必有所不召之臣；欲有谋焉，则就之。其尊德乐道，不如是不足与有为也。(《孟子·公孙丑下》)

孟子的大意是说，普天之下，有三样东西最尊贵，官位，年龄，德识。在朝堂上，官位最重要，在乡下，年龄高的人最受尊重；而让国家治理有方、百姓安居乐业，德识最重要。怎么能因为官位高就可以轻其他两样东西呢？能成就大功业的君王，就会有召之而不去的臣子；想商量大事，必登门求教才可以。如果对治国安民的道德、学识、智慧不倍加赏识、喜爱、尊敬，那是不会有什么大作为的。孟子的自尊自重，给齐宣王上了一课，也用自己的生动实践，阐释了什么是"君使臣以礼"。

在孔子的"君使臣以礼"的特定语境中，礼的第二层含义，是"仁"。仁与礼一样，都是孔子思想体系的重要基石。关于仁的阐释，孔子也做了很多，仁的内涵与礼一样，也是非常丰富。此语境中之"仁"，更应理解为

"爱人"。"爱人"的思想，是孔子在回答弟子攀迟关于仁的提问时做出的答复。孔子对仁的解释虽有多种，但"爱人"是贯穿始终的核心思想之一。这一闪耀着人文主义精神的光辉思想，穿越2500余年的时光，至今仍指引着中华民族做人的方向，也是数千年来儒家思想之所以绵延不绝的重要动因。在《论语·八佾》篇中，有这么一句话：

子曰："人而不仁，如礼何？人而不仁，如乐何？"

这句朴素的论述，反映了"仁"在孔子心目中的重要地位。如果一个人没有了仁爱之心，所谓的"礼""乐"就成了无根之木，无源之水，失去了存在的根基。这一原理，体现在君王与臣子的关系中，也很重要。君王对臣子，一定是先有仁爱之心，然后，才能使臣子甘心供自己驱使，为自己奉献全部努力。

孔子所说的"君使臣以礼"，礼的第三层含义，是制度、规范、规矩。君对待臣下，不可随心所欲，而是要依礼而行。孔子对周礼推崇备至，因此，以周礼为最高行事准则。他曾这样说："周监于二代，郁郁乎文哉！吾从周。"孔子认为周朝的礼仪制度借鉴融合了夏、商二代的礼仪制度，因此，完备详尽，完全可以作为镜鉴。君王任用臣下的礼仪规范制度，自然也应循章遵守。春秋时期，臣子谨见君王，很多礼仪都已不遵守了，唯孔子照行如故。孔子曾为此感叹说："事君尽礼，人以为谄也。"意即自己按照周礼来侍奉君王，却被别人视作谄媚，由此可知失礼之后的秩序混乱。

公元前548年，也就是孔子出生后大约三年左右的时间，齐国发生了齐庄公被杀的事件。杀齐庄公的大臣名叫崔杼。崔杼又称崔子、崔武子，是春秋时期齐国的重要大臣。他娶了一位貌美如花、颇通风情的妻子棠姜，不料，被齐庄公给盯上了。齐庄公不但与棠姜搞起了婚外情，而且，还将从棠姜处拿到的崔杼的帽子，公然赐予他人。这一行径，齐庄公的近侍都看不下去了，劝齐庄公不要将崔杼的帽子赐人。齐庄公大言不惭地说："谁说这是崔杼的帽子了？天底下只有崔杼有这样的帽子吗？"其巧言令色之状令人作呕。果然，崔杼忍无可忍，终于找机会设计将齐庄公杀死。《左传·襄公二十五年》详细记载了崔杼杀君一事，可见此事在当时的影响力之大。孔子强调“君使臣以礼”，应该也是从残酷的社会现实中总结的教训。

与“君使臣以礼”相对应，作为臣下，则应“臣事君以忠”。“忠”是孔子思想体系中核心内容之一。忠，其本义一是指全心全意，竭尽心力、不杂私念地做事；二是指刚毅正直、专一不二、诚实本分地尽责。《论语·述而》载：“子以四教：文、行、忠、信。”也就是说，孔子教授弟子主要有四项内容，学习典籍文献，行为做事方式，忠的品行，信的品行。忠和信都属于德行的范畴。忠被列为孔子教学的四个主要内容之一，可见孔子对忠的重视程度。孔子的弟子子张请教为政的学问。孔子回答说：“居之无倦，行之以忠。”意即在职位上工作没有倦怠，做事全心全意，竭尽心智。这是孔子对忠的又一次表述。《论语·里仁》载，孔子和他的弟子曾参曾有过这样一段对话：

> 子曰：“参乎，吾道一以贯之。”
>
> 曾子曰：“唯。”
>
> 子出。门人问曰：“何谓也？”
>
> 曾子曰：“夫子之道，忠恕而已矣。”

曾子，名参，孔子晚年的得意弟子之一。他的父亲曾皙，也是孔子的弟子之一。孔子很喜爱曾参，跟他聊天是说，自已的学问其实概括起来就一个道理。曾参表示理解。孔子离开后，其他弟子就问曾参，老师的意思是什么？曾子回答说：老师的学问，概括其来就两个字，“忠恕”，忠指要求自己，尽已之能；恕指对待他人，已所不欲，勿施于人，即宽以待人。孔子的这一思想让曾参大为受益，曾参因此留下千古名言：

> 曾子曰：“吾日三省吾身。为人谋而不忠乎？与朋友交而不信乎？传不习乎？”（《论语·学而》）

曾子提出，君子每天都要反省三个问题，为他人谋事，是不是忠实地尽了全力？与朋友交往是不是言而有信？老师教授的学识是不是经常颂习、加以践行？一日三省吾身，第一个要反省的就是忠的问题，是不是做到了忠心做事。忠的行为规范是如此重要，从孔子到他的众多弟子都反复强调，讲解，中华民族忠人以事的民族性格，也由此逐渐铸成。

孔子在《论语》中给予褒扬的人物不多，其中有一位获得褒扬的先贤名叫令尹子文。而孔子对他的评价也只有一个字，“忠”。

> 子张问曰：“令尹子文三仕为令尹，无喜色；三已之，无愠色。旧令尹之政，必以告新令尹。何如？”
>
> 子曰：“忠矣。”

令尹子文是春秋早期的一位传奇人物，他出生于孔子之前。《左传》《春秋》《国语》《史记·楚世家》等史籍中，都对他的事迹有详细记载。子文本名斗谷于菟，他本是一个私生子，生下来后，被弃于山谷，母虎见之，以乳喂养。众人以为怪异，赶紧将其抱回。《左传·宣公四年》载：“楚人谓乳谷，谓虎於菟，故命之曰斗谷於菟。”斗谷於菟成人后，才能品行俱佳，因此，楚成王以斗谷於菟为令尹，开始霸业之路。斗子文在楚国的大臣职位上一做就是二十七年。他忠于职守，清廉尽责，在楚国人心目中声望极高。《国语·楚语下》载：

> 昔斗子文三舍令尹，无一日之积，恤民之故也。成王闻子文之朝不及夕也，于是乎每朝设脯一束、糗一筐，以羞子文。至于今秩之。成王每出子文之禄，必逃，王止而后复。人谓子文曰：‘人生求富，而子逃之，何也？’对曰：‘夫从政者，以庇民也。民多旷者，而我取富焉，是勤民以自封也，死无日矣。我逃死，非逃富也。

这段记载显示，斗子文为举荐贤能，给新人让位，曾经三次辞去令尹之职。他做令尹时，家里连一天的存粮都没有，经常是吃了早饭吃不上晚饭。楚成王听闻后，每逢朝堂议事，必准备一束肉干、一筐粮食，用来送给子文。后来成了朝堂上对待令尹的惯例。而对于楚成王每次多发俸禄，斗子文一定要躲避，等到楚成王不再坚持这样做，他才回来继续任职。有人对子文说：“人活着都追求富贵，但您却逃避它，这是为什么呢？”斗子文的回答是：“从政的人，是以庇护百姓为己任的。老百姓大多还在饥饿中挣扎，而我却追求富贵，这是役使劳苦百姓而追求自己的幸福，这会离死不远的。这并不是在躲避富贵，而是在躲避死亡呀。”斗子文牺牲自己，忠于君王、社稷、职责的精神，让孔子的弟子也很钦敬，所以，专门请教孔子，称斗子文三次被任命为令尹，每次都不露喜色；三次因为让贤舍弃令尹之职，每次都没有怨怒，而且，交接时，必定把自己担任令尹时的所有政务，向新的令尹交代清楚。这是一种什么样的行为？孔子一言以蔽之：“忠矣。”孔子心目中，臣子如何以忠事君？斗子文的事例，可以视为最形象的阐释。

孔子35岁时，因鲁国发动动乱，避祸于齐国，齐国齐景公抓住机会向孔子问政。《论语·颜渊》做了如下记载：

齐景公问政于孔子。

孔子对曰：“君君、臣臣、父父、子子。”

公曰：“善哉！信如君不君，臣不臣，父不父，子不子，虽有粟，吾得而食诸？”

对于齐景公的询问，孔子坦然相告：君王要有君王的样子，要行君道；臣子要有臣子的样子，要行臣道；父亲要有父亲的样子，要行父道；儿子要有儿子的样子，要行子道。君臣父子各行其道，社会治理自然井然有序。难怪齐景公闻言赞叹不绝，称：“说的有道理呀。如果君王没有君王的样子，臣子没有臣子的样子，父亲不像父亲，儿子不像儿子，社会秩序大乱，虽有粮食，我还能吃得上吗？”孔子这一朴素的人际关系准则，深深影响了后世的人际关系构建，使得人们从最亲密、最核心的关系入手，以礼相待，忠恕为则，推己及人，奠定良好稳定的人际关系和社会秩序。知人用人之道，智慧莫过于此。

孔子之后，孟子将君臣关系的认知，又往前推进了一大步，孟子强调的君臣关系是平等。《孟子·离娄下》有这样一段记载：

孟子告齐宣王曰：“君之视臣如手足；则臣视君如腹心；君之视臣如犬马，则臣视君如国人；君之视臣如土芥，则臣视君如寇仇。”

王曰："礼，为旧君有服，何如斯可为服矣？"

曰："谏行言听，膏泽下于民；有故而去，则君使人导之出疆，又先于其所往；去三年不反，然后收其田里。此之谓三有礼焉。如此，则为之服矣。今也为臣。谏则不行，言则不听；膏泽不下于民；有故而去，则君搏执之，又极之于其所往；去之日，遂收其田里。此之谓寇仇。寇仇何服之有？"

这段话是孟子关于君臣关系的一段经典论述。孟子告诉齐宣王："君王视臣子如手足，臣子就会把君王视作心腹；君王视臣子如狗马，臣子就会把君王视同路人；君王把臣子视作一文不会值的泥土草屑，臣下就会将君王视作仇敌。"手足与心腹、犬马与路人、土芥与寇仇，这三个相互呼应的对等关系，就是孟子为君臣关系定下的互动原则。在这样的新型关系中，君王与臣下是平等对应的关系，君对臣的态度，决定了臣对君的态度，完全没有君主臣仆的概念，一方采取的措施，直接影响到另一方做出的对等回应。

齐宣王对孟子的回答显然并不是特别满意，于是，就追问说，按礼的规定，已去职的臣子，应该为过去的君王服孝，如何才能让臣子们做到这一点？孟子解释说，君王只有在三个方面以礼相待，臣子才会心甘情愿地去服孝，一是对臣下的劝谏，君王虚心听取并接受，让老百姓从劝谏中受到恩惠；其次是不管臣下因为什么原因离职，君王均安排人礼送出境，还要提前到臣下要去的地方做一番安排布置；如果臣下离开了三年还不回来，这才收回他的土地和房屋。如今的君王，做不到这三"礼"，这就叫作三有礼，这样做了，臣下就会为他服孝。如今做臣下的，劝谏，君王不接受，不回应；想离开，君王把他捆绑起来，还想方设法破坏他要去的地方，让那个地方一贫如洗，要走的当天就没收他的土地和宅院。如此行径，可叫作仇敌。君臣之间变得像仇敌一样，哪来的什么孝可服呢？

孟子所处的时代，是战国时代，各种思想空前开放，对社会治理结构的认知，先哲们思考的也更加理性。孟子在这一时期提出的最重要思想之一，就是"民为贵，社稷次之，君为轻"。这是中国漫长封建社会中最振聋发聩的一种呐喊，也成为中国历史长河改朝换代、革命不断的一个重要理论依据。

民贵思想，决定了孟子并没有把君王看作是高高在上的天之骄子，而是稍有不慎，随时会丢掉大位的个体。孟子和齐宣王围绕君臣关系，有过多次探讨。其中一次谈到了君王与卿大夫的关系。

齐宣王问卿。孟子曰："王何卿之问也？"

王曰："卿不同乎？"曰："不同。有贵戚之卿，有异姓之卿。"

王曰："请问贵戚之卿。"曰："君有大过则谏，反覆之而不听，则易位。"

王勃然变乎色。曰："王勿异也。王问臣，臣不敢不以正对。"

王色定，然后请问异姓之卿。曰："君有过则谏，反覆之而不听，则去。"（《孟子·万章下》）

孟子说卿大夫分为两类，一类是和君王同族同姓的，为贵戚之卿；一类为普通臣下，是为异性之卿。如果君王有大过失，贵戚之卿就可以推翻君王，让君王易位；而异姓之卿看到君王有过错，反复劝谏不听，最多挂靴而去。在孟子看来，君王并非万能的，有错误也是难免的，只有认真对待臣下的意见，将其视为手足，双方才可能形成合力，达成共赢的局面。否则，"君王无常位，社稷无常奉"，君臣易位也不是不可能的。

孟子在提出贵民思想的同时，也非常清楚地提到了"尊贤"思想。

孟子曰："仁则荣，不仁则辱。今恶辱而居不仁，是犹恶湿而居下也。如恶之，莫如贵德而尊士，贤者在位，能者在职。国家闲暇，及是时明其政刑。虽大国，必畏之矣。"（《孟子·公孙丑上》）

孟子曰："尊贤使能，俊杰在位，则天下之士皆悦而愿立于其朝矣……如此，则无敌于天下。无敌于天下者，天吏也。然而不王者，未之有也。"（《孟子·公孙丑章句上》）

孟子曰："用下敬上，谓之贵贵；用上敬下，谓之尊贤。贵贵、尊贤，其义一也。"（《孟子·万章下》）

孟子认为，要想使国家有实力，百姓得幸福，必须"尊贤使能"，要让贤能之士，居于要职，为国家和百姓服务。只有把天下贤能之士的力量调动起来了，贵贵，尊贤，人人都愿为国效力，就必然会出现无敌于天下的局面，果能如下，即使面对强国，也可无所畏惧。君臣关系只有在这样的语境中，才是和谐的会产生出力量的关系，才是理想的君臣关系。

法家人物韩非子的出现，为君臣关系再次提供了一种新的诠释。韩非子强调君臣关系应该建立在法治的基础上，这是对孔子“君使臣以礼”更进一步认知。

韩非子倡导以法治国。在《有度》篇中，韩非子强调：“国无常强，无常弱。奉法者强，则国强；奉法者弱，则国弱。”国家没有总是强大的，也没有总是弱小的。依法而行的国家就会强大，不依法而行的国家，就会弱小。一个2500年前的先哲，能对今天人们依然时常犯糊涂的话题，提出自己清晰的认知，韩非子睿智确实令后世的人们敬仰。韩非子指出：

> 故以法治国，举措而已矣。法不阿贵，绳不挠曲。法之所加，智者弗能辞，勇者弗敢争。刑过不避大臣，赏善不遗匹夫。故矫上之失，诘下之邪，治乱决缪，绌羡齐非，一民之轨，莫如法……人主释法用私，则上下不别矣。

依法治国难吗？韩非子认为不难。韩非子表示，用法令治理国家，只是制定法令、然后颁行而已。法令不会偏袒权贵，如同墨绳不会迁就弯曲。法制面前，聪明的人不能逃脱制裁，强勇的人不敢与法抗争。刑罚不放过大臣，奖赏不放弃小民。故此，纠正上面的过失，责难下面的奸邪，治乱断误，让民众有统一的行为规范准则，只有法令可做到这些。君王如果放弃法令，而凭个人喜好来治理国家，君王与臣下就不会有什么区别了。而君臣一旦处于同一地位，意味着君王就不再是君王，君臣易位的现象就会发生。

一代春秋霸主齐桓公被几个小人控制，最后活活饿死，这个极端现象，不但引起孔子深思，也引起韩非子极大关注。韩非子在自己的《备内》篇中曾提到这样一个现象：“人主之疾死者不能处半。”意即君主因为疾病等正常原因而死亡的，有死亡者中所占比例超不过一半。换句话说，有大部分君王，都是在争权夺利的残酷斗争中被杀死，死于非命。君王这一职位的高风险性，韩非子认识得非常清醒。一国之君，万民敬仰，掌握着至高无上的权力，为何会被臣下杀戮，最后落得个被天下人耻笑的死于非命的可悲下场？韩非子给出的结论是，这是因为君王“释法用私”，这才造成了君臣无别，臣子以下犯上的混乱局面。这正是韩非子强烈呼吁君王以法治国的根本原因，君臣关系也应建立在法制的基础之上。

韩非子在《饰邪》篇中，有过这样一段论述：

> 明主之道，必明于公私之分，明法制，去私恩。夫令必行，禁必止，人主之公义也；必行其私，信于朋友，不可为赏劝，不可为罚沮，人臣之私义也。私义行则乱，公义行则治，故公私有分。人臣有私心，有公义。修身洁白而行公行正，居官无私，人臣之公义也；污行从欲，安身利家，人臣之私心也。明主在上，则人臣去私心行公义；乱主在上，则人臣去公义行私心。故君臣异心，君以计畜臣，臣以计事君，君臣之交，计也。害身而利国，臣弗为也；害国而利臣，君不为也。臣之情，害身无利；君之情，害国无亲。君臣也者，以计合者也。至夫临难必死，尽智竭力，为法为之。……故曰：公私不可不明，法禁不可不审，先王知之矣。

在这段论述中，韩非子系统地阐述了自己对于建立在法制基础上的君臣关系的理解。韩非子认为，一个英明的君王，首先要明白公私的区别，要明确法制，摒弃私恩。有令必行，有禁必止，这是做君王的公义；对臣子而言，只打自己的小算盘，结党营私，广建私人朋友圈，对于君王的赏罚不以为然，这是臣下的私义。私义占上风，国家就会混乱，公义畅行天下，则国家可得治理，所以，公私一定要分得清清楚楚。作为臣下，也有自己的私义和公义，私义是放纵个人欲望，追求个人享受，家庭利益至上；公义则是洁身自好，为官清廉，尽职尽责，刚毅正直。臣子的德行，取决于君主的表现。君主英明，臣子就会去私心存公义；君主好坏不分，臣子就会去公义而存私心。所以，君臣不一条心，君主以算计蓄养臣子，臣子用算计侍奉君主，各自都打着自己的小九九，算计着自己的利益得失，君臣靠这样的算计来维系关系。对于有利于国家而对自身不利的事，臣子不会去做；对于不利于国家但会有利于臣子的事，君主也不会去做。臣子的想法是，自身利益受损就得不到好处；君主的想法是，国家利益受损无法与臣子亲近。君臣关系靠着彼此建立的利益基础上的算计捆绑在一起，这样的君臣关系实际上不堪一击，君臣易位，君主死于非命，实际上正是这种畸形的君臣关系所致。那么，在国家遇到危难时，为什么会有臣子挺身而出，竭尽才智和力量，拼死效忠呢？韩非子指出，这都是法令使然。韩非子为此总结说，公义和私义区别清楚，严格依法办事，依法奖惩，依法用人，这都是过去贤明君主照着去做的，也是今世君王必然借鉴的。

提出公义和私义概念，并提醒当政者去私义，立公义，在法治的基础上建立君臣关系，建立知人识人用人的标准体系，这是韩非子非常了不起的智慧，也是他对中国稳定的社会治理体系形成所做出的伟大贡献。为了让人们对自己的思想有所了解，韩非子还专门举了谷阳献酒的故事来加以说明。

谷阳是春秋时期楚国大将司马子反的一位近身侍从。年纪轻轻，头脑灵活。司马子反为楚穆王之子，楚庄王之弟，楚共王的叔父，是楚国赫赫有名的战将。司马子反最大的嗜好是饮酒。这一年，楚共王与晋厉公在鄢陵激战。两军相遇，杀得是天昏地暗，血流成河，楚共王的左眼都被射中受伤。双方暂时休兵。司马子反回营后大喊口渴，谷阳赶紧捧上一壶美酒。子反说，大战马上就要重新开始，我要的是水。谷阳解释，这就是水。子反杀红了眼，接过谷阳递来的酒就喝上了。这一喝就收不住口了，司马子反喝完一壶，谷阳就及时递上另一壶，直把子反喝得酩酊大醉，卧床不起。楚共王重整三军后，欲发兵再战，派人来找子反，谷阳回话说子反心病犯了，无法出征。楚共王不信，亲自来到子反的帐篷，一进去就闻到满满的酒味。楚共王大怒，说，今天的战斗，我眼受重伤，全凭着司马子反出战。没想到司马子反醉成这样，这是不把我楚国的江山放在眼里，不体恤众多将士的生命呀。这仗不能打了，撤兵吧。楚共王撤兵回楚国后，将司马子反处以极刑。一代名将死于谷阳的一壶酒上，在历史上留下污名。韩非子为此在《饰邪》篇中感叹说：

> 故曰：竖谷阳之进酒也，非以端恶子反也，实心以忠爱之，而适足以杀之而已矣。此行小忠而贼大忠者也。故曰：小忠，大忠之

贼也。若使小忠主法，则必将赦罪，赦罪以相爱，是与下安矣，然而妨害于治民者也。

韩非子认为，谷阳进酒，一开始并不是厌恨子反，而是真心实意地忠爱子反，但恰恰是这种忠爱，最后让子反死于非命。这样的行径，正是行小忠而害大忠。所以说：小忠，是大忠的祸害。如果让行小忠的人来主管法令，那就必然会赦免罪行，并对罪犯施以关爱。这样一来，下面的人是相安无事了，但最终却妨害对民众的依法治理。法令执行混乱，社会秩序遭到破坏，最后必然导致国家覆灭的危险。

有人的地方，就有社会关系；有社会关系的地方，就有大小不等、各种类型的社会组织。两人成组，三人成群。既然有组织存在，组织成员之间，就会存在领导与被领导、管理与被管理、主导与参从、引领与跟从等人际关系，这些人际关系与中国传统社会中的君臣关系异曲同工，中国古代先哲们总结出的适用于君臣关系的一些原则、规矩，同样适用今天的各种类型的组织中的人际关系。这是中国先哲们对中华民族最杰出的贡献之一。中华民族的知之道，总能在秩序混乱时重新调整，从而让社会重新步入正轨，成功的人，也正是从知之智慧中汲取了力量，才得以从成功不断地走向成功。

五、从人情世故中知人

中国社会历来是人情社会，从人情中发现知人用人的智慧，这是中国2500年前的先哲们给后人留下的又一笔珍贵的智慧财富。

中国人的人情，往往从孝中得以体现。

《左传》中，有一篇很著名的《郑伯克段于鄢》，讲述了颍考叔安排郑庄公母子黄泉相见的故事，这则故事也是千古传颂的至孝的故事之一。

郑庄公是春秋初期郑国的第三位君主。他的父亲为郑武公，母亲为武姜。郑庄公是武姜的第一个孩子，因为出生时脚先出来，头后出来，属于难产，差点要了武姜的命，因此，武姜对他很讨厌，给他取名“寤生”，意为不吉祥之人。后来，武姜又生了第二个儿子，取名共叔段，这个儿子是顺产，且聪明伶俐，武姜很喜欢他，一度劝说郑武公废掉郑庄公的太子之位，改立共叔段，未得逞。郑庄公对这位母亲的失望之情可想而知。庄公即位后，武姜替共叔段请求封地，庄公给了他一块京地作为封地。

共叔段到了京地之后，修的城墙超过300丈，比郑庄公的都城还要气派。有臣下建议郑庄公采取措施，郑庄公说，这都是母亲武姜在纵容，暂且由他。臣下又劝郑庄公说，武姜的欲望没有止境，事情在露出苗头阶段就应制止，否则必生祸乱，暗示共叔段已有不臣造反之心。郑庄公说了一句后来千古流传的名言：多行不义，必自毙，等等看吧。

郑庄公的忍让让共叔段看到了自己的机会，他命令西部和北部边境的诸侯不要听从郑庄公的命令，只听从自己的命令，又开始扩充自己的封邑。臣下又来劝郑庄公采取行动，郑庄公说，不义之人无法号召大众，势力越大越容易崩溃。

共叔段感觉自己准备得很充分了，于是，和母亲武姜约定，由武姜打开郑国城门，共叔段领兵发动政变，赶走郑庄公，夺取政权。郑庄公在截获两人往来的密信后，知道了共叔段起兵的日期，就下令说：可以出兵平叛了。于是，率领部队进攻共叔段的封地。共叔段仓皇出逃，郑庄公率兵狂追，最后在鄢地彻底击溃共叔段残部。共叔段出逃国外，最后客死他乡。

郑庄公怨恨母亲自始至终没有帮到自己，还协助弟弟作乱，于是，将母亲迁移至城颍，并发下毒誓：“不及黄泉，不相见也。”但毕竟母子连心，没过多长时间，听说母亲在城颖天天以泪洗面，憔悴不堪，对自己的所作所为心生悔意，郑庄公就有点后悔了，只是毒誓已发，自己也不好更改了。

临颍的地方官，名叫颍考叔。颍考叔知道了郑庄公的心思。借着给郑庄公汇报工作的机会，进都城见到了郑庄公。郑庄公留颍考叔吃饭，饭席间，郑庄公发现赐给颍考叔的肉，颍考叔只喝了肉汤，把肉留下来收了起来。郑庄公不解，问颍考叔何故。颍考叔对答：小人有老母亲，小人做的饭菜，老母亲都品尝过了，君王赏赐的饭菜从来没有福气享用，所以，小人就留下肉，回家让老母亲品尝。颍考叔的这番话打动了郑庄公。郑庄公红着眼睛，难过地说："尔有母遗，惟（yī）我独无！"意思是说，你还有母亲可以回家去送东西给她吃，我就没有这样的福气。颍考叔说，怎么会这样？郑庄公将自己发下的毒誓告诉了颍考叔，并坦诚自己很后悔。颍考叔说这又何难？掘地三尺，找到泉水，然后，再挖一条通往泉水的隧道，母子俩在隧道中见面，别人又能说些什么呢？郑庄公依颍考叔的计策而行，终于在隧道里和母亲相见。见到母亲后，郑庄公赋诗说："大隧之中，其乐也融融！"他的母亲武姜出了隧道之后也赋诗说："大隧之外，其乐也泄泄！"母子俩和好如初。《春秋左传》点评说：

> 君子曰：颍考叔纯孝也，爱其母，施及庄公。《诗》曰："孝子不匮，永锡尔类。"其是之谓乎！

意即颍考叔是个纯孝之人，他把自己的孝心传导给了郑孝公。《诗经》说，孝子的心没有穷尽，总可以影响到与自己同类的人，说的就是颍考叔这样的人吧。史官在颍考叔的故事中看到了孝，但其实里面还包含着如何通过对人情的识别来应用，来做到识人用人的道理。在这则故事中，颍考叔其实早知晓郑庄公已原谅了自己的母亲的事实，也明白郑庄公只是碍于国君的承诺，所以强忍着想念母亲的思绪。何谓知人？颍考叔的行为说明他对人情世故非常了解。但如果强硬地劝说郑庄公放下心理包袱去和母亲相见，只怕会激怒郑庄公，暗示郑庄公前面的毒誓发错了。颍考叔于是采取了收藏肉食，以自己的孝心引出郑庄公的孝心，通过共情效应，让郑庄公自己承认已有悔意，并想与母亲相见的想法。这一高明的劝说方法，没有任何生硬之处，完全是自然而然的真情流露，让郑庄公对自己的毒誓，没有任何错或对的心理负担，只剩下母子亲情的最真实坦诚的流露。解除了这个重大的心理障碍，接着采取的方法是掘地见黄泉，然后，隧道中相见。既没有让郑庄公违背自己的誓言，又封住了社会人等妄议的借口，从而完成了一段通过知晓人情知道人的真实想法、再促成人将心愿成功变现的经典案例。

孝是最大的人情之一。通过孝，人们可以体验到情感的作用及力量，了解到情感在人们决策及行动过程中的独特价值。知人，不知人情显然是不可以的，用人，领导和管理人，不懂人情，也是不能达成目的的。

韩非子对此做出精辟总结："凡治天下，必因人情。"（《韩非子·八经》）意即治理天下，必须依据人情，知人用人，当然更是要先知人情。那么，韩非子对人情是如何理解的呢？在《奸劫弑臣》篇中，韩非子一言以蔽之：

> 夫安利者就之，危害者去之，此人之情也。

在韩非子的知人体系中，遇到有利可图的事就争先恐后，一拥而上，遇到有危害的事就争相离开，躲之唯恐不及，这就是人情，也是人的本性。掌握了人的这一本性，君主就有了控制臣子的方法。韩非子将这一方法，称之为"二柄"，在《二柄》篇中，韩非子这样写道：

> 明主之所导制其臣者，二柄而已矣。二柄者，刑德也。何谓刑德？曰：杀戮之谓刑，庆赏之谓德。为人臣者畏诛罚而利庆赏，故人主自用其刑德，则群臣畏其威而归其利矣。

在韩非子看来，君王之所以能领导、牵制臣下，无非是两个手段，即刑德并施。刑者，杀戮是也；德者，奖赏是也。臣子从趋利避害的本性出发，害怕被惩罚而喜欢得奖赏，君王于是运用惩罚和奖赏两个手段，就可以让臣下因威惧自己的权势而听命于自己了。

趋利避害这一人的天然本性，固然有利于君主知人用人，同时，也给君工自己带来了杀身之祸。韩非子在《备内》篇中这样分析道：

> 人主之患在于信人，信人，则制于人。人臣之于其君，非有骨肉之亲也，缚于势而不得不事也。故为人臣者，窥觇其君心也，无须臾之休，而人主怠傲处上，此世所以有劫君弑主也。

韩非子认为，君主的祸患，在于相信别人。相信别人，就容易被别人所控制。臣子相对于君主，并没有骨肉之间的亲情，只是畏于权势而不得不侍奉君主。所以，做臣子的，窥测猜度君主的心思，一刻都没有停止过，而君主不知人情，懈怠傲慢地高高在上，这就是世上所以出现君主被劫持杀害的原因。韩非子是性恶论的支持者之一，这也是韩非子从战国彼此杀戮等血的教训中得出的人生经验，这一认知虽然有失偏颇，但从来不缺乏实证。韩非子进一步解释说：

> 故车人成车，则欲人之富贵；匠人成棺，则欲人之夭死也。非车人仁而匠人贼也，人不贵，则车不售；人不死，则棺不买，情非憎人也，利在人之死也。故后妃、夫人、太子之党成而欲君之死也，君不死，则势不重，情非憎君也，利在君之死也。故人主不可以不加心于利己死者。故日月晕围于外，其贼在内，备其所憎，祸在所爱。是故明王不举不参之事，不食非常之食；远听而近视，以审内外之失，省同异之言以知朋党之分，偶参伍之验以责陈言之实；执后以应前，按法以治众，众端以参观。士无幸赏，无逾行，杀必当，罪不赦，则奸邪无所容其私。

韩非子认为，给人制造车辆的车匠，总是希望别人富贵；而棺材铺里做棺材的匠人，总是盼着别人早死。这并不是车匠心眼好，棺材铺的匠人心眼坏，实在是人不富贵，车子就卖不出去；人不早死，棺材只会压在手中。本意并不是想去憎恨别人，实在是因为只有死人了才会得利。后妃、夫人、太子结成私党，没有不希望君主早死的；这是因为如果君主不死，自己就得不到令人向往的权势。所以，其本意并不是想憎恨君主，而是因为他们的利益系在君主死亡这件事上。所以，对于那些从自己身死这件事上有可能获利的人，君主是不能不加以留心、百倍小心的。日月外面被光晕遮挡，实在是因为内部出了问题。对自己所憎恨的人防备有加，而祸害往往是由自己所爱的人引发。韩非子对这样的悲剧并非只感叹而无解，相反，他提出了自己的解决之道，那就是希望贤明的君王，不做没有经过验证的事情，不吃来历不明的食物；远听近视，全面掌握情况，从而知晓朝廷内外的得失；多听正反两方面不同的言论，从而了解朋党的区别；对比事实和言论，以确认臣下进言的可信性；最关键的是“按法以治众”，用法令来治理臣下百姓，对照各种情况来判断事情本质……有了这一系列作为，虽然有人的趋利避害的本性在作祟，君主也可以安然处之，让奸邪行为无处容身。

司马迁对韩非子的文采思想非常佩服。在《史记·老子韩非列传》中，司马迁载韩非子：“非为人口吃，不能道说，而善著书。”韩非子是韩国人，对自己的国家非常热爱，偏偏才能不被赏识，所以，“悲廉直不容于邪枉之臣，观往者得失之变，故作孤愤、五蠹、内外储、说林、说难十余万言”。韩非子的作品不但得到时人赏识，若干年后的司马迁读完后也拍案叫绝，在其惜字如墨的《史记》中，几乎全文照录了韩非子的《说难》，说明司马迁对韩非子的思想多么高度认同。

据司马迁记载，韩非子的作品秦王看到后，直呼：“嗟乎，寡人得见此人与之游，死不恨矣！”当得知这些作品是韩国的韩非子所著后，立即下令发兵攻韩，欲得韩非子。据《史记·老子韩非列传》载：

> 秦因急攻韩。韩王始不用非，及急，乃遣非使秦。秦王悦之，未信用。李斯、姚贾害之，毁之曰：“韩非，韩之诸公子也。今王欲并诸侯，非终为韩不为秦，此人之情也。今王不用，久留而归之，此自遗患也，不如以过法诛之。”秦王以为然，下吏治非。李斯使人遗非药，使自杀。韩非欲自陈，不得见。秦王后悔之，使人赦之，非已死矣。

秦王重兵攻韩，韩王很害怕，于是，不但不启用韩非子，还将其恭手送到秦国。秦王大喜，非常信任韩非子，但没有来得及任用。这时，李斯开始进献谗言了。李斯与韩非子都是荀子的学生，但自感不如韩非子，唯恐韩非子取代他的地位，他和姚贾等人诋毁韩非子说：“韩非子是韩国的公子，秦王现在欲兼并诸侯，韩非子最终会向着韩国而不会向着秦国，这也是人之常情。现在大王没有用他，时间长了放他归国，这是放虎归山，不如给他按个罪名，将其处死。”秦王听进去谗言，将韩非子下狱，李斯命人送去毒药，让韩非子自尽。韩非子想当面给秦王做陈述辩解，最终也没有得到这个机会。秦王后来对自己的决定很后悔，派人去赦免韩非子，韩非子早已死在狱中。这一年，是秦王嬴政十四年，即公元前233年，据推算，韩非子死时应为48岁。

司马迁对韩非子死于非命非常痛心，他在《史记·老子韩非列传》中感叹说：

> 申子、韩子皆著书，传于后世，学者多有。余独悲韩子为说难而不能自脱耳。

司马迁感叹申不害、韩非子都有作品留传后世，两人的弟子也很多，但令司马迁独独悲伤难过的，是韩非子明知说服别人是一件难事，著了《说难》之作，但自己的命运恰恰就应验在这《说难》之中，没能摆脱被人君诛杀的命运。

《论语·颜渊》载，孔子曾和弟子樊迟有过一段对话：

> 樊迟问仁。子曰："爱人。"
> 问知。子曰："知人。"

知人，是人生最大的命题，中国先哲们为中华民族的知之道贡献了自己巨大的智慧。这些智慧之所以数千年仍深为人们折服钦敬，广为应用，是因为这些智慧是他们用自己的命运写就的。韩非子的遭遇就是其中最典型的一例。

第五讲 信之道：人而无信，不知其可也

从孔子提出“人而无信，不知其可也”的论断以来，“以信为本”便成了中华民族鲜明的性格特征之一。数千年来，尽管违背信义的事例在中华民族成长繁衍的过程中时有发生，但中华民族以信为本的民族性格仰之弥高，流淌在中华民族血液中的以信为本的基因钻之弥坚。守信，至今仍是中华民族遵行不二的为人处世的行为准则之一，同时，中国人行走世界闯荡社会，信是共同的名片和无字通行证。信之道，也是人们做事成功的基本应许之道，拥有了信的大智慧，畅行天下从此就有了保障。

一、信之始，不食言

古代中国，有很多代称，如“华夏”“中华”“中原”“神州”“九州”“海内”等，还有一个代称，鲜为人知，那就是“禹域”。

“禹域”的称谓，是为纪念大禹治水而取。上古时期，洪水肆虐。《尚书·尧典》记载说：“汤汤洪水方割，荡荡怀山襄陵，浩浩滔天。”孟子在自己的作品中也有反映。《孟子·滕文公》记载说：“当尧之时，天下犹未平，洪水横流，泛滥于天下。”“当尧之时，水逆行，泛滥于中国。蛇龙居之，民无所定。下者为巢，上者为营穴。”《淮南子·览冥训》曾这样描述：“往古之时，四极废，九州裂，天不兼覆，地不周载，火爁炎而不灭，水浩瀚而不息。”水浩洋到什么程度？有注解说：“凡洪水渊薮自三百仞以上。”一仞八尺，三百仞即数十丈，此处极言洪水之大、之凶、之猛。《史记·夏本纪》也记载说：“当帝尧之时，鸿水滔天，浩浩怀山襄陵，下民其忧。”

洪水肆虐，直接威胁到上古先民的生存。治理洪水，成了中华民族先祖首要解决的第一难题。帝尧任命的治水大臣是鲧，鲧用堵水的办法来治水，结果越治水位越高，9年过去，鲧的治水努力宣传告失败；尧传帝位于舜，帝舜任命鲧的儿子大禹来治水。禹接受了这一任命。据《史记·夏本纪》载：“禹伤先人父鲧功之不成受诛，乃劳身焦思，居外十三年，过家门不敢入。”这段记载的大意是说，禹因为自己的父亲鲧治水无功受罚，深感痛心，因此不顾劳累，勤奋思索，在外治水十三年，期间数次路过自己家门也不敢进。终于治水成功，“天下于是太平治”。

帝舜对大禹的表现看在眼里，记在心里，最后决定禅让天子之位给大禹。《尚书·大禹谟》这样记载：

> 帝曰：来，禹！降水儆予，成允成功，惟汝贤。克勤于邦，克俭于家，不自满假，惟汝贤。汝惟不矜，天下莫与汝争能。汝惟不

伐，天下莫与汝争功。予懋乃德，嘉乃丕绩，天之历数在汝躬，汝终陟元后。

在这段话中，帝舜对于大禹的品德给予了充分肯定。帝舜认为，洪水肆虐，是上天对自己发出的警告。但大禹用自己贤能的品德，成功地完成了治水重任。此处的“允”，后人注解说：“允，信也，禹奏言而能践其言，试功而能有其功，所谓成允成功也。”在帝舜看来，大禹之所以能治水成功，因为其“贤德”，其贤德的主要表现，就是讲信用，接受了任命，做出了承诺，就一无反顾，努力践行承诺，直至实现承诺。此处的“信”，一是做出承诺，有言；二是兑现了承诺，有果。言和果，共同构成了“信”。成允成功，也就成了重要的贤德的内涵之一。从帝舜后面的评价看，大禹的贤德还体现在以下三个方面，一是勤奋，二是朴素，三是谦逊不自满。帝舜夸赞大禹守信，践诺、谦逊、勤俭，这些因素是领导天下不可或缺的高尚品德，“惟汝贤”，因此，“天之历数在汝躬，汝终陟元后”，按照上天的继位顺序，天子的大位该你来接替了，你就登上这天子之位吧。对于上古社会的禅让制度，后世的评说很多，但有一点则是达成共识的，那就是天子之位，有德者方可居之。这里的德，是得到上天认可的品德。而上天认可的品德，必然是天之道，是天人共同遵行、不可违逆的为人处世的规则、规律、基本道理。

大禹之后，中国出现了第一个世袭制王朝——夏王朝。夏王朝以拥有天命自居，延续了约471年，直至商汤王的出现。商汤王的使命，是要革掉夏命，取而代之。夏桀王是夏王朝的最后一位天子，因为自恃有天命护身，因此胡作非为，直至被商汤王起兵推翻。推翻一个有470余年历史的王朝，并非一件轻松的事。商汤在发动对夏桀王的战争前，专门召集作战部队将士，发布了战前动员令《汤誓》。在这篇天下闻名的战争动员令中，商汤王发下了这样的誓言：

尔尚辅予一人，致天之罚，予其大赉汝！尔无不信，朕不食言。尔不从誓言，予则孥戮汝，罔有攸赦。

这段话的大意是说，你们只要辅助我，共同奉行上天对夏王朝的惩罚，我将给你们巨大的赏赐！你们不要不相信，我说话算话，绝不食言。如果你们不遵守誓言，我就会把你们变成奴隶，或者杀死你们，概不赦免。在一触即发的大战面前，在事关生死存亡的关键时刻，将绝不食言，将讲信用，作为动员誓词提出，说明夏王朝的言而无信给社会带来了多么大的危害，而正是因为夏王朝的出尔反尔，言而无信，因此，失去了民心，失去了执政的基础。“朕不食言”，作为一个庄严的战争动员承诺，说明了民众对信用的饥渴和迫切需要，一个失信于民，一个立信于民，信用成了决定胜负的关键因素之一，这是对信用力量的又一次褒扬。

商汤革夏之命后，将夏桀王流放于南巢之地。对于自己革夏命、逐夏王的做法，商汤内心很不安。仲虺是商汤王的左相，他与右相伊尹一起辅佐灭掉了夏朝，他当然不愿意商汤王因为内心自责而怠慢了兴商大业，所以，他作了《仲虺之诰》，以劝勉商汤。

仲虺在这篇劝告文中，对天命和德行的关系作了辩证的说明。即天命无常，唯有德者居之。“皇天无亲，惟德是辅”。有德必有天命，无德必失天命。天命与德行辩证统一于一体，必同时兼具，方可凭恃天命，统治万民。这个观点，实际上是中国数千年来王朝更替所共同遵循的理论基础。德，成为主导中国社会数千年而不变的核心理论支柱。仲虺认为，夏桀王昏德，亦即无德，所以，错误传导上天的旨意，欺骗世间众生，导致百姓生灵涂炭，民不聊生，这是一个有罪之人，天命被剥夺实属咎由自取；而商汤王不同，德行高尚，可作万邦之表率，因此，得承大禹之天命，上天也愿意帮助和支持商汤王。那么，商汤王的品德哪些是得到了上天的肯定呢？仲虺分析说，一是不贪图女色，远离声色犬马；二是不贪图钱财，治国以公利为先；三是办事公道，德行高尚的人授以厚爵，居功至伟之人必予厚赏；四是严格自律，采用别人的谏言如同自己的意见一样，改正自己的错误从来都务求彻底而不遮遮掩掩；五是仁慈宽厚，以信为本，万民信仰。“克宽克仁，彰信兆民”，这是非常值得关注的一个事关社会治理的新思想。除了宽厚仁慈，还在亿万民众中彰扬信的品德，提倡说到做到，言必行，行必果，这是两千五百年前中国先贤了不起的一个大智慧。商汤王在汤誓中所说的：“尔无不信，朕不食言。”虽然语出朴素，确是维系社会稳定和人际关系的重要基石。仲虺因此将其列入上天将天命授予商汤王的重要理由之一，并以此宽慰商汤王，天命归有德之人，而你正是因为具备了承接天命所必备的品备，所以才获得了革去夏命、流放夏王的巨大成功。一切都是天意，一切都是天命，何惭之有？

在充分肯定了商汤王革去夏命、取而代之的正当性之后，仲虺也向商汤王提出："德日新，万邦惟怀；志自满，九族乃离。"也即德行修炼是一个长期动态的过程，只有不断地坚持修行，保持良好的品德，万邦才会臣服；如果意得志满，躺在功劳簿上睡大觉，那么，很有可能会众叛亲离，重蹈夏桀王的旧辙。仲虺鼓励商汤王要继续努力地弘扬美德，在万民中推行美德，以义来仲裁人的行为，以礼来引导人们的内心，从而让后世子孙万代享受先王的成果。谨慎地对待事情的结束，就像谨慎地开启事物的先端一样。慎终如始，提倡栽培符合礼的言行；消灭清除昏庸无德的暴虐之举。只有一直尊崇遵行天道，才会一直得享天命，成就万世伟业。

或许是受仲虺、伊尹等重臣的影响，或许是商汤王在自己的革命实践中切身领悟，商汤王将"德日新"当作自己的座右铭，日日提醒自己加强品德修养，不要重蹈夏王朝的旧辙。商汤王甚至将"苟日新，日日新．又日新"这一格言，铭刻在自己每天要用的洗澡用具上，以便时刻提醒自己加强反省，不断磨砺品德。作为一代开国君主，商汤王的自律精神令人钦敬，但他的后世子孙，显然无法领悟先祖的良苦用心。到了太甲时代，承业帝王的劣根性，在这位新王的身上又表露出来。

太甲是商汤王的长孙。商汤王驾崩后，其所立的太子太丁还没有上位，即死去；于是，太丁的弟弟外丙被推上帝位，是为帝外丙；帝外丙只在位三年，就不幸驾崩；外丙的弟弟中壬被推上帝位，是为帝中壬；帝中壬即位只干了四年，又驾崩，伊尹于是立太丁的儿子太甲即位。据《史记·殷本纪》载：

> 帝太甲既立三年，不明，暴虐，不遵汤法，乱德，于是伊尹放之于桐宫。三年，伊尹摄行政当国，以朝诸侯。帝太甲居桐宫三年，悔过自责，反善，于是伊尹乃迎帝太甲而授之政。帝太甲修德，诸侯咸归殷，百姓以宁。伊尹嘉之，乃作太甲训三篇，褒帝太甲，称太宗。

帝太甲即位三年，即因为“暴虐”“乱德”，被伊尹发配流放至桐宫。太甲乱德，是修德艰难的真实反映。贪图享受，好逸恶劳是人的本性，它与勤俭克己、夙兴夜寐的付出，从来都是相矛盾的，也是很难合二为一的。没有经历过艰苦创业，没有体验过民间疾苦，让一个生活在蜜糖罐里的少年，做到像先王一样德行俱佳，谈何容易。伊尹发配太甲至桐宫，应该是万般无奈之举。桐宫是商汤王陵墓所在地，伊尹将太甲王发配于此，实际上有让其反省、面壁思过之意。所幸帝太甲不负众望，反省成功。他在先祖的坟墓旁悔过自新，重新修德如故，伊尹于是将其迎回朝堂，归还朝政。并对他进行表扬，称其为商太宗。在将帝太甲发配至桐宫前，伊尹作太甲训上篇，语气恳切地写道：

> 先王顾諟天之明命，以承上下神祇。社稷宗庙，罔不祗肃。天监厥德，用集大命，抚绥万方……惟尹躬先见于西邑夏，自周有终，相亦惟终；其后嗣王罔克有终，相亦罔终，嗣王戒哉！祗尔厥辟，辟不辟，忝厥祖。(《尚书·太甲上》)

伊尹劝太甲，少不了要提太甲先祖商汤王之事。在这篇太甲训中，伊尹称商汤王非常尊崇上天的天命，对上天的神灵，宗庙社稷里的先祖，无不敬奉有加，正是因为有了这些德行，上天将统治天下的大命授予了汤王。伊尹曾在夏王朝生活过，又辅佐商汤王灭掉夏朝。因此，对于商革夏命，有着切身的体会。他痛切地指出，君王能够保持对天命忠信的品行，有始有终，他的臣子百姓也会得到善终，有一个好的命运；继承天子大位的后世君王不能忠信如故，自然就不会得到善终，他的臣民百姓自然也不会得到善终。身为天子，对此一定要高度警惕呀。要恭敬对待天子之位，君王不像君王，只会辱没祖先英名。伊尹在这篇太甲训中引用了“周”的概念，周，意即忠信。孔子后来有《论语·为政》中说：“君子周而不比，小人比而不周。”即用的是忠信之意。意即君子往往是讲忠信的，不会结党营私，小人恰好相反。伊尹的训诫，再次凸显了古代先贤对忠信的重视。

信，是古代先贤提出的君王必须具备的优秀德行之一。有信则立，无信则不立。这一准则随着社会剧变，渐渐成为君子、有德行的人共同遵循，因此，也就成了成功立业者的标配素质。有此，则功德圆满，无此，则功败业亡。对于包含信在内的“德”的价值，周公在给周武王之子周成王的《尚书·召诰》中做了非常中肯的说明：

> 我不可不监于有夏，亦不可不监于有殷。我不敢知曰，有夏服天命，惟有历年；我不敢知曰，不其延。惟不敬厥德，乃早坠厥命。我不敢知曰，有殷受天命，惟有历年；我不敢知曰，不其延。惟不敬厥德，乃早坠厥命。今王嗣受厥命，我亦惟兹二国命，嗣若功。

周公与伊尹一样，都是辅佐君王成就惊天伟业的功臣。伊尹辅佐商汤王推翻了夏王朝的统治，建立了商王朝；周公旦辅佐周武王提供推翻了商王朝的统治，建立了周王朝。正是在血雨腥风的革命斗争中，两位先哲意识到了德治的重要性。他们强烈地意识到，有德，就会有天命，就会得到上天的眷顾、帮助和支持，就可维持自己统治；无德，就会失掉天命，就会被上天抛弃，就会失道寡助，就会国破人亡。从他们写给继位新君王的诰书中，后世的人们可以清晰地看到先贤们的良苦用心。周公在《召诰》的语气就非常恳切。他说：“我们不可以不以夏朝为鉴，也不可以不以殷朝为鉴。我不知道夏王朝接受天命后，能维持长久时间；也不知道它何时将会败亡；但我知道他们是因为不敬重德行，才早早失去了天命，国破人亡；我不知道商王朝接受天命后，能维持多久时间；也不知道它何时将会败亡；但我知道他们也是因为不敬重德行，才早早失去了天命，国破人亡。现在成王接受了大命，一定要思考这两个王朝的命运，将天命能长久地继承下去。”

信，作为上古传承下来的优秀德行之一，从它的诞生之日起，就具备了非同寻常的力量，后世的哲人们不断演绎它的内涵和外延，让人们对信有了更深刻的认知。信之道，也成为人们修身立命的重要法则，开始发挥越来越重要的作用。

二、自古皆有死，民无信不立

在商汤王、周武王、伊尹、仲虺、周公等一大批先贤的身体力行、大力推动下，沿着德治的轨道，中华民族开始波浪式向前发展。注重德治的，政兴人旺；抛弃德治的，政息人亡。历史反反复复，很快就来到了春秋时期。一代宗师孔子的出现，让人们对信之道有了更深一层的认知。

孔子是将中华民族集体性格打上“信”的特征的重要思想家之一。孔子对信的阐释和解读，加深了当时和后来人们对信的理解；孔子对信的传播和推广，则直接将信的理念融入了中华民族的血液基因之中。数千年来，中华民族奉行做人要讲信用，做事要讲信用，无信则不立。信之道，成为中华民族共同遵守的行为准则，成为中华文明屹立世界文明之林数千年不倒的重要根基。

孔子学识渊博，多才多艺，但他平日里只教弟子四项主要内容，其中一项即为“信”。《论语·述而》载：

子以四教：文、行、忠、信。

孔子在《论语》中多次谈及信，从而让信的内涵和外延都丰富了许多，孔子的诚信思想，也成为儒家思想的重要组成部分之一，深深影响着中国人的精神世界。

《说文解字》称“信”，诚也，从人从言。也就是说，信者，人言是也。人说出的话，诚实，不欺，这是信的本义，由诚实不欺，延伸到说到做到，讲信用，这是信的内涵进一步丰富，诚实不欺，说到做到，讲信用，这也是孔子对信的最基本定义。

《论语》开篇第四段话，即通过曾子的话，引出了对信的认知：

曾子曰："吾日三省吾身。为人谋而不忠乎？与朋友交而不信乎？传不习乎？"

曾子提出每天都要多次反省自己，是否做到了三件事，第一件事是否竭尽心力为他人出谋划策、全心全意做事？第二件事是在与朋友交往的过程中，是否做到了诚实不欺、说到做到、讲信用？第三件事是老师教的学问是否温习并一一践行？

曾子姓曾名参，是孔子的得意门生，以孝著名，据说曾撰写了千古流传的《孝经》。曾参对信的解读，实际上是老师孔子思想的真实反映。孔子要求弟子以信立身。在《学而》篇中，他这样说：

子曰："弟子入则孝，出则弟，谨而信，泛爱众，而亲仁，行有余力，则以学文。"

孔子在这里所说的"信"，亦即曾子所理解的"信"，诚实不欺、说到做到、讲信用、言而有信。为了让弟子们对信有一个更形象的了解，孔子甚至还做了形象比喻。在《为政》篇中，他这样说：

子曰："人而无信，不知其可也。大车无輗（ní），小车无軏（yuè），其何以行之哉？"

孔子认为，一个人如果言而无信，不讲信用，那就不知道这个人还能干成什么事情了。实际上，在孔子眼里，一个不讲信用的人，实际上只能是一事无成，在社会上没有任何价值。他以车作比。古代车辆，大小车皆有辕，辕端接一横木，横木在大车名为鬲，小车名为衡。辕端与横木的衔接，靠一金属贯穿物来完成，此物大车称輗，小车称軏，物件虽然小，但辕与横木离开它就无法形成整体，也无法为牛、马牵引车体提供支持。换句话说，离开了"輗"与"軏"，不论牛车还是马车，全都成为无用废弃之车，无法正常使用。孔子眼里，"信"就如同"輗"与"軏"，车无"輗"与"軏"无法行动，人无信也必将一事无成。在《泰伯》篇中，孔子再次表达了对无信之人的厌恶：

子曰："狂而不直，侗（tóng）而不愿，悾（kōng）悾而不信，吾不知之矣。"

孔子认为，狂妄而不正直，无知而不谨慎，表面上老实却不守信用，这都是不足取的，所以，"吾不知之矣"，即我真不知道为什么还会有这样的人。孔子将"不信"与不正直、不谨慎等恶劣行径并提，失望与痛心的感觉溢于言表，足可见他对信的品行的重视。

受孔子的影响，孔子的弟子对信的品行也都非常在意。《论语》中记录了子夏对信的论述：

子夏曰："贤贤易色；事父母，能竭其力；事君，能致其身；与朋友交，言而有信。虽曰未学，吾必谓之学矣。"

子夏是孔子弟子中富有创新思想的佼佼者，"仕而优则学，学而优则仕"的思想就是他提出来的。孔子去世后，他前往魏国传播孔子思想，战国时期著名改革家李悝、吴起均是他的弟子，魏文侯还尊称他为师傅。子夏认为，尊崇贤德之人，轻视美色；竭尽心力对父母尽教；全心全意侍奉君王；与朋友交往言而有信，这都是非常值得肯定的美德。有了这样的品德，虽然他谦虚地说自己没有学问，我也会认为他是真正有学问的人。信的价值，子夏给予了充分的肯定。从另一个角度，也说明了守信之不易。

孔子的弟子都是守信的好榜样。在中国文化中广泛传播的曾参杀猪的故事，就充分证明了这一点。《韩非子·外储说左上》记载了这则故事：

曾子之妻之市，其子随之而泣。其母曰："女还，顾反为女杀彘。"妻适市来，曾子欲捕彘杀之。妻止之曰："特与婴儿戏耳。"曾子曰："婴儿非与戏也。婴儿非有知也，待父母而学者也，听父母之教。今子欺之，是教子欺也。母欺子，子而不信其母，非所以成教也。"遂烹彘也。

曾参的妻子要去集市，孩子跟在后面哭哭泣泣。曾妻就哄孩子说：你先回家，等我回来了就给你杀猪，让你吃肉。等曾妻回来了，曾参就提刀准备杀猪。曾妻阻止说，这是和孩子开个玩笑。曾参严肃地说，孩子虽小，啥都不懂，但他会跟着父母学样，听从父母的教诲。今天你欺骗了孩子，实际上就是在教孩子学会欺骗。母亲欺骗孩子，孩子就不会再相信母亲，这可不是教孩子的正确方法。曾参最后还是把猪杀了，也为中华民族留下了一段言而有信、做人要讲信用的千古佳话。

孔子认为，信，是人际交往的通行证，有信之人，畅行天下；无信之人，举步维艰。孔子与弟子子张曾围绕“行”这个话题有过交谈。《论语·卫灵公》记载说：

> 子张问行。子曰：“言忠信，行笃敬，虽蛮貊之邦行矣；言不忠信，行不笃敬，虽州里行乎哉？立则见其参于前也；在舆则见其倚于衡也，夫然后行。”子张书诸绅。

子张是孔子晚年所收弟子，他比孔子小48岁，但却是孔门弟子中成就最为卓著的一位弟子。韩非子在《显学》篇中曾肯定子张的成就：

> 世之显学，儒、墨也。儒之所至，孔丘也。墨之所至，墨翟也。自孔子之死也，有子张之儒，有子思之儒，有颜氏之儒，有孟氏之儒，有漆雕氏之儒，有仲良氏之儒，有孙氏之儒，有乐正氏之儒。

韩非子认为，孔子去世后，儒门有八支代表人物，其中首当其冲的，就是子张之儒，可见子张对孔子学问继承之丰厚。孔子一生主教四门学问，对于“行”，很少专门谈及，所以，子张的提问就非常有价值。子张向孔子请教，行的内涵，如何做事才能“行得通”，用通俗的话说，如何才能“吃得开”。孔子耐心地告诉他，说话要讲究忠信，做事要专心致志，做到了这两条，就是到了蛮荒之地，也能畅行无阻；说话不讲忠信，做事三心二意，即使在人人面熟的乡里，也都无法行得通。站立的时候，忠信笃敬这四个字，如立在眼前；乘车的时候，忠信笃敬这四个字如写在车辕的横木上，总这样去思去做，自然说话办事，在哪里都行得通。子张对老师的话深信不疑，于是，将这四个字写在腰带上，随时提醒自己照做。

孔子还把讲信用提到了“仁”的高度，他认为这是一种仁德。在和子张讨论“仁”时，孔子提到了信：

> 子张问仁于孔子。孔子曰：“能行五者于天下为仁矣。”请问之。曰：“恭、宽、信、敏、惠。恭则不侮，宽则得众，信则人任焉，敏则有功，惠则足以使人。”（《论语·阳货》）

子张向孔子请教何为“仁”。孔子回答说：“能够在天下践行五种品德，就可以称得上仁了。”子张继续求教说：“请详解这五种品德。”孔子说：“恭敬、宽厚、信用、勤敏、慈惠。对人恭敬就不致遭受侮辱，宽厚就会得到众人爱戴，讲信用就能得到别人信任，勤敏就会建功立业，慈惠就能够让人听命于己。”“仁”是孔子创立的儒家学说的基础，也是核心内容。信被列入仁的序列之一，足见孔子对讲信用问题的看重。

孔子教育他的弟子和后世人们，要把讲信用作为交友原则之一。在《论语·季氏》篇中，孔子这样说：

> 孔子曰：“益者三友，损者三友。友直，友谅，友多闻，益矣。友便辟，友善柔，友便佞，损矣。”

孔子认为，交朋友要交三种人，一种是正直之人，一种是讲信用之人，一种是学识渊博之人，此处“谅”，即讲信用之义。同时，也有三种人不可交：一种是喜欢奉承之人，一种是谄媚喜欢看脸色之人，一种是巧言善辩之人。三益三损，这些交友智慧，至今仍是中国人的重要交友准则。在《论语·学而》篇及《论语·子罕》篇中，孔子再次谈到这个问题：

> 子曰：“君子不重则不威，学则不固。主忠信。无友不如己者；过则勿惮改。”

子曰："主忠信，毋友不如己者，过则勿惮改。"

孔子认为君子应庄重严谨，在交友方面，应结交讲忠信的朋友，按照道不同不相为谋的原则，不要结交那些理想志趣不同的朋友，有了过错应该及时努力地去改正。

孔子为何一而再、再而三地强调诚实不欺、言而有信、讲信用？这主要来源于孔子对于信的又一层解读，那就是信，也意味着信任。信任是建立在讲信用的基础上的，而没有信任，什么事情都别想做成。这一点，对于治国理政来说，尤为关键。在弟子子贡问及这一问题时，孔子的解答影响深远，《论语·颜渊》载：

子贡问政。子曰："足食，足兵，民信之矣。"子贡曰："必不得已而去，于斯三者何先？"曰："去兵。"子贡曰："必不得已而去，于斯二者何先？"曰："去食。自古皆有死，民无信不立。"

子贡复姓端木，名赐，子贡是他的字。他对孔子的学说领悟得很深，在孔子去世后传播孔学方面，他的贡献尤其突出。司马迁在《史记·货殖列传》中曾这样记载："夫使孔子名布扬于天下者，子贡先后之也。"此处"先后"有辅助、协助、帮助之意，也就是说，孔子大名后世广为传播，子贡是发挥了巨大作用的。这一点，从孔子和他的师徒感情中也可以看出。孔子即将离世时，最想念的弟子就是子贡。所以，当子贡得到老师病重消息急匆匆赶回来时，孔子感叹地说："赐啊，你怎么现在才来呀？"（"赐，汝来何其晚也？"《史记·孔子世家》）这一句话，将孔子唯恐离世前见不到爱徒的心思，表现得淋漓尽致。子贡确实没有辜负老师的厚爱，后来为传播孔学做出了杰出贡献。

子贡聪慧，所以，问的问题也非常尖锐、深刻。他向孔子请教如何治理好一个国家，孔子说，做好三件事就可以了，一件是准备好充足的粮食，一件是准备好足够的武力，一件是取得百姓的信任。子贡问，如果迫不得已去掉一件，应该去掉哪一件？孔子回答说，去掉武备。子贡又问，余下两件中，迫不得已还要去掉一件，去掉哪件？孔子回答说，去掉粮食。自古以来死人的事总是难免的，失掉了老百姓的信用，国家也就不复存在了。自古以来，民以食为天，但对于国家治理来说，民众对执政者的信任，远比粮食重要，因为没有了信任，即使民众活着，国家也难逃灭亡的命运。因此，在活着还是信任之间，孔子毫不犹豫地选择了后者。孔子的选择和他的以信立身的思想前后一致，对于一个人来说，没有了信用，就会一事无成，就失去了存在的价值；对于一个国家来说，对老百姓失去了信用，同样也会难以立国，同样也会一事无成。

得到一个人的信任，绝非轻松之事，因此，孔子才会把“朋友信之”作为自己的人生理想之一。有一次，孔子在和弟子颜渊、季路闲聊时，提到了自己的人生理想：

> 颜渊、季路侍。子曰：“盍各言尔志。”子路曰：“愿车马，衣轻裘，与朋友共，敝之而无憾。”颜渊曰：“愿无伐善，无施劳。”子路曰：“愿闻子之志。”子曰：“老者安之，朋友信之，少者怀之。”（《论语·公冶长》）

这大概是孔子与弟子一次非常难得的轻松的心灵交流之旅。孔子请颜渊、子路说说各自的志向。子路表示愿意将自己的车马、衣服、皮袍，与朋友共同享用，用坏了也不抱怨。颜渊表示愿意不夸耀自己的长处，不表白自己的功劳，做个低调的为人处世之人。问到孔子，孔子说，我的理想是让年老的人能安享晚年，让朋友们之间能互相信任，让年轻的子弟们能得到关怀。“朋友信之”，正是因为信任不是一件能轻易得到的东西，所以，孔子才时时刻刻都在惦念着它。

强调说到做到，言而有信，讲信用，绝不意味着盲目地“愚信”。任何承诺，在做出时必有其特定的背景、语境，如果一味强调讲信用，强调言而有信，强调说到做到，这就违背了讲信用的出发点，显然不是孔子所想强调的实现信的目的。孔子为此引入了一个“义”的概念，即讲信用，言而有信，是以义为前提条件的，没有义的信，实为盲信，并不足取。这个问题，孔子在与子贡交流时提了出来，《论语·子路》载：

子贡问曰："何如斯可谓之士矣？"子曰："行己有耻，使于四方，不辱君命，可谓士矣。"曰："敢问其次。"曰："宗族称孝焉，乡党称弟焉。"曰："敢问其次。"曰："言必信，行必果，硁硁然小人哉！抑亦可以为次矣。"曰："今之从政者何如？"子曰："噫！斗筲之人，何足算也？"

士在周代贵族中，属于级别最低的，后来，士也成为古代社会知识分子的通称。子贡请教孔子如何才是一个合格的"士"，孔子回答说：自己做事时知道何为羞耻，也就是能严格自律，代表君王出使他国能不辱使命，这样就可以算作"士"了。因为这是从国家层面而言的，子贡就问再下一层的士是什么样子，孔子回答说：家族的人称其为孝子，乡亲们称其会照顾兄弟，这也可以算作是"士"。再下一层，言必信，行必果，坚持不懈，不知变通，做事像石头一样坚硬，这也可以算作是"士"，但这是小人之士，并不是孔子所提倡的士。但这样的"小人"之士，比起那些当政者要强很多，孔子认为当时的当政者学识浅陋、气量狭小，是"斗筲"之人，根本算不得士。

变通的标准是以"义"为准则，孔子的弟子对此进行了更深一层的解读：

有子曰："信近于义，言可复也；恭近于礼，远耻辱也；因不失其亲，亦可宗也。"(《论语·学而》)

有子名若，是孔子七十二贤弟子之一。有子对孔子提出的信，做了自己的解读。他认为，守信与恭敬都是美德，但分别要用"义"和"礼"来规范。信，在符合义的情况下，可以践行，即可以言而有信，可以讲信用；恭敬要符合礼的规范，才不会沦为虚伪、谄媚，也才能远离低声下气的耻辱。孔子所言的小人强调"言必信，行必果"，只是因为他们盲目地追求讲信用，不知道用义这把尺子来做衡量。有子对孔子的思想应该理解得更为准确、透彻。近两百年后，再谈到信的话题，孟子直接给予清晰判定：

孟子曰："大人者，言不必信，行不必果，惟义所在。"(《孟

子·离娄下》)

孟子把讲信用的前提，设定为符合义，所以他强调：善于变通的明智之人，说话并不必须句句都要讲信用，做事不一定件件都要有结果，只有在符合义的情况下，言而有信，行而有果，才是必须遵守的原则。孟子的一锤定音，将讲信用的内涵和外延又往前延伸了一步，也更符合孔子追求信的本心，它也使得中华民族的信的理念更加丰富、更加具有可传承性。

讲信用，是一种美德，更是一种为人处世的智慧，因为只有讲信用，才可以获得别人的信任，而正是这种信任，才是做成事情、成就伟业的基础。孔子在这一思想，被他的弟子子夏深刻领悟，子夏为此留下对信的另一个解读：

子夏曰："君子信而后劳其民；未信，则以为厉己也；信而后谏，未信，则以为谤己也。"(《论语·子张》)

子夏认为，一个英明的君主，一定要在取得百姓的信任之后，才可以动员百姓去劳作；如果没有得到百姓的信任，百姓们会以为这是君主在虐待自己；为君主提供谏议，也一定要在取得君主信任后进行，如果没有得到君主的信任就贸然进谏，会被君主当作诽谤而自取其辱。子夏的这一结论，为人们如何进行成功沟通提供了一个重要的方向，也提供了一个智慧的选择。那就是，没有信任，就不会有成功的沟通，没有信任，也往往得不到圆满的结果。信任的作用是如此重要，离开它，人不立，事不成，国不兴。

三、信近乎义

如果理论只停留在纸面上，那么，随着时间的推移，这样的理论如风吹过，不会留下任何痕迹，相反，如果理论一旦被反复应用于生动的实践，那么，随着时间的推移，它将转化为巨大的力量，助推人们从成功走向成功。理论一旦走下神坛，融入人们的生活，它不但可以改变个人的命运，甚至可以改变历史前进的方向。

公元前403年，晋国分裂，韩、赵、魏三家获得周威烈王正式承认，与晋侯并列为诸侯，中国的历史在这一年正式进入战国时代。宋代史学家司马光所编撰的《资治通鉴》，开篇记载的第一件事即是“初命晋大夫魏斯、赵籍、韩虔为诸侯”。这里的魏斯，即战国时期魏国的第一位开国国君。

战国时期绵延了200余年，其中最强大的诸侯国之一，魏国当属其一。魏国的强大，与魏文侯干系甚大。魏文侯在位50年，其中最大的贡献就是对儒学的推广和践行。魏文侯推广儒学，首先瞄准的就是提出“言而有信”思想的子夏。子夏作为孔子的弟子，在战国初期声名显赫。由于他当时已是百岁老人，早已不亲自授课，再加上子夏因为老年丧子，哭瞎了眼睛，因此，延请子夏绝非易事。但魏文侯亲自登门拜子夏为师，给了子夏孔子都没有享受过的帝王师待遇，子夏深受感动，终于出山，并坐镇西河，推动形成了著名的西河学派。华夏文化的中心由此转移到了魏国。

在西河，子夏的门生段干木引人注目。段干木早年曾浪迹于市井，后拜子夏为师，成长为时人敬仰的大儒。魏文侯的弟弟魏成子，知道段干木有经天纬地的雄才大略，就极力向魏文侯推荐。魏文侯月夜登门拜请段干木出任宰相，段干木以“不为臣不见诸侯”为由，越墙逃避。这段历史，《孟子·滕文公》中曾有记载。当时公孙丑问：“不见诸侯何义？”孟子回答说：“古者不为臣不见。段干木逾垣而避之，泄柳闭门而不内，是皆已甚。迫，斯可以见矣。”这说明段干木拒见魏文侯的故事并非空穴来风，在当时应该已经广为人知。

但魏文侯并没有因此而放弃。《淮南子·修务训》中详细记载了魏文侯请段干木出山的经过：

> 段干木辞禄而处家，魏文侯过其闾而轼之。其仆曰：“君何为轼？”文侯曰：“段干木在，是以轼。”其仆曰：“段干木布衣之士，君轼其闾，不已甚乎？”文侯曰：“段干木不趋势利，怀君子之道，隐处穷巷，声施千里，寡人敢勿轼乎！段干木光于德，寡人光于势；段干木富于义，寡人富于财。势不若德尊，财不若义高。干木虽以

己易寡人不为。吾日悠惭于影，子何以轻之哉！”其后秦将起兵伐魏，司马庾谏曰：“段干木贤者，其君礼之，天下莫不知，诸侯莫不闻，举兵伐之，无乃妨于义乎！”于是秦乃偃兵，辍不攻魏。

在这段生动的记载中，魏文侯的尊贤敬贤之情可谓真挚动人。段干木不出山，隐居在家，魏文侯每次都特意乘车，绕路经过段干木居住的里巷。每至里巷门外，总要站立起来，扶着车前横木，目视段干木居住的方向致敬。文侯的仆人不解，认为身为国君，文侯这样做有点过分。魏文侯回答说：“段干木不趋炎附势，胸怀君子之道，隐居在穷乡僻壤，名声却传遍天下，我怎么敢不起立扶轼以示敬意呢？段干木因德行扬名，我靠君王的权势显赫；段干木义识丰厚，我富有的不过是财物。权势没有德行高贵，财物比不上义识高洁。段干木不愿德行道义来换我的权势财物，这是我每次都会闷闷不乐对着自己的影子而忧思惭愧的，你怎么能轻视他呢？”这位仆人后来终于理解了魏文侯的深谋远虑。在段干木接受了魏文侯的拜请，做了魏国的宰相后，秦国打算兴兵攻打魏国，秦王的臣下司马庾马上进谏说：“段干木贤名远播，魏文侯以礼相待，全天下没有人不知道此事的，诸侯们也没有不知道此事的，如果我们发动军队去攻打魏国，是不是从道义上说不过去？”秦王于是息兵，战争就此避免。中华文化中从此多了一个成语“干木富义”，义的力量能让战争走开。

“信近乎义”。魏文侯对义的尊崇，并不是只停留在纸面上，而是以身作则，切实践行。千古传颂的魏文侯冒雨赴约的故事，正是他践行“言必有信”理念的写照。《战国策·文侯与虞人期猎》篇，记载了这则简短的故事：

文侯与虞人期猎。是日，饮酒乐，天雨。文侯将出，左右曰：“今日饮酒乐，天又雨，公将焉之？”文侯曰：“吾与虞人期猎，虽乐，岂可不一会期哉！”乃往，身自罢之。魏于是乎始强。

虞人，是自周王朝开始后，各国设立的专门管理山泽湖泊、狩猎捕鱼之类的官员。魏文侯与虞人约定日期去打猎。到了约定的日期，魏文侯和臣下们饮酒欢宴。适逢天降大雨，魏文侯决定停下酒宴，去见虞人。左右侍从劝道：今天喝酒如此尽兴，天又下大雨，大王这是要去哪里呀？魏文侯说："我与虞人约定日期打猎，虽然饮酒高兴，但哪能不讲信用爽约呀。"于是，亲自出发见到虞人，当面取消了打猎的约定。国人感念魏文侯是个讲信用的君王，对他愈发信任。"魏于是乎始强"，也即说魏国从此开始强大了起来。

魏文侯与虞人相约的故事，应该在当时传播的也非常广泛。《韩非子·外储说左上》也记载了这一故事：

> 魏文侯与虞人期猎。明日，会天疾风，左右止，文侯不听，曰："不可以风疾之故而失信，吾不为也。"遂自驱车往，犯风而罢虞人。

故事的主人公和内容都没有变化，唯一变的是大雨天改成了大风天。魏文侯强调的是"不可以风疾之故而失信，吾不为也。"，即如果因为风大的缘故而不讲信用，这是我无法去做的。魏文侯对以信立身的信仰由此可见一斑。

魏文侯与虞人期猎的故事，之所以在当时就广泛传播，说明言而有信、讲信用等理念，已经基本成为社会共识，人们需要用这样的故事来强化信的作用，来动员更多的人践行信的理念。中华民族的集体性格并非一日形成，而完全是来源于这一点一滴的具体行动的推动。

韩非子非常在意信用的作用，所以，他在《韩非子·外储说左上》中，记载了多则关于信用的故事，其中一则是关于晋文公的。

晋文公攻打原国，准备了十天的军粮，大概因为士兵们都是贵族士大夫们拼凑起来的，晋文公遂与国内士大夫约定十日即归。到了原国，战争没有预想的那么顺利，用了十天时间，没有攻下原国。晋文公于是下令鸣金退兵回国。有从原国跑出来的士人告诉晋文公："原国已经快没有粮食了，不出三天，肯定攻下。"左右群臣也都劝谏晋文公，再攻三天，拿下原国再返。晋文公说："吾与士期十日，不去，是亡吾信也。得原失信，吾不为也。"大意即我与国内的士大夫们约定了十天时间，时间到了仍没有回国，这是失去了我的信用。为了得到原国而失去信用，这不是我会做的事。最后还是罢兵而去。原国的人听到这样的消息，都说："有如此讲信用的国君，我们何妨归降于他？"于是都纷纷投奔了晋国。邻国卫国的人听说了此事，也表示说："有如此讲信用的国君，我们何妨归降于他？"卫国的人也都纷纷投奔了晋国。孔子记下此事后表态说："攻原得卫者，信也。"即称晋国攻打原国，不但得了原国，还得了卫国，所凭借的，正是信用。《韩非子·外储说左上》还记录了一段晋文公与大臣箕郑的对话：

> 文公问箕郑曰："救饿奈何？"对曰："信。"公曰："安信？"曰："信名，信事，信义。信名则群臣守职，善恶不逾，百事不怠；信事则不失天时，百姓不逾；信义则近亲劝勉，而远者归之矣。"

晋文公问大臣箕郑如何解决穷困饥饿问题，箕郑回答说要靠信用，晋文公问他如何使用信用，郑箕回答说，信名，信事，信义。所谓信名，就是在对待名分官位上讲信用，赏罚分明，群臣就会竭尽忠诚，卖力办事；所谓信事，就是应天时做事，春夏秋冬，依节令开展农时活动，引导百姓不偷懒误工；所谓信义，就是依礼依规办事，劝勉身边亲近的人，让远方的人受感化而归。郑箕的解释，其实还是在强调用讲信用强化信任，有了信任，全国上下才能团结一心，任何困难都会克服。

言而有信，不但可以让战争获得胜利，还可以推进改革事业的顺利进行。《史记·商君列传》中，记载了商鞅为变法而"立木为信"的故事：

> 令既具，未布，恐民之不信已，乃立三丈之木于国都市南门，募民有能徙置北门者予十金。民怪之，莫敢徙。复曰："能徙者予五十金"。有一人徙之，辄予五十金，以明不欺。卒下令。

商鞅将变法的法令准备好后，迟迟没有公布，主要担心是老百姓不相信这些法令会得到执行。为了解决信任问题，商鞅在国都南门外，立了一根高约三丈的木头，与民众立约，但凡有将木头搬至北门者，赏十两黄金。百姓感觉很诧异，没有人上前搬木头。商鞅再次发布命令，愿意将木头搬至北门的，赏黄金五十两。有一人站了出来，将木头搬到了北门。商鞅当场授予其五十金，以表明诚实不欺，言而有信，说到做到。在获得百姓的信任后，商鞅这才颁布新法令，在全国推广，并一举取得了变法的成功。

四、赢得信任，方能赢得机会和成功

既然信任的作用是如此重要，能否运用好信之道，充分发挥信之作用，直接考验着人们做事的智慧。古代先哲们在实践中磨砺着信的利器，同时，也在一点点塑着中华民族讲信用的高贵品德，积累着以相信为前提的解决问题之智慧。

战国时期，群雄争霸。公元前308年，秦武王准备向韩国的宜阳发起攻击，以实现其控制中原、成就霸业的战略目标。宜阳是韩国的军事重镇，也是阻挡秦国东进最为重要的屏障。得宜阳，意味着秦国将扫除一统天下的最大障碍，失宜阳，意味着韩国将会亡国。因此，秦、韩两国的宜阳之战，实际上已成国运之战，任何一方都输不起。

秦武王选定甘茂作为率领秦军攻击宜阳的统帅。甘茂此时为秦国左丞相兼上将军，同时，也是与秦武王一样有抱负的人，进军宜阳也一直是他的主张。但他深知，手握重兵的将军一旦离开朝堂，各种猜忌和质疑将会如影随形，尤其是秦武王时年不过22岁，正是容易产生摇摆的年龄，如果得不到秦武王绝对的信任，那么，宜阳之战尚未开打，甘茂可能已先败于自己人之手。

据《战国策·秦策二》记载，甘茂在带兵出征前，向秦武王讲了这样一段话：

“昔者曾子处费，费人有与曾子同名族者而杀人，人告曾子母曰：‘曾参杀人。’曾子之母曰：‘吾子不杀人。’织自若。有顷焉，人又曰：‘曾参杀人。’其母尚织自若也。顷之，一人又告之曰：‘曾参杀人。’其母惧，投杼逾墙而走。夫以曾参之贤，与母之信也，而三人疑之，则慈母不能信也。今臣之贤不及曾子，而王之信臣，又未若曾子之母也，疑臣者不适三人，臣恐王为臣之投杼也。”王曰：“寡人不听也，请与子盟。”于是与之盟于息壤。果攻宜阳，五月而不能拔也。樗里疾、公孙衍二人在，争之王，王将听之，召甘茂而告之。甘茂对曰：“息壤在彼。”王曰：“有之。”因悉起兵，复使甘茂攻之，遂拔宜阳。

甘茂告诉秦武王，孔子的高徒曾参曾在费地居住。费地有个与曾参同名同族的人杀了人。有人赶紧跑去告诉曾参的母亲，说：“曾参杀人了。”曾参的母亲正在织布，她神情淡定地说：“我的儿子不会杀人。”说完这话，她织布如故。过了一会儿，又有一个人跑来说：“曾参杀人了。”曾参的母亲淡淡一笑，继续平静地织布。再过一会，第三个人跑来说：“曾参杀人了。”曾参的母亲终于感到害怕了，她扔掉手中织布用的梭子，翻过垣墙，仓皇出逃。甘茂分析说，像曾参这样贤名在外的人，他的母亲都能对他产生怀疑和不信任。现在我德能不如曾参，大王对我的信任也无法和曾参的母亲相信曾参那样，如此一来，我走后，非议我的人何止三人，我担心大王也会像曾母那样扔掉手中织布的梭子。甘茂的良苦用心，秦武王听得很明白。他说：“我不会轻信别人的议论，我愿与你订立盟约！”秦武王说到做到，和甘茂在息壤立约为誓。

事情果然如甘茂所预想的那样。秦军进攻宜阳，5个月也未能攻下，朝堂上，一些重量级大臣开始质疑甘茂的用兵之策，建议秦武王立即召回甘茂。秦武王果然听信，并派人告诉甘茂准备召回他的想法。甘茂听到后，对秦武王派来的使者说：“息壤就在那里！”意思是提醒秦武王不要忘了盟约之事。秦武王重新恢复了对甘茂的信任，动用全部兵力支援甘茂，让甘茂继续在前线指挥作战，秦军最后终于攻克了宜阳，取得了进军中原最关键的胜利。如果甘茂事先没有对秦武王会失去对自己信任的情形做出预判，从而采取了签订盟约的办法增强秦武王对自己信任，后果真的不堪设想。

时过境迁，信任也会发生变化。两年后，秦武王驾崩，秦昭王继位，一众被甘茂压制的大臣纷纷向秦昭王进献谗言，数说甘茂的罪过。甘茂自知大势已去，只好逃离秦国，意欲投奔齐国。在逃跑的路途中，甘茂遇到了正在秦、齐两国君王之间游说奔走的大纵横家苏秦。为了赢得苏秦的信任，甘茂给苏秦又讲起了故事。据《战国策·秦策二》记载：

> 甘茂亡秦，且之齐，出关遇苏子，曰："君闻夫江上之处女乎？"苏子曰："不闻。"曰："夫江上之处女，有家贫而无烛者，处女相与语，欲去之。家贫无烛者将去矣，谓处女曰：'妾以无烛，故常先至，扫室布席，何爱余明之照四壁者？幸以赐妾，何妨于处女？妾自以有益于处女，何为去我？'处女相语以为然而留之。今臣不肖，弃逐于秦而出关，愿为足下扫室布席，幸无我逐也。"苏子曰："善。请重公于齐。"

甘茂在出逃的过程中遇到苏秦，就问他是否听说过江上女子的故事。苏秦表示愿闻其详。甘茂告诉他，在江上，有许多女子晚上会聚集在一起做纺织或编织类的活计。干活用的照明蜡烛，由大家伙一起凑。其中有一个女子，因为家贫出不起蜡烛，众女子就商量要把她赶走。家贫无烛的女子走之前，对众女子说："我因为没有蜡烛，所以常常比其他人先到，到后又打扫屋子，又铺就席子。你们何必爱惜那照在四壁上一点点余光呢？如果将一点点余光恩赐给我，对你们又有什么妨碍损失呢？我自认为对你们大家还是有用的，为什么一定要赶走我呢？"女子们商量以后，认为她说得很有道理，就把她留下来了。甘茂借此故事，说明自己虽然被秦国赶离，但对苏秦还是有用之人，自己也愿意为苏秦打扫屋子，铺就席子，保求苏秦不要离弃自己。甘茂所讲的故事，情真意切，深深打动了苏秦。苏秦后来果然用他的三寸不烂之舌，说动齐国君主收留甘茂，并授予甘茂上卿之职。"借光"也成为中国人耳熟能详的日常用语，用于表达对他人有益对自己无损的行为的感谢。

想要说服他人，一定要先赢得他人的信任，诚如子夏所言："君子信而后劳其民；未信，则以为厉己也；信而后谏，未信，则以为谤己也。"这一点，在触龙说赵太后中，也得以验证。

公元前265年，战国诸雄之一的赵惠文王死，其子孝成王继位，因其年幼，由赵太后摄政。赵太后就是赵威后，她是赵惠文王的妻子，赵孝成王的母亲。新旧政权交接，秦国乘人之危，大举攻赵，一连拿下赵国三座城池。赵国形势危急。只能向齐国求援，联齐抗秦。齐国同意支持赵国，但提出的条件是要赵威后的小儿子长安君入齐国为人质，如此才肯出兵。赵太后溺爱长安君，坚决不肯答应齐国的要求。大臣们强谏，赵太后更加坚定信心，并表态说："有复言令长安君为质者，老妇必唾其面。"老太婆要把唾沫吐到劝谏者的脸上，此言可见赵太后的任性、霸道、决绝、说一不二的特征。劝谏赵太后改变主意，几乎是一件不可能的事。

智者的本色，正是在此刻才得以彰显。赵国大臣触龙深知国家已经命悬一线，必须说服赵太后答应齐国的请求才会改变时局。于是，他亲自出马面见赵太后。据《战国策·赵策四》记载，触龙见到赵太后，并没有直奔主题，而是先聊家常。问问赵太后的身体是否硬朗，吃饭是否有胃口，走路能走多少步，几句家常话唠下来，赵太后本来还气鼓鼓的，现在已经"色少解"，即不再那么盛怒了，气氛缓和下来了。

触龙提到了自己的幼子，15岁，希望他能穿上黑衣，做个宫廷侍卫。赵太后深有感触，就问触龙，大丈夫对幼子也会那么疼惜吗？触龙回答，比女人家有过之而无不及。赵太后终于笑了，说，还是女人疼爱自己的小儿子更甚一些。触龙不以为然，认为赵太后更偏心她的已经出嫁燕国的女儿燕后。赵太后说，这说法不对，自己还是更偏爱自己的小儿子长安君。触龙这才开始把话引入正题。他替赵太后分析说，赵太后在燕后出嫁时，握着女儿的脚后跟泣不成声，悲伤她的远去；女儿走后，赵太后每逢节庆，必替女儿祷告祈福，祝福的内容是：千万不要回娘家。这是希望燕后的子女能继承王位，子孙后代享福。这种忍一时别离之苦痛，放眼子女未来长远幸福的爱，才是真正的爱。赵太后这下听懂了，很自豪地说："然。"触龙接着分析，无功而居于尊位，无劳而享受厚禄，这都是灾祸到来的前兆。现在长安君出使齐国，正是为国建功立业的时候，这是为长安君将来继承君位打基础，也是为子女的长远做打算。赵太后为女儿做了长远打算，为长安君没有作长远打算，所以说，赵太后更偏爱女儿。这一番道理说下来，赵太后早已心服口服。最终，赵太后听从触龙劝谏，将长安君送入齐国为人质，一场迫在眉睫的国家危机就此化解。触龙说赵太后，是古代非常经典的成功沟通案例，这种建立在信任基础上的沟通，往往会取到意想不到的效果。

好人通过信任之智慧实现自己的目标，坏人也会以信任为手段实现自己的计谋。据《战国策·楚策四》记载，楚国君王新得了一位美人，宠幸有加，楚王的夫人郑袖非常忌妒。郑袖装作很喜欢这位新人，一切服饰珍玩，都挑最好的给新人送去；一切卧室的好用品，也都挑最适用的给新人送去。郑袖对这位新人的关爱，甚至超过了楚王自己。楚王感叹地说："女人都是有忌妒心的，这是人之常情。但郑袖知道我喜欢新人，她给予新人的爱远胜过我，这就好比孝子全心全意孝敬父亲，忠臣竭尽心智侍奉君王呀。"郑袖的行动，一举两得，既得到了新人的信任，又得到了楚王的信任。郑袖这才开始自己真正的铲除计划。她先是告诉新人，楚王非常喜爱你的美貌，但不喜欢你的鼻子。你要想继续得到楚王的欢心，下次见他时，一定要掩住鼻子。新人依计而行。见到楚王，先挡鼻子。楚王不解，就问郑袖。郑袖说："我知道原因。听这位新人说，这是因为她不愿意闻到君王身上的臭味。"此言一出，楚王大怒，他命人豁掉新人的鼻子，从此打入冷宫。一个美人就这样被莫须有的罪名剥夺了生存的权利，信任的反向杀伤力何其巨大。

战国时期法家的代表人物韩非子，对于信任与功成名就之间的关系，有着切肤之痛。他因为才华出众，见解独到，被秦王用武力手段，强行从韩国抢夺过来。但阴差阳错，未及见面，就被李斯等同门师弟构陷，从而失去秦王信任，被关进大牢，赐毒药而亡。没有信任，就不会以被重用，韩非子在自己的国家韩国已经切身感受到了。他曾举多个例子，说明信任与事情结果之间的关系。其中弥子瑕与卫灵公的事例颇为典型。

弥子瑕曾是卫灵公的宠臣。按照卫国有法令，私驾国君的车子要被处以砍脚的刑罚。有一次，弥子瑕的母亲病危，弥子瑕来不及禀告卫灵公，假托他的命令，直接驾着卫灵公的车子就回家探母了。卫灵公得知后，非但没有怪罪，还夸奖说："真是个孝子吧。为了看望母亲，连砍脚的刑罚都顾不上害怕了。"又一次，弥子瑕与卫灵公同游桃园，弥子瑕将咬了几口的桃子给卫灵公吃，卫灵公夸赞说："弥子瑕心中有我呀。喜欢吃的甜桃舍不得吃完，留给我吃。"但等弥子瑕失去了信任，卫灵公发怒说："这个人目无君主，他曾经偷用我的车子，还把吃剩的桃子给我吃，必须予以严惩。"韩非子感叹，弥子瑕的行为，当初与后来都没有变化，变化的是君王的信任，没有了信任，以前的美德反倒成了获罪的原因。

韩非子常用宋人疑邻的故事来讨论信任的问题。宋国有个富人，有一天，天降大雨，把他家的院墙冲垮了。富人的儿子说，快把院墙修好吧，要不然会有盗贼光顾。富人的邻居也说了同样的话。当天晚上，盗贼果然光顾，把富人家偷了个精光。但富人很赞赏自己的儿子聪明，有先见之明，怀疑邻居既然发现了问题，就极有可能乘虚而入。这也是信任与否而造成的。

韩非子在自己的名篇《说难》中深入地分析了这一现象：

> 凡说之难：在知所说之心，可以吾说当之。
>
> 所说出于为名高者也，而说之以厚利，则见下节而遇卑贱，必弃远矣。所说出于厚利者也，而说之以名高，则见无心而远事情，必不收矣。所说阴为厚利而显为名高者也，而说之以名高，则阳收其身而实疏之；说之以厚利，则阴用其言显弃其身矣。此不可不察也。

韩非子认为，大凡进说的困难，在于知道劝谏对象的心理，掌握了所说对象的心理，才可以有合适的方法来劝谏。劝说对象追求的名誉，用厚利去打动他，会因格调低下而被瞧不起，必然会被抛弃和疏远；进说对象想要厚利，用美誉去说服他就会因为做事不用心而被拒绝。韩非子此处强调了解劝说的心理后再去有针对性地劝说，是因为只有了解了劝说对象的心理，才可以获得对方的信任，韩非子强调，“此不可不察也”。

在没有得到信任的情况下，就贸然点破被劝说者的心事，这是非常危险的。韩非子在《说难》中进一步分析：

> 夫事以密成，语以泄败。未必其身泄之也，而语及所匿之事，如此者身危。彼显有所出事，而乃以成他故，说者不徒知所出而已矣，又知其所以为，如此者身危。规异事而当，知者揣之外而得之，事泄于外，必以为己也，如此者身危。周泽未渥也，而语极知，说行而有功，则德忘；说不行而有败，则见疑，如此者身危。
>
> ……夫旷日离久，而周泽既渥，深计而不疑，引争而不罪，则明割利害以致其功，直指是非以饰其身，以此相持，此说之成也。

事情因为保密工作做得好而成功，说话因为泄露了机密而导致失败。韩非子认为，真的是因为劝说者泄露了秘密而使自己身陷危局吗？并非如此，只是因为劝说者在未被信任的情况下，点破了被劝说者的心事，从而招致祸患。“周泽未渥”，指君王的恩泽和信任程度还不够深厚；“周泽既渥”，则指君王的恩泽和信任程度已经相当深厚。在前者情况下，如果进说者知无不言，言无不尽，必遭祸患；说辞成功了，君王不会认为这是劝谏者的功劳，一旦失败，则必然会追究劝谏者误导的责任。而在后者，即君王对劝说者充分信任的情况下，劝说者的深谋远虑，会被充分吸纳，对是非的争论不会被随意定罪，直截了当指出君王的过错也会被允许，如此关系，韩非子认为“此说之成也”。

韩非子的劝说之道，在鬼谷子的文章中也有体现。鬼谷子是战国时期纵横家的开创者，张仪、苏秦都是他的学生。也有传说战国时期的军事家孙膑和庞涓都曾拜师鬼谷子。战国纵横家的任务，就是要打开君王的内心世界，为君王出谋划策，解决难题。而要做到这一点，鬼谷子认为，必须懂得君王的所思所想，君王的情感世界，与君王在内心深处结下深厚感情，然后得到信任不离不弃，唯有如此，才可以得到重用，劝说会被采纳。在《鬼谷子·内揵》篇中，有这样一段内容：

> 君臣上下之事，有远而亲，近而疏；就之不用，去之反求；日进前而不御，遥闻声而相思。
>
> 事皆有内揵，素结本始。或结以道德，或结以党友，或结以财货，或结以采色。用其意，欲入则入，欲出则出；欲亲则亲，欲疏则疏；欲就则就；欲去则去；欲求则求，欲思则思。若蚨母之从子也；出无间，入无朕。独往独来，莫之能止。

鬼谷子认为，君臣上下之间的关系，有的离君主很远，关系却很亲近；有的就在君主身边，反而非常疏远。有的主动前来投奔而不被重用，有的离开了君主反被特意召回，天天在君主眼前晃悠而不得任用；远在天边的人君王反倒朝思暮想地希望他能到来。何故？鬼谷子分析说，万事皆有开关机巧，一定要从最根本的事情做起。那么，这个最根本的事情是什么？那就是通过与君主想法一致，而赢得君王的信任。不管是以道德结交，以友情结交，以财利结交，以美色结交，总之，只有结交了，掌握了君王的所思所想，了解了君王的情感世界，赢得了君王的认可和信任，自然就会“欲入则入，欲出则出；欲亲则亲，欲疏则疏；欲就则就；欲去则去；欲求则求，欲思则思。”这是一个何等自由的世界。顺其意，合于情，这些最朴素的语言，实际上都在强调一个道理，那就是赢得信任，才会赢得机会，才会赢得成功。古今中外，自有人类历史以来，概莫能外。

第六讲

谦之道：满招损，谦受益，时乃天道

谦之道，包括谦逊、恭敬、礼让、不争等内容，是中国人的基本人生态度之一，谦谦君子，如同绅士，为人所喜爱。谦受益，满招损。数千年来，谦逊，一直是中华民族最崇尚的美德之一。在中国人的性格特征中，谦虚有礼，尤为令人称道。

一、一谦四益

公元前约三千年前，推翻商王朝后新成立的西周王朝生机勃勃，但是，周王朝的创建者们夙兴夜寐，不敢有任何懈怠。商纣王暴虐臣下，残害万民，最后导致国破身死，成为千古耻辱。周革商命，改朝换代，如何凝固天命，不重蹈夏商亡国的覆辙？周王朝的创建者们提出以德续命，以德治世，谦待臣下和万民，就是其中的“德”之一。

周公旦，后世又被人称为周公，为周王朝革命成功立下卓越功勋。周王朝的开国君主周武王去世后，作为周武王的弟弟，周公殚精竭虑辅佐年幼的周成王，得到万民爱戴，并获得一块封地，是为鲁国，都城为曲阜。因周公需要留在周朝都城镐京辅佐周成王，就由其长子伯禽代其受封于鲁国，伯禽因此成了鲁国的第一任国君。送别长子伯禽赴任时，周公语重心长，为其送上“谦之道”。据《史记·鲁周公世家》载：

> 周公戒伯禽曰：“我文王之子，武王之弟，成王之叔父，我于天下亦不贱矣。然我一沐三捉发，一饭三吐哺，起以待士，犹恐失天下之贤人。子之鲁，慎无以国骄人。”

周公在此提醒长子伯禽，自己是周文王的儿子，是周武王的弟弟，周成王的叔父，身份不可为不高贵，绝对不是卑贱低微之辈。但就是以这样的尊贵身份，洗一次头，要多次握起湿发来见客，吃一顿饭，要多次吐出正在咀嚼的食物来会贤，之所以如此勤谨谦恭，主要是唯恐因自已的怠慢而失去了天下的贤能之人。伯禽你到了鲁国之后，千万不要因为拥有国土、身为国君而傲慢地对待臣下万民。“骄”与“谦”相对，周公实际上是在以自己为例，告诫伯禽，要用谦逊的态度来待人接物，收拢人心，以德治国。

周公戒子的故事，西汉时期史学家刘向在《说苑·敬慎》中做了发挥：

周公戒之曰：“去矣！子其无以鲁国骄士矣。我，文王之子也，武王之弟也，今王之叔父也；又相天子，吾于天下亦不轻矣。然尝一沐三握发，一食而三吐哺，犹恐失天下之士。

吾闻之曰：“德行广大而守以恭者荣，土地博裕而守以俭者安，禄位尊盛而守以卑者贵，人众兵强而守以畏者胜，聪明睿智而守以愚者益，博闻多记而守以浅者广；此六守者，皆谦德也。夫贵为天子，富有四海，不谦者先天下亡其身，桀纣是也，可不慎乎！故易曰，有一道，大足以守天下，中足以守国家，小足以守其身，谦之谓也。‘夫天道毁满而益谦，地道变满而流谦，鬼神害满而福谦，人道恶满而好谦。’是以衣成则缺衽，宫成则缺隅，屋成则加错；示不成者，天道然也。易曰：‘谦亨，君子有终吉。’诗曰：‘汤降不迟，圣敬日跻。’其戒之哉！子其无以鲁国骄士矣。”

在这段话中，周公指出，德行宽厚仍坚守谦恭的人，会持续繁荣；土地丰饶仍能坚守节俭的人，会安详宁定；高官厚禄仍坚守谦卑的人，会一直高贵；人多兵强仍坚守敬畏的人，会常葆胜利；聪明睿智仍坚守愚拙的人，会贤明卓越；博闻强记仍坚守浅陋的人，会智慧聪颖。以上这六项坚守的东西，都是卑下的，也是谦德的内涵。而正是因为有了这几项谦德，天子才得以拥有天下，才得以富甲四海。夏桀王、商纣王都是因为没有此谦德而国破身亡的，对待谦德，怎可不谨慎呀？周公还提到了易经，称《易》：“有一道，大足以守天下，中足以守国家，小足以守其身，谦之谓也。”对谦的作用进行了充分肯定。“谦受益，满招损”，谦成为中华民族数千年坚守的做人美德之一，谦谦君子，也成为中国人最完美的人格象征之一。

周公提到的“易有一道”，是指《周易》中的“谦”卦。

谦卦的卦辞为：“亨，君子有终。”南怀瑾先生曾经说过，《易经》六十四卦中，没有一卦全好，也没有一卦全坏，好中有坏，坏中有好，只有一卦是六爻皆吉，那就是谦卦。可见谦卦是易经六十四卦中，最好的一卦。谦卦下艮上坤，艮为山，坤为地，山本应出现在地上，但在谦卦中，山却出现在地下，象征着谦虚。因为谦虚，所以君子亨通，有始有终，十分吉利，结局大好。

谦卦的六爻，爻辞分别为：

初六：谦谦君子。用涉大川，吉。

六二：鸣谦，贞吉。

九三：劳谦，君子有终，吉。

六四：无不利，㧑（wéi）谦。

六五：不富，以其邻，利用侵伐，无不利。

上六：鸣谦，利用行师征邑国。

初六爻辞的大意是：谦而又谦的君子，涉越大江大河，都是会很吉祥的。《象传》说："谦谦君子，卑以自牧也。"意即谦谦君子会以谦卑的品性来要求和约束、修炼自己。初六本阳爻之位，现以阴居阳，又处在最下位，可谓"知雄守雌"，是谦而又谦的表示，因此，展示的是谦谦君子之风，令人赏心悦目。

六二爻的爻辞是"鸣谦，贞吉"，即宣扬推广谦的美德，是谓吉祥。《象传》说："鸣谦贞吉，中心得也"，意即因为心中坚守谦的美德，并弘扬推广谦德，这是在卑以自牧的基础上更进一步，除了自我坚守，还能对外推广，让更多的人看到、了解谦的美德，所得到的自然还是贞祥吉利。

九三爻为阳爻，爻辞"劳谦，君子有终，吉"，意为有功劳，但又很谦逊，因此，会有好的结果，大吉。《象传》说："劳谦君子，万民服也。"意即有功劳而又保持谦卑的态度，这是万民心服口服的。从卦象看，九三爻的上爻和下爻，均为阴爻，阴喜阳，阴为民，阳为君，众阴包阳，故曰"万民服"，是为吉象。

六四爻为阴爻，爻辞说："无不利，㧑谦。"意即总领谦的美德，故无往而不利。《象传》说："无不利，㧑谦，不违则也。"意即从卦象看，六四爻临近君位，依然谦卑如故，继续发挥守护谦德的作用，与众阴一起守护九三之阳爻，没有违反规则，因此，仍为吉象。

六五爻为阴爻，爻辞是"不富，以其邻，利用侵伐，无不利。"意即不富裕是因为邻国的原因，可以用武力讨伐，无往而不利。《象传》对此解释说："利用侵伐，征不服也。"意即六五爻居于君位，仍是阴爻之象，与尊位不相称，因此，君命在己，可以兴讨伐之权。进一步延伸解读，君子以谦谦之德服众，但如有恃强凌弱者视谦让好德为软弱，继续为所欲为，那么，在美德无法统领人心的情况下，就要果断动用武力，强力征讨，以战止战，以武扬德。谦德绝非虚弱无力之象，也并非无原则地圆滑周旋和逆来顺受，而是当伐则伐，勇敢作为，不可软弱忍让，有违天命。谦谦君子一旦动以阳刚之气，出征讨伐，必无往而不利。

上六爻为阴爻，爻辞是："鸣谦，利用行师征邑国。"意即推广宣扬谦之美德，可以出动军队，对不服谦德的小国进行武力征讨。《象传》说："鸣谦，志未得也。可用行师，征邑国也。"意即上六身居高位，本与九三相应，转而为阳，但未能如愿，故曰"志未得"。上天好谦之德，必欲其扬德成事，未成，自然会支持其出兵作战，以武功获之。先礼后兵，此乃谦德之本义所在。谦谦君子，并不是软弱无能之辈，相反，是美德与自强不息的象征。谦时，谦而又谦，彬彬有礼；武时，杀伐果断，凛然难犯，文攻武备，文武双全，这才是谦德的全貌，谦之道，再次展现了中华民族数千年绵延不绝、周而复始的大智慧。

《彖传》对谦卦这样释读：

> 谦，亨。天道下济而光明，地道卑而上行。天道亏盈而益谦，地道变盈而流谦，鬼神害盈而福谦，人道恶盈而好谦。谦尊而光，卑而不可逾，君子之终也。

其实，早在周公之前，《尚书·大禹谟》中，就有这样一句名言："满招损，谦受益，时乃天道。"谦谦君子，亨通天下。天之道，因为其可以慷慨地救济下方，所以光明正大；地之道，因为其可以谦卑地滋养万物，所以冉冉上升。天之道盈满则亏，谦者受益；地之道盈满则变，谦者获流；鬼神也不愿盈者总盈，谦者会得福；人之道自满者会被厌恶，谦者会得吉。谦卑者，得尊贵，得光明，得吉福，往往不可超越，这是君子终有好报的象征。一谦四益的成语，正是由此而出，古代的先哲们，对于"谦"给予了毫不吝啬的褒扬和肯定，谦之道，由此成为中华民族的性格基因之一，传承至今而未有改变。

二、老子：不敢为天下先

老子在《道德经》中，提出了自己完整的对宇宙及天地万物生成及发展规律的哲学思辨，他在无为而无不为的思想体系下，对谦之道，作了更为详尽地阐释。

老子毫不掩饰自己对“谦”德的认可：

> 我有三宝，持而保之。一曰慈，二曰俭，三曰不敢为天下先。慈，故能勇；俭，故能广；不敢为天下先，故能成器长（zhǎng）。今舍慈且勇，舍俭且广，舍后且先，死矣！夫慈，以战则胜，以守则固，天将救之，以慈卫之。（第六十七章）

老子说：我有三件至宝，一直长久保持着，一个是仁慈，一个是俭约，第三个是不敢为天下先。仁慈，所以能勇敢；俭约，所以能广博；不敢为天下先，所以能成万物之长。现在的人舍去仁慈，追求勇猛；舍掉俭约，追求更多物质，舍掉含蓄、居后而追求一马当先炫耀自己，这实在是自寻死路，必死矣。所以，仁慈，用它战斗必胜；用它守成则必然坚固；上天想要救助它，就会给它仁慈，由仁慈产生力量，用仁慈来守护它。

老子强调“不敢为天下先”，实际上是老子无为哲学思想的一个具体体现。老子认为，天地万物，均由道生出，道生万物，同时赋予了万物生存和发展的规则及规律，这些规则及规律，在老子的哲学概念中，可称之为“明”“常”。在这些规则和规律的守护下，天地万物运行不辍，往复循环，“周行而不殆”。人是天地万物的其中一个分子，置身其中，人也应遵循这些法则和规律，与天地万物和谐生存，静观其变，静候其变，无为而治，如此，属知“明”，知“常”。“不知常，妄行，凶。”老子所说的“不敢为天下先”，有两层意思，一是在不了解掌握事情变化的法则和规律前，不可抢先出击，贸然盲动；一是事情按其自身的运行法则和规律在自然运行、变化，人应尊重并顺从这样的法则与规律，静待其变，不要率先出击，强行改变。“舍后且先，死矣！”这是老子给后世人们留下的最有价值的生存智慧之道。老子的拳拳之心，于此结论中可清晰感知。

老子的哲学思想，来自他对宇宙起源的思考，对天地万物运行变化规律的观察，以及对人生的感悟，因此，他能以更超脱的眼光、更博大的胸怀来对人的行为提出指导，而这些指导因为有天地万物作参照，更具有说服力。老子说：

> 道生之，德畜之，物形之，势成之。是以万物莫不尊道而贵德。道之尊，德之贵，夫莫之命而常自然。故道生之，德畜之；长之育之；亭之毒之；养之覆之。生而不有，为而不恃，长而不宰。是谓玄德。

老子认为，道生万物，德育万物，万物皆尊道贵德，但道与德并不占有它们，不依仗它们，不主宰役使它们，这是一种“玄德”，王弼注：“凡言玄德，皆有德而不知其主，出乎幽冥。”意即玄德是一种高深莫测、极其深邃、最为美好的德行。“谦”德据此而生，不敢为天下先，正是谦德的具体表现。

老子很喜欢水，因为水的品性与他心目中的“道”很相似，所以，老子经常以水为喻来讲道理：

> 上善若水。水善利万物而不争，处众人之所恶，故几于道。居善地，心善渊，与善仁，言善信，正善治，事善能，动善时。夫唯不争，故无尤。（第八章）
>
> 江海所以能为百谷王者，以其善下之，故能为百谷王。是以圣人欲上民，必以言下之；欲先民，必以身后之。是以圣人处上而民

不重，处前而民不害。是以天下乐推而不厌。以其不争，故天下莫能与之争。（第六十六章）

水的最大的特点是“利万物”，能给人们带来实实在在的好处；同时，水又有谦卑的特点，甘居人下，甘居最低贱的处所；其三是不争，不与人争名夺利。江海能成为百水之王，恰恰是因为它甘居人下，能吸纳万物之长，由水的德行出发，老子认为圣明的人“欲上民，必以言下之；欲先民，必以身后之”，意即要引导百姓，就要用谦卑的言辞；要居万民之上，身段就要放低，甘居百姓身后的助推力量。正因为如此，圣明的君王在百姓之上，百姓并没有感觉其压迫之重；身为百姓的领袖统率，百姓并不以之为妨害，天下人都乐于推举，不会厌烦。以利百姓而又不与百姓争利的谦卑心态对待百姓，可称王，可得民心，谦的智慧，在此得以体现。

老子多次提出，人应当以谦卑的态度，“后其身”：

天长地久。天地所以能长且久者，以其不自生，故能长生。是以圣人后其身而身先，外其身而身存。非以其无私耶，故能成其私。（第七章）

天和地，都是长久存在的。何以能如此？老子认为，是因为天和地，都不是为自身利益而存在的，所以它才能长久。所以，一个圣明的人，总是将自身利益放在众人之后，保持谦卑的态度，众人反倒会把他推到前头；他经常置个人生死存亡于度外，他反倒活了下来。这难道不正是因为他无私、不考虑个人利益才这样的吗？正因为如此，他的抱负、愿望和理想，才得以实现了。古人曾对此注解说：“先人而后己者也，天下敬之先以为长；薄己而厚人也，百姓爱之如父母，神明佑之若赤子，故身长存。”还有一则解读是：“不私其身以先人，故人乐推而不厌。”自私自利者失人心，谦卑慷慨者得人心，一失一得，尽在谦德。

谦德还有一种表现形式，“为之下”：

善为士者不武，善战者不怒，善胜敌者不与，善用人者为之

下。是谓不争之德，是谓用人之力，是谓配天，古之极也。（第六十八章）

善做武士的人并不显示威武；善于作战的人都是冷静不发怒的；善于战胜敌人都是不直接与之肉搏短兵相接的；善于用人的人都是甘居人下谦逊低调的。这正是不争的德行，也是一种谦德。老子认为，这些德行符合天道，与天道相吻合，是一种做人的极高境界。

国与国之间的交往，也适合谦道，可以“善为下”：

大邦者下流，天下之牝，天下之交也。牝常以静胜牡，以静为下。故大邦以下小邦，则取小邦；小邦以下大邦，则取大邦。故或下以取，或下而取。大邦不过欲兼畜人，小邦不过欲入事人。夫两者各得所欲，大者宜为下。（第六十一章）

大国学水的德行，以谦卑的态度，甘居下流，天下百川河流交汇于此，小国自然也会望风而至。静柔胜刚强。大国欲兼畜小国，可以谦卑的态度待之，小国欲侍奉大国，也要以谦卑的态度待之，双方各取所需，方法都是一致的，那就是谦卑待人。

“不自矜”“不自大”也是一种谦德。老子说：

曲则全，枉则直，洼则盈，敝则新，少则得，多则惑。是以圣人抱一，为天下式。不自见故明，不自是故彰，不自伐故有功，不自矜故长。夫唯不争，故天下莫能与之争。古之所谓曲则全者，岂虚言哉！诚全而归之。（第二十二章）

受了委屈自会得到保全；有弯曲自会有伸直；有低洼自会有充盈；有旧的自会有新的；有缺少自会有获得；拥有多了自会感到困惑。所以，老子认为，圣明的人总是坚守“道”，且一以贯之，作为天下的模范。不自我表现才会显得贤明；不自以为是才会得到彰显；不自我夸耀反倒能建功立业；不傲慢自大反倒能基业长久。正是因为不争，所以，天下人谁都无法来争。

委曲求全，这个成语正是据此而出。曲与全，弯与直，亏与满，旧与新，缺与得，多与迷茫，这都是相对而言的，都是此消彼长的，都是在互相发生着变化的。保持一颗谦卑之心，才会建成长久功业。这个观点，老子在《道德经》中多次谈及，足见他对此问题的重视：

企者不立；跨者不行；自见者不明；自是者不彰；自伐者无功；自矜者不长。其在道也，曰余食赘行，物或恶之，故有道者不处。（第二十四章）

以道佐人主者，不以兵强天下。其事好还。师之所处，荆棘生焉。大军之后，必有凶年。善者果而已，不敢以取强。果而勿矜，果而勿伐，果而勿骄。果而不得已，果而勿强。物壮则老，是谓不道，不道早已。（第三十章）

大道泛兮，其可左右。万物恃之以生而不辞，功成而不有。衣养万物而不为主。常无欲，可名于小；万物归焉而不为主，可名为大。以其终不自为大，故能成其大。（第三十四章）

老子反复强调，“自见者不明；自是者不彰；自伐者无功；自矜者不长”；反复告诫人们，“果而勿矜，果而勿伐，果而勿骄”，目的都是在喻示要以谦卑虔敬的态度对待万物，勿自以为是，骄傲自大，物壮则老，一味在夸耀自己，只会物极必反，乐极生悲，不可长久，也不可能发展壮大。

在此基础上，老子还进一步提出了“功成弗居”“功成身退”的思想。功成不居，功成身退，是老子无为、不争等思想体系的重要组成部分。在名利面前，为而不恃，功成身退，这是老子谦道智慧的又一个顶峰。老子说：

是以圣人处无为之事，行不言之教，万物作焉而不辞，生而不有，为而不恃，功成而弗居。夫（fú）唯弗居，是以不去。（第二章）

持而盈之，不如其已。揣（chuǎi）而锐之，不可长保。金玉满堂，莫之能守。富贵而骄，自遗其咎。功成身退，天之道。（第九章）

大道泛兮，其可左右。万物恃之而生而不辞，功成不名有，衣养万物而不为主，常无欲，可名于小；万物归焉而不为主，可名为

大。以其终不自为大，故能成其大。（第十七章）

天之道，其犹张弓与！高者抑之，下者举之；有余者损之，不足者补之。天之道，损有余而补不足。人之道则不然，损不足以奉有余。孰能有余以奉天下？唯有道者。是以圣人为而不恃，功成而不处，其不欲见贤。（第七十七章）

老子认为，既然天地万物都在按自身的规律在运行发展，人只不过是其中的一个过客和其中的一个分子，因此，所谓成功，只是自然而然发生的结果，人充其量只是起到了顺势而为的作用，因此，天地对生成万物、畜养万物都无所怨言，坦然相对，人在成功面前也应该保持这样的谦逊态度，“为而不恃，功成而弗居”“功成身退”“功成而不处”，老子认为这也是一种天之道，是最高的品德之一，功成身退，谦卑处世，既保住了功，又保住了身，这样的人，才可以为大，可以长久。

功成身退与功成而居，范蠡与文种的不同下场可为老子的理论作最好的备注。范蠡与文种都是越国国君勾践手下的重臣，《史记》载：“范蠡事越王勾践，既苦身戮力，与勾践深谋二十余年，竟灭吴，报会稽之耻，北渡兵于淮以临齐、晋，号令中国，以尊周室，勾践以霸，而范蠡称上将军。”范蠡的功劳不可说不大；文种在越王勾践起身赴吴国为奴的日子里，呕心沥血代理国政，勾践返越后，文种又提供七种权谋供勾践参考，君臣同心灭掉了吴国。越王勾践对范蠡的功劳铭记在心。他曾对范蠡说：“孤将与子分国而有之。不然，将加诛于子。”意即我愿意和你平分越国，你要不接受，我就会杀了你。这个态度可谓诚恳，但范蠡明白“功成弗居”的道理，坚辞不守，泛舟而去。离开越国后，范蠡念及与自己同患难的文种，专门提醒他离开。《史记》这样记载：

范蠡遂去，自齐遗大夫种书曰：“飞鸟尽，良弓藏；狡兔死，走狗烹。越王为人长颈鸟喙，可与共患难，不可与共乐。子何不去？”种见书，称病不朝。人或谗种且作乱，越王乃赐种剑曰：“子教寡人伐吴七术，寡人用其三而败吴，其四在子，子为我从先王试之。”种遂自杀。

“飞鸟尽，良弓藏；狡兔死，走狗烹。”这是中国人数千年来引用的又一句名言警句，也是蕴藏着深刻人生智慧的需要遵循的处世法则之一。范蠡以此比喻劝文种离开，告诉他越王勾践可共患难，不可共享受。文种不听，越王最后赐其宝剑，令其自尽身亡。

老子的谦之道，底蕴深厚，内涵丰厚，智慧超凡，领略了老子谦之道的智慧，也就有了事业天长地久的基石。这是中华民族古代积累的智慧，也必将世世代代传承下去。

三、孔子之“每事问”

在塑造中华民族谦谦君子的集体人格方面，孔子可以说是居功至伟。

> 三人行，必有我师焉。择其善者而从之，其不善者而改之。（《论语·述而》）

这句中国人数千年来一直传诵至今的名言，集中反映了孔子谦虚好学的品德。孔子认为，普天之下，人人皆可为师，对于好的东西，可以学而从之；对于不好的东西，可以吸取教训，及时改之。

孔子非常在意学习时的谦虚态度。卫国大夫孔圉与太叔疾是翁婿关系。孔圉将自己的女儿孔姞嫁给了太叔疾。没想到太叔疾不珍惜这段姻缘，又引诱自己的前妻的妹妹同居。孔圉大怒，欲派兵攻打太叔疾，被孔子劝住了，但孔圉坚持把自己的女儿从太叔疾处给要了回来，并将其改嫁给了太叔的弟弟遗。孔子对孔圉随意出兵、女儿随意改嫁等行为并不认可。孔圉曾向孔子请教军事方面的知识，孔子予以婉拒。孔圉去世后，得了个“文”的谥号，孔子的弟子子贡是卫国人，对此谥号不能理解，就向孔子请教：

子贡问曰："孔文子何以谓之文也？"

子曰："敏而好学，不耻下问，是以谓之文也。"(《论语·公冶长》)

孔子认为，孔圉虽然品德上并不完美，但他聪敏且好学，不以向他地位低的人请教为耻，因此，配得上这个"文"的谥号。"下问"，孔安国的解释是："下问，问凡在己下者。"以贵问贱，以上问下，以尊问卑，以多问寡，以富问贫等，均可视之为"下问"。通常人都以下问为耻，但孔圉能不耻下问，所以，孔子对他得"文"的谥号表示认可，实际上是认可孔圉身为大夫，仍对学问保持谦虚、知不足而后进的态度予以肯定。

孔子曾教育弟子仲由说："由，诲女知之乎！知之为知之，不知为不知，是知也。"（《论语·为改》）意即知道的就是知道，不知道就是不知道，这种事实求是，谦虚务实的态度，才是真正的"知"，是真正的聪明人。孔子自已非常注意不耻下问。《论语》中曾有这样一段记载：

子入太庙，每事问。或曰："孰谓鄹人之子知礼乎？入太庙，每事问。"子闻之，曰："是礼也。"

孔子来到祭祀周公的太庙，见到什么就问什么，以至于有人提出质疑，不是都说孔子是个精通周礼的人吗？怎么来到太庙，啥都要问呀？鄹，是当时鲁国的地名，在今山东省曲阜市东南，孔子的父亲做过鄹大夫，所以当地人就把孔子称为"鄹人"。孔子听说后，不以为然，回答说，这正是礼呀。孔子在时人的眼中，已是知周礼的大学问家。但孔子在周公庙仍每事问，说明了他的谦虚的学习态度，这种谦虚，也是一种"礼"。

孔子在弟子心目中地位极高。颜渊曾这样评价孔子："仰之弥高，钻之弥坚，瞻之在前，忽焉在后。夫子循循然善诱人，博我以文，约我以礼，欲罢不能。即竭吾才，如有所立卓尔。虽欲从之，末由也已。"（《论语·子罕》）意即抬头仰望（老师），越望越觉得高；努力钻研，越钻研越觉得不可穷尽。看着好像在前面，忽然又像在后面。老师循循善诱，用丰富的典籍教我，用礼来约束我，想停止学习都不可能。竭尽我全才，只能望老师的背影，想紧紧地跟上去，却总觉得距离遥远。

陈子禽又名陈亢，在孔子77位弟子中名列第68位。他曾和孔子另一位得意门生、孔门十哲之一端木赐，又名子贡，讨论过孔子。陈子禽想讨好子贡，就对他说："子为恭也，仲尼岂贤于子乎？"（《论语·子张》）意即你太谦虚了，孔子怎么能比你更贤能呢？子贡马上警告他说："君子一言以为知，一言以为不知，言不可不慎也。夫子之不可及也，犹天之不可阶而升也。夫子之得邦家者，所谓立之斯立，道之斯行，绥之斯来，动之斯和。其生也荣，其死也哀，如之何其可及也？"（《论语·子张》）君子说话，一句话就可以让人了解是真知道，也可以让人了解你是不知道，因此，说话不可妄言乱语，要谨慎小心。孔夫子高不可及，如同天没有台阶可以让人攀爬登上去。夫子如果能得国封邑，就真会像人们所说的那样，教人以礼，礼就会立，安抚百姓，百姓归顺；动员百姓，百姓听命。夫子活着荣耀，死了天下悲哀。如此地位，我怎么能和他比呢？这些讨论，说明了孔子在弟子及时人的心目中地位极高。但孔子自己则表现得非常谦虚。孔子曾和子贡讨论过对颜回的看法，子贡很佩服颜回，称颜回可以闻一知十，而自己只能闻一知二。孔子说：

子曰："弗如也，吾与女弗如也！"（《论语·公冶长》）

孔子当着其他弟子的面，感叹自己不如颜回，自己和子贡都不如颜回，一方面体现了自己对颜回的喜爱，更体现了身为人师的谦虚高德。对于别人称自己圣明仁义，将自己称为圣人、仁人，孔子谦虚地说：

子曰："若圣与仁，则吾岂敢！抑为之不厌，诲人不倦，则可谓云尔已矣。"（《论语·述而》）

孔子不遗余力在各国中推行仁义，在当时各国间及百姓中，收获了极大的威望，社会地位和影响力极为显著，所以，经常出现被人称为圣人、仁人的情况，对此，孔子谦虚地表示："把我看成圣人和仁人，我怎么敢担当！只不过是推行仁义从不厌烦，教诲学生从不疲倦而已，也只能说做到这些罢了。”孔子对待盛名的谦卑于此可见一斑。孔子还这样表示：“我非生而知之者，好古，敏以求之者也。”（《论语·述而》）意即我不是生来就有知识的人，只好喜好古代的东西，勤奋敏捷地去追求知识的人罢了。孔子的谦虚，给后世的人们树立了极好的榜样。

谦虚的对立面是骄傲。孔子认为，君子不应以骄傲的态度处世。孔子说：

> 子曰：“君子泰而不骄，小人骄而不泰。”（《论语·子路》）
>
> 子曰：“如有周公之才之美，使骄且吝，其余不足观也矣。”（《论语·泰伯》）

泰，心地坦然，光明正大之意。孔子认为君子往往心地坦然，光明磊落，做人谦逊有礼，绝不傲慢骄娇。小人恰好与之相反，表面骄傲蛮横，其实内心并不坦然自在。孔子还举到了他崇敬的人周公，他认为如果像周公这样才智丰沛的人，如果骄傲自私，小气吝啬，那就不值得学习了。

君子是孔子理想的人格。孔子描述自己理想中的君子形象是：

> 子曰：“君子义以为质，礼以行之，孙以出之，信以成之。君子哉！”（《论语·卫灵公》）

孙，通“逊”，谦逊之意。孔子认为，义是君子的根本，君子以礼推行义，做事合义合礼，同时，不骄傲，言语谦逊，诚信待人，最后办成事情，取得成功。这样的人，才是君子啊。孔子以孟之反为例，对这种谦逊的行为表示赞扬。孟之反是鲁国的一员战将，鲁国与齐国大战，鲁军兵败，孟之反负责殿后，拼死掩护大军撤退，为鲁国保存实力立下大功，鲁国人都非常赞赏他。但在大军回城时，进城门时，孟之反最后一个进城。他打着马说：“不是我不愿走在前面，是马不往前走呀。”孔子记住了孟之反的表现，这样说：

> 子曰：“孟之反不伐，奔而殿，将入门，策其马，曰：‘非敢后也，马不进也。’”（《论语·雍也》）

孟之反不伐，即不炫耀自己的功劳，有功不居，这是孔子赞赏的，孔子对孟之反说的话也很赞赏，即“非敢后也，马不进也”。立了功是一件值得炫耀的事，这是人之常情，如果孟之反非要说自己有功弗居，时人恐怕会说他沽名钓誉，不要功名是假，想得一个“有功弗居”的清誉是真。但孟之反把最后一个进城的理由，记在了马儿的头上，是因为马儿不给力，自己才没有走在进城的队伍前列享受民众欢呼，这个理由就非常让人受用了。孔子认为这才是真正的谦逊，是值得学习和称道的。

在孔子关于谦的思想体系中，让也是一个重要的组成部分。孔子认为让是一种至德，是谦德的另一种表现形式。他曾赞扬泰伯三让王位：

> 子曰：“泰伯，其可谓至德也已矣。三以天下让，民无得而称焉。”(《论语·泰伯》)

泰伯，又称吴太伯，吴国第一代君主，东吴文化的宗祖，约出生于公元前1165年左右，他的父亲为殷商时期周部落首领公亶父，又称周太王，是周王朝的始祖和奠基者。公亶父生于上古时期，又称古公亶父，他有三子，长子泰伯，次子仲雍，三子季历。三个儿子都很优秀，但三子季历不但聪明过人，他的儿子姬昌即后来的周文王，从小才华出众，颇有贤德之名，公亶父想一箭双雕：先传位于三子季历再由季历传位姬昌。但当时周部落的礼法为传长不传幼，公亶父很为难。泰伯知道父亲公亶父的本意后，并没有发起争夺王位继承权之战，而是说服弟弟仲雍和自己一起，避让至江南蛮荒之地，建国勾吴。为了表示自己不会回来继承王位的决心，泰伯、仲雍二人还像当地的蛮荒族人一样，剪掉长发留起短发，像当地人一样文身。《史记·吴太伯世家》这样记载：“太王欲立季历以及昌，于是太伯、仲雍二人乃奔荆蛮，文身断发，示不可用，以避季历。”此为一让。公亶父去世后，泰伯回来奔丧，当时已继承王位的季历苦劝泰伯留下来，自己愿将王位相让，泰伯坚辞不受，又回到江南，此为二让。季历去世，泰伯回来奔丧，周文王姬昌欲将王位还给伯父泰伯，泰伯依旧坚辞不受而去，此为三让。周文王姬昌、周武王姬发不负众望，父子前赴后继，一举推翻殷朝统治，周革殷命，建立了一个新的伟大王朝周王朝。孔子对泰伯的谦让品德大加赞扬，说：“泰伯可说是品德最高尚的人了，多次将天下让给别人，老百姓都不知道用什么样合适的词句来赞美他。”

孔子自己也因为拥有谦让美德而得到当时各国君主及民间百姓的一致好评。孔子的弟子子禽与子贡有这样一段对话：

> 子禽问于子贡曰：“夫子至于是邦也，必闻其政，求之与，抑与之与？”子贡曰：“夫子温、良、恭、俭、让以得之。夫子之求之也，其诸异乎人之求之与？”（《论语·学而》）

孔子周游列国期间，每到一个诸侯国，都会得到国君的召见，并认真仔细地听取孔子对治国理政的见解，这种礼遇，子禽很不理解，于是就向子贡请教，这是孔子自己主动求来的呢？还是国君主动赐予的呢？子贡回答说：孔夫子为人处世，温和、善良、恭敬、勤俭、谦让，美德之名广播，这是他得到诸侯国君王敬待礼遇的根本原因。子贡认为，孔子的品德令人感动、敬服，因此，被诸侯国君王敬重并主动问政，这并不是孔子主动求来的，而是他高尚的品德及人格魅力将君王们吸引来的。温、良、恭、俭、让，后来成为中国君子的五项重要标准，中国人做人必具的五项基本素质，今天的人们仍将其奉为人格修炼之圭臬，孔子对中华民族性格形成的影响力贡献可谓巨大。

孔子谦逊的美德，并不是一蹴而就。《史记·孔子世家》借鲁大夫孟釐（xǐ）子之口对孔子的家世有过一段记述：

> 孔子年十七，鲁大夫孟釐子病且死，诫其嗣懿子曰：“孔丘，圣人之后，灭于宋。其祖弗父何始有宋而嗣让厉公。及正考父佐戴、武、宣公，三命兹益恭，故鼎铭云：‘一命而偻，再命而伛（yǔ），三命而俯，循墙而走，亦莫敢余侮。饘（zhān）于是，粥于是，以糊余口。’其恭如是。吾闻圣人之后，虽不当世，必有达者。今孔丘年少好礼，其达者欤？吾即没，若必师之。”及釐子卒，懿子与鲁人南宫敬叔往学礼焉。

春秋时期鲁国大夫孟釐子重病，临死前将其子孟懿子、南宫敬叔叫到床前，交代后事，让二人将当时只有十七岁的孔子拜为老师学礼。孟釐子临终遗言中提到的弗父何，是孔子的直系祖先，他作为长子本应继位宋国国君之位，但他主动让位给弟弟鲋祀，即后来的宋厉公，自己只担任宋国上卿之职。这是谦让美德在孔门的直接体现。正考父是弗父何的曾孙，孔子的七世祖。他曾辅佐过宋国的宋戴公、宋武公、宋宣公三位国君，每一次接受任命，他都表现得诚惶诚恐，态度一次比一次恭谨。他在家庙的鼎上铸下铭训："一命而偻，再命而伛，三命而俯。循墙而走，亦莫余敢侮。饘于是，粥于是，以糊余口"。大意是说，我曾经三次被国君任命为上卿，第一次是佝偻着身子鞠躬受命，第二次是弯腰曲背恭敬受命，第三次是爬下身子俯拜受命。平时我总是顺着墙根儿走路，但也没有人敢轻慢欺侮我。稠粥在此鼎里煮，稀粥也在此鼎里煮，能糊口度日就可以了。上卿是国之重臣，一人之下，万人之上，但正考父做人谦卑有加，行事恭谨低调，生活极其俭朴。所以孟釐子认为这是至圣之人，圣人之后，即使当世不发达，后世必贵为至圣。孟釐子对后世的判断真的是高瞻远瞩，其看人的眼光也绝对是精准老辣。孔子后来成为中华民族的成世师表，天下至圣，孟釐子的两个儿子孟懿子和南宫敬叔在父亲病逝后，依嘱师从孔子学礼，最后也果然是功成名就，万世流芳。先祖的谦恭品德在孔子身上打下了重重的烙印，孔子也成为天下人谦逊好礼的好榜样。

除了传承先祖留下来的美德，孔子非常注意观察周围的事物，并从中获得启迪。《孔子家语》中记载了一段孔子参加鲁庙的经历：

> 孔子观于鲁桓公之庙，有欹（qī）器焉。夫子问于守庙者曰："此谓何器？"对曰："此盖为宥坐之器。"孔子曰："吾闻宥坐之器，虚则欹，中则正，满则覆。明君以为至诫，故常置之于坐侧。"顾谓弟子曰："试注水焉。"乃注之水，中则正，满则覆。夫子喟然叹曰："呜呼！夫物恶有满而不覆哉！"子路进曰："敢问持满有道乎？"子曰："聪明睿智，守之以愚；功被天下，守之以让；勇力振世，守之以怯；富有四海，守之以谦。此所谓挹而损之之道也。"

这段记载讲到，孔子到鲁桓公的庙里去参观，看到一件欹器，他向守庙人请教。守庙人告诉他这是国君放在座位右边以示警诫的器物。孔子说："我听说君王座右有器物，空着的时候的倾斜的，注水适当就会变正，水满了就会倾覆。这是圣明的君王给自己的警诫器物，常放在座位的右侧。"孔子让弟子们上前注水试验，果然是水满则覆。孔子感叹说："哪有东西满了而不倾覆的呀。"子路向孔子请教："如何才能保持圆满的功德呢？"孔子答复说："聪明睿智的人，要坚守愚拙之道；功勋盖世的人，要坚守谦让之道；勇猛超群的人，要坚守怯懦之道；富甲四方之人，要坚守谦卑之道。这就是所说的一减再减的方法吧。"孔子此处的"四守"，与周公诫子中所说的"六守"，异曲同工，都是古代先哲希望后世人保持谦德的意思。以谦德做人做事立世，是中国先哲们留给后世的最大智慧之一，中国人的谦卑的民族性格，也正是在这样的智慧熏陶下，一点一点铸就而成。

四、谦可谋国

晏婴是春秋时期齐国著名的政治家，与孔子是同时期人，两人还有过交集。孔子周游列国时，曾到过齐国，他的治国理政见解，晏婴并不认可，并说服齐国国君疏远孔子。但孔子不以为然，对晏婴仍给予高度评价。他曾说：

子曰："晏平仲善与人交，久而敬之。"（《论语·公冶长》）

孔子评价晏婴善于与人交朋友，相交时间长了，总是会得到别人的尊敬。那么，晏婴什么样的品德打动了孔子，以致让孔子这样的时代巨子刮目相看呢？

晏婴，字仲，谥号为"平"，史称"晏婴"。出生年不详，卒于公元前

500年，他的父亲晏弱为齐国上大夫。齐灵公二十六年（公元前556年）晏弱病死，晏婴继任为上大夫。分别辅佐齐灵公、齐庄公、齐景公三位国君，辅政时间长达50余年，在齐国人心目中威望极高。

据《史记·孔子世家》记载，孔子35岁时，曾到齐国，在高昭子家做家臣。齐景公问政孔子，孔子说："君君，臣臣，父父，子子。"景公深以为然，赞叹地说："善哉！信如君不君，臣不臣，父不父，子不子，虽有粟，吾岂得而食诸！"后来他又向孔子问政，孔子回复："政在节财。"景公又一次被打动，欲将尼谿之田地封给孔子。晏婴给拦住了，进言道："夫儒者滑稽而不可轨法；倨傲自顺，不可以为下；崇丧遂哀，破产厚葬，不可以为俗；游说乞贷，不可以为国。自大贤之息，周室既衰，礼乐缺有间。今孔子盛容饰，繁登降之礼，趋详之节，累世不能殚其学，当年不能究其礼。君欲用之以移齐俗，非所以先细民也。"大意是说，儒门师徒，能说会道，不甘居人下，他们重视丧事，竭尽哀情，即使倾家荡产也要厚葬，这种风气不好；到处游说乞求俸禄，这是不能用来治国的。自从圣贤相继去世后，周王室日渐衰微，礼崩乐坏已有时日了。现在孔子讲究仪容服饰，把上朝下朝礼节制定得很烦琐，快行慢走规矩众多，想学的话，一年时间学不完，毕生都搞不明白。君王以此治国，不是好的办法。晏婴的看法，实际上代表了当时主流社会对孔门儒学的意见，这也是孔子穷其一生郁郁不得志的根本原因。果然，齐景公慢慢疏远了孔子，后来直接告诉他说："吾老矣，弗能用也。"明确拒绝了任用孔子。孔子无奈，只好离齐返鲁。他对晏婴印象颇佳，这一方面说明了孔子为人的胸怀宽广，宅心仁厚，另一方面，也说明晏婴正直忠诚，品行高洁。

孔子看重晏婴，最重要的原因之一，就是晏婴的谦逊。

据《左传·昭公三年》载，齐景公想为晏婴更换一所大宅院，就告诉晏婴说："你的宅子靠近闹市，低湿狭小，喧闹嘈杂，尘土飞扬，无法居住，我来给你换一处安静、宽大、清爽的大宅子吧。"晏婴婉拒，表示这是祖宅，能住在这里已经够奢侈了，何敢劳烦众人再造新屋？没想到，晏婴出使晋国返回后，齐景公已经让人把晏婴的新宅子改建好了。晏婴拜谢过齐景公，回去后拆毁新宅，恢复旧宅，把邻居的房屋也都一一修好，然后请他们重新搬回。晏婴说："谚曰：'非宅是卜，唯邻是卜。'二三子先卜邻矣，违卜不祥。君子不犯非礼，小人不犯不祥，古之制也。吾敢违诸乎？”意即大家建宅占卜，并不是为建宅而占卜，而是为择邻而占卜。各位先前都已经占卜过了，违背占卜结果不祥。君子不做违背礼义的事，小人不做不吉祥的事，这是上古传下来的规定，我哪里敢违反呀？齐景公不答应，晏婴让大夫陈桓子去说情，最后齐景公还是准许了晏婴所请，晏婴重新住回了旧宅。晏婴谦逊低调的为人处世风格，得到世人的一致好评。

据《左传·昭公十年》载，这一年，齐国发生内乱。齐国四大家族中的陈桓子、鲍文子家族联手对抗栾施、高强家族，互相起兵讨伐，都来拉晏婴入伙，晏婴谢绝。后齐景公出兵助力陈、鲍二人，将栾、高两家打败，两家的家产也尽被陈、鲍两家瓜分。晏婴与陈桓子有交情，于是劝陈桓子说："必致诸公。让，德之主也，让之谓懿德。凡有血气，皆有争心，故利不可强，思义为愈。义，利之本也，蕴利生孽。姑使无蕴乎！可以滋长。"此段话的大意是说，你一定要把分得的财产全部献给齐景公。谦让，是德行的根本，让，这叫作美德。凡是血气方刚之人，都有争名夺利之心，但利益不能强夺，想着道义才能更胜人一筹。道义，才是利益的根本，它会真正地让利益蕴藏并生出枝叶，不断繁衍。即使没有蕴藏，它也会生枝开花发牙滋生。晏婴以谦让之智慧启发陈桓子，陈桓子听了进去。他把打败栾、高二家族后所分得的财产全部献给了齐景公，并请求退休到莒地养老。陈桓子谦逊的做法深得国君信任和百姓爱戴，陈氏一族从此不断积蓄实力，数十年后中，陈氏后代取代齐国国君，成为齐国的最高统治者。晏婴的谦逊谋略，得到了最大的回报。

谦逊可以谋国，不谦逊可以失命。晏婴用谦之道，还诛杀了齐国三个最勇猛的斗士。《晏婴春秋》中记载了这样一则晏婴巧用谦之道"二桃诛三士"的故事。

齐景公时期，有三个武士因敢于和恶虎搏斗而出名。这三个人分别是公孙接、田开疆、古冶子。有一次，晏婴从他们面前经过，三个人视若无睹，身子都没有直一直，极其傲慢无礼。晏婴入宫后对齐景公说：国家所蓄养的勇士，对上没有君臣的礼节，在下不遵守上下级规矩。在内不能禁止暴力，在外不能威震敌人。这样的人徒有蛮力，将来为他人所用，只会以贻害国家，应予除掉。齐景公答应了。

晏婴请齐景公派侍者给三人送去两只桃子，这两只桃子鲜美甘甜，世间罕见。侍者说，人多桃少，就按功劳大小来分桃子吃吧。公孙接第一个站出来，他仰天感叹：还是晏婴大夫贤智过人呀，他这是用分桃之计，让国君知道我们中间谁是最有功劳的人呀。我打死过一只野猪，杀死过两只尚在育子的母老虎，像我这样的功劳，完全是有资格吃桃子的，不必与他人同享。说完，即拿起一只桃子吃了起来。

田开疆紧随其后，他说：我率领军队，两次打败过敌人，让君王放心，还百姓安宁，像我这样的功劳，怎么可以没有桃子吃。于是，他也当仁不让地拿起一个桃子吃了起来。

古冶子第三个站起来，但面前的盘子已空空如也。古冶子悲愤地说：我曾经同君王渡河，河中跃出一只大鳖，将君王左边的骖马叼扯入黄河激流之中。我潜入水底，逆流走了一百步，顺流走了九里地，终于捉住大鳖杀了它，然后左手拽着骖马的尾巴，右手提着大鳖的头，像鹤一样凌空跃出水面，渡船的人都惊叹说：你是河伯大神吧。像我这样的功劳，怎么可以分不到桃子吃呢?

公孙接、田开疆闻言，深感羞愧，说：我们不如你勇敢，功劳也没有你大，拿起桃子不辞让就吃，这是贪呀。有此贪德，生不如死。于是刎颈而死。古冶子说：他们两个都死了，唯独我活下来，这是不仁；用言语羞辱别人，夸奖炫耀自己，这是不义；行为不当而不去死，这是不勇。他们二人为桃子而死，很有节操；我不应因为桃子而独活。于是，古冶子也刎颈而死。

盲目自负，争功抢名，不知谦让，最后，两只桃子夺取了三位勇士的命。谦之道，蕴含着多么巨大的智慧，积蓄着多么雄厚的力量。

谦谦君子，人见人爱，谦的智慧，值得后来的人们继续将其发扬光大。

第七讲

善之道：君子莫大乎与人为善

在世界民族之林中，中华民族的善良是举世公认的。几乎在中华文明的起源之初，善的种子就被植入中华文明覆盖的每一寸土地。数千年来，在古代先哲们辛勤探索和积极培育下，善之花在中华沃土上生根发芽，茁壮成长，历经数千年而不衰。善之道，也成为中华民族最具智慧的生存做事法则之一，深深影响着每一位中华儿女。

一、帝舜的善之道

孔子在《论语·泰伯》中有这样一句话：子曰："巍巍乎，舜、禹之有天下也，而不与焉！"这是夸赞舜、禹获得治理天下的资格，是用禅让的方式获得的，靠的是个人的德行、让世人认可的成绩，而不是天命所赐。舜被后人视为中华民族的共同始祖之一，"三皇五帝"之一。同时，舜帝还是中华道德文化的鼻祖。《史记》所载："天下明德，皆自虞舜始。"虞是舜的封国，所以，舜又被称为虞舜。那么，舜的德体现在什么地方？

善，是舜身体力行的品德之一，也是他获得当时的老百姓们认可的重要原因之一。《尚书·咸有一德》载："德无常师，主善为师。"这句话是说，德的核心内容是"善"。那么，舜身上是如何体现善的呢？

据《史记·五帝本纪》载，舜出身平民，身份低微：

> 虞舜者，名曰重华。重华父曰瞽叟，瞽叟父曰桥牛，桥牛父曰句望，句望父曰敬康，敬康父曰穷蝉，穷蝉父曰帝颛顼，颛顼父曰昌意：以至舜七世矣。自从穷蝉以至帝舜，皆微为庶人。

舜本名重华，后人又将其读为"中华"，以显示其是中华文明的源头之义。虞的父亲名叫瞽（gǔ）叟，瞽叟的父亲名叫桥牛，桥牛的父亲名叫句望，句望的父亲名叫敬康，敬康的父亲名叫穷蝉，穷蝉的父亲名叫帝颛顼，颛顼的父亲名叫昌意。这是舜的家谱，从穷蝉开始，舜的先祖及舜本人，都是平头百姓。

身在底层，舜的命运似乎也很悲催。《史记·五帝本纪》如实还原了舜的不幸遭遇：

> 舜父瞽叟盲，而舜母死，瞽叟更娶妻而生象，象傲。瞽叟爱

后妻子，常欲杀舜，舜避逃；及有小过，则受罪。顺事父及后母与弟，日以笃谨，匪有解。

舜，冀州之人也。舜耕历山，渔雷泽，陶河滨，作什器于寿丘，就时于负夏。舜父瞽叟顽，母嚚，弟象傲，皆欲杀舜。舜顺适不失子道，兄弟孝慈。欲杀，不可得；即求，尝在侧。

舜的父亲瞽叟是个瞎眼老头，心地并不善良。在舜母去世后，为舜娶了后母。后母生了个儿子名象，傲慢自负。瞽叟爱后妻，也爱后妻生的儿子象，于是常常想杀掉舜。舜看到父亲要杀自己，就会选择逃命，如果只是小小的责罚，舜就顺应父亲的恶念。并且，侍奉父亲、后母，护爱弟弟，更加谨慎，不敢有丝毫懈怠。瞽叟想杀舜，总是杀不着；想得到舜的帮助，舜立马就会现身。舜的孝顺和智慧，令人称叹。

舜二十岁时，其孝顺的事迹开始在各部落中传颂，各路诸侯无不知晓舜的名字。于是，在帝尧当政70年时，舜被诸侯们推荐可以继续天子的大位。《尚书·尧典》中记载了诸侯们推荐舜的情景：

帝曰："咨！四岳。朕在位七十载，汝能庸命，巽朕位？"

岳曰："否德忝帝位。"

曰："明明扬侧陋。"

师锡帝曰："有鳏在下，曰虞舜。"

帝曰："俞？予闻，如何？"

岳曰："瞽子，父顽，母嚚，象傲；克谐以孝，烝烝乂，不格奸。"

帝曰："我其试哉！女于时，观厥刑于二女。"

厘降二女于妫汭，嫔于虞。

帝尧在朝堂上向四方诸侯公开征求谁可继承帝位的意见，四方诸侯均表示自己德行浅陋，不配登上帝位。帝尧提示大家可以从贵戚中，也可以从下层百姓中推荐人选。大家就推荐说，在民间有一个未能娶妻、生活在困苦中、名叫虞舜的人，可以考虑。诸侯们说，虞舜的父亲瞎子瞽叟，为人愚蠢冥顽；虞舜的后母嚚张跋扈；弟弟象傲慢自负。但舜却以孝心与他们相处，一家人一直和谐地生活在一处。如此治家，治理国家应该坏不到哪里去。帝尧心动，就把两个女儿——据民间传说，大女儿叫娥皇，二女儿叫女英，下嫁给舜，还派了九个儿子与舜住在一起，替他近距离观察舜的德行。

舜的表现让尧很满意。《史记·五帝本纪》这样记载：

> 舜耕历山，历山之人皆让畔；渔雷泽，雷泽上人皆让居；陶河滨，河滨器皆不苦窳。一年而所居成聚，二年成邑，三年成都。尧乃赐舜絺衣，与琴，为筑仓廪，予牛羊。

舜在历山耕田，因其谦让有礼，历山的百姓对于田地的界畔也都互相谦让；在雷泽捕鱼，因其谦让有礼，雷泽的人对于便于捕鱼的位置也都互相谦让；在黄河岸边制作陶器，因其率先良心制作，黄河岸边的陶器全都货真价实，没有任何次品。人们循着舜的足迹而来，一年的工夫，舜住的地方就成了一个集市，两年的工夫，就变成一个小城镇，三年的工夫，就发展成为一个人流密集的都城了。尧了解到舜的成绩，就赐给他一套细葛布衣服，给他一张琴，为他建造了仓库，赐给他牛和羊。

舜得到的这些赏赐让瞽叟杀心再起。《史记·五帝本纪》记载：

> 瞽叟尚复欲杀之，使舜上涂廪，瞽叟从下纵火焚廪。舜乃以两笠自捍而下，去，得不死。后瞽叟又使舜穿井，舜穿井为匿空旁出。舜既入深，瞽叟与象共下土实井，舜从匿空出，去。瞽叟、象喜，以舜为已死。象曰："本谋者象。"象与其父母分，于是曰："舜妻尧二女，与琴，象取之。牛羊仓廪予父母。"象乃止舜宫居，鼓其琴。舜往见之。象鄂不怿，曰："我思舜正郁陶！"舜曰："然，尔其庶矣！"舜复事瞽叟爱弟弥谨。

这段记载生动反映了用孝心与智慧和父亲、后母及弟弟象斗争的故事。父亲瞎眼老头让舜到房顶上去修屋顶，等舜上去后，他竟在下面放火烧房，意欲把舜烧死在房顶上。舜显然有所准备，他一手持一个大斗笠，飞身而下，全身而退，毫发无损。一计不成，又生一计。瞎眼老头又让舜去修井。舜知道这里面有杀机，并不点破，而是悄悄提前下井，在井底凿了一个洞，通往别的枯井。果不其然，待舜下到井的深处后，瞎眼老头与舜的弟弟象就开始往下面填土，把井给填得实实的。两个人自以为得手，可算把舜除掉了，高兴得不得了。开始分割舜的家产。象称这主意是他出的，因此，将舜的两个妻子即尧的两个女儿以及尧赐给舜的琴，据为己有，将牛、羊、仓库分给了父母。象住进舜的房屋，弹着刚刚占有的琴庆贺。其实，舜早已从旁边的枯井中逃生了。象看到舜死而复生，很诧异，也很不高兴，说："我正在想着你呢， 很是郁闷。"舜回答说："你是好弟弟。"并从此对父亲、后母及弟弟更恭谨，做事更细心。

舜继承尧登上帝位后，对父亲依然孝敬如故。《史记·五帝本纪》载："舜之践帝位，载天子旗，往朝父瞽叟，夔夔唯谨，如子道。封弟象为诸侯。"这是说舜持着天子的旗帜去返乡省亲，向父亲请安，恭敬谨慎，仍行子道，还把弟弟象封了诸侯。

舜的孝行，感天动地。中华民族传承上千年的《二十四孝》，集中了在民间广为流传的24个孝的故事，舜的事迹位列第一。《二十四孝》中称："舜耕于历山，有象为之耕，鸟为之耘。"大象为之耕田，鸟儿为之犁地，这里面当然有演绎的成分，但从中可以体会到古人对孝的力量的感敬。

舜在历山耕田时还有一则流传深远的故事，即"鞭打簸箕"。说是舜在耕地时，用一头黑牛、一头黄牛，他在犁辕上挂一个簸箕，催牛行走，他不打牛只敲簸箕。这一幕正好被前来暗访的尧看到，就好奇地问："耕夫犁地，都用鞭打快牛，你为何只敲簸箕不打牛？"舜拱手作揖答道："牛为人耕田犁地，出力流汗，何其苦也，再用鞭催打，我于心何忍！打簸箕，黑牛以为是打黄牛，赶紧用力；黄牛以为是打黑牛，也会卖力。敲簸箕能做到的事，何必动用鞭子呢？"

舜将犁地中体验到的方法，用到了治理天下的实践中。《尚书·舜典》载：

> 象以典刑。流宥五刑。鞭作官刑，扑作教刑，金作赎刑，眚灾肆赦，怙终贼刑。"钦哉！钦哉！惟刑之恤哉！"

这段话讲述了帝舜时期，推行宽刑的做法。舜在器物上刻画五种常用的刑罚警诫人们。对于应处以墨（脸上刺字）、劓（割鼻）、剕（断足）、宫（阉割）、大辟（死刑）等五种严酷肉刑的，改用流放的方式来处罚。对于享受俸禄的官员，违反刑法后改用鞭刑来惩罚，对于不服教令的人用木条抽打以示惩戒，还可以用黄金来赎罪。对于因自然灾害造成过失犯罪的，予以赦免；对于顽冥不化、一错再错的惯犯才处以极刑。舜为此呼吁臣下："谨慎恭敬啊，谨慎恭敬啊，用刑一定要有体恤之心呀。"

用刑问题，自古以来就是恒量当政者是否德行配位，甚至决定国运的关键性问题。《左传·庄公》记载过一则曹刿（guì）论战的故事：

> 十年春，齐师伐我。公将战，曹刿请见。……问："何以战？"公曰："衣食所安，弗敢专也，必以分人。"对曰："小惠未遍，民弗从也。"公曰："牺牲玉帛，弗敢加也，必以信。"对曰："小信未孚，神弗福也。"公曰："小大之狱，虽不能察，必以情。"对曰："忠之属也。可以一战。战则请从。"

曹刿是春秋时期鲁国人，周文王第六子曹叔振铎之后，是当时著名的军事理论家。鲁庄公十年，齐国进攻鲁国，曹刿问鲁庄公取胜的保障有哪些？鲁庄公说自己衣食之类的东西，不敢专享，必以分人，曹刿说这种小恩小惠不能遍及百姓，百姓不会跟从；鲁庄公说自己祭祀时用的猪牛羊和玉器、丝织品等祭品，从来都是有一说一有二说二，对天如实相告，曹刿认为这不过是小小的信用，神灵不会予以庇佑；直到鲁庄公说自己对于大大小小的诉讼，即使不能一一详察，但必会动之以情，体恤百姓，合理办案，曹刿才肯定这是可以取信于民的做法，有此则可开战并获胜。以体恤之情用刑，这是善的最好表达方式，也自然会得到百姓的理解和认同。

司马迁在编写《史记》中关于五帝的事迹时曾这样感叹：

> 余尝西至空桐，北过涿鹿，东渐于海，南浮江淮矣，至长老皆各往往称黄帝、尧、舜之处，风教固殊焉，总之不离古文者近是。

大意是说，自己曾经往西到过空桐，往北到过涿鹿，往东接近大海，往南跨过长江、淮水，所到之处，那里的博学之士耄耋老人往往会各自讲述他们所听说的黄帝、尧、舜等的事迹，风物教化虽然大有不同，但总起来说，与古文经籍所记载的，基本接近，当属正确。这说明，虽然舜的孝的故事等有传说演绎附会的成分，但基本还是可信的。

中华文明的善之道，帝舜开了一个很好的头。

二、百善孝为先

中国儒家思想的奠基人、古代最伟大的思想家教育家孔子、孟子非常推崇舜帝，据不完全统计，《孟子》一书篇幅不长，但提及舜帝却达五十多处。对于舜帝的禅让，孔子《论语》中有六篇提及，《孟子》中有十二篇提及，均予以充分肯定和褒扬。

百善孝为先，孔子认为，人最大的善行，莫过于孝。

孔子在自已的众多弟子中，除颜回之外，闵子蹇也是他高度评价的弟子之一。闵子骞，名损，字子骞，尊称闵子，鲁国人，比孔子小15岁，是孔门七十二贤弟子之一。闵子骞进入人们的视野，主要是因为他的德行。在孔子的心目中，闵子骞的德行仅次于他最钟爱的弟子颜回。在《论语·先进》中，孔子这样点评他的弟子：

> 德行：颜渊、闵子骞、冉伯牛、仲弓。言语：宰我、子贡。政事：冉有、季路。文学：子游、子夏。

在孔子的心目中，论德行，弟子中颜渊、闵子骞、冉伯牛、仲弓是佼佼者；论善于辞令，弟子中宰我、子贡是佼佼者；论为政，弟子中冉有、季路是佼佼者。在这次集体点评中，闵子骞排在颜回之后，是德行佼佼者。

孔子在《论语》中，三次嘉许闵子骞的德行。一次是嘉许闵子骞的

“孝”。在《论语·先进》中，孔子这样感叹：

子曰：“孝哉！闵子骞！人不间于其父母昆弟之言。”

孔子夸赞闵子骞孝顺，说当时的人们对于闵子骞父母兄弟称赞他的话，没有什么异议。对于闵子骞的孝顺，孔子语焉不详，后世的人们从《韩诗外传》《说苑》中得以了解。据《韩诗外传》载：

子骞早丧母，父娶后妻，生二子，疾恶子骞，以芦花衣之。父察之，欲逐后母。子骞曰：“母有一子寒，母去三子单。”父善之而止，母悔改之，遂成慈母。

这个故事说，闵子骞母亲去世得早，其父娶了个后母，生下两个弟弟。后母厌恶闵子骞，在做冬天棉衣的时候，给闵子骞的棉衣里，塞进的是芦花。闵父发现后，要休掉后妻。闵子骞劝说道：有后母在，只是我一个人受冻；若后母不在，我和两个弟弟三人都要受冻。闵父听了闵子骞的话，深受感动，不再提休妻的事。后母知晓此事，也深感后悔，从此改变了对闵子骞的态度，成为一名善良的慈母。这一故事，在东汉刘向的《说苑》中有所改变：

闵子骞兄弟二人，母死，其父更娶，复有二子。子骞为其父御车失辔，父持其手，衣甚单。父则呼其后母儿，持其手，衣甚厚温。即谓其母曰：“吾所以娶汝，乃为吾子。今汝欺我，去无留！”子骞前曰：“母在一子单，母去四子寒。”其父默然。故曰：“孝哉闵子骞，一言其母还，再言三子温。”

这则故事对闵父发现闵子骞衣单的故事有所完善。在这则故事里，闵子骞还有一个亲兄弟。闵子骞在为父亲驾车时，因冷冻难耐，马鞭子掉落在地上，闵父摸他的手，发现又冰又凉，摸他的衣服，非常单薄；再把后妻生的两个儿子叫来，摸其手，又温又热，摸其衣，又厚又暖，这才知道自己原配生的两个儿子被后妻虐待，于是对后妻说：我之所以娶你，是为了我的两个儿子，如今我如此欺骗我，我留你何益。坚决要求休妻，闵子骞哀求父亲说：“后母在，只我一个人受冻；后母不在，我们兄弟四人都会受冻。”这则故事虽与《韩诗外传》的记载略有出入，但基本故事情节不变。闵子骞孝的品行，由此流传后世，广为传播。在《二十四孝图》中，闵子骞的故事排名第三。直到今天，在安徽省宿州市萧县杜楼镇，有一个村子名叫“鞭打芦花车牛返村”，全称是“孝哉闵子骞鞭打芦花车牛返村”，村名号称是中国最长的村名。该村据说是闵子骞“芦衣顺母”故事的发生地，迄今已有2700多年历史，是中国孝文化教育基地，有中国最美地名的美誉。

闵子骞当然不只是孝，据《论语·雍也》载：

季氏使闵子骞为费宰，闵子骞曰：“善为我辞焉！如有复我者，则吾必在汶上矣。”

春秋时期的鲁国，一度出现三大家族，季氏即为其中一家。三大家族控制了鲁国的政权，孔子愤而离开鲁国。闵子骞在此背景下，拒绝了季氏请他出任费县长官的邀请，并让前来邀请的人说，一定要好好为我推辞此事，如果还来召我任职，那我就会逃离到齐国的汶水那边去了。这是闵子骞“义”的一面。

在《论语·先进》中，还记载了闵子骞的另一个事迹：

鲁人为长府。闵子骞曰：“仍旧贯，如之何？何必改作？”子曰：“夫人不言，言必有中。”

此处鲁人，应为当时的鲁国国君。鲁国三大权臣当道，鲁国国君的权力已被架空。在此背景下，鲁国国君打算扩建宫中自已存入货财武器的府第，很容易给三大权臣留下别有企图的想象空间。因此，闵子骞对此发表意见说，按照原来府第的旧制就可以了，何必改造呢？这句话貌似劝鲁国国君遵循旧制，维持现状，实际上是暗劝鲁国国君不要误判形势，引来不必要的灾祸。所以孔子赞许闵子骞，说他：“人不言，言必有中。”即称闵子骞平时寡言少语，但只要说话，总能一语中的，说到点子上。这其实是闵子骞“智”的表现。

孝行，是儒家思想的最核心内容之一，孔子一而再、再而三地赞许闵子骞，正是要教育后来者，注意加强孝行的修养和学习。

三、仁者，爱人

孔子对中华民族善良性格的塑造，并没有止步于孝。

在回答弟子樊迟的提问时，孔子第一次提到了“爱”。

> 樊迟问仁，子曰：“爱人。”(《论语·颜渊》)

樊迟向孔子请教什么是仁，孔子的回答只有两个字“爱人”。所谓爱人，即以仁爱之心对待他人。执政者以仁爱之心对待百姓；父慈子教、夫敬妻顺，家庭和睦，爱是黏和剂；人与人之间合作互信，爱是桥梁和基础。一个爱字，为人与人之间的关系画出了清晰的路径，给中国人的精神世界灌注进满满的温情和暖意，将中华民族陶冶成为一个最有温度的民族。

孔子主张仁者爱人，自己也以实际行动践行着这一思想，《论语·乡党》中曾记载了这样一件事：

> 厩焚。子退朝，曰：“伤人乎？”不问马。

孔子家里的马棚失火，马棚被烧掉了。孔子退朝回来后，问的第一句话的是：“有人受伤吗？”这段记载特别强调孔子“不问马”，即孔子并不关心马或者财产损失的情况。孔子以人为本的爱人思想，在这一件小事上展示得非常充分。通过恻隐之心，孔子也表达了自己另一个角度的爱人之心。

> 子食于有丧者之侧，未尝饱也。子于是日哭，则不歌。（《论语·述而》）

这段话记载了孔子为人办丧事的情景。孔子在有丧事的人旁边吃饭，非常注意收敛，照顾别人的感受，从来不曾吃饱过。孔子如果在为人办丧事的这一天为吊丧而哭泣，就不会再唱歌。这充分体现了孔子善解人意、为人善良的一面。

由爱人延伸开来，孔子的博爱思想还体现在动物身上：

> 子钓而不纲，弋（yì）不射宿。(《论语·述而》)

孔子钓鱼，每次都是一条一条地钓，而不是用网纲的形式，一次捕捞群鱼。用网捕鱼，有竭泽而渔、赶尽杀绝的意思；孔子射鸟，不射晚上飞回的鸟，这是因为晚归之鸟，往往衔食而回，鸟巢中可能有嗷嗷待哺的小鸟，射杀一只大鸟，可能会饿死一群小鸟，善良之人，不会如此杀生。从钓鱼到射鸟，留出后手，可看出孔子的博爱思想，也可看出孔子对善德的追求和弘扬。

一个善良之人，如何爱人？孔子开出了如下处方。

一是“恕”字。

曾参是孔子非常喜爱的弟子之一。有一次，孔子和曾参有这样一段对话：

> 子曰：“参乎，吾道一以贯之。”曾子曰：“唯。”子出，门人问曰：“何谓也？”曾子曰：“夫子之道，忠恕而已矣。”(《论语·里仁》)

孔子传授曾参一个独家秘籍，称自己平时讲得很多，其实所有的讲学内容，归纳起来，贯穿始终的，不过只是一个思想。曾参对老师的暗示心知肚明，回了一个字“唯”，意即是这样的。旁边的门徒听得是云里雾里，不明就里。于是，等孔子出门后，问曾参：“老师刚才讲的是啥意思？”曾参回答说：“老师的所有学问，概括其来，一是忠，一是恕。仅此而已。”那么，到底什么是恕？孔子在回答弟子子贡的提问时，进行了解释：

> 子贡问曰：“有一言而可以终身行之者乎？”子曰：“其恕乎！

己所不欲，勿施于人。”（《论语·卫灵公》）

子贡请教孔子有没有一句话或一个字，可以终身奉行不渝。孔子送了他一个“恕”字，对“恕”字，孔子给出这样的解释，即自己不愿意去做或不想要的，就不要强加给别人。恕，由如和心构成，即如自己心，以己心度人心，或宽恕原谅别人；或以自己之心思想别人之心。孔子的一个“恕”字，将善良之意表达得很充分。

二是“助”字。即帮助他人。

在和弟子子贡交流时，孔子有这样一段话：

子贡曰："如有博施于民而能济众，何如？可谓仁乎？”子曰："何事于仁？必也圣乎！尧舜其犹病诸。夫仁者，己欲立而立人，己欲达而达人。能近取譬，可谓仁之方也已。”（《论语·雍也》）

子贡请教孔子说：“假如有一个人，他能广泛地给百姓施惠，同时能广泛地救济大众，这样的行为怎么样？可以算得上‘仁’了吧？”孔子回答：“岂止是仁，简直是圣了！就连尧帝、舜帝都很难做到这样的事。所谓仁，就是要想自己站得住脚，先要帮助人家站得住脚；要想自己飞黄腾达，先要帮助别人飞黄腾达。凡事能就近拿自己做比方，推己及人，这就是所说的实行仁的方法。” “己欲立而立人，己欲达而达人”，成为历代君子做人处事奉行不二的圭臬，孔子为此进一步解释说：

子曰："君子成人之美，不成人之恶。小人反是。”（《论语·颜渊》）

孔子认为，一个优秀的人，即君子，总是能帮助别人成全好事，对于不利于别人的坏事，总是帮助别人回避或躲过。而小人的所作所为，则与之相反。成人之美与“助人立”“助人达”的思想相辅相成，共同构成了孔子仁者爱人的思想体系。

三是“宽”字，即宽以待人。

对于处理自己和他人的责任关系问题，孔子这样表述：

子曰："躬自厚而薄责于人，则远怨矣。"(《孔子·卫灵公》)

"躬自厚"，意即从重责备自己；"薄责于人"，意即对别人从轻责备。孔子认为，只有这样做了，才可能远离别人的怨恨。孔子的这一思想，在今天的现实生活中仍具有非常实际的指导意义。在做事的过程中遇到问题，合作伙伴们从善意的角度出发，先反省自己的责任，深深自责，而不是盯着合作伙伴的错误，一味地将责任推到别人的身上，千方百计减轻自己的责任，这样的做法，只会让合作伙伴心寒，于推动事情获得成功或向前发展，实际并没有任何益处。

《论语》中，引用了周公旦告诫儿子鲁国君王伯禽，进一步说明这个道理：

周公谓鲁公曰："君子不施其亲，不使大臣怨乎不以。故旧无大故，则不弃也。无求备于一人。"(《论语·微子》)

周公的儿子周伯禽，封于鲁国，为鲁国君主。周公旦将自己的为政经验细细告知。对于亲属，不要疏远；对于大臣，合理使用而不要招致抱怨；对于旧的臣下部属，不要抛弃他们。最重要的一条是，对任何人，都不要求全责备，过分苛刻。"求全责备"，这个成语，正是由此产生。《论语·尧曰》进一步明确：

宽则得众，信则民任焉。敏则有功，公则说。

这句话借尧帝之口，提出宽厚待人，就会得到百姓的拥护；说话算话就会得到百姓的信任；勤敏办事就会建立功勋；公平公正就会让百姓心悦诚服。在这段论述中，宽则得众，首当其冲，说明宽厚待人，在人际交往中的至关重要性。

颜渊，又名颜回，是孔子诸多弟子中，最受孔子喜爱并深得孔子真传的弟子之一。颜渊对孔子的"宽则得众"思想理解得非常透彻，并将他灵活地运用到了实践之中。荀子《荀子·哀公》中，曾记载了一则"颜回识马"的故事：

> 定公问于颜渊曰："子亦闻东野毕之善驭乎？"颜渊对曰："善则善矣，虽然，其马将失。"定公不悦，入谓左右曰："君子固谗人乎！"三日而校来谒，曰："东野毕之马失。两骖列，两服入厩。"定公越席而起曰："趋驾召颜渊！"颜渊至，定公曰："前日寡人问吾子，吾子曰：'东野毕之驭善则善矣，虽然，其马将失。'不识吾子何以知之？"颜渊对曰："臣以政知之。昔舜巧于使民，而造父巧于使马；舜不穷其民，造父不穷其马；是以舜无失民，造父无失马。今东野毕之驭，上车执辔衔，体正矣；步骤驰骋，朝礼毕矣；历险致远，马力尽矣；然犹求马不已，是以知之也。"定公曰："善，可得少进乎？"颜渊对曰："臣闻之，鸟穷则啄，兽穷则攫，人穷则诈。自古及今，未有穷其下而能无危者也。"

鲁定公是春秋时期鲁国的第二十五任君主，也正是在他的任上，孔子的政治生涯到了最高峰。关于颜回的智慧事迹，史传资料有限，荀子的记载，让人们可以一窥颜回的真实风貌。此段记载的颜渊即颜回。东野毕在鲁定公眼中，是一个善于驾驭马车的高明驭手，他向颜回夸赞东野毕驾车驾得好，颜回的回答是："好倒是好。但他的马很快就要逃走了。"鲁定公听了很不高兴，回来后对身边的人说："君子原来可以这样说别人的坏话吗？"三天后，养马的官员来拜见鲁定公，说东野毕的马逃跑了。三匹马中，两边的马挣断缰绳分别跑了，只有中间的马回到了马棚中。鲁定公闻言失色，跳起来离开座席，说："赶快套车，把颜渊接过来！"颜回来后，鲁定公问他："前天我问你，你说：'东野毕驾车，好倒是好。但他的马很快就要逃走了。'不知道你凭什么了解到这一点？"颜回从容应答说："我是根据为政的原则来了解到这一点的。从前舜善于役使民众，造父善于驱使良马。舜不使他的民众穷得走投无路，造父不使他的马累得筋疲力尽，因此，舜的治下，没有逃跑的民众；造父的马鞭下，没有逃跑的马匹。现在东野毕驾车，登上车子后手握缰绳，将马嚼子和马身都摆弄得端端正正；快跑慢行，让马将朝廷的规定动作做的是分毫不差；还要让马用尽全身力气，历经各种险阻突奔到远方。即便如此，他对马的要求还是没完没了，要求马继续做这做那，永不停步，由此我知道，他的马会逃跑。”鲁定公说：“这样的分析真是很有道理！您能再引申一下吗？”颜回表示说：“我听说过这样的话：‘鸟走投无路了就会乱啄，兽走投无路了就会乱抓，人走投无路了就会铤而走险。’从古到今，让臣民没有活路，而自己仍能居高位而无忧，这样的君王是没有的。”颜回借东野毕失马的故事，隐晦地劝说鲁定公以善意体恤百姓，施惠百姓，勿过分盘剥百姓，爱护臣民，实施仁政。宽则得众，颜回以丢马为例，给鲁定公上了生动一课。

四、“以德报怨”与“以直报怨”

一个民族是否具备善良的集体人格，从对待怨恨的态度上，可以看得很清楚。

老子对怨恨的态度，是“以德报怨”。老子《道德经》第六十三章提到“大小多少，报怨以德”，意即大由小中生，多由少处生，只有用包容万物的德来回报怨恨，才可以消匿怨恨，获得真正的和平和善。老子的这一思想，与他的广阔深远的对宇宙起源的认知有着直接的关系。老子认为天地万物，皆生之于道，“道生一， 一生二， 二生三， 三生万物”，故怨恨和友善，也由道而生，本是同根生，自然可以以大而无边的德的心态来处理和解决。在《道德经》第四十九章中，老子这样说：

> 善者，吾善之；不善者，吾亦善之；德善。信者，吾信之；不信者，吾亦信之；德信。

老子，对待善良之人，可以以善良之态相待；以待不善良之辈，也可以以善良之态对待，如此，才可以得到真正的善；对于讲诚信的人，可以以诚信的态度相待；对于不诚信的人，也可以用诚信的态度相待，最终也会得到诚信。老子从事物运行转化周而复始的观念出发，认为善恶是可以相互转化的，只有扬善，才可以抑恶，一味地以恶治恶，只会恶恶相报，循环往复，最后的结局非但不会终结恶，只会让恶之花开得更加旺盛。老子所处的时代，正是春秋争霸大战进行得如火如荼的时代。诸侯之间，一言不合，即可以兴兵讨伐。一场大战下来，或胜或负，必结下深刻仇恨。冤冤相报，没完没了。老子正是从大德思路出发，提出了自己从善的本心出发，以海纳百川的胸怀，从根本上消除怨恨，让世界归于和平的解决问题办法。

老子之后，孔子提出的对待怨恨的态度是“以直报怨”。孔子在《论语·宪问》中说：

> 或曰：“以德报怨，何如？”子曰：“何以报德？以直报怨，以德报德。”

有人问孔子，以德报怨，这样做可以吗？这实际上是用老子的观点来询问孔子。孔子回答说，用什么来报答恩德？当然是以公正无私来报答怨恨，以恩德之心来报答恩德。孔子反对以德报怨，他认为应该从公正公平正直的角度来处理怨恨，而不能一味地以宽容仁慈的角度来对待怨恨。

虽然孔子和老子在对待怨恨的回应方面，有些许差异，但两人共同反对的，都是以怨报怨，更反对以怨报德。中华民族博大的胸襟，善良的性格，正是在诸多先哲的引导教诲之下，逐步形成并凝固下来。

五、善来自真诚待人

孟子，名轲，字子舆，他出生于约公元前372年，卒于公元前289年，战国时期杰出的思想家、政治家、教育家，儒家学派的代表人物之一。司马迁生于前145年或前135年，两者相距250年左右。在《孟子》一书中，多次讨论有关舜的故事，有的故事与司马迁《史记》所录基本相同，可见关于舜的故事，在中国古代流传之广。

在《孟子·万章》中，孟子与弟子万章有这样一段对话：

> 万章曰："父母使舜完廪，捐阶，瞽瞍焚廪。使浚井，出，从而掩之。象曰：'谟盖都君咸我绩。牛羊父母，仓廪父母，干戈朕，琴朕，弤朕，二嫂使治朕栖。'象往入舜宫，舜在床琴。象曰：'郁陶思君尔。'忸怩。舜曰：'惟兹臣庶，汝其于予治。'不识舜不知象之将杀己与？"
>
> 曰："奚而不知也？象忧亦忧，象喜亦喜。"
>
> 曰："然则舜伪喜者与？"
>
> 曰："否。昔者有馈生鱼于郑子产，子产使校人畜之池。校人烹之，反命曰：'始舍之圉圉焉，少则洋洋焉，攸然而逝。'子产曰'得其所哉！得其所哉！'校人出，曰：'孰谓子产智？予既烹而食之，曰：得其所哉！得其所哉！'故君子可欺以其方，难罔以非其道。彼以爱兄之道来，故诚信而喜之，奚伪焉？"

万章在这则对话中，讲述了舜的父母及弟象杀舜的故事：修房子，等舜上了房顶，就抽掉梯子，放火烧之；淘井，等舜下去后就以土掩之。象还大言不惭地称这主意是他出的，所以大大方方地分配舜的财产，包括两个嫂子，都分给了自已。但舜并没有为难父母及弟象，还在自己做了天子后，让象做了自己的臣子，为自己治理百官。万章为此产生疑问，舜对父母及弟弟的善，是装出来的吗？

孟子否定了万章的看法。他举了春秋时期郑国大臣、著名政治家子产的故事来说明。有人给子产送了一条活鱼，子产让管理池塘的小吏将鱼放入池塘给养起来。结果，这个贪嘴的小吏把鱼烹调后吃了。然后报告子产说，鱼放进池塘后，开始还不敢动，后来高兴起来，游走了。子产说，游走了好，到它该去的地方去了。这位小吏自以为得逞， 出来后给别人说，谁说子产有大智慧呀？我把鱼吃了，告诉他鱼游走了，他竟然相信了。孟子举这个例子，想表达的意思是，一个伟大的人，明知道对方所说的话是在欺骗自己，但他编造出来的欺骗理由合乎情理，也就是说，他仍然心存善念，在这种时候，不必点破，保住他的面子，就是保住他尚且留存着的善心。所以孟子并不认为舜在明知父母及弟弟欲加害自己之后，仍一如既往地孝敬、慈爱是违心的，是装出来的，相反，他依然坚持按自己的“道”——孝敬父母、慈爱弟弟的理念来行事，这是孟子赞赏的大善。这种善发自内心，因此，不会因对方的改变而改变，正是因为舜真诚无私的善，才帮助他得到了天下人的信赖，最后取得了非凡的成就。这是真正的大善，真正的大智慧。

六、善与不忍人之心

孟子把“不忍之心”视为一种善，认为有此善德，可以为王。

在和齐宣王的一次对话中，孟子谈到了“不忍人之心”。《孟子·梁惠王上》载，齐宣王铸了一口新钟，负责的官员准备杀一头牛来祭祀。牵牛路过朝堂时，齐宣王喊了叫停，让以羊代替。对此，孟子予以肯定：

曰：“臣闻之胡龁曰，王坐于堂上，有牵牛而过堂下者，王见之，曰：‘牛何之？’对曰：‘将以衅钟。’王曰：‘舍之！吾不忍其觳觫，若无罪而就死地。’对曰：‘然则废衅钟与？’曰：‘何可废也？以羊易之！’不识有诸？”曰：“有之。”

曰：“是心足以王矣。百姓皆以王为爱也，臣固知王之不忍也。”王曰：“然；诚有百姓者。齐国虽褊小，吾何爱一牛？即不忍其觳觫，若无罪而就死地，故以羊易之也。”

曰：“无伤也，是乃仁术也，见牛未见羊也。君子之于禽兽也，见其生，不忍见其死；闻其声，不忍食其肉。是以君子远庖厨也。”

孟子认为齐宣王由“不忍之心”引出的以羊换牛之举，是“仁术”，是为王必备的一种品德，是一种难得的“善”。孟子据此得出了自己一个重要的结论：

> 老吾老，以及人之老；幼吾幼，以及人之幼。天下可运于掌。《诗》云：“刑于寡妻，至于兄弟，以御于家邦。”言举斯心加诸彼而已。故推恩足以保四海，不推恩无以保妻子。古之人所以大过人者，无他焉，善推其所为而已矣。

这是孟子留给后世的一则名言。因为善待自己的老人，所以也善待天下所有的老人；爱护自己的幼子，进而也爱护天下所有的幼子。管理天下的方法其实就是这么简单。由此心及彼人，将善心推广开去，谁会不接受呢？孟子认为古代的伟大先哲，之所以伟大，就在于善于推广自己的善心，不忍人之心，“推恩足以保四海，不推恩无以保妻子”，孟子将广播善心视作“王道”，强调有善心且可推而广之，则可“为王”，可谓成功之道。

在“不忍人之心”之后，孟子进一步提出了“恻隐之心”，并展开进行了充分论述。《孟子·公孙丑上》载：

> 孟子曰：“人皆有不忍人之心。先王有不忍人之心，斯有不忍人之政矣。以不忍人之心，行不忍人之政，治天下可运之掌上。所以谓人皆有不忍人之心者，今人乍见孺子将入于井，皆有怵惕恻隐之心。非所以内交于孺子之父母也，非所以要誉于乡党朋友也，非恶其声而然也。由是观之，无恻隐之心，非人也；无羞恶之心，非人也；无辞让之心，非人也；无是非之心，非人也。恻隐之心，仁之端也；羞恶之心，义之端也；辞让之心，礼之端也；是非之心，智之端也。人之有是四端也，犹其有四体也。有是四端而自谓不能者，自贼者也；谓其君不能者，贼其君者也。凡有四端于我者，知皆扩而充之矣，若火之始然，泉之始达。苟能充之，足以保四海；苟不充之，不足以事父母。”

孟子认为人人皆有不忍人之心，也就是说，人人皆有同情心。由此推广开来，就有了不忍人之政，即怜悯体恤百姓的治理之道。孟子为此比喻道，一个人看到小儿将掉进井里，马上就会有心痛恐惧、怜悯同情的感受，并不由自主地会施以援手。这种心理以及由此而产生的自然而然的做法，并不是要在乡亲邻里中获得赞誉，也不是担心会被别人冠以恶名。实在是一种本能，一种内心固有的情感。孟子据此得出结论说，没有恻隐之心，羞恶之心，辞让之心，是非之心，都不可以称之为人，恻隐之心是善的源头，羞恶之心是义的源头；辞让之心是礼的源头；是非之心是智的源头。比如火苗，比如源泉，比如四肢，均是天生而来。明明有此四样东西，不承认有，那就是自甘为贼，自暴自弃，自甘堕落。认为国君做不到，就是把其君主推向不仁不义的境地。将不忍人之心、恻隐之心等善心充实自已，然后推而广之，加之于他人、他事，则可成就四海伟业，得到天下人的拥戴，否则，连自己的父母都无法奉养。

在孟子的思想体系中，“仁”就是“善”，“善”就是“仁”。所以，孟子的仁政思想，实际上也就是善政思想。行仁道，就是行善道。施善政，也就是施仁政。

既然不忍人之心、恻隐之心是人性之发端，因此，“人之初，性本善”，自然就成了孟子思想体系——也是整个儒家思想体系的一个基石。这个基石作为中华民族精神的支柱，两千多年来不断发展壮大，浇灌滋养，充盈丰沛，真正成了中华民族的人性基因，以至于今天的中国人，在许多国际友人的眼中，依然是“好人”“善人”的代名词。中华民族是世界各民族中最友善的民族。

孟子在与另一位哲学家告子的辩论中，明确提出了“性本善”的思想：

告子曰：“性犹湍水也，决诸东方则东流，决诸西方则西流。人性之无分于善不善也，犹水之无分于东西也。”

孟子曰：“水信无分于东西，无分于上下乎？人性之善也，犹水之就下也。人无有不善，水无有不下。今夫水，搏而跃之，可使过颡；激而行之，可使在山。是岂水之性哉？其势则然也。人之可使为不善，其性亦犹是也。”（《孟子·告子上》）

在这次辩论中，告子认为，人性如流水，流水不分东西，让它向东流就流向东，让它向西流就流向西，人性也没有善与不善之别，如同流水的方向一样。孟子对此予以驳斥。他认为，人性之善，如水向下流，这是自然而然的事。除非形势强行改变，让水激荡逆行。人之所以干起了了坏事，也是形势环境使然，并非本性所为。

以水比善，孟子表达了两层意思，一是人的本性是善的，如同水必然会向下流一样的；另一层是人活着的终极目标是向善的，人会在向善的过程中找到自己生存和发展的意义，会感到安全和顺适，如同水只有流向大海，才会找到归宿一样。

《孟子·告子上》第六章中，孟子继续与告子进行辩论：

> 公都子曰："告子曰：'性无善无不善也。'或曰：'性可以为善，可以为不善；是故文武兴，则民好善；幽厉兴，则民好暴。'或曰：'有性善，有性不善；是故以尧为君而有象；以瞽瞍为父而有舜；以纣为兄之子，且以为君，而有微子启、王子比干。'今曰'性善'，然则彼皆非与？"
>
> 孟子曰："乃若其情，则可以为善矣，乃所谓善也。若夫为不善，非才之罪也。恻隐之心，人皆有之；羞恶之心，人皆有之；恭敬之心，人皆有之；是非之心，人皆有之。恻隐之心，仁也；羞恶之心，义也；恭敬之心，礼也；是非之心，智也。仁义礼智，非由外铄我也，我固有之也，弗思耳矣。故曰：'求则得之，舍则失之。'或相倍蓰而无算者，不能尽其才者也。《诗》曰：'天生蒸民，有物有则。民之秉彝，好是懿德。'孔子曰：'为此诗者，其知道乎！故有物必有则；民之秉彝也，故好是懿德。'"

告子以周文王、周武王、周幽王、周厉王、商纣王等一系列历史人物，以及尧、舜还有舜的父亲瞽瞍、弟弟象为例，认为性可以是善的，也可以是不善的，不能对人性的善与不善做结论。孟子也再次驳斥了这一观点。他强调："仁义礼智，非由外铄我也，我固有之也，弗思耳矣。"即包括善在内的人的各种德行，本来就是与生俱来的，之所以感觉不到，是因为不去思考、修炼而已。如果自觉地去追求它，自然就会唤醒并得到它，如果放弃它，自然也会失去它。但孟子坚信古代先哲所云：天生万民，给他形体，也给了他使用这个形体的规则。这个规则，就是唤醒、培养、遵守善的美好德行，并传递、施与，将其发扬光大。这是上天的规定，是天命，因此，人必须遵守之。

守善，会获得上天的赏赐，孟子称其为“天爵”。《孟子·告子上》第十六章中这样写道：

> 孟子曰：“有天爵者，有人爵者。仁义忠信，乐善不倦，此天爵也；公卿大夫，此人爵也。古之人修其天爵，而人爵从之。今之人修其天爵，以要人爵；既得人爵，而弃其天爵，则惑之甚者也，终亦必亡而已矣。”

孟子把人所拥有的包括善在内的美好品德，比之为天爵，而所谓的公卿大夫，只不过是俗世的官位，是为人爵。古代的先哲们是先修品德，自然就有了人爵；现在的人是为人爵才去修炼品德，等官位有了，品德修养就全放弃了，这实在是糊涂得很。最终，也会失去社会上的官位、名利等物质利益。孟子用“天爵”和“人爵”，将古人所云的德和位形象生动地联系在一起，强化了人的品性的重要性，有德必有位，失德必失位，德位相配，这才是上天定下的生存规则，谁敢说，这不是一种为人处世的大智慧呢？

七、善，然后可服天下

孟子的思想体系以善为根基，因此，他反复肯定善的作用，鼓励人们积极践行善道。

在《孟子·离娄下》第十六章中，有这样的记载：

孟子曰："以善服人者，未有能服人者也；以善养人，然后能服天下。天下不心服而王者，未之有也。"

善是一种来自内心的力量，孟子认为，用善来战胜降服别人，这是不可能的，但用善的言行来熏陶感染别人，让人心服口服，最后，自然会赢得人心，得到天下人的顺从。天下人心不归顺，则王位不可能稳固，事业不可能长青。

为了让人们能更形象地理解善德的重要性，孟子甚至把人与禽兽的区别建立在善德的基础上：

孟子曰："人之所以异于禽兽者几希，庶民去之，君子存之。舜明于庶物，察于人伦，由仁义行，非行仁义也。"(《孟子·离娄下》)

孟子强调说，人和禽兽的区别，其实并不多，就那么一点点，这一点点东西，正是仁义、德行。一般人抛弃了这一点点东西，所以活着和禽兽无异；君子则不同，追求的正是这一点点东西。孟子对舜再次提出赞扬，他认为舜正是这样的人，他了解万物的运行规则，了解人伦变化的真谛，仁义是他的出发点和归宿地，他不是为了行仁义，为了沽名钓誉而去行仁义，他是真切地按着仁义的规则在行动。在孟子心目中，舜是最伟大的君子。

孟子提出只要是人人向善，则人人皆可为尧舜，尧舜的品德并非遥不可及。只有存心欲为尧舜，就可成为尧舜。曹国国君的弟弟曹交向孟子请教尧舜之道，《孟子·告子下》载：

曹交问曰："人皆可以为尧舜，有诸？"

孟子曰："然。"

"交闻文王十尺，汤九尺，今交九尺四寸以长，食粟而已，如何则可？"

曰："奚有于是？亦为之而已矣。有人于此，力不能胜一匹雏，则为无力人矣；今曰举百钧，则为有力人矣。然则举乌获之任，是亦为乌获而已矣。夫人岂以不胜为患哉？弗为耳。徐行后长者谓之弟，疾行先长者谓之不弟。夫徐行者，岂人所不能哉？所不为也。尧舜之道，孝弟而已矣。子服尧之服，诵尧之言，行尧之行，是尧而已矣。子服桀之服，诵桀之言，行桀之行，是桀而已矣。”

曹交听哲人讲人人都可以成为尧舜，于是就去请教孟子，孟子对此给予充分肯定。可惜的是，曹交看重的是外形，是物质层面的，所以，曹交质疑，周文王身高十尺，商汤王身高九尺，而自己身高九尺四寸，天天又吃的是五谷杂粮，怎么可以成为尧舜。孟子并不认为曹交的问题可笑，而是耐心向曹交讲解，所谓人人可以成为尧舜，是指尧舜的品德人人皆可修而得之。尧舜的品德，就是两个字“孝弟”。慢慢地走在长者的后面，恭敬谦逊，是为弟；在长老前面抢行快走，桀骜不驯，是为不弟。慢慢走难道就做不到吗？是不愿意这么做而已。大道至简。孟子给出的方法是，穿尧舜的衣服，口诵尧舜说过的话，按尧舜的行事方式去做事，这样就是践行了尧舜之道，自然也就会成为尧舜一样的人，与之相反，穿夏桀王的衣服，说夏桀王一样的话，按夏桀王的行事方式去做事，最后必然会变成夏桀王一样的人，亡国灭种。曹交对孟子的学识非常敬佩，想专门租下客舍追随孟子学习，被孟子婉言谢绝，孟子说：“夫道若大路然，岂难知哉？人病不求耳。子归而求之，有余师。”《孟子·告子下》意思是这样的道理，如同大路一样，人人皆知，只要想去追求，到处都有高人做老师。

孟子一直认为，善是可以通过加强修炼的方式获得。在《孟子·尽心上》中他以舜为例这样表述：

孟子曰：“舜之居深山之中，与木石居，与鹿豕游，其所以异于深山之野人者几希。及其闻一善言，见一善行，若决江河，沛然莫之能御也。”

孟子认为舜的善德来自他持续不断、坚定果决的修炼与实践。舜居深山之中，住的是石头屋，见的是鹿和野猪，其居住环境与生活方式，与野人无异。但为何舜成了天下人人敬仰的对象？就在于他听到善的言语，见到善的行动，就会以一种江河决堤的勇气和决心，不顾一切地去学习、实践，最终成品德高尚的人。

孟子很强调内心的修行，人的所作所为皆由思想指导，心有所思，身必有所动，在《孟子·离娄下》第十六章中，有这样的记载：

> 孟子曰："君子所以异于人者，以其存心也。君子以仁存心，以礼存心。仁者爱人，有礼者敬人。爱人者，人恒爱之；敬人者，人恒敬之……是故君子有终身之忧，无一朝之患也。乃若所忧则有之：舜，人也；我，亦人也。舜为法于天下，可传于后世，我由未免为乡人也，是则可忧也。忧之如何？如舜而已矣。若夫君子所患则亡矣。非仁无为也，非礼无行也。如有一朝之患，则君子不患矣。"

孟子认为君子之所以与常人不同，在于其存心不同，指导行动的思想出发点不同。君子的思想出发点是"仁""礼""善"。故此孟子得出了一个自己的等量公式："爱人者，人恒爱之；敬人者，人恒敬之。"这个公式屡试不爽，从而成为千百年来中国人一直奉行的做人准则之一。在此基础上，孟子提出了"终身之忧"与"一朝之患"。终身之忧是担忧成不了像舜这样的君子贤人，一朝之患是突如其来的祸患。孟子认为只要人能"非仁无为也，非礼无行也"，从善出发，向善而行，自然就不用担心大祸临头，大可坦然面对人生。用"终身之忧"化解"一朝之患"，最后获得安全稳健的一生，这是多么伟大的一种处世智慧。

孟子反复强调不仁、不善的后果：

> 孟子曰："三代之得天下也以仁，其失天下也以不仁。国之所以废兴存亡者亦然。天子不仁，不保四海；诸侯不仁，不保社稷；卿大夫不仁，不保宗庙；士庶人不仁，不保四体。今恶死亡而乐不仁，是犹恶醉而强酒。"（《孟子·离娄上》）

孟子强调说，仁是国家兴亡的重要因素。仁也是个人生死存亡的重要因素。行仁行善，路路畅通，不仁不义，寸步难行。孟子发现，人们厌恶死亡，却总是乐意于去做不善的事，这就好比人们厌恶醉酒的失态，但却总是乐意去喝酒一样。这是孟子深感担忧的事。

孟子认为不仁不义之人，不可与之相交，不可与之谋事：

> 孟子曰："不仁者可与言哉？安其危而利其灾，乐其所以亡者。不仁而可与言，则何亡国败家之有？……夫人必自侮，然后人侮之；家必自毁，而后人毁之；国必自伐，而后人伐之。《太甲》曰：'天作孽，犹可违；自作孽，不可活。'此之谓也。"（《孟子·离娄上》）

孟子对看到别人有危险而自己无动于衷；看到别人遭灾自己趁机取利；看到别人亡国自己幸灾乐祸……对这些行径，孟子均视为不善不仁，这样的人，也必然会遭遇亡国败家的惨祸。因为不善不仁在先，所以，个人这样做了，就会被别人羞辱，家庭这样做了，必然被人毁家，国家这样做了，必然被他人亡国。孟子为此引用了一句著名的古语来证明自己所说有理："天作孽，犹可违；自作孽，不可活。"即上天造下的罪孽，还可以逃掉责罚；自己造下的罪孽，必然遭受严惩至死。

孟子呼吁君子"莫大乎与人为善"。在《孟子·公孙丑上》中，有这样的记述：

> 孟子曰："子路，人告之以有过，则喜。禹闻善言，则拜。大舜有大焉，善与人同，舍己从人，乐取于人以为善。自耕稼、陶、渔以至为帝，无非取于人者。取诸人以为善，是与人为善者也。故君子莫大乎与人为善。"

闻过则喜，舍己从人，与人为善，这是孟子希望人们加强内心品德修养的强烈呼吁。"君子莫大乎与人为善。"这一名言成为中国千百年来贤明之人的共同责任，行动指南，自己为善，把善再传导给他人，中华文明因此产生出绵延不断地永生动力，在自我完善、助人完善的民族精神塑造的历程中，发挥出重要的法则性作用。

八、楚庄王的“绝缨之宴”

善，不仅是一种品德，更是一种智慧。当善的智慧在实践中得以应用时，它和其他的智慧一样，也会产生非同一般的力量。

楚庄王就见证了这样的力量。

楚庄王是春秋五霸之一。他即位时年龄不足20岁。卒于公元前591年。他去世时，孔子刚好20岁。为了看清来自朝堂的各种力量的较量，楚庄王即位后采取了以静制动、无为而治策略。即位三年之内，他表面上沉湎酒色，不理政事，实则辨忠识奸，暗中积蓄力量。果然，三年之后，楚庄王“三年不飞，一飞冲天；三年不鸣，一鸣惊人”。在一众贤臣的辅佐下，楚庄王接连出兵打败晋国，灭掉萧国，逼和宋国，扫平中原诸侯，一举成为春秋霸主之一。

楚庄王作为一代雄主，除了给后人留下“一鸣惊人”这样的成语，还通过“绝缨之宴”，给人们留下了善的智慧和力量。

据刘向《说苑·复恩》记载：

> 楚庄王赐群臣酒，日暮酒酣，灯烛灭，乃有人引美人之衣者，美人援绝其冠缨，告王曰：“今者烛灭，有引妾衣者，妾援得其冠缨持之，趣火来上，视绝缨者。”王曰：“赐人酒，使醉失礼，奈何欲显妇人之节而辱士乎？”乃命左右曰：“今日与寡人饮，不绝冠缨者不欢。”群臣百有余人皆绝去其冠缨而上火，卒尽欢而罢。居三年，晋与楚战，有一臣常在前，五合五奋，首却敌，卒得胜之，庄王怪而问曰：“寡人德薄，又未尝异子，子何故出死不疑如是？”对曰：“臣当死，往者醉失礼，王隐忍不加诛也；臣终不敢以荫蔽之德而不显报王也，常愿肝脑涂地，用颈血湔（jiān）敌久矣，臣乃夜绝缨者。”遂败晋军，楚得以强，此有阴德者必有阳报也。

这则故事记录了这样一件事：楚庄王在一次大战获胜之后，大宴群臣，高兴之余，让宠姬嫔妃也统统出席饮酒助兴。喝到日落西山仍未尽兴。楚庄王命人点亮火烛继续夜宴。另让两位最爱的宠妃许姬和麦姬，轮流向文臣武将们敬酒。一阵大风吹过，筵席上的烛火被吹灭，有人趁乱摸其中一位宠妃的手，拉扯宠妃的衣服。宠妃慌乱之中，一把扯下了那人帽子上的缨带。宠妃手持缨带向楚庄王告状，称赶紧点亮蜡烛，将调戏宠妃之人查出。楚庄王听了后说，让别人来喝酒，酒醉了做出失礼之举，何必为了女人的虚礼而让臣下受辱呢？楚庄王下令，今日饮酒，不把帽缨除去，这酒就不算喝得尽兴。等参与喝酒的100多个臣子全都扯下了帽缨，楚庄王这才让人重新点上烛火，与大家一醉方休。三年后，晋楚恶战，有一人挡在楚庄王面前，五进五出，奋勇杀敌，带头击退了晋军。楚庄王很奇怪，就唤来此人，说“本王德行浅薄，又没有给过你特别优待，你怎么为我义无反顾、出生入死到如此地步呢？”那人回答说：“我本就是该死之人。三年前喝醉酒失了礼节，君王您出于隐忍之心没有诛杀我。我不敢因为没有人知道您的善德就不予以报答，我常愿自己有机会肝脑涂地，用一腔热血杀敌！我就是那天晚上被抓走帽缨的人哪！”楚庄王的善良和宽容，为自己赢得了一名死士，善的力量，谁可小觑。

另一位体验到善良力量的君王是秦缪公。秦缪公常被记作秦穆公，是秦国第九位君王。他卒于公元前621年，在位时间长达38年，也是“春秋五霸”之一。刘向《说苑·复恩》中也记载了一段他的故事：

> 秦缪公尝出，而亡其骏马，自往求之，见人已杀其马，方共食其肉，缪公谓曰：“是吾骏马也。”诸人皆惧而起，缪公曰：“吾闻食骏马肉，不饮酒者杀人。”即以次饮之酒，杀马者皆惭而去。居三年，晋攻秦缪公，围之，往时食马肉者，相谓曰：“可以出死报食马得酒之恩矣。”遂溃围。

秦国人自古就有养马的传统，个个喜欢骏马，秦人可以称得上是马背上的民族。秦缪公为了发挥这一优势，专门建立了骑兵部队，每个士兵配备一把匕首，“短兵相接”的成语即来自于此。秦缪公外出时，有一匹骏马丢失了，亲自去找，发现有一群人把他的爱马杀了，正在痛快地吃肉。秦缪公心疼地说：

“这是我的骏马呀！”吃马肉的人全吓坏了，站起来不知如何是好。秦缪公说，我听说吃骏马的人，必须配上好酒，不喝酒就得被杀死。于是，和大家伙一起痛饮美酒，尽兴而归。三年后，晋国重兵攻击秦国，将秦缪公团团围住，当年偷吃马肉者，听说后纷纷表示，现在该是以死报恩的时候了。于是奋力杀入重围，击溃敌军，救了秦缪公。秦缪公的一时善举，得到了最好的回报。

吴起是战国初期杰出的政治家，卓越的军事家。他生于公元前440年，卒于公元前381年，卫国人。他曾到鲁国拜曾子为师，学习儒术，后因母亲病逝没回去奔丧，引起曾参不悦，与他断绝了师生关系。吴起后到魏国、楚国为将，在军事上颇有建树。吴起为将，爱兵如子。司马迁在《史记》卷六十五《孙子吴起列传》中，记载了吴起爱兵如子的故事：

> 起之为将，与士卒最下者同衣食。卧不设席，行不骑乘，亲裹赢粮，与士卒分劳苦。卒有病疽（jū）者，起为吮之。卒母闻而哭之。人曰："子卒也，而将军自吮其疽，何哭为？"母曰："非然也。往年吴公吮其父，其父战不旋踵，遂死于敌。吴公今又吮其子，妾不知其死所矣。是以哭之。"

这则记载显示，吴起刚到楚国时，与最下等的士卒穿同样的衣服，吃同样的伙食。睡觉时不设枕席，行军时不骑马乘车，亲自背负着捆扎好的粮食，与士卒们同甘共苦。有个兵卒生了恶性毒疮，吴起就爬在他的病患处为他吸吮脓疮。这个兵卒的母亲听说后，放声大哭。有人说：“你儿子不过是个无名小卒，将军却亲自替他吸吮脓疮，为何还哭呢？”这位母亲回答说：“不是这样的。往年，吴将军也曾替我儿子的父亲吸吮毒疮，我儿子的父亲、我的丈夫在战场上就勇往直前，结果死在敌人手里。吴将军如今又来给我的儿子吸吮毒疮，我不知道他又会在什么地方死去，因此，我才如此而哭啊。”将军爱兵如子，士兵不惜死命，善的力量就是如此磅礴而伟大。

“积善之家，必有余庆；积不善之家，必有余殃。”（《易传·文言传·坤文言》）这句千古流传的名言，至今仍在深深影响着每一个中国人的生活。它引导着中国人不断在向上向善的道路上前行，也让中华文明的温馨之光不断抚慰着这个不断躁动着的充满戾气的世界。

第八讲

慎之道：君子慎其独也

在世界民族之林中，谨言慎行，是中华民族广为人知的鲜明民族性格之一。一个行事谨慎的民族，往往是最难琢磨的民族，但一旦读懂了这个民族的内在性格，会发现，这个民族也是最可靠和最值得信任的民族。中华民族的谨慎性格，赋予了中华民族行稳致远的强大力量。深藏不露、底蕴深厚的中华智慧，在慎之道中得以集中展现。掌握了慎之道，通往成功的道路，就多了几分把握和保障。

一、“慎独”与“诚其意”

在做事之前，先“修身”“内省”“求诸已”，这是中国古代先哲们为后世子孙划定的成就伟业的基本遵循和路径，也是人类战胜自我谋求发展的最伟大智慧之一。“自天子以至于庶人，一是皆以修身为本。”（《大学》）即强调不论天子还是平民，不论贵胄还是百姓，都要注意修身养性，修身养性是为人做事的根本。

“慎独”的概念，开始进入中国人视野。2500年前，中国先哲们通过对“慎独”思想的提倡，将“修身”理念注入中华民族成长壮大的基因之中。

中国儒家学说的经典著作《大学》《中庸》，系统表述了“慎独”的思想。《大学》出自《礼记》，相传为孔子晚年所收弟子、春秋末期的曾子（公元前505年—前435年）所作；《中庸》也出自《礼记》，相传是战国时期子思（公元前483年—前402年）所作。子思是孔子的嫡孙、孔子之子孔鲤的儿子，名孔伋，鲁国人。子思4岁左右孔子即去世，因此，他主要受教于曾子。子思最重要的弟子之一是孟子，后人往往将子思、孟子并称思孟学派。宋朝起当政者将《大学》《中庸》《论语》《孟子》合为“四书”，要求读书人必读，科举考试必考，儒家思想渐成中国社会的主流思想。儒家学说能传承千古，与儒门弟子前赴后继、持之以恒地将儒家学说继承创新发展并发扬光大有着极大的关系。

《大学》谈到“慎独”时这样说：

所谓诚其意者，毋自欺也。如恶恶臭，如好好色，此之谓自谦。故君子必慎其独也。小人闲居为不善，无所不至，见君子而后厌然，掩其不善而著其善。人之视己，如见其肺肝然，则何益矣。此谓诚于中，形于外，故君子必慎其独也。曾子曰：“十目所视，十手所指，其严乎！”富润屋，德润身，心广体胖，故君子必诚其意。

此段文字，两次提到“慎其独”，说明古代先哲对“慎独”问题的高度重视。对于“独”，宋朝著名理学家朱熹给出的注解是：“人所不知而已所独知之地。”换句话说，独，即独居之意。这个解释被后人广为接受。慎独，也通常被解读为在一个人独处时，仍严谨慎重地对待自己的品德言行，不可有丝毫松懈。为何要如此？这是因为人们讨厌恶臭的气味，喜爱容貌出众的女子，这完全是一种本能，每遇此种情形，就会自然而然、心满意足地表现出来，这是自己欺骗不了自己的。古代先哲借《大学》告诫人们，对待修身，一定要诚实、真挚、专一、全心全意、全时间段，万万不可“自欺”。“慎其独”，实际上就是告诉人们，即使在独处的时候，也不要忘了严格自我约束，继续加强自身修养的学习和进步，不可在没有他人监督或约束的情况下，放纵自我，任性而为。

脱离他人监督或约束即任性而为，古代先哲认为此种行径只有“小人”才干得出来。《大学》中描述道，小人在独处、闲居时，以为没有人知道，于是干尽坏事，但在君子面前，又极力掩饰，总想让人看到自己好的一面，而把不好的东西掩藏起来不让别人看到。其实，别人看到你的不良行为，早如同看到你的五脏六腑一样清楚，掩饰其实不会有任何用处，纯属徒劳。“诚于中，形于外”，指的是心中有所思，外表必有所表现，正是这一原理，古代先哲才再次提醒人们，“君子必慎其独也”，也就是说，一个人在独处时的所思所想，所作所为，都还是会从外表言行上表现出来，掩饰是无用的。这就要求人们必须言行一致、表里如一，有人监督的时候和没有人监督的时候一个样，一个人独处的时候和众人同处的时候一个样。任何情况下，人们都应该意识到自己是在“十目所视，十手所指”的情境中生活，因此，必须严格要求自己，时时处处小心。慎独，正是要求人们时时刻刻都注意加强自身修养，即使在独处的时候也要如此。

“慎独”对人的修身如此重要，以至于在《中庸》中，古代先哲们再次加以提醒：

> 天命之谓性，率性之谓道，修道之谓教。道也者，不可须臾离也，可离非道也。是故君子戒慎乎其所不睹，恐惧乎其所不闻。莫见乎隐，莫显乎微，故君子慎其独也。

《中庸》的作者认为，天所赋予人们的东西谓之“性”，“性”亦即天赋之德，遵循天赋之德行事谓之“道”，道不经修习不可能获得，因此，引导人们修习道德谓之“教”。道德是一时一刻都不可以放弃或离开的。如果可以放弃或离开的道，那就不是真正的道。故此，君子在没有被人看到的情形下，仍保持着慎戒之心；在没有被人听到的情形下，依旧保持恐惧之状，这是因为君子时时刻刻都很在意自己对道的修行，不愿在修身上犯错，从而违背了天命。越是隐藏暗含着的东西，越是清晰可见；越是微小不起眼的东西，越是显著庞大，所以，君子对于看不见摸不着细弱微小的东西，更应该保持严谨慎重之心，万万不可在小事或不起眼的事情上犯错，有违道命。此处的慎独，正是告诫人们在细微小事上谨慎小心，保持戒惧慎重之心，因为小事可以演变成大事，隐藏着的东西迟早会大白于天下。只有始终保持谨慎之心，才可以有所善终。

如何做到“慎独”？古代先哲们也给出了自己的思考，那就是“诚其意”。在《大学》《中庸》中反复出现“诚”字，足见古代先哲们对“诚”的重视。

“诚其意”，指的是在道德学习、修身养性的态度上要真诚、恭敬、严谨，不自欺，不欺人，表里如一，实实在在；在方法上，则要始终如一，恒久坚持，心无旁骛，全心全意。《中庸》将诚之道列为天道：

诚者，天之道也；诚之者，人之道也。诚者不勉而中，不思而得，从容中道，圣人也。诚之者，择善而固执之者也。

诚，这是天赋予人的品性；坚守精诚、诚信的品性，这是为人的基本遵循和做人的基本道理。至诚的人，就是圣人，他们不用勉强就会自然合乎中庸之道；不用苦思冥想就会得到人生大道理；从从容容就能修成正道。真正至诚的人，总是选择美好的东西，相信它们并坚定信心去遵守执行。

《中庸》全篇不过3500余字，但用了大量篇幅来歌颂、赞美诚之美德，引导人们做对自己、对他人均至诚之人：

唯天下至诚，为能尽其性；能尽其性，则能尽人之性；能尽人之性，则能尽物之性；能尽物之性，则可以赞天地之化育；可以赞天地之化育，则可以与天地参矣。

其次致曲。曲能有诚，诚则形，形则著，著则明，明则动，动则变，变则化。唯天下至诚为能化。

至诚之道，可以前知。国家将兴，必有祯祥；国家将亡，必有妖孽。见乎蓍龟，动乎四体。祸福将至，善必先知之；不善必先知之。故至诚如神。

诚者，自成也。而道，自道也。诚者物之终始，不诚无物。是故君子诚之为贵。诚者非自成己而已也，所以成物也。成己仁也；成物知也。性之德也，合外内之道也，故时措之宜也。

故至诚无息，不息则久，久则征；征则悠远，悠远则博厚，博厚则高明。博厚所以载物也；高明所以覆物也；悠久所以成物也。博厚配地，高明配天，悠久无疆。

唯天下至诚，为能经纶天下之大经，立天下之大本，知天地之化育。

古代先哲们认为，至诚之人，可以与天地并驾齐驱，是真正的“天地人”三位一体，可以辅助天和地养育孵化万物；这是因为他发挥了天地赋予了他的诚的天性，做到了尽人之性、尽物之性，从而产生了与天地一样的力量；至诚之人，还可以通晓天地万物的曲微之理，精妙之处，因此，可以教化万物；掌握了至诚之道，甚至可以预知国家的未来。古代先哲们认为，国家将要兴盛，必有祯祥之物出现；国家将要败亡，也必有妖孽降临灾祸。祸福将来临的时候，好的，会必预先知道；不好的，也必会预先知道。“至诚如神”，说的正是这个道理。至诚之人，会自我成就；遵行道德的人，也会自己找到循道的规律。只有至诚的人，才会自始至终拥有万物，没有诚的人，不会拥有任何东西。所以，君子都知道以诚为贵。至诚的人，不但可以成就自我，还可以成就他人，成就万物。成就自己是一种“仁”，成就他人和万物则是一种“智”。有了至诚的态度和行动，事情就会永不停息地运行下去；有了不停息，就会通达；有了通达，就会长久；有了长久，就会广博深厚，就会承载万物，就会养育万物。最终，古代先哲们总结说，只有天下至诚之人，才能创制天下人共同遵守的基本规则；确立天下万事万物运行的根本大法；通晓天下万事万物孕育变化的基本道理，成为与天地并立的至圣。对诚的作用的推崇，古代先哲们不遗余力。

“慎独”和“诚其意”，是相辅相成、互为因果的关系。因为有了“诚其意”，即自始至终坚守自己的修身理想，诚实不欺，不自欺，不欺人，诚信至真，全心全意，一以贯之，所以，当一个人在独处的时候，遇到微弱细小的事情的时候，他自然会做到谨慎小心的对待，“慎其独”；而正是因为他做到了“慎其独”，不论是一个人暗室独处，还是对待尚未发生的事，刚露出苗头的小事，他都会慎终如始地对待，自然也助长了他对诚的坚持和守护，使自己的诚德更加完善、完美。

对于“诚其意”与“慎独”的关系，荀子有过非常精辟的论述。在《荀子·不苟》篇中，荀子这样写道：

> 君子养心莫善于诚，致诚则无它事矣。唯仁之为守，唯义之为行。诚心守仁则形，形则神，神则能化矣；诚心行义则理，理则明，明则能变矣。变化代兴，谓之天德。天不言而人推高焉，地不言而人推厚焉，四时不言而百姓期焉。夫此有常，以至其诚者也。君子至德，嘿然而喻，未施而亲，不怒而威。夫此顺命，以慎其独者也。善之为道者，不诚则不独，不独则不形，不形则虽作于心，见于色，出于言，民犹若未从也，虽从必疑。天地为大矣，不诚则不能化万物；圣人为知矣，不诚则不能化万民；父子为亲矣，不诚则疏；君上为尊矣，不诚则卑。夫诚者，君子之所守也，而政事之本也，唯所居以其类至，操之则得之，舍之则失之。操而得之则轻，轻则独行，独行而不舍则济矣。济而材尽，长迁而不反其初，则化矣。

荀子出生于约公元前313年，卒于公元前约238年，是战国时期著名大儒之一。他融会贯通百家之学说，将古人对儒学的认知，又向前推进了一大步。荀子认为，修养身心的最好方法，莫过于做到“诚”字。做到了“诚”字，就会一通百通。诚心诚意地守护、坚持“仁”“义”，就会如有神助，就会明察事理，就能感化、改造他人，就能适应甚至把握驾驭时代的变化，也就具备了“天德”。天不说话，人们都称赞它高远；地不发声，人们都推崇它深厚，四季无言，人们都期盼着四季的变换。天、地、四时之所以如此被人们信任，是因为它们持之以恒、真诚如一地只做着一件事。君子德行至高，即使沉默不语，人们也都明白他的伟大；没有施舍，人们会亲近他；不必发怒，人们也会遵从他的威严：这是因为顺从了天命，做到了至诚“慎独”。善于循道义法则而行的人，往往是这样表现的：不至诚，就不能慎独；做不到慎独，就不能在日常言行中表现出道义来；表现不出道义，即使内心是这么想的，脸色上是这么表现的，话也是这么说的，但人们仍然不会顺从他；即使顺从他，也会犹豫不决、迟疑不定。荀子为此指出，天地虽然很大，没有真诚就无法化育万物；圣人虽然聪明，没有真诚就无法感化万民；父子关系亲密，没有真诚就会疏远；君上地位尊贵，没有真诚也会被人鄙视。“诚”，是君子的坚守，是治国理政的根本。只要立足于“诚”，同类就会聚拢过来；只要以诚待人，就会得到人心，不以诚待人，就会失去人心。有了“诚”，做到“慎独”就是一件容易的事；有了“慎独”的好习惯再坚持不懈地去保持，“诚其意”的品行也会养成，如此相辅相成，相得益彰，人们就完全被教化了。

在古代，《大学》教授的对象，是相对于小学而言的，往往是针对15岁以上的青年或成年学子，这时，这些人已经开始研究人伦道德、齐家治国平天下的道理。越是缺失的东西，越是要被反复强调。《大学》《中庸》不厌其烦地反复提及“慎独”“至诚”，恰好了反映了春秋战国时期人心不古、世风日下的现实。一个人如果不能做到表里如一，总是当面一套，背后一套，对人对事三心二意，欺骗自己，欺骗别人，其实，最终只会聪明反被聪明误，给自己招来灾祸。从这个角度来理解，仅仅把“慎独”看作是独处的时候严格要求自己，显然是不够的，与先哲们提出“慎独”思想的初衷是不相吻合的。

“富润屋，德润身，心广体胖”，有钱了可以修饰屋子，住得漂亮；有德了可以滋润身心，身体健康；言行如一，表里如一，无须刻意伪装，心胸豁达，坦诚处世，自然会“心广”，而“心广”，自然会“体胖”，平安吉祥。先哲们提出的“慎独”“至诚”，深意正在此处得以体现。人只有在严格按道德标准要求自己，且表里如一、真诚做人的时候，才是最无忧无虑、心地无私天地宽的时候，而在这样天地人无差别融合为一体的语境里，人及其所从事的事业，又怎么能不在快乐中获得成功呢？

从这个角度来理解，慎独，应视为古代先哲们教给中华民族最大的生存发展智慧之一。

二、孔子论“慎言”

慎独是慎之道中不可忽视的一个内容，慎之道另一个不可忽视的内容，是慎言。祸从口出，这句当今人们所熟悉的处事警句，其实2500年前，古代先哲们就反复强调。

孔子34岁时，即公元前517年前后，曾经有过一段难得的赴周游学经历。对这段游学经历，《孔子家语·观周》及《说苑·敬慎》中，均有详细记载。其中《孔子家语·观周》载道：

> 孔子观周，遂入太祖后稷之庙。庙堂右阶之前，有金人焉，三缄其口，而铭其背曰：“古之慎言人也，戒之哉！无多言，多言多败；无多事，多事多患……诚能慎之，福之根也。口是何伤？祸之门也……戒之哉！”
>
> 孔子既读斯文也，顾谓弟子曰：“小人识之，此言实而中，情而信。《诗》曰：‘战战兢兢，如临深渊，如履薄冰。’行身如此，岂以口过患哉！”

孔子观周游学经考证属实，但其是否诵读了《金人铭》以及《金人铭》的内容是否真实存在，后世多有争论。尽管如此，今人所说的“祸从口出”，应该较早出自此处。孔子引用《诗经》名句“战战兢兢，如临深渊，如履薄冰”，以揭示慎言的重要性，也符合孔子的思想。孔子年轻时既对“慎言”有所警觉，应该是一个不争的事实。

孔子对“慎言”的重视，首先因为言语的特殊作用。孔子在和鲁定公交谈时，围绕言语的作用，两人曾有这样一段对话：

> 定公问：“一言而可以兴邦，有诸？”孔子对曰：“言不可以若是其几也。人之言曰：‘为君难，为臣不易。’如知为君之难也，不几乎一言而兴邦乎？”曰：“一言而丧邦，有诸？”孔子对曰：“言不可以若是其几也。人之言曰：‘予无乐乎为君，唯其言而莫予违也。’如其善而莫之违也，不亦善乎？如不善而莫之违也，不几乎一言而丧邦乎？”（《论语·子路》）

在这段对话中，产生了两个后世广为流传的成语，一为“一言兴邦”，一为“一言丧邦”。鲁定公请教孔子：“一句话就可以使国家兴盛，这样的话有吗？”孔子对答说：“这样的话是没有的，但效果与这样的话接近，还是有的。比如，有人说：‘做君难，做臣不易。’如果一个国君，知道了做君的难，从而谨慎发奋为君，这不近似于一句话可以使国家兴盛吗？”鲁定公接着请教：“一句话可以亡国，有这样的话吗？”孔子回答说：“这样的话也是没有的，但效果与这样的话接近，还是有的。比如有人说：‘我做国君没有体会到什么乐事，我唯一高兴的是没有人敢违抗我说的话。’国君说的话是善言于人有益，没有人违抗不是好事情吗？但国君说的话是恶语于人无益，这时还没有人敢违抗，那不近似于一句话可以亡国吗？”一个人的地位越高，拥有的影响力越大，其言语的影响力也就越大，孔子认为，在这种情况下，必须慎言，因为君王的言语，往往事关国运。

《周易·系辞上》中，借用孔子的话，将孔子的慎言思想做了进一步阐释：

> 子曰：“君子居其室，出其言，善则千里之外应之，况其迩者乎？居其室，出其言，不善则千里之外违之，况其迩者乎？言出乎身，加乎民；行发乎迩，见乎远。言行，君子之枢机。枢机之发，荣辱之主也。言行，君子之所以动天地也，可不慎乎！”

孔子认为，君王身居内室，但所说的话，千里之外都会有响应。说对了，会得到遵从，说的不对，则会被违背。远的反应尚且如此，言语对身边的人的影响更不用说了。言语出自君王之口，行动却体现在百姓身上。言行，对君王而言如同扳机。扳机既发，对君王意味着有荣辱之果。被百姓遵守践行，是荣耀的，被百姓群起攻之，则是耻辱的。正是因为言语有惊天动地之功效，孔子呼吁“可不慎乎”，一定要慎言。

孔子对弟子有明确的慎言要求。子张是孔子晚年所收弟子，比孔子小48岁，复姓颛孙，名师，字子张，为人勇武，喜欢行侠仗义，性情偏激，有时言语冲动。有一次，子张向孔子请教为官之道，孔子借机告诫他要学会慎言：

> 子张学干禄。子曰：“多闻阙疑，慎言其余，则寡尤；多见阙殆，慎行其余，则寡悔。言寡尤，行寡悔，禄在其中矣。”（《论语·为政》）

孔子对子张所说的话，有因材施教的特点，但也道出了为人处世的一大智慧，那就是：一定要多听。对于有疑问的事情暂且先行搁置，不可随意置评，对于确有把握的话，谨慎地去说，这样就很少会出错了。一定要多观察。对于不确定的事情暂且先行搁置，对于有把握的事，谨慎去做，这样就不会有后悔。言语上没有过错，行动上没有后悔，如此一来，就可以安享做官的俸禄了。谨言慎行，孔子的为人处世智慧至今仍被中国人践行着。

孔子强调慎言的另一个动因，在于避祸。

孔子曾在《论语》中称赞过历史人物比干。比干是商王朝的三世功臣，后担任商王朝最后一位天子商纣王的宰相。最后因为劝谏不成而被挖心而死。《论语》称比干“谏而死”。称孔子将比干与同朝为臣的微子、箕子并称“三仁”，说：“殷有三仁焉。”《史记·宋微子世家》曾记载了比干死谏的故事：

> 王子比干者，亦纣之亲戚也。见箕子谏不听而为奴，则曰：“君有过而不以死争，则百姓何辜！”乃直言谏纣。纣怒曰：“吾闻圣人之心有七窍，信有诸乎？”乃遂杀王子比干，刳视其心。

孔子一生致力于克己复礼，推广爱人学说，对人的生命价值高度关注。所以，孔子虽然称比干为仁人，但对比干直言谏纣不惜身死的做法并不苟同。这一点，体现在他对同时代人物史鱼和蘧（qú）伯玉的评价上。

子曰："直哉史鱼！邦有道，如矢；邦无道，如矢。君子哉蘧伯玉！邦有道，则仕；邦无道，则可卷而怀之。"

史鱼与蘧伯玉均为卫国大臣，与孔子是同时代的人。孔子称赞史鱼正直，称他像箭矢一样，不管君王是否有道。君王有道，他正直如箭矢；君王无道，他依然正直如箭矢；对于蘧伯玉，孔子的评价明显不同，孔子称蘧伯玉为君子，这个评价显然高于"正直"，孔子称赞蘧伯玉君王有道，就出来做官；君王无道，就辞去官职隐居，将自己的主张收藏起来放在心中。

史鱼的正直，史书上曾有记载。据《韩诗外序·卷七》载：

卫大夫史鱼病且死，谓其子曰："我数言蘧伯玉之贤而不能进，弥子瑕不肖而不能退。为人臣生不能进贤而退不肖，死不当治丧正堂，殡我于室足矣。"卫君问其故，子以父言闻，君造然召蘧伯玉而贵之，而退弥子瑕，徙殡于正堂，成礼而后去。生以身谏，死以尸谏，可谓直矣。《诗》曰："静共尔位，好是正直。"

史鱼是卫灵公的大臣，曾多次向卫灵公推荐贤人蘧伯玉，并请求卫灵公远离不肖之人弥之瑕，卫灵公不听。于是，史鱼临死前交代子女，自己死时，不要在室内治丧，就把尸体放在外室让人凭吊。卫灵公听后颇感诧异，询问缘故，史鱼的儿子将父亲临终遗言告知卫灵公，卫灵公深受震动，立即召见蘧伯玉，任命为大臣，同时，将弥子瑕赶出朝堂，不再任用。然后，亲自安排将史鱼的吊唁安排在正堂举行，卫灵公亲自到灵堂上祭拜。"生以身谏，死以尸谏"，孔子称史鱼正直，正是据此典故而来。

蘧伯玉，姓蘧，名瑗（yuàn），字伯玉。他约生于公元前585年左右，卒于公元前484年左右，是位百岁寿星。蘧伯玉长孔子34岁，深得孔子尊敬。孔子周游列国14年，有10年在卫国游学，其中两次住在蘧伯玉家中，前后长达9年。蘧伯玉一生，曾侍奉过卫献公、殇公、灵公三代国君，其间多次出仕入仕，贤名广播，这才有了史鱼死谏的故事。蘧伯玉去世后，被后人们奉祀在孔庙东庑，排序第1位，足见孔门后人对蘧伯玉的敬重。

蘧伯玉得到孔子敬重并非偶然，在当时，他已经因为“慎独”而受到时人的称赞。《列女传·传灵公夫人》对此曾有过一段生动的记述：

> 灵公与夫人夜坐，闻车声辚辚，至阙而止，过阙复有声。公问夫人曰：“知此谓谁？”夫人曰：“此必蘧伯玉也。”公曰：“何以知之？”夫人曰：“妾闻：礼下公门式路马，所以广敬也。夫忠臣与孝子，不为昭昭信节，不为冥冥堕行。蘧伯玉，卫之贤大夫也。仁而有智，敬于事上。此其人必不以暗昧废礼，是以知之。”公使视之，果伯玉也。

蘧伯玉深夜坐车经过卫灵公的皇宫。适逢卫灵公与南子夫人夜坐闲谈。听到有车从宫门前经过，车声滚滚而来，到了宫门处寂静无声，离开宫门后复又滚滚有声。卫灵公问这是谁的车子，南子夫人判断此必为蘧伯玉之车，理由是过宫室之门，按礼制规定，车主人应该下车，扶着车前面的横木而行，以示对国君的尊敬。人前人后一个样，有人监督和没有人监督一个样，不会因为深夜行车而废弃礼节，这样的事，只有蘧伯玉做得到。卫灵公派人出去打探，回来后禀明果然是蘧伯玉。蘧伯玉的贤德，于此可窥一斑。

蘧伯玉不只以“慎独”精神打动孔子，孔子对蘧伯玉的内省精神也非常佩服，《论语·宪问》载：

> 蘧伯玉使人于孔子，孔子与之坐而问焉。曰：“夫子何为？”对曰：“夫子欲寡其过而未能也。”使者出，子曰：“使乎！使乎！”

这段话记载的是孔子在鲁国为官，蘧伯玉从卫国派来使者询问的经过。孔子见到使者后，关心地问蘧伯玉最近在忙什么，使者回答说，蘧伯玉一直在反省自己，想努力减少自己的过失，但没有能做到。使者离开后，孔子感叹地说：“使者说的是实情呀，使者说的是实情呀。”这说明孔子对蘧伯玉一日三省吾身的严谨修身态度是非常认可并高度赞同的。《淮南子》原道篇载“蘧伯玉年五十，而有四十九年非”，即说蘧伯玉五十岁时，还在反省自己四十九岁时犯下的过失。孔子与蘧伯玉一生为挚友，实在是因为两人的思想和价值观高度契合。

比干和史鱼“以死相谏”，孔子认为这只是做到了正直；蘧伯玉“邦有道则进，邦无道则退”，孔子认为这是君子之风，这表明，孔子认为，说话，要看对象，因为不了解说话对象的所思所想而盲目进言，其实并不可取。慎言，另一层含义，就是要谨慎判断观察所要进言的对象，然后再进言，心直口快，大不可取。在《论语·宪问》中，孔子这样说：

子曰：“邦有道，危言危行；邦无道，危行言孙。”

孔子认可蘧伯玉“邦有道，则仕；邦无道，则可卷而怀之”的做法，在教育弟子的时候，也要求他们君王有德的时候，可以直言直行，有啥说啥；君王无道的时候，则只可保持正直的做法，不能同流合污，但言语方面，则要谨慎谦逊，不可因言招祸。此处“孙”同“逊”，谦逊之意。

对君王而言，对无道之君直言会招来杀身之祸，对普通人而言，不分对象的直言，也会失去信任，招致麻烦。孔子为此告诫人们：

子曰：“中人以上，可以语上也；中人以下，不可以语上也。”（《论语·雍也》）

子曰：“可与言而不与之言，失人；不可与言而与之言，失言。知者不失人，亦不失言。”（《论语·卫灵公》）

孔子认为，对于中等智慧以上的人，可以告诉他更高深些的道理；对于中等智慧以下的人，不可以告诉他高深的道理；应该告诉他而不告诉的，会失去朋友的信任；不应该告诉他的话而告诉了，这是失言。有智慧的人，说话会分清对象，因此，既不会失去别人的信任，也不会犯失言之错。这两段话都说明，说话要慎重看待进言对象，当进则进，不当进则止，只有这样，才会确保自己万无一失。

一个通达、事业有所成就之人，必是善于察言观色之人，这个道理，孔子在2500年前已经清楚地告诉了人们。在回答弟子子张的时候，孔子与子张有过这样一段对话：

> 子张问："士何如斯可谓之达矣？"子曰："何哉，尔所谓达者？"子张对曰："在邦必闻，在家必闻。"子曰："是闻也，非达也。夫达也者，质直而好义，察言而观色，虑以下人。在邦必达，在家必达。夫闻也者，色取仁而行违，居之不疑。在邦必闻，在家必闻。"（《论语·颜渊》）

子张向孔子请教如何才能闻达于天下，成为显达高贵之人。孔子先问子张如何理解显达高贵，子张回答说，只要在一国之内，人人都知道；在家居乡里，人人都知名，就是显达高贵之人。孔子对此予以否定。孔子认为，有名气，并不代表显达高贵。只追求名声的人，表面上似乎很仁义，实际行动上却并不遵行仁义，而自己并不自知，一直自以为是，我行我素，这仅仅只是有名气而已。真正的达人，得到社会尊重的人，必是内心正直，喜好义礼，和人交谈察言观色，考虑地位低下者的感受。这样的人，会广受欢迎和信任，因此，会在国家有地位，在乡里有地位，这才是人们应该追求的理想达人。"察言观色"一词语出孔子，实际上是对谈话对象的一种尊重，这在孔子的思想体系中是一种美德，而非后人所理解的投其所好式的谄媚。

孔子还总结了侍奉君王为政的三种言语上的过失：

> 孔子曰："侍于君子有三愆（qiān）：言未及之而言谓之躁，言及之而不言谓之隐，未见颜色而言谓之瞽。"（《论语·季氏》）

孔子表示，在陪君王说话时，要注意避免出现三种过失：一是没有被问到的时候就开口说话，这是急躁；已经被问到了但却闭口不言，这是隐瞒；不看君王的脸色贸然说话，这是瞎子。孔子总结的这三条教训，今天的人们仍然应该引以为戒。说话不会察言观色被孔子斥为"瞎子"，足见其对不慎重观察进言对象就随便说话行为的极度厌恶。

君子是孔子提出的具有最完美人格的人，也是孔子的人格理想，而言行一致，是君子的基本人格标配。为实现此人格理想，慎言也就成为必然。在回答弟子子贡关于君子的提问时，孔子这样说：

子贡问君子。子曰："先行其言而后从之。"(《论语·为政》)

子曰："古者言之不出，耻躬之不逮也。"(《论语·里仁》)

子曰："君子欲讷于言而敏于行。"(《论语·里仁》)

孔子看来，君子应该先做，做成了再说，然后再照自己说的去做，行一言一行，行在言先，验证后再言，然后再推而广之。行言一致，方为君子。孔子多次表达对巧言令色的厌恶，正是因为只说不做，是很不道德的行为，为孔子所不齿。古代的贤达之人，之所以轻易不说话，是因为说到做不到是一种耻辱，君子不为。真正的君子，是言语谨慎，行动敏捷的人。从这一系列描述看，孔子告诉人们的道理，就是要行言一致，切莫言过其实，说到做不到。

为了引起人们对慎言的重视，孔子还把慎言列入了"仁"的范畴。

司马牛又名司马耕，是孔子的众多弟子之一，他善言谈，较粗放，性子急躁。针对他的这一特点，在一次交谈中，孔子给他上了一课：

司马牛问仁。子曰："仁者，其言也讱。"曰："其言也讱，斯谓之仁已乎？"子曰："为之难，言之得无讱乎？"(《论语·颜渊》)

司马牛向孔子请教何为仁，孔子因人施教，回答说，说话很慢，非常慎重，这就是仁了。讱，本意为迟钝缓慢，此处引申为说话小心谨慎。司马牛接着追问："说话慎重，这就能叫作仁了吗？"孔子说："事情做起来很困难，说起来能不慎重吗？"此处，孔子已经把行言一致，上升到仁德来看，再次说明孔子对此问题的重视。

在回答自己最钟爱的弟子颜渊关于仁的提问时，孔子再次表达了这一观点。

颜渊问仁。子曰："克己复礼为仁。一日克己复礼，天下归仁焉。为仁由己，而由人乎哉？"颜渊曰："请问其目。"子曰："非礼勿视，非礼勿听，非礼勿言，非礼勿动。"颜渊曰："回虽不敏，请事斯语矣。"（《论语·颜渊》）

孔子一生以克己复礼为己任。这是他解释仁最完整的一次。孔子认为，哪怕只有一天恢复了周礼，那么，天下也就可以是仁的天下了。行仁义，是自觉自愿的事，不能由别人来驱使。颜渊请求老师对仁做进一步解读，孔子提出了著名的四个非礼，不合礼的，不看；不合礼的，不听；不合礼的，不说；不合礼的，不心动。做到了这四个非礼，就达到了仁的境界。颜渊深受启发，表示自己虽然愚钝，但一定要按照老师所教的去做。四个非礼听起来简单，做起来实属不易。这实际上是孔子为中华民族立下的一个做人的标杆，划定的一个做人的规范，中华民族之所以屹立世界民族之林两千余年而不倒，深受世界各族人民信赖和敬仰，由四个非礼塑造出来的中华民族的完美品格，应该起到了非常关键的作用。时至今日，遵行四个非礼的，往往事业长久；不遵行四个非礼妄自行事的，建立再庞大的事业王国也会因此轰然倒塌。对待2500年前的祖先留下的为人处世智慧，人们怎么可以不慎之又慎。

三、慎终如始，则无败事

中国古代先哲们对慎之道的理解深厚深远，老子洞察天地宇宙万物之变化规律，对慎终如始，老子提出了自己的独到见解。

在《道德经》中，老子这样写道：

其安易持，其未兆易谋，其脆易泮（pàn），其微易散。为之于未有，治之于未乱。合抱之木，生于毫末；九层之台，起于累土；千里之行，始于足下。……民之从事，常于几成而败之。慎终如始，则无败事。（第六十四章）

老子是从大宇宙观的视角来看待慎终如始的问题的。老子认为，万事成物均有自己的对立面，相互对立的事物你中有我，我中有你，相互依存，相互转化，彼此成就，有阴必有阳，有黑必有白，有生必有死，有大必有小。这种相互依存转化的规律，即为道，认清了道，也就认清了事物发展的规律，也就有了遵循和把握，不至于在变幻莫测的世界中失去了方向，迷失了自我。正是基于对这一规律的把握和认知，老子提出“慎终如始，则无败事”。老子认为，安定的局面是容易得到维持的，在事情没有发生征兆之前是容易被处理的；脆弱的事物容易化解；微小的东西容易消散。一定要在事物还没有生成之前就进行谋篇布局，要在大乱没有出来之时进行大治。为了帮助人们理解这一玄深的思想，老子用了通俗易懂的比喻：可以数人合抱的粗大的树木，是由幼弱的小苗成长起来的；九层高的台子，是一抔抔土堆积而成的；千里之行，是从第一步开始走出来的。老百姓不懂从小做起的这个道理，很多人总是在事情快要成功的时候放弃了，从而招致败亡。如果在事情快要完成的时候，仍像开始时那样慎重，这样的败局就可以避免。慎终如始，老子的告诫千百年来屡试不爽。

在老子的慎终如始的哲学思辨世界里，还有一个慎微、慎细、慎易、慎小的思想，这一慎小的思想，仍起源于老子的宇宙万物一体论思想。老子在《道德经》中甚至为人们提供了具体的方法：

图难于其易，为大于其细。天下难事必作于易，天下大事必作于细，是以圣人终不为大，故能成其大。夫轻诺必寡信，多易必多难，是以圣人犹难之，故终无难矣。（第六十三章）

老子告诉人们，完成艰难的工作，要从容易完成的小事入手；完成重大的任务，要从容易完成的细微的事情入手；天下的难事都是从容易完成的小事开始起步的；天下的大事也都是从容易成功的细节开始做起的。所以，圣明的人从来不一开始就以成就大业为目标，但最终还是成就了大业。那些轻易许诺的事情，往往很少有能兑现的；那些只做轻易事情的最后必碰上大难题。而圣明的人因为一开始就知道由小变大、由易变难的道理，慎始如始，慎终如终，一直保持着戒惧谨慎的心态和做事方法，最后终能成就伟业，而不是半路落败。

战国时期，群雄并起，战火频仍，民不聊生。残酷的战争，也让一大批能人志士登上历史舞台，长袖当舞，展示出惊人才华。这其中，苏秦、张仪两人尤为著目。苏、张二人生年不详，苏秦卒于公元前284年，张仪卒于公元前309年，两人同为战国时期大智慧家鬼谷子的学生。战国七雄，秦居西方，一家独大，其他六国居于东方，环伺秦国，各怀心事。于是，苏秦就用合纵之术，联合六国来对搞强秦，此招让六国平稳度过了100余年；张仪则用连横之术——秦国与周边邻国横向一对一地合作，来破合纵之策。合纵连横你来我往，这里面，劝说所引用的智慧发挥着关键的作用。

公元前322年，秦惠王三年，张仪为了实施自己的连横计划，亲赴魏国担任国相，打算说服魏国率先与秦国连横，发挥示范作用，然后再说服其他诸侯国效仿。但当时的魏惠王并没有接受张仪的策略；魏惠王死后，接任的魏襄王还是不听张仪的劝说。魏襄王命薄，继位没有多久就故去，换了魏哀王当政。张仪再劝，还是没有成功。公元前318年，也即秦惠王七年，韩国、赵国、魏国、燕国以及齐国率领的匈奴人，一起与秦国交战，此役秦国大败五国联军，还杀死了韩国八万余名官兵，诸侯们无不惊惧。张仪这时动用了小事会演变成大危机的道理来说服魏哀王改变主意。据司马迁《史记·张仪列传》记载，张仪在再次游说魏哀王时这样说：

> “臣闻之，积羽沉舟，群轻折轴，众口铄金，积毁销骨，故愿大王审定计议，且赐骸骨辟魏。”哀王于是乃倍从约而因仪请成于秦。

轻飘飘的羽毛，积累在一起，也会让船只沉掉；货物虽轻，积累多了，也会压折车轴；金石虽硬，众人一起诋毁它，也会让它销熔；骨肉至亲，谗言诽谤多了，照样会被毁灭。张仪列出这一系列比喻，是要说明合纵之策，是经不起一次次失败的积累，最后必然会土崩瓦解，与强秦连横，应为上上之策。生动的比喻，加上残酷的现实，终于使魏哀王改变了主意，违背了合纵之约，请张仪从中调停，参与了与秦国的连横计划。“积羽沉舟，群轻折轴，众口铄金”，作为千古流传的经典成语，一直在人们的实践中广为应用着，为人们奉献着事业成就的智慧。

四、慎刑的思想

只要有人的地方，就会有社会，有组织；而要想保障社会、组织有序健康地运行，就要有约束，有刑罚。对待刑罚，古代先哲们提出要慎之又慎。慎刑慎罚，是古代先哲们慎之道的又一个重要智慧。

慎刑的做法，在上古时期的人类社会中，已经开始体现。据《尚书·尧典》载：

> 象以典刑，流宥五刑，鞭作官刑，扑作教刑，金作赎刑。眚灾肆赦，怙终贼刑。钦哉，钦哉，惟刑之恤哉！

这则记录显示了上古时期人们适用刑罚的情况。五种常用的刑罚刻画在器物上用以警示人们；触犯五刑的罪人用流放的办法予以宽恕；官刑是鞭打，教刑用木条，赎罪可用金子。因过失犯罪，可视情宽宥赦免；对不知悔改才施以重刑。《尧典》作者呼吁人们：谨慎啊，谨慎啊，刑罚一定要慎重啊！

到了周王朝，以周公为代表的新一代当政者，意识到了教化的重要性，因此，明确提出了“明德慎罚”。周公的弟弟、周文王姬昌第九子康叔，因参与平定三监之乱有功，获封殷商故都朝歌，建立卫国，是为卫国第一任国君。康叔赴任时，周公作《康诰》用于训诫，“明德慎罚”思想正是在这篇训诫辞中体现出来：

惟乃丕显考文王，克明德慎罚；不敢侮鳏寡，庸庸，祇祇，威威，显民。

周公在这篇训诫辞中，指出周文王能弘扬仁德，慎用刑罚；不欺侮孤老、寡母，任用可以作用的人；尊敬值得尊敬的人；惩罚必须惩罚的人，以此来显示他的公正贤明的治国之道。“明德慎罚”是上天认可的一种美德，因此，周文王才获得了天命，将周王朝从一个小部落发展成一个大国。周公要求康叔到了新封地后，要发扬光大周文王的这一德。他提出：

敬明乃罚。人有小罪，非眚，乃惟终自作不典；式尔，有厥罪小，乃不可不杀。乃有大罪，非终，乃惟眚灾：适尔，既道极厥辜，时乃不可杀。（《尚书·康诰》）

周公提出一定要谨慎严明地使用刑罚。一个人犯了小罪，不悔过，罪虽小，也必须杀掉；一个人虽犯重罪，知道悔过，坚持不再犯错，这样的人就不应该被杀掉。由此可见，古代先哲们认为刑罚的目的，在于警示人们悔过，而不是为杀人而设刑罚。

可能是因为周武王推翻商王朝的战争过于惨烈，《尚书·武成》载“血流漂杵”，即言双方战死士兵之多，以致血流成河，将木制兵器等都漂浮了起来。因此，周公回忆起这噩梦般的经历，往往惊惧不已，这也使得他一生都在反思商王朝失败的教训，并时时刻刻以殷为鉴。周公认为商纣王亡国，不能明德慎罚，是其中一个重要原因。在《尚书·多方》篇中，周公在总结商王朝被灭国的历史原因时，又一次提及了“明德慎罚”：

乃惟成汤克以尔多方简，代夏作民主。慎厥丽，乃劝；厥民刑，用劝；以至于帝乙，罔不明德慎罚，亦克用劝；要囚，殄戮多罪，亦克用劝；开释无辜，亦克用劝。今至于尔辟，弗克以尔多方享天之命，呜呼！

周公认为，商汤王灭掉夏国，替民做主，是上承天命的。谨慎地救民于难，是为了劝勉人们走正道；对那些犯罪的人使用刑罚，也是为了劝勉人们走正道；从商汤王到后来的各个商朝君王，无不“明德慎罚”，即弘扬道德，慎用刑罚，目的都是劝勉人们走正道。他们谨慎地考察犯人的申诉，严厉惩罚那些罪大恶极之徒，释放无罪的人，都是以此为警戒，劝勉人们走正道。到了商纣王，放弃了“明德慎刑”的天德，于是才无法享受上天的大命，实在是一件可悲的事。《多方》是周公代周成王发布的诰令，是针对商王朝的遗民而言的。周公肯定商汤王等先祖的功德，实际上是表明武王革命的合法性，因为天命无常，惟德是辅，是商纣王自己放弃了德行，上天才把大命转移给了周国。从周公反复强调的“明德慎刑”看，周公强调刑罚的目的，是警示、劝勉人走正道，是明德。违背了这样的原则，像商纣王那样“焚炙忠良，刳剔孕妇”（《尚书·泰誓上》），必然招致“皇天震怒”，从而被割去天命。

周公慎刑慎罚的思想，对后世影响深远。《尚书·吕刑》相传作于西周穆王时期，在这篇史料中，作者指出：

> 典狱，非讫于威，惟讫于富。敬忌，罔有择言在身。惟克天德，自作元命，配享在下。

这段话明示，兴狱，目的并不是宣耀威严，惩罚万民，而是为了通过用刑罚，惩一劝百，造福百姓。人们有了忌惮，就不会说无德的话，做无德的事，就会遵守天德，得到长寿，安享上天赐予的幸福。正是出于这样的目的，《吕刑》强调“有德惟刑”“永畏惟刑”，亦即刑罚的目的是树立道德，弘扬天德；要永远以敬畏的心情，谨慎地使用刑罚。

从古代先哲们反复强调的“慎刑”思想看，其核心要义是教化人们以德用刑，以刑立德。德是用刑的出发点，也是用刑的目的地。何为“德”？《尚书·大禹谟》中说：“德惟善政，政在养民”“四海困穷，天禄永终”“惟德动天，无远弗届”；《尚书·蔡仲之命》中说：“皇天无亲，惟德是辅；民心无常，惟惠之怀”，这些经典语录，都指向了“养民”“惠民”“善待百姓”，做到了“养民”“惠民”“善待百姓”，实际上也就有了德，也就配享天命，否则，殷鉴不远，改朝换代，并不是没有可能。在

《大禹谟》中，皋陶对舜帝说过这样一段话：

皋陶曰："帝德罔愆。临下以简，御众以宽；罚弗及嗣，赏延于世。宥过无大，刑故无小；罪疑惟轻，功疑惟重；与其杀不辜，宁失不经；好生之德，洽于民心，兹用不犯于有司。"

皋陶认为舜帝的德行非常值得推崇，其主要表现为：对待臣下的要求简明精要，治理百姓宽厚仁慈；刑罚不牵连子嗣，奖赏却延及后世；对于偶然的过失，再大也予以赦免，对明知故犯的错，再小也施以刑罚；罪有疑问就从轻发落，功有疑问仍从重奖赏；与其杀害无辜的人，宁愿冒犯法律的规定也不予执行。这样的好生之德，融润到百姓心里，百姓因此都能谨守规矩，不去冒犯刑罚。慎刑，换回来百姓的尊重和心悦诚服地接受。皋陶的这段总结，实际是对慎刑最好的阐释，作为社会治理的最大智慧，这一思想至今仍熠熠闪烁着它应有的光芒。

五、慎视与慎听

当古代先哲们将谨慎作为一种民族集体性格，融入中华民族的成长基因之中时，慎之道，就包含了更广泛的内容。

慎看。即对眼睛看到的东西，要谨慎辨别，不要轻易下结论。《吕氏春秋·审分览·任数》曾记载了这样一则故事：

孔子穷乎陈、蔡之间，藜羹不斟，七日不尝粒，昼寝。颜回索米，得而爨之，几熟。孔子望见颜回攫取其甑中而食之。选间，食熟，谒孔子而进食。孔子佯为不见之。孔子起曰："今者梦见先君，食洁而后馈。"颜回对曰："不可。向者煤室入甑中，弃食不详，回攫而饭之。”孔子曰：“所信者目也，而目犹不可信；所恃者心也，而心犹不足恃。弟子记之，知人固不易矣。”

这则故事记述，孔子周游列国期间，被困于陈国和蔡国之间，缺粮少菜，七天连个米粒都没有吃上。有一天，孔子睡着了，弟子颜回出去讨米，回来后煮饭，快要熟时，孔子睡醒了，远远看见颜回用手抓锅里的米饭吃。过了一会，米饭蒸熟了，颜回来请孔子吃饭。孔子装作没看见刚才的事，起来后说：“刚才我梦见祖先了，让我们把做好的干净米饭，先敬献给他们。”祭祀祖先是一件很神圣的事，颜回诚实地回话说：“不可。刚才炭灰飘进了锅里，米饭已经不干净了，丢掉它不吉祥，所以就把染脏的米饭抓来吃了。”孔子非常感慨，说：“人们通常都会相信目之看见，但即使亲眼所见也不一定可信；人们应该相信自己心之所思，但自己所认为的事也是不可靠的。弟子们要记住，了解一个人是非常不容易的。”

颜回又称颜子、颜渊、子渊，是孔子最喜爱的弟子，他13岁追随孔子为弟子，一直到去世也没有离开过孔子。颜回深得孔子思想的精髓，并能身体力行孔子的思想。据载，孔子多次不吝夸赞颜回：

子曰：“吾与回言，终日不违，如愚。退而省其私，亦足以发，回也不愚。”(《论语·为政》)

子谓子贡曰：“女与回也孰愈？”对曰：“赐也何敢望回？回也闻一以知十，赐也闻一以知二。”子曰：“弗如也。吾与女弗如也。”(《论语·公冶长》)

子曰：“回也其心三月不违仁，其余则日月至焉而已矣。”(《论语·雍也》)

子曰：“贤哉回也，一箪食，一瓢饮，在陋巷，人不堪其忧，回也不改其乐。贤哉回也。”(《论语·雍也》)

哀公问：“弟子孰为好学？”孔子对曰：“有颜回者好学，不迁怒，不贰过，不幸短命死矣。今也则亡，未闻好学者也。”(《论语·雍也》)

子谓颜渊曰：“用之则行，舍之则藏，惟我与尔有是夫！”

（《论语·述而》）

从这几段记载看，孔子对颜回是非常认可的，首先是颜回聪智过人，他遵从师言，从不违背，回去后还能深刻反省，加以发挥，所以，孔子赞其“不愚”；可以闻一知十，博闻强记，孔子自叹“不如”；其次，颜回严以律己，安贫为乐，长时间坚守仁德，孔子为此连声夸赞“贤哉回也，贤哉回也”；第三，颜回好学，从不迁怒于人，从不诿过于人，敢于担当和负责。颜回去世后，孔子悲伤恸哭，连呼：“天丧予！天丧予！”即“老天爷这是要我的命呀”，痛惜之情溢于言表。正是因为有了这样的背景，《吕氏春秋》借用颜回偷米的故事，来说明慎重对待自己所看到的事情，不要轻易相信，要慎重地加以鉴别，才更有说服力。以孔子对颜回的喜爱和信任，当发现颜回有吃米动作时，尚且怀疑其在偷米吃，险些冤枉好人，换作其他情形，人们怎么可以轻信自己所看到的，而称这是“眼见为实”呢？

眼见不可轻信，耳听更要慎重对待。《韩非子·外储说左上》记载了这样一个故事：

> 宋人有请为燕王以棘刺之端为母猴者，必三月斋，然后能观之。燕王因以三乘养之。右御冶工言王曰：“臣闻人主无十日不燕之斋。今知王不能久斋以观无用之器也，故以三月为期。凡刻削者，以其所以削必小。今臣冶人也，无以为之削，此不然物也。王必察之。”王因囚而问之，果妄，乃杀之。冶人又谓王曰：“计无度量，言谈之士多棘刺之说也。”

宋国有个人自称擅长雕刻，到燕王处，请求为燕王在棘刺之末端雕刻母猴，条件是必须三个月斋戒，不食酒肉，方可观视。燕王信以为真，于是就给他九平方公里土地的俸禄来供养他。燕王手下一个负责冶炼的工匠告诉燕王：“我听说君王不喝酒吃肉的斋戒没有超过十天的。这个宋国人知道君王不可能为看一件没有实际用处的东西，而坚持长时间斋戒，所以才定下三月之期。凡要刻削东西，用来刻削的工具一定要比刻削的东西更小才行。我是个铁匠，宋人要用的刻具，我是做不出来的。所以，那所谓的母猴也是不可能雕刻出来的。请大王明察。”燕王把那个宋人拘禁起来严加拷问，那个宋人果然是在说假话，目的不过是骗取俸禄。燕王于是杀了他。工匠对燕王说：“所说的东西没有可以核验的标准，类似这种在棘刺尖上刻猴的说法就会出现。”韩非子通过这则寓言，告诫人们要慎听。

对于慎听，《战国策·魏策二》中，记载了这样一则故事：

> 庞葱与太子质于邯郸，谓魏王曰：“今一人言市有虎，王信之乎？”王曰：“否。”“二人言市有虎，王信之乎？”王曰：“寡人疑之矣。”“三人言市有虎，王信之乎？”王曰：“寡人信之矣。”庞葱曰：“夫市之无虎明矣，然而三人言而成虎。今邯郸去大梁也远于市，而议臣者过于三人矣。愿王察之矣。”王曰：“寡人自为知。”于是辞行，而谗言先至。后太子罢质，果不得见。

庞葱是战国时期魏国的一位大臣。他要陪太子去赵国邯郸当人质。因担心自己离开魏国后会被小人乘机造谣中伤，于是有了这则和魏王的对话。庞葱打了一个比方，问魏王说：“现在，如果有一个人说集市上有老虎，王会相信吗”魏王答说：“不会相信。”庞葱说：“如果有两个人说集市上有老虎，王会相信吗？”魏王说：“寡人会有所怀疑。”庞葱又说：“如果有三个人说集市上有老虎，大王会相信吗？”魏王说：“寡人会相信。”庞葱说：“集市上不会有老虎，这是很清楚的事实，但是有三个人说集市上有老虎，那听起来好像集市上真的有老虎了。如今邯郸离魏国首都大梁，要比集市远得多，诽谤我的人不会少于三个。希望王能明察秋毫。”魏王说：“寡人知道该怎么做。”庞葱刚刚告辞而去，诽谤他的闲言碎语果然就传进了魏王的耳朵。后来太子的人质生活结束了，魏王再也没有召见过庞葱。三人成虎，这个成语就这样流传了下来，告诉人们慎听的道理。

古代先哲们提出的慎之道，是用血和泪总结出来，慎独，慎言，慎微，慎刑，慎看，慎听，这些道理弄懂了，生活就少了很多坎坷，离成功的距离也就越来越近了。

第九讲

利之道：不义而富且贵，于我如浮云

古往今来，在中国，让每一个华夏子孙难以割舍又无法放手去搏的一个字，是利字；最能展示中华民族精神风貌、理想追求和价值观的，也是一个利字。数千年来，围绕着利字，中华大地上演绎出一个又一个动人的故事。利之道，集中体现了中国人独一无二的中国智慧。

一、孔子：君子喻于义，小人喻于利

言利必涉义，言义必涉利。义和利，是附着在人的行为举止之中的矛盾统一体，一体二面，如影随形，处理好义与利之间的关系，是人随时随地都要面对的课题。将义和利的观念输入到中华民族的为人处事的血液基因之中，孔子是开先河的伟大思想家之一。

孔子在《论语·里仁》中留下这样的话：

> 子曰："君子喻于义，小人喻于利。"

孔子认为，君子知晓的是"义"，心中所思所想所为之奋斗的只有"义"；小人知晓的是"利"，心中所思所想所全力获得的只有"利"。君子是孔子思想体系中最能体现其人格理想的人，小人则是孔子思想体系中有所不齿与君子行为格格不入的人。孔子的理想是教育人们争而为君子，不要成为小人，君子和小人，也是孔子知人识人用人的分水岭。行义，必为君子，争利，必为小人，孔子用义和利为君子和小人做出的画像，影响着中华民族数千年来为人处世的努力方向。

在《论语·里仁》中，孔子多次谈及君子和义的关系：

> 子曰："君子之于天下也，无适也，无莫也，义之与比。"

孔子认为，君子对待天下人，没有特别亲近的，也没有特别疏远的，不会厚此薄彼，只以道义原则来相处。

> 子曰："君子义以为质，礼以行之，孙以出之，信以成之。君子哉！"（《论语·卫灵公》）

这是孔子从另一个角度谈君子与义的关系。孔子认为，君子做人做事，本质都是以义为本，以义为出发点和归宿地。君子说话办事，往往依礼而行，以最谦逊的姿态表述，言而有信地完成，按这样的方式来做人做事的人，才是真正的君子。

君子以义为质，那么，义的内容又是什么呢？

关于义的内容，孔子并没有详细阐释，但通过孔子对君子和义的辩证关系的描述，孔子博大精深的“义”的思想体系，仍然可以被管窥一二。义者，仁也，仁义不分家，仁的内容，正是义的内涵。在《论语·里仁》篇中，孔子这样说：

子曰：“富与贵，是人之所欲也，不以其道得之，不处也；贫与贱，是人之所恶也，不以其道得之，不去也。君子去仁，恶乎成名？君子无终食之间违仁，造次必于是，颠沛必于是。”

孔子在这里所说的“富与贵”，实际正是一种利，而“道”，正是“义”。人人都希望得到富与贵等利的好处，但如果不是以义的方式取得，则可以不要；贫与贱是人人都厌恶的东西，但如果不以义的标准去摆脱它，就不会被去除。君子不讲仁德，怎么能被称为君子呢？君子是时时刻刻都不能离开仁的，在危急的时候不能忘了仁，在颠沛流浪的时候也必不能忘了仁。仁是君子的化身，君子是仁的标志，君子以义为质，义也就与仁有了相同的内涵。

“仁”是孔子思想体系的基石，也是孔子思想的核心内容所在。了解了孔子“仁”的内涵，自然也就明白了孔子关于“义”的定义。

孔子仁的思想体系博大精深，条缕分析，至少包括以下内容：

首先，仁者，爱人。这是孔子在回答弟子樊迟的提问时提出来的。

樊迟问仁。子曰：“爱人。”(《论语·颜渊》)

对于人的关爱，是孔子仁的思想体系的出发点和归宿地。孔子是中国古代思想家中对人性思考最为深刻的。在礼崩乐坏、战争频仍、人命如蝼蚁的的春秋时代，孔子第一次发现了个体生命的可贵与其蕴含着的可以带来时代巨变的伟大力量。爱人，同时也是凝聚人际关系和稳定社会秩序的基石。在“爱人”的基础上，孔子进一步将这一内涵发扬光大。

> 仲弓问仁。子曰："出门如见大宾，使民如承大祭；己所不欲，勿施于人；在邦无怨，在家无怨。"仲弓曰："雍虽不敏，请事斯语矣。"(《论语·颜渊》)

仲弓，姓冉，名雍，字仲弓，他与冉耕（字伯牛）、冉求（字子有）为兄弟，同在孔子门下为徒，名称一门三贤。仲弓向孔子请教何为仁。孔子的回答是，出门要做极其恭敬的准备，如同要见贵宾那样严谨小心；使人如同举办祭祀祖先的典礼那样要庄重严肃，不可儿戏；自己不想去做或不想要的，就不要强加于人，让别人去做，或让别人去接受；在邦国任劳任怨，在乡里任劳任怨。仲弓深以为是，表示愿意恭敬地照着去做。

其次，仁者，助人济众。这是孔子在回答弟子子贡的提问时提出来的。

> 子贡曰："如有博施于民而能济众，何如？可谓仁乎？"子曰："何事于仁？必也圣乎！尧舜其犹病诸。夫仁者，己欲立而立人，己欲达而达人。能近取譬，可谓仁之方也已。"(《论语·雍也》)

子贡，复姓端木，名赐，字子贡。他是孔子最器重的弟子之一。子贡向孔子请教说，如果有一个人不但广泛地施惠于民，还能救济百姓，可以称得上仁吗？孔子回答说，怎么能仅仅称得上是仁呢？这是圣人的行为呀，连尧舜二帝都很难同时做到这两样德行呢。仁者，自己欲立身，必先助别人立身，自己欲发达，必助别人先发达，能以己推人，这就是施仁的方法。“己欲立而立人，己欲达而达人”后来成了中华民族做人行事遵行的基本圭臬之一。这一原则，让子贡受益匪浅。子贡后来成为孔子门弟子中最著名的政治家、游说家，鲁国大臣季康子向孔子请教关于孔门弟子的从政才能，问到子贡时，季康子说：“赐也可使从政也与？”孔子干脆地回答说：“财也达，于从政乎何有？”即端木赐为人才华横溢，才情通达，治理国家哪里会有什么困难。一个“达”，生动地刻画出了子贡在孔子心目中的形象，也是“己欲达而达人”思想的最真实写照。

司马迁在《史记·仲尼弟子列传》中，曾详细记载了子贡受孔子委托，出使齐、吴、晋、越四国，以通达权变之说辞，达到帮助鲁国的目的。司马迁称：“故子贡一出，存鲁，乱齐，破吴，彊晋而霸越。子贡一使，使势相破，十年之中，五国各有变。”对子贡的政治沟通能力给予充分肯定。同时，子贡又是一位善于经商的商人，《史记·仲尼弟子列传》载：“子贡好废举，与时转货赀。喜扬人之美，不能匿人之过。常相鲁卫，家累千金。”即将子贡喜欢根据时节变化，转卖货物获利。在此过程中，子贡的特点是喜欢表扬传颂别人的美德，但也不刻意隐瞒别人的过失，显示出他正直友善的“达人”一面。“达”的特点，成就了孔子的仁者思想，也成就了一个伟大的商业先祖。

第三，仁者，至德。即仁者往往是道德修养最高的人，是修身的典范。《论语·子路》载，孔子在和弟子樊迟交流时，提出这一观点：

> 樊迟问仁。子曰：“居处恭，执事敬，与人忠。虽之夷狄，不可弃也。”

樊迟勤学好问，而且就一个问题锲而不舍，穷追到底，关于“仁”，他就多次向老师提问，幸运的是，他每次都得到了老师耐心的回答。和上次“爱人”的回答不同，这次孔子回答的是仁是“居处恭，执事敬，与人忠”，即居家时要做到“恭谨”，做事时要做到“全心全意”，待对他人要做到“忠信”，有了“恭”“敬”“忠”这三个德行，孔子认为即使身处蛮荒之地，也可以居惊不乱，畅行无阻，不会被人抛弃。“恭”“敬”“忠”均属于德行的范畴。

讲信用，也是至德之一。在和子张讨论“仁”时，孔子提到了信：

> 子张问仁于孔子。孔子曰：“能行五者于天下为仁矣。”“请问之。”曰：“恭、宽、信、敏、惠。恭则不侮，宽则得众，信则人任焉，敏则有功，惠则足以使人。”（《论语·阳货》）

对于子张关于仁的提问，孔子的回答是能拥有五种德行即为仁，这五种德行分别是恭、宽、信、敏、惠。除前面提到的“恭”，宽厚、敏捷、施惠、讲信用，也都是仁。尤其是讲信用被视为仁，这是孔子对仁的思想的又一个发展。

第四，仁者，尊礼。这一观点，是孔子在和弟子颜渊交流时提出来的：

颜渊问仁。子曰：“克己复礼为仁。一日克己复礼，天下归仁焉。为仁由己，而由人乎哉？”颜渊曰：“请问其目。”子曰：“非礼勿视，非礼勿听，非礼勿言，非礼勿动。”颜渊曰：“回虽不敏，请事斯语矣。”(《论语·颜渊》)

孔子毕其一生，以克己复礼为最高人生理想和目标。礼是孔子思想体系中又一大核心内容。孔子心目中的礼，是周礼。周礼所确定的社会等级制度、秩序及人们应遵守的规范、礼仪、人伦关系等，孔子认为是最完美的。在回答齐景公问政时，孔子回答说：“君君、臣臣、父父、子子。”君、臣父、子各遵其道，共遵礼制，天下必是大仁之天下，也是孔子最理想的社会。孔子的弟子有子就曾这样说：

有子曰：“其为人也孝弟，而好犯上者，鲜矣；不好犯上，而好作乱者，未之有也。君子务本，本立而道生。孝弟也者，其为仁之本与！”(《论语·学而》)

有子认为只要人做到了孝悌，就不会犯上；不会乱上，自然就不会作乱。君子做事讲究从根本做起，有了根本就有了道德。孝悌正是仁的根本。由此可以看出，孔子对礼的重视。

最后，仁者，以和平及国家民族利益为根本。这一观点，是孔子在和弟子子路交流时提出来的。

子路曰：“桓公杀公子纠，召忽死之，管仲不死。”曰：“未仁乎？”子曰：“桓公九合诸侯，不以兵车，管仲之力也。如其仁，如其仁。”(《论语·宪问》)

管仲是孔子多次评价过的一个重要历史人物，早他近200年出生，曾为齐国重要辅政大臣。公子纠是齐桓公之兄。在齐桓公未登位之前，召忽与管仲一同辅佐公子纠。齐桓公即位后，逼死了公子纠，召忽为主人殉死，管仲则做了齐桓公的辅政大臣。子路认为事君当忠其事，管仲这样不能算是一种仁义的行为。孔子回答说：齐桓公九次召集诸侯盟誓，没有通过战争来进行，这都是管仲的功劳，这当然是一种仁的行为。“不以兵车”，意味着没有经过流血，人民过上了和平的日子，孔子认为，这远比去殉死的愚忠，意义重要得多，这才是仁。在和子贡讨论管仲时，孔子从另一个角度再次肯定了管仲的“仁”：

子贡曰：“管仲非仁者与？桓公杀公子纠，不能死，又相之。”子曰：“管仲相桓公，霸诸侯，一匡天下，民到于今受其赐。微管仲，吾其被发左衽矣。岂若匹夫匹妇之为谅也，自经于沟渎而莫之知也。”(《论语·宪问》)

围绕着管仲该不该尽忠殉死的问题，子贡也不理解，于是再次向孔子提问。孔子耐心地解答：管仲辅佐齐桓公，称霸诸侯，一统天下，共御外侮，老百姓全都受到了他的恩惠。没有管仲，华夏子孙恐怕会被夷族掳掠而去，成为披散着头发、穿着左衽短衣的外族的奴隶，死在野外沟渠之中也未可知。孔子以此表明，在国家领土完整和民族大义面前，区区殉死的愚忠行为并不可取，真正的仁是确保国家领土完整和民族生存。

孔子对自已仁的思想非常珍视，号召人们杀身成仁：

子曰：“志士仁人，无求生以害仁，有杀身以成仁。”(《论语·卫灵公》)

孔子的弟子曾子响应老师的号召，发出这样的感叹：

曾子曰：“士不可以不弘毅，任重而道远。仁以为己任，不亦重乎？死而后已，不亦远乎？”《论语·泰伯》

曾子要求君子一定要勇敢刚强，宽宏坚毅。这是因为君子有以身作则，修身成仁，弘扬仁德的任务，且此任务艰巨，道路遥远，只有抱着以仁为己任，重如泰山，死而后已的精神才能完成。

既然仁和义相通，明白了仁的内涵，也就懂得了义的要旨。《中庸》曾定义说："义者，宜也。"这里"宜"，通常理解为合宜、便宜，也理解为通达权变，合乎各种行为规范要求。其实，仁的要求，即是义的要求，仁义不分家，只有将义和仁合而为一去理解，孔子关于义和利的关系，就表达得非常清楚了。

孔子并不以言利为耻，换句话说，孔子并不反对利。孔子对于带礼物上门拜师的人一律笑纳：

> 子曰："自行束脩以上，吾未尝无诲焉。"（《论语·述而》）

束脩，是古代学生与教师初次见面时，会奉赠的礼物。"束脩"就是一束肉干，又称肉脯，类似腊肉 。此做法孔子之前已经流行。孔子规定的拜师礼是"十条腊肉"，宋代朱熹曾注解认为"束脩其至薄者"，即孔子规定的这"十条腊肉"不算什么厚礼。孔子宣称对于自行拿来腊肉拜师的，自己没有不进行教诲的，说明孔子认为自己的收费教学是正当的、合义的，所以才公开这么对外宣称。这也说明孔子对于正当的获利持肯定的态度。

孔子甚至表明，自己愿意求利：

> 子曰："富而可求也；虽执鞭之士，吾亦为之。如不可求，从吾所好。"（《论语·述而》）

执鞭之士，是指过去为王侯将相官员出入时手执皮鞭开路的人，也有指把守城门检查人员出入的人，通常可以理解为做低级下贱的工作的人。孔子认为只要能求得富贵，获利得好处，即使工作低级下贱，自己也不反对去做。这再次说明孔子对于利，持开放宽容的态度，人生而求利，是可以理解并接受的。

孔子反对贪图小利，认为小利不能成大事。这一观点，是孔子在和弟子子夏交流时提出来的：

> 子夏为莒父宰，问政。子曰："无欲速，无见小利。欲速则不达，见小利则大事不成。"《论语·子路》

子夏要到莒父县出任县令，临行前向孔子问如何做好一个地方主官。孔子告诫他，做事不要着急，不要图快，不要贪图小利。图快往往达不到目标，贪图小利往往会影响成就大事。

孔子反对不通过义的方式获利。"富与贵，是人之所欲也，不以其道得之，不处也"（《论语·里仁》），这里的道，亦即"义"，孔子对于不义的方式获取富贵，获取利益，持旗帜鲜明的反对态度。在义和利出现冲突时，孔子更是义无反顾地选择前者：

> 子曰："饭疏食饮水，曲肱而枕之，乐亦在其中矣。不义而富且贵，于我如浮云。"(《论语·述而》)

孔子对于吃粗粮做的饭，饮用普通水，睡觉蜷起胳膊当枕头，这样简朴的生活并不介意，反而认为乐在其中。他响亮地宣布："不义而富且贵，于我如浮云。"即对于通过不义手段获取的财富，视之如浮云，根本不会去追求和思得。孔子对待义和利的态度，传承两千五百余年，渗透进中华民族的血液和基因之中，至今仍深深影响着每一个普通中国人的生活。

二、孟子：何必曰利？仁义而已

孔子去世一百余年后，他的再传弟子孟子，将孔子义和利的思想，再次发扬光大。在孟子的思想体系中，仁和义不再单独表述，而成为一个词，仁义。义与利的辩证关系，被放置于一个更庞大的时空场进行博弈。

《孟子》一书，开门见山就谈到了义和利，足见义和利在孟子思想体系中的至高无上的重要性。

> 孟子见梁惠王。王曰："叟不远千里而来，亦将有以利吾国乎？"
>
> 孟子对曰："王何必曰利？亦有仁义而已矣。王曰：'何以利吾国？'大夫曰：'何以利吾家？'士庶人曰：'何以利吾身？'上下交征利而国危矣。万乘之国，弑其君者，必千乘之家；千乘之国，弑其君者，必百乘之家。万取千焉，千取百焉，不为不多矣。苟为后义而先利，不夺不餍。未有仁而遗其亲者也，未有义而后其君者也。王亦曰仁义而已矣，何必曰利？"（《梁惠王上》）

梁惠王是战国时期少有的长寿君王，也是少有的在位时间较长的君王。他生于公元前400年，卒于公元前319年，享年82岁；自公元前370年即位，一直在位到去世，在位时间52年。梁惠王又称魏惠王，是魏国第三代君王，因为他在位时把魏国都城从安邑（今山西夏县）迁至大梁（今河南开封），因此又被称为梁惠王。梁惠王时期，国势由盛转衰，在战国纷争中，被秦、齐等强国攻击，屡屡败北，救亡图强之心，时时萦绕在梁惠王的心中，这也促成了他频频向当时名盛一时的儒学大师孟子问政，孟子的思想因此碰撞，而不断散发出耀眼的光芒。

梁惠王见孟子，是希望从这位大儒身上，获得实实在在的对国家有用的好处，即"利"。孟子接过话锋，直奔主题，说，大王何必谈利呢？只要有仁义就够了。实施仁义，是孟子希望梁惠王接受的治国方略。他强调说，大王问什么对国家有好处，大臣问什么对自家有好处，平民问什么对自身有好处，上上下下只谈利，唯利是图，国家就危险了。孟子解释说，一个拥有万辆兵车的大国，国君往往会被拥有千辆兵车的重臣杀死；一个拥有千辆兵车的小国，国君往往会被拥有百辆兵车的重臣杀死。在大国中拥有千辆兵车，在小国中拥有百辆兵车，这不能不说不多、不富有吧？只是因为不讲仁义，只追逐利益，不抢夺君位就不会满足，才会如此。从来没有讲仁义而抛弃双亲的人，也没有讲仁义而怠慢君王的人。大王只要谈仁义就够了，何必谈利呢？

没有仁义，一味逐利只会招来祸患，并不会给国家带来真正的好处，带来真正的利，这一思想，是孟子始终坚持的。有一次，孟子在石丘偶遇战国时期著名哲学家宋牼（kēng）。宋牼一直反对诸侯国之间的战争，在得知秦国和楚国将进行大战，他决定前去劝说两国罢兵。孟子问他以何劝说，宋牼回答说以战争的不利和危害劝说，孟子对他说了以下一番话：

> 先生之志则大矣，先生之号则不可。先生以利说秦楚之王，秦楚之王悦于利，以罢三军之师，是三军之士乐罢而悦于利也。为人臣者怀利以事其君，为人子者怀利以事其父，为人弟者怀利以事其兄。是君臣、父子、兄弟终去仁义，怀利以相接，然而不亡者，未之有也。先生以仁义说秦楚之王，秦楚之王悦于仁义，而罢三军之师，是三军之士乐罢而悦于仁义也。为人臣者怀仁义以事其君，为人子者怀仁义以事其父，为人弟者怀仁义以事其兄，是君臣、父子、兄弟去利，怀仁义以相接也。然而不王者，未之有也。何必曰利？（《告子下》）

孟子对宋牼一直十分尊敬，因此，称其为“先生”。孟子劝宋牼以仁义为理由来劝说秦楚罢兵。孟子认为，宋牼以利益来劝说秦楚之王，即使两国之王因为看到利益的好处而罢兵，危害是巨大的。做人臣抱着获得利益的想法侍奉君王，做子女的抱着获得利益的想法侍奉父母，做弟弟的抱着获得利益的想法侍奉兄长，人人都抱着获得利益的想法来相处，没有不灭亡的。仁义则不同，众人摈弃逐利的想法，怀着仁义相处，国君因此而不安心王位的，这是从来没有过的事，何必曰利呢？孟子再一次呼吁仁义的重要性，强调有仁义则王，一味逐利则亡。

那么，孟子思想体系中仁义，又包含着什么样的内容呢？

相比于孔子的仁，孟子将仁义的焦点，更多地对准了人民、百姓。孟子在《尽心下》中，非常鲜明地提出了民为贵的思想：

> 孟子曰：“民为贵，社稷次之，君为轻。是故得乎丘民而为天

子，得乎天子为诸侯，得乎诸侯为大夫。”

孟子认为，人民最为贵重，宗庙社稷次之，君王最轻。所以得到众多百姓的拥护就可以成为天子；得到天子的信任可以称为诸侯，得到诸侯的信任可以称为大夫。在人民、社稷、君王的排序中，人民被孟子列为首位。这是前所未有的一个创举，是孟子对中华民族做出的最伟大的一个贡献，深深影响了中华文明的发展进程。民贵君轻的思想，传承了2500余年，确保了中华文明始终在以人民为轴心的轨道上运行，绵延不绝。孟子在他的学说中，多次提及这一观点：

孟子曰："诸侯之宝三：土地，人民，政事。宝珠玉者，殃必及身。"（《尽心下》）

孟子认为诸侯最珍贵的东西有三种，土地、人民、政治清明。宝珠玉不是真正珍贵的东西，太多拥有，最后会殃及其身，反噬自己。

既然民为贵，人民利益至上，孟子的仁义思想就聚焦于利民上。这也决定了孟子的仁义思想主要体现在以下几个方面：

一是保民。孟子在和梁襄王交谈政事时，提出了“不嗜杀人”的保民观点：

孟子见梁襄王。出，语人曰："望之不似人君，就之而不见所畏焉。卒然问曰：'天下恶乎定？'吾对曰：'定于一。''孰能一之？'对曰：'不嗜杀人者能一之。''孰能与之？'对曰：'天下莫不与也。王知夫苗乎？七八月之间旱，则苗槁矣。天油然作云，沛然下雨，则苗浡然兴之矣。其如是，孰能御之？今夫天下之人牧，未有不嗜杀人者也，如有不嗜杀人者，则天下之民皆引领而望之矣。诚如是也，民归之，由水之就下，沛然谁能御之？'"（《梁惠王上》）

梁襄王又名魏襄王，战国时期魏国第四任国君，为魏襄王之子，在位只有9年。孟子对梁襄王印象很不好，认为他看上去没有君王的样子，离近了也感受不到君王的威严。突然冒出来的问题是：“怎么样才能让天下安定？”

孟子对此回答是：做好一件事即可。这一件事就是“不嗜杀人”。为了解释这个道理，孟子以禾苗举例，七八月间，天下大旱，禾苗干枯；天突然隆隆降下大雨，禾苗没有不蓬勃生长起来的。现在天下的君王没有不喜欢杀人的，如果出现了不喜欢杀人的君王，民众必然会像禾苗遇见甘霖那样，欣欣然追随跟从，这种力量，谁又能挡得住呢？

孟子将“不嗜杀人”列为保民的重要内容之一，反映了战国时期战争频仍、百姓血流成河的残酷现实。汉人刘向在《战国策序》中，曾真实再现过这一残酷的场景：

> 仲尼既没之后，田氏取齐，六卿分晋，道德大废，上下失序。至秦孝公，捐礼让而贵战争，弃仁义而用诈谲，苟以取强而已矣。夫篡盗之人，列为侯王；诈谲之国，兴立为强。是以转相放效，后生师之，遂相吞灭，并大兼小，暴师经岁，流血满野，父子不相亲，兄弟不相安，夫妇离散，莫保其命，湣然道德绝矣。晚世益甚，万乘之国七，千乘之国五，敌侔争权，尽为战国。贪饕无耻，竞进无厌；国异政教，各自制断；上无天子，下无方伯；力功争强，胜者为右；兵革不休，诈伪并起。

战国时期，崇尚武力，强者为王，彼此兼并，互相吞灭，“暴师经岁，流血满野”，无休无止的战争，让父子不相亲，兄弟不相安，夫妻离散，家破人亡，无耻贪欲，导致没完没了地争夺，丛林法则横行，导致礼义尽丧，道德沦绝，上下无序，社会混乱。孟子对此痛心疾首，其毕生倡导仁义，与这一残酷的社会背景有着极强的关联。

保民的另一个内容，是不伤民，安民。在和齐宣王交流时，孟子提出了这一观点。齐宣王是战国时期齐国的国君，他喜欢听吹竽，尤其是喜欢300人合吹，南郭先生就借机混入合吹乐队，骗吃骗喝，直到齐宣王的儿子继位，合吹改成独奏，南郭先生的好日子才算终结，从此事可以看出，齐宣王并非圣明之君。或许正是因为齐宣王自己不算圣明，所以，他对有学问的人情有独钟，著名的战国时期的稷下学宫就是在他治下兴旺兴盛发展起来，孟子长住稷下30多年；集百家大成的荀卿荀子，15岁时就入住稷下学宫，是这里资格最老的一位导师，并三次充任学官最高长官。稷下学宫集中了儒家、墨家、道家、法家、兵家、刑家、阴阳家、农家、杂家各学派的学人数十人，形成中国思想史上最著名的百家争鸣，创造中国最灿烂的竹简文明。齐宣王有恻隐之心，有一次，有人牵牛过堂下，让齐宣王看见了，他让人不要杀牛，改换成杀羊。孟子借此事件，劝说齐宣王行保民之策：

> 齐宣王问曰："德何如，则可以王矣？"
>
> 曰："保民而王，莫之能御也。"
>
> 曰："若寡人者，可以保民乎哉？"
>
> 曰："可。"
>
> 曰："何由知吾可也？"
>
> 曰："臣闻之胡龁曰，王坐于堂上，有牵牛而过堂下者，王见之，曰：'牛何之？'对曰：'将以衅钟。'王曰：'舍之！吾不忍其觳觫，若无罪而就死地。'对曰：'然则废衅钟与？'曰：'何可废也？以羊易之！'不识有诸？"曰："有之。"曰："是心足以王矣。百姓皆以王为爱也，臣固知王之不忍也。"
>
> ……
>
> 曰："无伤也，是乃仁术也，见牛未见羊也。君子之于禽兽也，见其生，不忍见其死；闻其声，不忍食其肉。是以君子远庖厨也。"
>
> "老吾老，以及人之老；幼吾幼，以及人之幼。天下可运于掌。《诗》云：'刑于寡妻，至于兄弟，以御于家邦。'言举斯心加诸彼而已。故推恩足以保四海，不推恩无以保妻子。古之人所以大过人者无他焉，善推其所为而已矣。今恩足以及禽兽，而功不至于百姓者，独何与？"（《梁惠王上》）

"老吾老，以及人之老；幼吾幼，以及人之幼。"这是孟子为中华民族留下的千古传颂的名言。孟子从尊敬的老人到尊敬别人的老人，从疼惜自己的孩子到疼惜别人的孩子，劝告齐宣王以恻隐之心，行保民惠民之策，让老百姓享受到君王实实在在的恩惠，并称自古以来的贤明君王之所以取得了过人的成就，无一不是以己心推人心，将爱人之心广泛施行于天下，保民，仁义的要中之要。

二是养民，首先要做到让老百姓不挨饿，有衣穿。在回答梁惠王如何吸引百姓来投奔的问题时，孟子这样劝告：

> 不违农时，谷不可胜食也；数罟不入洿池，鱼鳖不可胜食也；斧斤以时入山林，材木不可胜用也。谷与鱼鳖不可胜食，林木不可胜用，是使民养生丧死无憾也。养生丧死无憾，王道之始也。五亩之宅，树之以桑，五十者可以衣帛矣。鸡豚狗彘之畜，无失其时，七十者可以食肉矣。百亩之田，勿夺其时，数口之家可以无饥矣。谨庠序之教，申之以孝悌之义，颁白者不负戴于道路矣。七十者衣帛食肉，黎民不饥不寒，然而不王者，未之有也。(《梁惠王上》)

孟子给梁惠王提出的建议有三点，一是要按照农时抓紧农业生产，可以种谷，可以捕鱼鳖，可以砍伐树木，如此一来，百姓养生丧死有了保障，王道也就开始施行了；二是鼓励百姓栽桑种麻，饲养家禽，百姓有肉吃有衣穿，王道发挥重要作用；设立学堂，教人们知道孝悌之义，白发老人老有所养，社会秩序和谐稳定，如此一来，不能称王，这是不可能的。

养民，还要让民有恒产，这也是孟子仁义思想中一个独特的亮点。这个观点，孟子在劝告齐宣王时直言相对：

> 无恒产而有恒心者，惟士为能。若民，则无恒产，因无恒心。苟无恒心，放辟邪侈无不为已。及陷于罪，然后从而刑之，是罔民也。焉有仁人在位罔民而可为也？是故明君制民之产，必是仰足以事父母，俯足以畜妻子；乐岁终身饱，凶年免于死亡。然后驱而之善，故民之从之也轻。(《梁惠王上》)

安居才能乐业，这是孟子两千五百余前就意识到的。他劝告齐宣王说，老百姓有了自己固定的产业，心也就安定下来了，就不会干触犯刑律的坏事。圣明的君王给予百姓的恒产，一定要能够上可以孝顺父母，下可以养活孩子和妻子，丰盛的年景，可以有饱饭吃；饥瑾的年景，不至于饿死道旁。

有此恒业，再教导百姓向善，老百姓也会听得进去，跟从教导，称王称霸，有此基础，不再是难事。

三教民。滕文公向孟子请教如何治理国家，孟子倾囊相授，其中就谈到了教民：

> 设为庠序学校以教之：庠者，养也；校者，教也；序者，射也。夏曰校，殷曰序，周曰庠，学则三代共之，皆所以明人伦也。人伦明于上，小民亲于下。有王者起，必来取法，是为王者师也。(《滕文公上》)

战国时代的滕国，是一个小国，但滕文公作为国君刚正不阿，勤劳任怨，好行仁政，施惠于民，深受百姓拥戴，他还是一位忠实践行孟子仁政思想的在位君王，孟子对他十分敬重，回答咨询也十分翔实尽心。孟子详细指导滕文公如何开办学校，庠是供养，校是教导，序是射箭。这样的教习，夏朝称之为校，商朝称之为序，周朝称之为庠，学习内容三代大体一致，都是教人明事理，通人伦，百姓明白了人伦常理，自然就会相亲相爱，有能称王天下的人，必然会这样做，这也是君王应以之为师的。孟子本身就是大教育家，因此，他劝告滕文公重视教育，将其作为仁义的重要内容之一，应是情理之中。

四是与民同乐。孟子强调爱民，爱民表现方式之一，就是与民同乐，在和齐宣王对话时，孟子特别提出了这一主张：

> (孟子)曰："独乐乐，与人乐乐，孰乐？"
>
> (齐宣王)曰："不若与人。"
>
> (孟子)曰："与少乐乐，与众乐乐，孰乐？"
>
> (齐宣王) 曰："不若与众。"
>
> (孟子)"臣请为王言乐：今王鼓乐于此，百姓闻王钟鼓之声，管籥之音，举疾首蹙頞而相告曰：'吾王之好鼓乐，夫何使我至于此极也？父子不相见，兄弟妻子离散。'今王田猎于此，百姓闻王车马之音，见羽旄之美，举疾首蹙頞而相告曰：'吾王之好田猎，

夫何使我至于此极也？父子不相见，兄弟妻子离散。'此无他，不与民同乐也。今王鼓乐于此，百姓闻王钟鼓之声，管籥之音，举欣欣然有喜色而相告曰：'吾王庶几无疾病与？何以能鼓乐也？'今王田猎于此，百姓闻王车马之音，见羽旄之美，举欣欣然有喜色而相告曰'吾王庶几无疾病与？何以能田猎也？'此无他，与民同乐也。今王与百姓同乐，则王矣。"（《梁惠王下》）

在这段对话中，孟子循循善诱，一步步将齐宣王引导入自己希望体现的语境之中，他先是问齐宣王一个人享乐高兴，还是和其他人在一起共同享乐高兴，齐宣王回答说还是与其他人在一起共同享乐高兴；孟子又问齐宣王是几个人在一起共同享乐高兴，还是众人在一起共同享乐高兴，齐宣王回答说还是众人在一起享乐高兴。孟子为此引申说道，当君王奏响鼓乐，外出打猎，百姓的反映是：我们父子不相见，兄弟妻子离散，这都是君王喜好音乐歌舞打猎造成的，由此心生怨恨；相反，当君王做同样的事，而百姓的反映是：真是好呀，我们的君王身体康健，可以有心情欣赏歌舞、出外打猎了。为何会有如此不同的两种反映？前者是因为不与民同乐，后者是与民同乐。其实，与民同乐的真实意境，是孟子希望君王能够走到民间，广施仁政，体察百姓生活，与民同喜同忧，得到百姓爱戴。百姓爱戴君王，自然会视君王为亲人，为他祈祷祝福，分享他的快乐。故此，孟子才说"与百姓同乐，则王矣"。孟子将此主张，在齐宣王的雪宫里如此表述：

乐民之乐者，民亦乐其乐；忧民之忧者，民亦忧其忧。乐以天下，忧以天下，然而不王者，未之有也。（《梁惠王下》）

孟子的仁义思想，由孔子的仁学思想延展而来，但因为他聚焦于百姓，聚焦于民生，因此，极大地丰富了儒家思想在治国方面的功用，得到了当政者的高度认可，对后世产生了深远的影响。理解了孟子的仁义思想，再思考一下孟子对义和利的关系的阐释，孟子在利之道上展现出来的大智慧给后世留下无尽的启迪。

孟子在开篇之作中即谈到"何必曰利"，足见其对逐利之厌恶，对仁义之尊崇。因此，在面临义和利的选择时，孟子态度鲜明，非常果决地选择义和放弃利。孟子有一段至今仍被现在的人们广为传颂的名言，是关于鱼和熊掌不能兼得的论述：

孟子曰："鱼，我所欲也；熊掌，亦我所欲也，二者不可得兼，舍鱼而取熊掌者也。生，亦我所欲也；义，亦我所欲也，二者不可得兼，舍生而取义者也。生亦我所欲，所欲有甚于生者，故不为苟得也；死亦我所恶，所恶有甚于死者，故患有所不辟也。如使人之所欲莫甚于生，则凡可以得生者，何不用也？使人之所恶莫甚于死者，则凡可以辟患者，何不为也？由是则生而有不用也，由是则可以辟患而有不为也。是故所欲有甚于生者，所恶有甚于死者，非独贤者有是心也，人皆有之，贤者能勿丧耳。一箪食，一豆羹，得之则生，弗得则死。呼尔而与之，行道之人弗受；蹴尔而与之，乞人不屑也。"（《告子上》）

孟子在这段文字中旗帜鲜明地提出，生命，是我想要的，正义，也是我也想要的，如果二者不可得兼，那么愿意舍生取义。生命固然是我所热爱的，但还有比生命更值得热爱的，为了这更值得热爱的东西，人岂可苟且偷生；死是人人憎恶的，但如果比死还有更值得憎恶的东西，那么为了消灭那更令人憎恶的东西，死又何惧呢。一筐饭，一碗汤，得到就能活命，得不到只能送死，如果吆喝着给他，行路之人不会接受，如果用脚踢着给他，乞丐也不屑于领受。在这里，孟子将自己对义和利的态度表达得非常清晰，其为大义不惜牺牲生命的态度，鼓舞了后世无数仁人志士抛头颅，洒热血，义无反顾地为大义而战，中华民族历经劫难，百折不挠，与孟子这一精神指引有着极大的关系。

在孟子的思想体系中，义往往等同于"志"。他在和齐国王子垫交流时，提到了这一观点：

王子垫问曰："士何事？"

孟子曰："尚志。"

曰："何谓尚志？"

曰："仁义而已矣。杀一无罪，非仁也；非其有而取之，非义也。居恶在？仁是也；路恶在？义是也。居仁由义，大人之事备矣。"（《尽心上》）

王子垫问孟子士是做什么事的，孟子回答说是士就是修身以使德行高尚的人。王子垫又问，什么是高尚的德行？孟子回答说，高尚的德行，不过仁义二字。杀一个无罪的人，这不是仁义之举；抢占不属于自己的东西，也不是仁义之举。志气居住在哪里？有仁的地方；如何实现志向？循着义的道路行进即可到达。由义至仁，成为大人物、成就大事业的条件就具备了。

与对义的高度推崇成鲜明对照，孟子从来不掩饰自己对利的极度厌恶。孟子将逐利之人视为盗贼：

孟子曰："鸡鸣而起，孳孳为善者，舜之徒也。鸡鸣而起，孜孜为利者，跖之徒也。欲知舜与跖之分，无他，利与善之间也。"（《尽心上》）

孜孜，勤勉，孜孜不倦的意思。孟子认为，那些晨鸡报晓就起来，一心一意尽力行善的，是舜的后代；那些晨鸡报晓就起来，一心一意尽力逐利的人，是盗贼跖的同伙。要想知道圣人舜和盗贼跖的区别，没有别的，只是一个在求善，一个唯利是图而已。

杨朱是战国时期一位著名的思想家，其思想以贵己为核心，孟子曾引用过的一句话："杨子取为我，拔一毛而利天下，不为也。"（《尽心上》）即杨朱只为自己取拿东西，拔一毛而利天下的事，杨朱绝不会去做。对于杨朱这种极其自私自利的做法，孟子不吝其辞地予以痛斥。在和弟子公都子讨论时，孟子说道：

圣王不作，诸侯放恣，处士横议，杨朱墨翟之言，盈天下，天下之言，不归杨则归墨。杨氏为我，是无君也；墨氏兼爱，是无父也。无父无君。是禽兽也。（《滕文公下》）

从孟子的表述看，杨朱的贵己与墨子的兼爱思想，在战国时期相当流行。以至于天下人的思想，不是跟着杨朱跑，就是随着墨子走，杨墨的思想，已成为社会的主流思想。这让孟子非常难以接受。所以，他痛斥杨朱的贵己、自私自利的学说是无君，墨氏的兼爱学说是无父。无父无君，禽兽是也。孟子对自私自利的厌恶，与此可见一斑。

孟子虽然对利极其厌恶，实际上厌恶的是唯利是图，是不讲仁义的单纯的逐利，对于通过正当手段获得的利，孟子和孔子一样，都认为可以理直气壮地去获取。孟子在战国时期，也曾周游列国，但他的待遇要比“累累若丧家之狗”的孔子极大不同，对这样的待遇，孟子的弟子彭更很不理解：

> 彭更问曰：“后车数十乘，从者数百人，以传食于诸侯，不以泰乎？”
>
> 孟子曰：“非其道，则一箪食不可受于人；如其道，则舜受尧之天下，不以为泰，子以为泰乎？”
>
> 曰：“否。士无事而食，不可也。”
>
> 曰：“子不通功易事，以羡补不足，则农有余粟，女有余布；子如通之，则梓匠轮舆皆得食于子。于此有人焉，入则孝，出则悌，守先王之道，以待后之学者，而不得食于子。子何尊梓匠轮舆而轻为仁义者哉？”（《滕文公下》）

孟子周游列国，从行的车辆有几十乘，追随的人员有几百人，所到之处，诸侯国的君主们交替赐给精美食品，彭更问孟子：“这不是很过分吗？”孟子回答：“取之非道，一筐粮食也不能接受；取之有道，舜接受了尧的天下也不过分。”彭更表示：“士不劳而获，这是不可以的。”孟子回答：“你如果不与各行各业的人交换商品，以此来弥补自己的需要，那么，农民就会有剩余的粮食，女子就会有剩余的布匹。如果你和他们交换了，这些人都会因你而得食。现在有人跟着你学习，学习入则孝出则悌的人伦之道，遵守先王的规范，但你却不能因此而得食。你为何尊崇手工业者的劳动，而轻视教授仁义学问的人呢？”这段辩论，孟子旨在说明，以仁义学说授人，也是一种付出和劳动，理应得到相应的待遇，通过仁义之道获得的利，是可以接受的，也是理所应当的。

对于打着义的旗号，拒绝任何利的行为，孟子认为是一种沽名钓誉，也是不足取的，与扬朱一样为人不齿。他举陈仲子例说：

> 仲子，齐之世家也。兄戴，盖禄万钟。以兄之禄为不义之禄而不食也，以兄之室为不义之室而不居也，辟兄离母，处于于陵。他日归，则有馈其兄生鹅者，己频颇（cù）曰：'恶用是鶂（yì）鶂者为哉？'他日，其母杀是鹅也，与之食之。其兄自外至，曰：'是鶂鶂之肉也。'出而哇之。以母则不食，以妻则食之；以兄之室则弗居，以于陵则居之。是尚为能充其类也乎？若仲子者，蚓而后充其操者也。（《滕文公下》）

陈仲子本名陈定，字子终，是战国时期齐国颇有名气的一个思想家、隐士。他学识渊博，品德高尚，反对骄奢淫逸，在当时也很有影响。齐王曾请他到稷下学宫讲学，荀子曾把他列为战国时六大家代表人物之一。陈仲子的哥哥陈戴，年俸禄万钟以上；陈仲子认为他哥哥的俸禄是不义之禄，拒绝吃哥哥的粮食；认为哥哥的住宅是不义之宅，拒绝住哥哥的房子。他避开哥哥和母亲，独居于一个叫陵的地方。有一天，他回家，正好赶上有人送了其兄一只鹅，他皱着眉头说："要这嘎嘎叫的东西有啥用？"次日，他母亲杀了这只鹅，煮肉给他吃。他哥哥从外面回来说："这肉是那嘎嘎叫的东西的肉。"陈仲子一听，跑到外面把肉哇哇地全吐出来。母亲做的东西不吃，妻子做的就吃；兄长给的房子不住，陵里的房子就住。孟子痛斥说："这样的人还算得上是人吗？像陈仲子这样的人，恐怕要排到蚯蚓后面才能修行操守吧？"这实际上否决了陈仲子不分青红皂白地讲"义"的行为。这种为义而义的行为，其实并不能起到弘扬仁义的作用，只会让仁义的路越走越窄，孟子及时予以驳斥，实际上是让人正确理解义和利的关系，既要大力弘扬仁义，修行仁义，义在利先，得利思义，旗帜鲜明反对唯利是图，动辄言利，以逐利为唯一目标，同时，也要肯定正当获利，肯定以仁义的方法获利，君子爱财，取之有道。

三、墨子的“兼相爱”与“交相利”

孟子痛斥墨子，用了“禽兽”一词，称“墨氏兼爱，是无父也。无父无君。是禽兽也”。这是战国时期辩论家常有的姿态。这从另一个角度，说明墨子思想在当时的影响力之卓著。墨学与儒学在当时曾并称“显学”，墨子思想的影响力，显然不是一两句可以抹杀的。

墨子的义利观，在中华民族思想发展史上，有着独特的地位和价值。“万事莫贵于义”，这是墨子在《贵义》篇中对“义”做出的结论，将义的价值推到了至高无上的位置；同时，“义，利也”，墨子在《经上》篇给义做出的解释，与《易经》所说的“利者，义之和也”，有异曲同工之妙，将义与利首次视为一体，极大地提高了利的地位和价值。这深深触动了视逐利为祸害的儒家拥趸者的出离愤怒，双方在辩论中均使用了极端的词语。如墨子就曾批评儒家学说：“儒以天为不明，以鬼为不神，天鬼不说，此足以丧天下。”（《公孟》）双方并没有因为激辩而彼此消噬，相反，正是在激辩中，让中华民族的义利观更加清晰、鲜明、富有中国特色，让利之道的智慧更加大放异彩，中华民族的后世子孙，成为古代先哲们讨论义利观时所留下的宝贵精神财富的最大受益者。

墨子早期也是从学习儒家学说入手的。《淮南子·要略》载：“墨子学儒者之业，受孔子之术。”他生于约公元前468年，卒于约公元前376年，与孔子的孙子子思是同一时代的人，受孔子思想的影响是显而易见的。但不同于孔子出身贵族，衣食无忧，毕生致力于克己复礼，梦想恢复周王朝的繁盛，墨子虽然先祖是殷商王室的后裔，到了他这一代，已经降为平民，不得不在底层、在温饱线上挣扎。墨子被称为中国最早的农民哲学家，他享受了贵族文化的教育，但又以木工为生，墨子因此对民生疾苦有着更痛切的感触，对战国时期的杀戮和血腥有着更彻底的厌恶，这使得他的义利观更加理想化，个人风格更加鲜明。

与孔子寄希望于当政者采纳自己的政治思想不同，墨子毕生都以身作则，践行自己的提出来的思想。在《墨子·公输》中，曾记载了墨子劝阻楚王攻宋的故事，这是墨子推广自己“非攻”思想的一次生动实践。

公输盘为楚造云梯之械，成，将以攻宋。子墨子闻之，起于齐，行十日十夜而至于郢，见公输盘。

公输盘，姓鲁，名班，战国初期鲁国人，又称公输般、班输，尊称公输子，他是中国建筑业、木工业的鼻祖，今天木工师傅们仍离不开的钻、刨子、铲子、曲尺，划线用的墨斗等，据说都是鲁班发明的。至今仍被人们表示自谦时所用的成语“班门弄斧”，字面意思指在鲁班门前耍弄斧子，实指在行家里手面前卖弄本领，不自量力。鲁班的实力可见一斑。墨子的木工技巧不输鲁班，但他比鲁班更胜一筹的，是他的思想。所以，当鲁班为楚国制作了攻城用的云梯，准备对宋国发起战争时，墨子听说了。墨子当时身处齐国，完全可以置身事外，但他仍然“行十日十夜”来到楚国营地，面见鲁班。“行十日十夜”五个字非常传神，一方面说明墨子为劝阻战争披肝沥胆、不辞劳苦的情状，另一方面也说明墨子制止战争的决心和韧性。

墨子说服鲁班时，用了“义”理。他先请求鲁班为他杀一个人，并且愿意奉上十斤黄金。鲁班不同意，称“吾义固不杀人”。墨子借此指出，楚国地广人稀，“杀所不足，而争有余”，是谓不智，宋国无罪，兴兵攻之，是谓不仁，杀少已是不义，杀多是更不义。鲁班折服。用同样的义的理论，墨子又说服了楚王，但楚王心服力不服，仍想借云梯这一先进攻城武器，继续拿下宋国。墨子于是解下腰带，叫来鲁班当面演习攻城之战。结果，“公输盘九设攻城之机变，子墨子九距之。公输盘之攻械尽，子墨子之守圉有余，公输盘屈”。鲁班用了九招攻城，墨子用了九计化解，最后，鲁班的攻城用具已经穷尽，墨子的守城利器仍未用完。最后，鲁班露出杀机，欲杀墨子绝后患，墨子说：“然臣之弟子禽滑厘等三百人，已持臣守圉之器，在宋城上而待楚寇矣。虽杀臣，不能绝也。”意思是他的门徒已经在宋国布下重阵，用的也是他的守城计策和武器。楚王和鲁班这才终于心服口服，放弃了这次针对宋国的战争。有意思的是，墨子行十天十夜制了楚宋战争，让宋国百姓免于战火，宋国人并不知情：

子墨子归，过宋。天雨，庇其闾中，守闾者不内也。故曰："治于神者，众人不知其功；争于明者，众人知之。"（《公输》）

墨子制止了楚宋战争，让宋国百姓免于战火，自己回去时路过宋国，适逢天降大雨，墨子想到宋国的城门里避雨，守门人却拒绝其进入。后人因此感叹说："在暗地里把隐患解决掉的人，人们并不知晓；那些在明处争辩不休的人，却总是家喻户晓。"墨子以天下之利为利，对个人私利并不计较的高洁品行，在躲雨故事中得到了充分展现。

非攻是墨子义的思想的典型体现。墨子一生热爱和平，反对战争，认为战争是最大的不义，为制止战争东奔西走。墨子曾举例说，今有一人，入他人园圃，偷人桃李，众人听说了，一致谴责他，当政者听说了，用刑严惩他。这是为什么，因为他损害了别人的利益。盗窃别人鸡狗猪豚，抢走别人的牛马，这都是损害别人的利益，都是不仁慈的行为，是更深的罪孽，是更应该受到的谴责的。对于战争，墨子说：

杀一人，谓之不义，必有一死罪矣。若以此说往，杀十人，十重不义，必有十死罪矣；杀百人，百重不义，必有百死罪矣。当此，天下之君子皆知而非之，谓之不义。今至大为不义攻国，则弗知非，从而誉之，谓之义，情不知其不义也，故书其言以遗后世。若知其不义也，夫奚说书其不义以遗后世哉？此可谓知义与不义之辩乎？（《非攻上》）

墨子认为，杀人，人人都知道，这是不义之举，杀人越多，罪孽越深重，但攻击别人的国家，却没有人提出非议，反而赞美它，称之为"义"，对于谴责批评战争的人，则称之为"不义"。这哪里说得上是知道义与不义的区别呀。墨子指出，天下人称赞的道义，应该是三利："上中天之利，而中中鬼之利，而下中人之利。"亦即对上符合上天的利益；中间符合鬼神的利益，在人世上则符合百姓的利益。至于战争，墨子痛心地分析说：

意将以为利天乎？夫取天之人，以攻天之邑，此刺杀天民，剥振神之位，倾覆社稷，攘杀其牺牲，则此上不中天之利矣。意将以为利鬼乎？夫杀之人，灭鬼神之主，废灭先王，贼虐万民，百姓离散，则此中不中鬼之利矣。意将以为利人乎？夫杀之人为利人也博矣！又计其费，此为周生之本，竭天下百姓之财用，不可胜数也，则此下不中人之利矣。(《非攻下》)

墨子分析说，战争利于天吗？用天哺育的人类，去攻击天赐予的土地，去屠杀上天呵护的民众，毁坏神灵的牌位，颠覆别人的宗庙社稷，夺走祭祀的供品，如此行径，对上是不符合上天的利益的，以此类推，战争也不利人们所敬奉的鬼神，战争残害万民，让人民流离失所，耗尽天下百姓的钱财，对下更不符合人民的利益。如此战争，何来正义？墨子因此呼吁：

是故子墨子曰："今且天下之王公大人士君子，中情将欲求兴天下之利，除天下之害，当若繁为攻伐，此实天下之巨害也。今欲为仁义，求为上士，尚欲中圣王之道，下欲中国家百姓之利，故当若'非攻'之为说，而将不可不察者此也！"(《非攻下》)

墨子认为，现在天下的当政者，如果内心真的是想给天下百姓带来好处，为天下百姓除去祸害，那么，频繁地发动战争，这实际就是天下最大的祸害。要想行仁义之道，做上等的贤明之人，按圣王之道治国理政，以国家百姓利益为上，就一定要认真明察"非攻"这样的主张。战争是天下混乱的最大的乱源，那么，乱起于何处？墨子在《兼爱上》中分析说：

乱何自起？起不相爱。臣子之不孝君父，所谓乱也。子自爱，不爱父，故亏父而自利；弟自爱，不爱兄，故亏兄而自利；臣自爱，不爱君，故亏君而自利，此所谓乱也。虽父之不慈子，兄之不慈弟，君之不慈臣，此亦天下之所谓乱也。父自爱也，不爱子，故亏子而自利；兄自爱也，不爱弟，故亏弟而自利；君自爱也，不爱臣，故亏臣而自利。是何也？皆起不相爱。

虽至天下之为盗贼者亦然：盗爱其室，不爱其异室，故窃异室以利其室。贼爱其身，不爱人，故贼人以利其身。此何也？皆起不相爱。虽至大夫之相乱家，诸侯之相攻国者亦然：大夫各爱其家，不爱异家，故乱异家以利其家。诸侯各爱其国，不爱异国，故攻异国以利其国，天下之乱物，具此而已矣。察此何自起？皆起不相爱。

墨子分析说，天下混乱的根源在哪里，在于人与人之间互不相爱。做儿子的只爱自己不爱自己的父亲，就会损害父亲的利益以谋取私利；做弟弟的不爱自己的兄长，就会损害兄长的利益来谋取自己的私利；做臣下的不爱自己的君王，就会损害君王的利益来谋取自己的私利，反之亦然。甚至做盗贼的人也是这样。盗贼只爱自己的家，就会盗窃别人的家以获取自己的利益；只爱自身，就会残害别人来满足自己的利益。国与国之间也是这样，只爱自己的国家，无视他国的利益，就会发动战争，攻击别国，获取本国的利益。天下大乱，究其根本原因，都是起于不相爱。

墨子据此提出自己影响千古的理论，那就是“兼相爱”：

若使天下兼相爱，爱人若爱其身，犹有不孝者乎？视父兄与君若其身，恶施不孝？犹有不慈者乎？视弟子与臣若其身，恶施不慈？故不孝不慈亡有。犹有盗贼乎？故视人之室若其室，谁窃？视人身若其身，谁贼？故盗贼亡有。犹有大夫之相乱家、诸侯之相攻国者乎？视人家若其家，谁乱？（《墨子·兼爱下》）

视人国若其国，谁攻？故大夫之相乱家、诸侯之相攻国者亡有。若使天下兼相爱，国与国不相攻，家与家不相乱，盗贼无有，君臣父子皆能孝慈，若此，则天下治。故圣人以治天下为事者，恶得不禁恶而劝爱？故天下兼相爱则治，交相恶则乱。故子墨子曰：“不可以不劝爱人者，此也。”（《墨子·兼爱上》）

墨子对于解决天下的乱源，给出了自己的答案，那就是互爱。他提出，如果天下人都能彼此相爱，爱别人就像爱自己，爱父亲、兄长、君王就像爱自己，怎么会有不孝不慈不忠的乱源呢？如果盗贼珍爱别人家的东西如同珍爱自己家的东西，珍爱别人的身体健康，如同珍爱自己的身体健康一样，怎么会去偷去抢去伤害他人呢？诸侯国家之间的关系也是如此，如果互相相爱，攻伐之事何起呢？墨子认为，古代圣王治理天下，都是禁止恶的行为，为劝人以爱，天下互相相爱，就天下大治，互相作恶，就天下大乱。

为了让自己的“兼相爱”能更好地被社会大众所认可接受，获得推广，墨子在此基础上，进一步提出了“交相利”的观点。他认为圣明的人做事，必是“兴天下之利，除去天下之害”（《兼爱中》）。墨子断言：“今若国之与国之相攻，家之与家之相篡，人之与人之相贼，君臣不惠忠，父子不慈孝，兄弟不和调，此则天下之害也。”（《兼爱中》）墨子将天下纷争，君臣异心，父子兄弟不和，视为不利天下的大害，而导致这些祸害产生的根源，在于不相爱：“凡天下祸篡怨恨，其所以起者，以不相爱生也，是以仁者非之。”（《兼爱中》）墨子再次开出良方：

> 既以非之，何以易之？子墨子言曰：“以兼相爱、交相利之法易之。”然则兼相爱、交相利之法，将奈何哉？子墨子言：“视人之国，若视其国；视人之家，若视其家；视人之身，若视其身。是故诸侯相爱，则不野战；家主相爱，则不相篡；人与人相爱，则不相贼；君臣相爱，则惠忠；父子相爱，则慈孝；兄弟相爱，则和调。天下之人皆相爱，强不执弱，众不劫寡，富不侮贫，贵不敖贱，诈不欺愚。凡天下祸篡怨恨，可使毋起者，以相爱生也，是以仁者誉之。”
>
> 子墨子言曰：“夫爱人者，人必从而爱之；利人者，人必从而利之；恶人者，人必从而恶之；害人者，人必从而害之。此何难之有？”（《兼爱中》）

墨子认为，爱他人之国，如自己的国家；爱他人的家庭，如自己的家庭；爱他人的身体，如自己的身体，这样，天下的祸乱、篡夺、怨愤、仇恨，就不会产生，这都是因为人人有了兼爱之心的缘故。爱惜别人，别人也一定会爱惜自己，让别人得到好处，别人也会学着做，回应以相应的好处；憎恶别人，别人也会一样憎恶自己；伤害别人，别人会学着做，反过来伤害施害的人。墨子反问说，这有什么难的吗？

在“兼相爱，交相利”的思想体系中，爱与利是并列的，其内涵相同，外延一致。因爱产生利，由利催生爱，爱和利，是分不开的。爱和利，又共同构成了义的内核，爱、利、义三位一体，成就了墨子的义利观的核心思想。墨子的这一思想体系，常被误读为空洞、理想化、不现实，殊不知，墨子正是从最朴素的互惠生活哲学中，发现了爱、利、义三位一体辩证统一关系，构建了自己完整的义利思想体系，这一思想体系是中华文明的有机组成部分，是中华智慧不可分割的重要构成，它让中华民族的利之道更加丰富深邃，指引着中华民族更加睿智地构建自己和谐稳定的社会关系。

为了让自己的兼相爱交相利的思想，得到更广泛的认同，墨子在自己的思想体系中引入了天的概念。他提出：“天下从事者，不可以无法仪。无法仪而其事能成者，无有。”（《法仪》）亦即治理天下，不可以没有法治标准，没有法治标准还能把事情办理好的，是没有可能的事。墨子还举自己切身的事例说，木工要想画方，必须依据矩；画圆，则要依据圆规；画直线要用绳墨；测定物体的斜正要用悬着重物的绳子。没有规矩不成方圆，治国理政，必须得有法度。那么，治国理政的法度从何而来？墨子提出要：“以天为法，动作有为，必度于天。天之所欲则为之，天所不欲则止。”（《法仪》）天所想让人们去做的，就去做；天不想让人们去做的，就不要去做，什么该做，什么不该做，要依据天的意思来办。那么，这会不会导致不可论呢？墨子进一步解释说：

然而天何欲何恶者也？天必欲人之相爱相利，而不欲人之相恶相贼也。奚以知天之欲人之相爱相利，而不欲人之相恶相贼也？以其兼而爱之，兼而利之也。奚以知天兼而爱之，兼而利之也？以其兼而有之，兼而食之也。

今天下无大小国，皆天之邑也。人无幼长贵贱，皆天之臣也。此以莫不犓羊牛，豢犬猪，洁为酒醴粢盛，以敬事天。此不为兼而有之、兼而食之邪？天苟兼而有食之，夫奚说不欲人之相爱相利也？故曰：爱人利人者，天必福之；恶人贼人者，天必祸之。曰：杀不辜者，得不祥焉。夫奚说人为其相杀而天与祸乎？是以知天欲

人相爱相利，而不欲人相恶相贼也。(《法仪》)

墨子的思辨能力之强，在这个论证过程中表现得很完美。墨子认为，天想让人们做什么？不想让人们做什么？兼相爱交相利，就是天让人们去做的；互相憎恶、伤害，是天不想让人们去做的。为了让人们相信天意如此，墨子举例说，天对国家不分大小，对人民不分贵贱，一律相爱相利，所以，不论国家大小，百姓不论贫富贵贱，都争相向天来敬献祭品。这个例子颇有说服力。墨子因此推导说，爱人利人者，天也会降福他；憎恶祸害别人的，天会憎恶降灾于他。这样一来，墨子的兼相爱交相利思想，不但有了来源上的合法性，还有了道义上的合理性，严密的逻辑论证关系，让墨家学说成为显学之一。

为了让人们在思想上达成共识，墨子还提出了“尚同”的理念。在《尚同下》篇中，墨子这样说：

古者天之始生民，未有正长也，百姓为人。若苟百姓为人，是一人一义，十人十义，百人百义，千人千义。逮至人之众，不可胜计也；则其所谓义者，亦不可胜计。此皆是其义，而非人之义，是以厚者有斗，而薄者有争。

今此何为人上而不能治其下？为人下而不能事其上？则是上下相贼也。何故以然？则义不同也。

墨子分析说，天下生民，在没有管理者的时候，百姓各自为主，于是，一人有一人有观点，十人有十人的看法，百人有百人的想法，千人有千人的认识，人越多，想法越多，争执也就越多，认同人数多的人要斗，认同人数少的人也要斗，为什么上面统治不了下面的民众，下面的民众又不能忠诚服务上面的君王？是因为上下互相不信任，互相争夺利益，互相伤害造成的，为何会是这种局面？墨子一言以蔽之，“义不同也”，即各人的认识不统一而已。各吹各的号，各弹各的调。

如何改变千人千义的局面？墨子再次贡献自己的智慧，那就是要顺应天意，大家的思想认识都统一到天的思想认识上来，以天意为标准，为法度，由是天下可得大治。墨子对义曾做这样的解读：“且夫义者，正也。”正，与政相通，可理解为正统，本应如此之意。那么，何为“义政”？墨子阐释说：

顺天意者，义政也；反天意者，力政也。然义政将奈何哉？子墨子言曰：“处大国不攻小国，处大家不篡小家，强者不劫弱，贵者不傲贱，多诈者不欺愚。此必上利于天，中利于鬼，下利于人，三利无所不利，故举天下美名加之，谓之圣王。力政者则与此异，言非此，行反此，犹幸驰也。处大国攻小国，处大家篡小家，强者劫弱，贵者傲贱，多诈欺愚，此上不利于天，中不利于鬼，下不利于人。三不利无所利，故举天下恶名加之，谓之暴王。”(《天志上》)

墨子认为，顺应天意，应是义政，逆天意而为，就是力政，就是暴政。义政，上利于天，中利于鬼，下利于百姓，有此三利，无往不利，无往不胜，行此义政，为圣明之王；与此相反，发动战争，相互攻伐，恃强凌弱，欺诈横行，则上不利于天，中不利于鬼，下不利于百姓，天下人皆唾弃之，称之为暴王。墨子还指出了顺应天意和违逆天意的后果：

曰爱人利人，顺天之意，得天之赏者有之；憎人贼人，反天之意，得天之罚者亦有矣。夫爱人、利人，顺天之意，得天之赏者，谁也？曰：若昔三代圣王，尧、舜、禹、汤、文、武者是也。尧、舜、禹、汤、文、武，焉所从事？曰：从事“兼”，不从事“别”。兼者，处大国不攻小国，处大家不乱小家，强不劫弱，众不暴寡，诈不谋愚，贵不傲贱；观其事，上利乎天，中利乎鬼，下利乎人，三利无所不利，是谓天德。聚敛天下之美名而加之焉，曰：“此仁也，义也。爱人利人，顺天之意，得天之赏者也。”不止此而已，书于竹帛，镂之金石，琢之盘盂，传遗后世子孙，曰：“将何以为？将以识夫爱人、利人，顺天之意，得天之赏者也。”……夫憎人、贼人，反天之意，得天之罚者，谁也？曰：若昔者三代暴王桀、纣、幽、厉者是也。桀、纣、幽、厉，焉所从事？曰：从事别，不从事兼。别者，处大国则攻小国，处大家则乱小家，强劫弱，众暴寡，诈谋愚，贵傲贱；观其事，上不利乎天，中不利乎鬼，下不利乎人，三不利无所利，是谓天贼。聚敛天下之丑名而加之焉，曰："此非仁也，非义也。憎人、贼人，反天之意，得天之罚者也。"不止此而已，又书其事于竹帛，镂之金石，琢之盘盂，传遗后世子孙。曰：将何以为？将以识夫憎人、贼人，反天之意，得天之罚者也。(《天志中》)

墨子以历史上的圣明君王为例指出，爱民利民，就是顺应天意，就是"兼"，以三利：利天、利鬼、利民为最高行为准则，就是具备了"天德"，就是有仁有义，天不但将所有的美名赠送于他，还将他的事迹刻于竹简绢帛，让子孙后代永远牢记他的功绩，得享子孙万世祭祀，死如同生；反之，违逆天意，必遭天惩，不但视为"天贼"，而且，还将所有恶名丑名加于其身，还将他的恶劣事迹刻于竹简绢帛，让子孙后代永远牢记他的恶行，被子孙后代万世诅咒，生不如死。墨子将义与天意紧紧捆绑在一起，称："天下有义则生，无义则死，有义则富，无义则贫，有义则治，无义则乱。"（《天志上》）墨子将义的功用提到了一个前所未有的高度，对于中华民族树立正确义利观，做出了不可磨灭的贡献。

儒墨两家，虽然彼此在辩论时用了不少极端的用语，但究其实质，思想还是有高度一致的地方，比如，孔子说"仁者，爱人"；孟子说"民贵社稷次之君为轻"，墨子倡议"兼相爱交相利"，都是在呼唤人们回归人性本源，以博爱之心善待彼此，善待万物。尤其是当政者，要收敛攻伐之心，爱民恤民养民利民。对于"利"，孔子虽然"罕言利"，孟子不屑地说"何必曰利"，更多的还是强调不要唯利是图，不要因为逐利而忘了道义的存在。墨子将利字顶在头顶，公开声明要交相利，这里的"利"，更多的还是天下之利，是社会公利。有人曾对《墨子》中出现的全部"利"字做过统计；在肯定意义上指整体利益（如：天下之利）的"利"字出现160次；在否定意义上指损人利己的私利（如：夺人车与衣裘以自利）出现44次；在肯定意义上指不违背整体利益的个人利益（如：利人者必从而利之）出现11次（据张宗磊《孔子、墨子义利观之比较 ——兼论两种义利观的现实意义》，广西社会科学2001年第2期）。由此可见，墨子思想体系中的利的概念，与孔子、孟子思想体系中的“义”的概念，有着高度的相似性和重叠性，义利一体两面，共同塑造着中华民族义薄云天的性格。

在礼崩乐坏，道德沦丧，群雄纷争，血流成河的春秋战国时期，以孔子、孟子、墨子为首的一批伟大思想家们，围绕义利所做的思辨，是恶浊之中送出的一缕清风，是暗夜之下闪出的一道亮光，这些清风和光亮，为中华民族的自我完善和性格形成，起到了至关重要的引领和推动作用，凝铸在这些思想光辉中的为人处世智慧，至今仍滋养着中华儿女茁壮成长。

四、荀子：先义而后利者荣，先利而后义者辱

任何思想家的思想，都会深深受到其所处时代及环境的影响。荀子即如此。荀子是战国末期的思想家、政治家、教育家。中国战国时期从公元前475年，韩、赵、魏三家分晋，奠定战国七雄格局开始，到公元前221年，秦国灭掉齐国，统一六国结束，历时250余年。荀子生于公元前约313年，卒于公元前238年，既看到了七国经上百年纷争后，如何由盛转衰、由强变弱，以致灭亡，又完整地经历了秦统一六国的全过程，看到了强秦如何一步步崛起、人心因向往安定而产生的巨大力量。荀子对于义和利的思考和分析，因此更加接地气，更加理性和客观。荀子的思想，为中华文明的发展注入了新鲜的力量，让中华文明的生命力更加旺盛，推动中华民族在发展的道路上迈入一个新阶段。

荀子对于利的认识，和孔子、孟子出入较大，孔子“罕言”利，孟子“何必曰利”，而荀子则大大方方地谈利，并将对利的追求，列入人的天性范畴，是与生俱来的天性，有着天然的合理性和正当性。在《荀子·荣辱》篇中，荀子这样表示：

凡人有所一同：饥而欲食，寒而欲暖，劳而欲息，好利而恶害，是人之所生而有也，是无待而然者也，是禹、桀之所同也。目辨白黑美恶，耳辨声音清浊，口辨酸咸甘苦，鼻辨芬芳腥臊，骨体肤理辨寒暑疾养，是又人之所常生而有也，是无待而然者也，是禹、桀之所同也。可以为尧、禹，可以为桀、跖，可以为工匠，可以为农贾，在势注错习俗之所积耳。是又人之所生而有也，是无待而然者也，是禹、桀之所同也。

荀子认为，作为人，都有这样一致相同的地方：饿了就想吃食物，冷了就想穿暖和些的衣物，累了就想休息，喜欢获得利益而厌恶受到损害，这是人生下来就有的本性，是无须什么原因本来就会这样的，古代的圣明天子禹与夏王朝最后一位亡国之君夏桀，在这方面也都是一样的。眼睛能辨别黑白美丑，耳朵能辨听音声清浊，口舌能尝出酸咸甜苦，鼻子能嗅出芳香腥臭，皮肤能感受到冷热痛痒，这也是人生下来就有的本性，是无须什么原因本来就会这样的，禹和夏桀都是一样的。人们凭借这些本性天资，可以做成尧、禹那样的圣明之君，也可以凭借它去做亡国之君夏桀、大盗石跖那样的恶人，可以凭借它去做工匠，可以凭借它去做农夫、商人，这都在于后来各人如何运用它、不断训练以至于成为习惯，自然而然，最后才各有所成罢了。荀子在此强调，人好利而恶害，与生俱来，天性使然，“是人之所生而有也，是无待而然者也”，圣明如舜帝与邪恶如夏桀，在这方面是没有差别的。除了这些本能的需求之外，荀子还发现了人的另一个本性，那就是“不知足”。亦即人的欲望是永远填不满的。荀子说：

人之情，食欲有刍豢（huàn），衣欲有文绣，行欲有舆马，又欲夫余财蓄积之富也；然而穷年累世不知不足，是人之情也。

夫贵为天子，富有天下，是人情之所同欲也。《荀子·荣辱》

有了吃之后，人们不满足于粗茶淡饭，还想接着吃牛羊猪狗之肉；有了穿之后，人们不满足于暖体，还想穿上绣上花纹的衣服；走路想坐上车子；更进一步，人们还想将钱财攒起来，把财富积蓄起来。做了官，还想当君王；有了钱，还想把全天下的钱都收归自己囊中，荀子发现，这也是人之常情，也是人最本能的想法。穷年累世地“不知足”，“是人之情也”。荀子的这一发现，两千五百年后的今天，仍然适用。

人的好利本性，荀子将其视为天性。“天行为常，不为尧存，不为桀亡”，即言天有自己的运行规律，不会因为有圣君尧的存在而存在，也不会因为有亡国之君夏桀的消亡而消亡。天的自然运行规律，荀子将其视为“天职”，天职的最大特点是“不为而成，不求而得”，天所掌控着的一切，完全是自然而然地发生着，并不会因为人的存在或行动而有所改变。人性作为天性的体现，也同样具备这样的特点。荀子在《天论》中这样说：

> 天职既立，天功既成，形具而神生，好恶、喜怒、哀乐臧焉，夫是之谓天情。耳目鼻口形能各有接而不相能也，夫是之谓天官。心居中虚，以治五官，夫是之谓天君。财非其类以养其类，夫是之谓天养。顺其类者谓之福，逆其类者谓之祸，夫是之谓天政。暗其天君，乱其天官，弃其天养，逆其天政，背其天情，以丧天功，夫是之谓大凶。圣人清其天君，正其天官，备其天养，顺其天政，养其天情，以全其天功。如是，则知其所为，知其所不为矣；则天地官而万物役矣。其行曲治，其养曲适，其生不伤，夫是之谓知天。

荀子把好恶、喜怒、哀乐等人的与生俱来的自然情感，视为“天情”，耳目鼻口形体等与生俱来的人体器官视为“天官”；控制人的器官的大脑中枢神经——古人理解为“心”，视为“天君”；用身体之外的东西养活身体，视为“天养”；天养符合天官所需的，谓之福，反之，谓之祸。在这一套认知体系中，令思想混乱，天官功能紊乱，不能天养身体，违背正常天情，人无法享受正常生活，丧失了与生俱来的功效，即为“大凶”。圣人所为，即让人们知道什么该做，什么不该做，从而让人行为有方，养体有道，不受伤害，这正是知天，正是响应了天的运行规律，“应之以治则吉，应之以乱则凶”。那么，响应天的运行规律的“大治之方”是什么内容呢？荀子给出的答案是“礼义”。在《天论》中，荀子这样写道：

> 在天者莫明于日月，在地者莫明于水火，在物者莫明于珠玉，在人者莫明于礼义。故日月不高，则光辉不赫；水火不积，则辉润不博；珠玉不睹乎外，则王公不以为宝；礼义不加于国家，则功名不白。故人之命在天，国之命在礼。君人者，隆礼尊贤而王，重法爱民而霸，好利多诈而危，权谋倾覆幽险而尽亡矣。

荀子把礼义比做天上的日月，地上的水火，人间的珠玉。他认为，一个国家没有礼义，任何功名都没有意义。人的命由天定，国家的命，则尽在礼。一个君王，重视礼义，尊贤使能，才能真正地称王；重视法律，爱护民众，可以称霸；喜好利益，诈作流行，就会危险；权谋横行，尔虞我诈，必亡无误。孟子在义前面加了个“仁”，仁、义相通，侧重于仁；荀子在义前面加了个“礼”，礼、义也相通，侧重于礼。将礼义放在至高无上的地位，以义制利，这是荀子为人类处理义利关系提供的一个大智慧。

人的好利本性，是天生的，是天性；礼义是后天的，是为了治人的好利天性而产生的。在《礼论》篇中，荀子仔细分析了礼义的来路：

> 礼起于何也？曰：人生而有欲，欲而不得，则不能无求。求而无度量分界，则不能不争；争则乱，乱则穷。先王恶其乱也，故制礼义以分之，以养人之欲，给人之求。使欲必不穷于物，物必不屈于欲。两者相持而长，是礼之所起也。

礼是在什么情况下产生的？荀子认为，礼义是为了制止人们无穷无尽的欲望而产生的。作为人的天性，人生下来就有欲望，为了满足欲望，就要进行索求，如果索求没有边界，没有标准，就会发生争斗。争斗引发混乱，混乱导致穷困。古代的圣明之王厌恶混乱，这才制定了礼仪，划分出界限和标准，满足人们的欲望，回应人们的索求。使人们不会因为追求没完没了的欲望，而让物资消耗殆尽；也使物资不会因为为了满足人们没完没了的欲望而损尽自身。现有的物资与人类欲望的满足相生相长，保持平衡，这正是礼的起源。从这段分析看，荀子并没有将“利”做好恶之分，好利，只是人的正当欲望，自身并没有错。这是对利的最大的正名，也使逐利的正当性和合理性得到了确证。这和孟子将逐利之举视为禽兽行径，截然相反。

礼义因为制衡人的欲望而产生，因此，荀子将礼义的第一大功用，定位为“养”。荀子说：

> 故礼者，养也。刍豢稻粱，五味调香，所以养口也；椒兰芬苾，所以养鼻也；雕琢刻镂，黼黻文章，所以养目也；钟鼓管磬，琴瑟竽笙，所以养耳也；疏房檖貌，越席床笫几筵，所以养体也。故礼者，养也。(《礼论》)

荀子态度鲜明地提出，礼就是用来满足人的口、鼻、目、耳、体的生理需要的，是来实现人的欲望需求的。人要吃饱吃好，就有米粮猪羊牛等肉来满足；要鼻子生香，就有各种香木、香料提供；要满目生辉，就有精美的器物和华丽的服装；要满足听觉，就有各种乐器奏乐；要安居乐业，就有各式各样的寝屋，礼就是这样来满足人们的欲望的。

礼在满足人的需要的时候，还有一个前提条件，那就是“别”。所谓“别”，就是等级之别，各个等级有各个等级的“养”，有各个等级的规矩，这就使得养有了限制，不再是无穷无尽的养，礼对人的欲望的制衡作用，在“别”上发挥出来。荀子就此阐释道：

> 君子既得其养，又好其别。曷谓别？曰：贵贱有等，长幼有差，贫富轻重皆有称者也……孰知夫出死要节之所以养生也！孰知夫出费用之所以养财也！孰知夫恭敬辞让之所以养安也！孰知夫礼义文理之所以养情也！
>
> 故人苟生之为见，若者必死；苟利之为见，若者必害；苟怠惰偷懦之为安，若者必危；苟情说之为乐，若者必灭。故人一之于礼义，则两得之矣；一之于情性，则两丧之矣。(《礼论》)

在荀子的思想体系中，所谓“别”，就是贵与贱，有一定的等级；长与幼，有一定的次序；贫与富、卑与尊各有相应的待遇规定。所以，人如果只追求生，则必会死；如果只贪图私利，就必定会遭到祸害；如果只偷懒懈怠，就定会有危险；如果只纵情享乐，就定会遭到灭亡。这都是没有礼义节制造成的。荀子提出，如果人能用礼义规范自身，那么，礼义与欲望就会二者兼得。如果一味放纵情性，那么两者会非都丧失。荀子对礼的赞美不吝其辞。他在《礼论》中写道：

> 凡礼……天地以合，日月以明，四时以序，星辰以行，江河以流，万物以昌，好恶以节，喜怒以当，以为下则顺，以为上则明，万变不乱，贰之则丧也。
>
> 礼岂不至矣哉！立隆以为极，而天下莫之能损益也。本末相顺，终始相应，至文以有别，至察以有说，天下从之者治，不从者乱，从之者安，不从者危，从之者存，不从者亡，小人不能测也。(《礼论》)
>
> 礼之于正国家也，如权衡之于轻重也，如绳墨之于曲直也。故人无礼不生，事无礼不成，国家无礼不宁。
>
> 君臣不得不尊，父子不得不亲，兄弟不得不顺，夫妇不得不驩，少者以长，老者以养。故天地生之，圣人成之。(《大略》)

这是对礼义的最高礼赞。荀子认为“礼者，人道之极也”，也即礼是治国理政的最高法则，对于礼而言，天下依礼而治，则得治，得安，得长久存在；否则，不依礼而治，则混乱，危险，直至灭亡。人无礼不生，事无不成，国无礼不得安宁。荀子对礼的功用，可谓推崇备至。尽管荀子认为，礼义是用来制衡利的，但两者并非截然对立，有你无我，有我无他，而是一体两面，各得其所。“义与利者，人之所两有也。”荀子的这一结论，让义和利得以和平共处，成为谁也无法互相取代或消灭的客观存在。正视义利共存这一客观事实，使得人们可以更理性地正确处理义与利的关系，从而为国泰民安奠定坚实的基础。

荀子认为，处理义与利的关系，首先要做到爱民安民，让利于民，不与民争利。这是针对当政者与老百姓的关系而言的。也是上下有别的一个重要规范。荀子提出一个两千五百年来一直广为流传的著名论断：“君者，舟也；庶人者，水也；水则载舟，水则覆舟。”荀子在《王制》中这样说：

马骇舆，则君子不安舆；庶人骇政，则君子不安位。马骇舆，则莫若静之；庶人骇政，则莫若惠之。选贤良，举笃敬，兴孝弟，收孤寡，补贫穷。如是，则庶人安政矣。庶人安政，然后君子安位。传曰："君者，舟也；庶人者，水也；水则载舟，水则覆舟。"此之谓也。故君人者，欲安，则莫若平政爱民矣；欲荣，则莫若隆礼敬士矣；欲立功名，则莫若尚贤使能矣。是人君之大节也。三节者当，则其余莫不当矣；三节者不当，则其余虽曲当，犹将无益也。

荀子以马与车的关系比作百姓与君王的关系。他认为，如果马惊着了车，君王就无法平安出行；老百姓惊着了政事，让政事无法顺利推行，君王的位子也就不能保障了。马惊车，就要示好让其安静；人不满政事，就要施之以利益恩惠，安定民心。老百姓安心政事，君王的位子才会有保障。所以，君王要想治国安民，三大招必须采取，一是爱民惠民，二是隆力敬士，三是尚贤使能，这其中，爱民惠民排在第一位。荀子强调："君人者，爱民而安，好士而荣，两者无一焉而亡。"在《君道》篇中，荀子写道：

君者，民之原也；原清则流清，原浊则流浊。故有社稷者而不能爱民，不能利民，而求民之亲爱己，不可得也。民不亲不爱，而求为己用，为己死，不可得也。民不为己用，不为己死，而求兵之劲，城之固，不可得也。兵不劲，城不固，而求敌之不至，不可得也。敌至而求无危削，不灭亡，不可得也。

荀子认为，君王是老百姓为人做事的表率和源头。源头清澈，下面的流水就清澈，源头浑浊，下面的流水也会随之浑浊。如果君王不能爱护百姓，不能让百姓获利益，得好处，用今天的话说，让老百姓没有幸福感，获得感，想让老百姓亲近自己，拥护自己，就成为不可能，想为已所用，为已去死，兵强城固，让敌人不敢来侵犯，这一切都会成为不可能。当强敌来临，而想国家不灭亡，这也是不可能，这一切不可能的源头，都是君王不愿让利于民，让老百姓有切实的实惠和好处。贪图自已一时享受，换来的只能是政息人亡。荀子的这一认知，可谓振聋发聩。在《富国》中，荀子进一步提出：

不利而利之，不如利而后利之之利也。不爱而用之，不如爱而后用之之功也。利而后利之，不如利而不利者之利也。爱而后用之，不如爱而不用者之功也。利而不利也，爱而不用也者，取天下者也。利而后利之，爱而后用之者，保社稷者也。不利而利之，不爱而用之者，危国家者也。

荀子认为，与其不给百姓任何好处，就去利用他，不如先给其好处，待其享有好处后再利用他；与其不爱惜他，就去役使他，不如先爱惜他等有了功效后，再去役使他。给了老百姓好处后去利用他，不如给了老百姓好处而不去利用他，会得到更大的好处；爱惜老百姓然后用他，不如爱惜老百姓之后不去役使他，会得到的好处更大。给了利益，却不求回报，可以取得天下；给了利益后再求回报，可以保护国家平安。但这要比不给好处不爱惜老百姓就去利用他、役使他，强得多，因为这样的做法，只会给国家带来危害。

处理好义与利的关系，荀子认为，其次要做到的是树立正确的荣辱观："先义而后利者荣，先利而后义者辱。"荀子在《荣辱》篇中这样写道：

荣辱之大分，安危利害之常体：先义而后利者荣，先利而后义者辱；荣者常通，辱者常穷；通者常制人，穷者常制于人：是荣辱之大分也。

荀子提出的先义后利思想，与孔子、孟子一脉相承。荀子认为先义后利是一件荣耀的事，以此为荣，则万事皆通，有了通，就可以治国安民。荀子鼓励人们以义为先，为义而奋斗。他把人的勇敢分为四种：

有狗彘之勇者，有贾盗之勇者，有小人之勇者，有士君子之勇者：争饮食，无廉耻，不知是非，不辟死伤，不畏众强，恈恈然唯利饮食之见，是狗彘之勇也。为事利，争货财，无辞让，果敢而振，猛贪而戾，恈恈然唯利之见，是贾盗之勇也。轻死而暴，是小人之勇也。义之所在，不倾于权，不顾其利，举国而与之不为改视，重死持义而不桡，是士君子之勇也。(《荣辱》)

荀子把争夺饮食，视为狗猪之勇；争夺货财，视为强盗之勇；这两者的勇敢，都是唯利之见，不知廉耻，不知是非，不知仁义，只知争强斗狠；小人之勇，是不在乎死亡，行事暴虐；唯有士君子之勇，是荀子所称道的：士君子以义为先，为坚持道义，不会向权贵低头，不会向利益低头，把国家给他，他都不会斜视；在死亡面前，他不会眨一眨眉头。士君子之勇，是为人称道之勇，有之则国兴，无之则国亡。

处理好义与利的关系，荀子认为，第三要做到以义制利。荀子是中国哲学史上最早提出人性恶观点的，正是基于这一思想认识，荀子提出了以义制利的思想：

人之性恶，其善者伪也。今人之性，生而有好利焉，顺是，故争夺生而辞让亡焉；生而有疾恶焉，顺是，故残贼生而忠信亡焉；生而有耳目之欲，有好声色焉，顺是，故淫乱生而礼义文理亡焉。然则从人之性，顺人之情，必出于争夺，合于犯分乱理，而归于暴。故必将有师法之化，礼义之道，然后出于辞让，合于文理，而归于治。(《性恶》)

荀子所提到的“伪”，指的是后天人为之意，与生而有之的天性相反。荀子认为人性本恶，善的品德，是后来经努力学习才形成的。人的本性，从一生下来就有好利之心，由此发生争斗，谦让之礼就没有了；嫉妒憎恨引出构陷残害，这样忠诚信实就没有了；爱好声色犬马导致淫乱非礼，礼仪道德都没有了。顺着人的性情自由发挥，就必然带来争夺，带来无序，带来暴乱；所以，一定要有师长和法制的教化，有礼义做规制，最后引导人性合乎礼义要求，实现社会的稳定。只有礼义，才能制衡欲望和无休止的逐利，让人性回归到善的轨道。在谈到义与利的两有论时，荀子说：

义与利者，人之所两有也。虽尧舜不能去民之欲利；然而能使其欲利不克其好义也。虽桀纣不能去民之好义；然而能使其好义不胜其欲利也。故义胜利者为治世，利克义者为乱世。上重义则义克利，上重利则利克义。(《大略》)

义与利，人同时共有。尧舜虽然圣明，不能让人们彻底做到大公无私，彻底去掉私利；但可以让人们不会因为追求欲利而忘了仁义的一面；桀纣恶贯满盈，虽然不能让老百姓因为对欲利的追求而彻底忘了礼义，但却能让人们对欲利的追求胜过对礼义的向往。所以，当礼义占了上风时，国家就会政治清明，百姓安居乐业；当对欲利的追求战胜了对礼义的向往时，国家就会陷入混乱，百姓就会民不聊生。在义和利的斗争中，当政者往往会起到决定性的作用，君王重礼义，就会义在利先；君王重私利，就会利在义先。对于君王在引导以义制利方面的作用，荀子反复强调：

凡奸人之所以起者，以上之不贵义，不敬义也。夫义者，所以限禁人之为恶与奸者也。今上不贵义，不敬义，如是，则天下之人百姓，皆有弃义之志，而有趋奸之心矣，此奸人之所以起也。且上者下之师也，夫下之和上，譬之犹响之应声，影之像形也。故为人上者，不可不顺也。夫义者，内节于人，而外节于万物者也；上安于主，而下调于民者也；内外上下节者，义之情也。然则凡为天下之要，义为本，而信次之。古者禹汤本义务信而天下治，桀纣弃义倍信而天下乱。故为人上者，必将慎礼义，务忠信，然后可。此君人者之大本也。(《强国》)

慎礼义，务忠信，这是荀子给君王开出的最好治国之良策，也是他为处理义和利关系提供的重要智慧。荀子认为，君王在倡导以义制欲方面，起着直接的引领作用，是树立义在利先良好社会风气的第一责任人。荀子分析，奸邪之人之所以能兴起，君王不推崇礼义，不尊重礼义是关键原因。礼义是用来限制人们作恶和行奸的，君主不推崇礼义，不尊重礼义，老百姓自然也就放弃礼义而趋附奸邪了。君王作为臣民的表率，臣民附和君王，就好像回声应和声音，影子照应本体一样。所以，做君王的，一定要慎重地对待礼义。礼义，对内节制人的行为，对外应和万物的规律；对上可以使君王安定，对下可以和谐民众，内外上下都能调整节制，这正是礼义的本质所在。治理天下的关键，礼义最根本，其次是诚信。古时候，大禹、商汤立足礼义、努力守信，天下大治；夏桀、商纣抛弃礼义、不讲信用，天下大乱。荀子呼吁君王必须要慎重地对待礼义，务求忠诚守信，然后可以安定天下。这正是做君主最大的根本。

荀子在肯定利为人之天性的同时，强调义利两有，义在利先，先义后利者荣，先利后义者辱，礼义的根本，在于养人，在于制利。一味抑制民众对利的追求是不可取的，放任民众无节制地行走在唯利是图的道路上也是不可取的。爱民安民养民惠民，上下同心，同时，以义制利，大力推行礼义教化，这才是国治民安的根本。荀子在利之道上融入的智慧，直到今天，还被中国人普遍践行着，深深影响着中国人的事业之道，成为推动中华民族发展壮大的最重要的内驱力。

五、冯谖为孟尝君买“义”

对于义利观的探讨，如果仅仅停留在言语上，那么，它很快会如昙花一样，消失在漫漫历史长河中。正是思想家们提出的义利思想，深深地影响了国人，并成为上至天子下到百姓的自觉行动，义利思想才产生了对社会前进真正有益的价值，义利思想的传承，才有了扎扎实实的内驱力。

《战国策·齐策》中讲述了一则冯谖（xuān）为孟尝君买“义”的故事：

齐人有冯谖者，贫乏不能自存，使人属孟尝君，愿寄食门下。孟尝君曰：“客何好？”曰：“客无好也。”曰：“客何能？”曰：“客无能也。”孟尝君笑而受之曰：“诺。”左右以君贱之也，食以草具。

居有顷，倚柱弹其剑，歌曰："长铗归来乎！食无鱼。"左右以告。孟尝君曰："食之，比门下之客。"居有顷，复弹其铗，歌曰："长铗归来乎！出无车。"左右皆笑之，以告。孟尝君曰："为之驾，比门下之车客。"于是乘其车，揭其剑，过其友曰："孟尝君客我。"后有顷，复弹其剑铗，歌曰："长铗归来乎！无以为家。"左右皆恶之，以为贪而不知足。孟尝君问："冯公有亲乎？"对曰："有老母。"孟尝君使人给其食用，无使乏。于是冯谖不复歌。

齐人冯谖因为贫穷投奔到孟尝君门下做了一名食客。孟尝君的仆从看主人不重视他，自然也就不重视他，只给他粗茶淡饭，最低级的待遇。冯谖于是开始为自己造势，他倚柱弹剑而歌，先是唱道："宝剑呀，咱们回家吧，没有鱼吃。"孟尝君听闻，就给他吃鱼的待遇；过了一阵子他又弹剑而歌："宝剑呀，咱们回家吧，出门没有车坐。"孟尝君听闻，就给他出门可以坐车的待遇；再过了一阵子他又弹剑而歌："宝剑呀，咱们回家吧，没有办法养家。"孟尝君左右的人都很厌恶他，认为他贪得无厌。孟尝君了解到冯先生家有老母，就额外给其家用，让其养家。冯谖造势的目的达到，从此不再唱牢骚歌。

孟尝君需要到薛地收债，诚征能人，门下食客均面露难色，只有冯谖站出来说："我能。"孟尝君很诧异，向左右随从："这是谁呀？"随从答道："就是那个唱'宝剑呀，我们回去吧'的人。"孟尝君马上想了起来。并对冯谖深信不疑。他亲自替冯谖备好车马行装，让他载着债券契约出发。冯谖问："收完债后，买些什么回来？"孟尝君答："先生看着办，买点我家缺少的东西吧。"冯谖到薛地后，把该还债的百姓召集起来核对债券，然后假托孟尝君的名义全部免还，还烧掉了所有券契文书，百姓无不感激涕零。冯谖回来复命，孟尝君问他收回来了什么，冯谖回答"仁义"。孟尝君很不高兴，淡漠地说："我知道了，先生退下休息吧。"

冯谖的功劳在一年以后显现。新上任的齐王决定放逐孟尝君，不再重用他。孟尝君只好灰头土脸地回到自己过去的封地薛地。还差百里未到，当地老百姓早早就扶老携幼，在路旁迎接孟尝君。孟尝君终于明白了冯谖的苦心，说："先生为我买的'义'，今天方才看到。"冯谖没有就此止步。他西入大南梁，游说惠王说：“齐国放逐了大臣孟尝君，诸侯谁先得到他，谁就能富国强兵。”惠王赶紧空出相位，让原来的相国做上将军，派出使节，以千斤黄金、百乘马车去聘孟尝君。但冯谖示意孟尝君暂不接受。南梁惠王的使者接连跑了三趟，孟尝君推辞不就。齐王听到这个消息，君臣震恐，于是派遣太傅带着一千斤黄金，两乘四马花车及宝剑一把，外附书信一封向孟尝君道歉并诚恳请求孟尝君重回朝堂处理政务。中国古代历史上著名的“狡兔三窟”故事就此产生。冯谖用买义的办法，成功地为孟尝君塑造了义的人设，为孟尝君在群雄逐鹿的大战中站稳脚跟立下汗马功劳。义的价值，由此可以窥见一斑。

与冯谖买义的故事近似，《韩非子·外储说右上》记载了一则齐景公惠民的故事：

> 齐景公之晋，从平公饮，师旷侍坐，始坐，景公问政于师旷曰：“太师将奚以教寡人？”师旷曰：“君必惠民而已。”中坐，酒酣，将出，又复问政于师旷曰：“太师奚以教寡人？”师旷曰：“君必惠民而已矣。”景公出之舍，师旷送之，又问政于师旷。师旷曰：“君必惠民而已矣。”景公归，思，未醒，而得师旷之所谓公子尾、公子夏者，景公之二弟也，甚得齐民，家富贵而民说之，拟于公室，此危吾位者也，今谓我惠民者，使我与二弟争民邪？于是反国，发禀粟以赋众贫，散府馀财以赐孤寡，仓无陈粟，府无余财，宫妇不御者出嫁之，七十受禄米，鬻德惠施于民也，已与二弟争民。居二年，二弟出走，公子夏逃楚，公子尾走晋。

齐景公是春秋时期齐国君主。他幼年登基，在位早期抱负远大，励精图治，他治下的齐国政治清明，一度成为诸侯的盟主，但后期贪图享受，被佞臣包围，荒废朝政，落下极坏口碑。齐景公在位58年，他和孔子是同时代的人，曾问政于孔子，孔子的“君君、臣臣、父父、子子”治国思想，就是在回答齐景公的问政时提出来的。但他不愿重用孔子，孔子只好在游学齐国后郁郁而归。孔子在《论语·季氏》中曾评价说：“齐景公有马千驷，死之日，民无德而称焉。伯夷叔齐饿死于首阳之下，民到于今称之。其斯之谓与？”对齐景公给予了“无德”的评价。

齐景公所请教的师旷，是春秋时期的传奇人物。师旷生卒年不详，大约生活在春秋末年。师旷是个盲人乐师，关于他的致盲原因，有说他天生就盲的，有说他认为眼睛看到太多东西令他无法专心致志地学琴，于是用艾草自己熏瞎了自己的眼睛，从而令自己静心学琴；还有一说是他生性爱动，为了安静学琴，干脆用绣花针刺瞎双眼，以达安静学琴的目的。师旷的琴艺在当时已登峰造极。据说，师旷弹琴时，正在吃草的马儿会停止吃草，仰起头侧耳倾听；正在觅食的鸟儿会也停止飞翔，在倾听中丢失口中的食物。东晋人编写的《王子年拾遗记》，曾记载说，晋平公令师旷奏一曲《清徵》，师旷说："《清徵》不如《清角》好听。"晋平公令奏《清角》，师旷回答说："君德薄，不足听之，听之将恐败。"晋平公不听，坚持说自己已上了年纪，就好听点音乐。于是"师旷不得已而鼓。一奏之，有云从西北方起；再奏之，大风至，大雨随之。掣帷幕，破俎豆，堕廊瓦。坐者散走；平公恐惧，伏于廊室。晋国大旱，赤地三年，平公之身遂病"。从这段带有传奇色彩的记述中，可以看出师旷的音乐才能多么出神入化。古代的人对音律有着盲目崇拜，认为音律可以与上天神灵沟通，因此，赋予了音律很多特殊的含义。师旷不但是一位杰出的音乐大师，同时，也是一位杰出的政治家。《淮南子》曾记载："师旷瞽而为太宰""大治晋国"，晋"始无乱政"。据《韩非子》记载，有一次，晋平公与群臣饮，酒酣耳热之际，感慨地说："莫乐为人君！惟其言而莫之违。"意即"没有比做君王更快乐的事了，君王说出的话谁也敢违背"。师旷侍坐于旁，拿起琴就砸晋平公。晋平公撩衣躲避，琴撞在墙上砸坏了。晋平公不知何故，问："太师这是要砸谁呀？"师旷说："刚才听到有小人在旁边说话，所以砸他。"晋平公知道了师旷的用意，旁边的人劝晋平公杀掉师旷，晋平公说："释之，以为寡人戒。"让人放了师旷，自己表示要引以为戒。师旷的政治素养于此可见一斑。

齐景公到晋国向师旷问政，应该是他执政早期的事。值得注意的是，齐景公向师旷请教如何处理政事，三次问的都是同一个问题，即："您可有什么治国良方来赐教我呢？"这个问题，一次是在酒席进行时问的，一次是在酒席中间休息时问的，一次是酒宴结束，师旷送齐景公回驿馆时问的，三次问同一个问题，说明这个问题萦绕齐景公心里已久，所以他才锲而不舍地追问，非要得到答案。对齐景公的三次提出，师旷三次给出的都是同一个答案，即：“您一定要施惠于民，这样就可以了。”惠民，其实就是孟子所说的“义”，施惠，就是让利于民。齐景公回到住处，一直思考着师旷的这句话，酒还没有醒，师旷话里暗藏的玄机已经明白了：齐景公有两个同门弟弟，一位是公子尾，另一位是公子夏。两人很得齐国民众的心，他们既富贵又慷慨，所以，百姓都很喜欢他们。他们的影响力已经可以和王室相比肩了。师旷身在晋国，对齐国的事情洞若观火，所以提醒齐景公施惠于民，让他与两个弟弟争夺民心。齐景公听懂了师旷的暗示，回到齐国后，开放米仓，将粮食分给贫困民众；打开财库，将多余的钱财赏赐给孤寡人家。王室的米仓没有多余的粮食，财库没有多余的钱财，宫室里没有被君王临幸过的宫女一律嫁给民间，七十岁以上的老人国家出粮食奉养，将这些恩德施惠给民众，以此和两个弟弟争夺民心。两年后，两个弟弟出逃，公子夏逃到了楚国，公子尾逃到了晋国。齐景公以施惠于民的义举，收获了民心，得到了百姓拥戴，不费一兵一卒，打败了自己的政敌，也生动地诠释了义在利先，有义有民的利之道的智慧。

中华民族是一个重义轻利的民族，是一个有情有义的民族。义和利的辩证统一思想，塑造了中华民族迥异于其他民族的特殊的集体人格，也为中国人为人做事，提供了正确的路径和目标。义利之中，蕴藏着成就伟业的大智慧，中华文明之所以绵延数千年而不绝，与其独特的思想价值观和大智慧有关。

第十讲

学之道：学不可以已

中华民族自古以来就是一个热爱学习的民族。这一民族特点的形成，得益于中国古代思想家们对学习的大力倡导并身体力行。两千五百多年过去，中国先哲们关于学习的论述言犹在耳，为何学，学什么，如何学等内容，对于今人们来说，恍如昨日，一点也不陌生。沿着先贤们划定的学之道，中华民族在世界民族之林中，仍将继续以智慧民族而著称。之所以智慧，只因为中华民族的学之道，有着自己独特的风景。

一、学而时习之，不亦说乎

孔子在《论语》中，开篇第一句话，即给中华民族打上了深深的“学习”的烙印：

学而时习之，不亦说乎。(《论语·学而》)

此处“说”同“悦”。喜悦之意。学，是一个会意字。在繁体字中，学由四个部分组成，两只向下的手，意味着提携、帮助、扶掖、教导之意；两手中间，是一个“爻”形，爻形在易经中，象征着万事万物层出不穷的变化，也意味着知识的无穷无尽；两手下面，是一个房子形状，意味着学习的场所；房子里面是一个“子”，即学童、学子本人。学，指学知识，学做人之道；习，则指反复练习，巩固所学的知识；同时，也指践习，即对所学的知识加以应用践行。“学”和“习”一开始是分开来提的，强调学和习两个方面都很重要，缺一不可，后来的人们，则将学习合而为一个词，意义也合而为一，有“学”必有“习”，“学”“习”不分家。

孔子将学习视为一件令人喜悦的事，绝不只是为了引导弟子们热爱学习，而是他自己发自肺腑的人生体验。

子曰：“知之者不如好之者，好之者不如乐之者。”(《论语·雍也》)

孔子把学习的过程分为三个阶段，求知阶段，爱好阶段，乐在其中阶段。不同阶段，学习的收获各有不同。求知阶段是最基础的阶段，重在被动地接受知识；爱好阶段是升级阶段，重在主动地研究知识，探究其中的规律；乐在其中阶段是高级阶段，真正在知识中获得了乐趣，人生得到了满足。兴趣是学习最好的老师，快乐则是学习不竭的动力源。只有进入了乐在其中阶段，人们在取得学习成果才会有质的飞跃。

人生苦短，学习，刻不容缓，这是孔子对待学习的一个基本态度。有一次，孔子在河岸边看水，发表了一句意味深长的感慨："子在川上曰，逝者如斯夫，不舍昼夜。"（《论语·子罕》）孔子感叹，人生万物，莫不如这河水一样，不舍昼夜，滚滚向前，一去不复回，时间亦是如此。正是发现了这一规律，孔子表示："学如不及，犹恐失之。"意即开始学习后，要有一种唯恐追人不及的紧迫感，时时刻刻，都应不忘发愤求学；另一种解释，即学到知识后，要及时温习巩固，如不抓紧时间融会贯通，变成自己的知识，恐怕就会失去所学的东西。

孔子的学问，在他年轻时就已经盛名远播。据《孔子家语》载，为了测试孔子的学问，鲁国权臣季恒子曾耍了这样一个小聪明：

季桓子穿井，获如土缶，其中有羊焉。使使问于孔子曰："吾穿井于费，而于井中得一狗，何也？"孔子曰："丘之所闻者，羊也。丘闻之，木石之怪夔魍魉，水之怪龙罔象，土之怪羵（fén）羊也。"

季桓子挖井，挖出了一个类似土瓦罐一样的东西，里面雕刻有一只外形像羊的动物的图案。季恒子隐瞒了真相。派人去向孔子请教，说自家打井，挖出了一个形状像狗的东西，不知是不是狗。孔子答道："据我所知，你在井里挖出的东西，应该是羊。我听说，山中的怪物叫夔、魍、魉，水中的怪物叫龙罔象，土中的怪物叫羵羊。所以，此物应为羊才对。"季恒子大为震惊，对孔子的学问刮目相看。《史记·孔子世家》中，司马迁也记载了孔子的神奇博学：

有隼集于陈廷而死，楛（kǔ）矢贯之，石砮（nǔ），矢长尺有咫。陈湣公使使问仲尼。仲尼曰："隼来远矣，此肃慎之矢也。昔武王克商，通道九夷百蛮，使各以其方贿来贡，使无忘职业。于是肃慎贡楛矢石砮，长尺有咫。先王欲昭其令德，以肃慎矢分大姬，配虞胡公而封诸陈。分同姓以珍玉，展亲；分异姓以远职，使无忘服。故分陈以肃慎矢。"试求之故府，果得之。

这件事记录的是孔子周游列国时，在陈国遇到的事。这一天，有许多只隼鸟在陈国的宫廷中落下来死了，箭杆是楛茎作的，楛是一种荆棘类的植物，其茎可作箭杆。这些箭的箭头是石头制作的。箭杆长一尺八寸。咫，周朝的计量单位，为八寸。针对这一怪异事件，陈国的国君陈湣公赶紧派使者向孔子请教。孔子分析说，射中这些隼鸟的箭，来自肃慎部族。肃慎部族是中国东北的一支少数民族部落（即后来的满族前身），其特产就是这种用楛茎作箭杆、石头作箭头的特制的箭。周武王一统天下时，各部族纷纷进献贡品，肃慎部族进献的就是这种箭。后周武王为了表示恩典，将王室珍宝赏赐给同姓诸侯，将远方各部族进献的贡品赏赐给异姓诸侯，陈国因为是异姓诸侯，所得的贡品就是这些来自肃慎部族的特制的箭矢。陈湣公听了后，颇觉惊诧，让人到过去收藏各方贡物的仓库中去寻找，果然找到了这种箭。

孔子的博学知识，不但令人惊奇，还给百姓带来了实实在在的帮助。据《孔子家语》载：

> 齐有一足之鸟，飞习于公朝，下止于殿前，舒翅而跳。齐侯大怪之，使使聘鲁问孔子。孔子曰："此鸟名曰商羊，水祥也。昔童儿有屈其一脚，振讯两眉而跳且谣曰：'天将大雨，商羊鼓舞。'今齐有之，其应至矣。急告民趋治沟渠，修堤防，将有大水为灾。"顷之，大霖雨，水溢泛诸国，伤害民人，唯齐有备不败。景公曰："圣人之言，信而有征矣！"

这件事发生在齐国。有一天，齐国王宫大殿前，突然飞来了一只一只脚的鸟，舒展着翅膀跳舞。齐国国君齐景公大惊，不知是吉是凶，就赶紧派人到鲁国去向孔子请教。孔子说，这种鸟，名叫商羊，是一种神鸟，主降雨，每当大雨到来之前便会翩翩起舞。过去曾有儿童屈着一只脚，学商羊鸟跳舞，然后唱着歌谣说："天将降大雨，商羊来跳舞。"据此判断，齐国要降大暴雨了，应该及时整修沟渠，加固堤坝，防止水患发生。齐景公闻言，赶紧照着孔子的话去做。果然没有多久，天降大暴雨，洪水泛滥，其他诸侯国都受了水灾，民众受害无数，只有齐国因为早早做了准备，没有任何损失，齐景公因此感叹说："圣人说的话，果然确凿而有证据呀。"孔子的博学再次得到验证，在当时，孔子已经有了"圣人"之誉。

对于当时人们给予自己的盛誉，孔子非常谦逊地表示不敢当。孔子对自己的最高评价，就是好学。在《论语·述而》中，孔子说：

> 子曰："若圣与仁，则吾岂敢？抑为之不厌，诲人不倦，则可谓云尔已矣。"公西华曰："正唯弟子不能学也。"

孔子对别人将自己称为圣人，持不敢当的态度，他说，如果说我是圣人、仁人，那实在是不敢当的。但如果说我向着做圣人、仁人的方向，在不厌其烦地努力，在教育他人方面，不知疲倦地劳作，这样说还是可以的。孔子的这番言论，他的弟子公西华听了后说：这正是我等弟子很难学着做到的呀。对于世人赞誉自己博学，孔子也这样谦逊地表示："我非生而知之者，好古，敏以求之者也。"敏，疾速，快捷之意，与"犹恐不及"意思一致，孔子认为，自己并不是一生下来什么都知道，只是因为喜好古代的事，抓紧一切时间勤奋求索才得以知晓。

孔子对自己的好学如此引以为荣，以至于他这样自豪地评价自己：

> 子曰："十室之邑，必有忠信如丘者焉，不如丘之好学也。"（《论语·公冶长》）

孔子认为，在十户人家这样的小村子里，像自己一样追求忠信的人家一定会有；但像自己一样好学不厌的人，恐怕就没有了。这说明"好学"之德，更甚于"忠信"，是一种更美好的品行。孔子一生谦逊，唯独对于"好学"，则大张旗鼓地予以倡导，说明他对于好学之德地重视，也希望自己的以身作则，能引导更多的人加入"好学"的队伍中来，成为好学之人。

对于学习，孔子不只是在态度上"好学"，在行动上也实实在在做到了"好学"。司马迁在《史记·孔子世家》中，记载了一则孔子学琴的事例：

> 学鼓琴师襄子，十日不进。师襄子曰："可以益矣。"孔子曰：

“丘已习其曲矣，未得其数也。”有间，曰：“已习其数，可以益矣。”孔子曰：“丘未得其志也。”有间，曰：“已习其志，可以益矣。”孔子曰：“丘未得其为人也。”有间，有所穆然深思焉，有所怡然高望而远志焉。曰：“丘得其为人，黯然而黑，几然而长，眼如望羊，如王四国，非文王其谁能为此也！”师襄子辟席再拜，曰：“师盖云文王操也。”《史记·孔子世家》

师襄子是春秋时期的音乐大师，有说他是鲁国的乐官，也有说他是卫国的乐官。孔子向师襄子学习弹琴，一连学了十天，总弹同一首曲子，不学新的曲子。师襄子看不下去了，说：可以学新的曲子了。孔子回答：我已学会了弹此曲，但没有掌握其中精妙的技巧。又过了一些日子，师襄子认为孔子已经掌握了弹奏此曲的技巧，劝孔子可以学新的曲目了。孔子还是没有答应，说，我还没有掌握此曲的意旨、志趣。又过了一些日子，师襄子又一次劝告，说，你已经掌握了这个曲子的意旨、志趣，可以学别的曲子了。孔子回答说，我还没有体悟到这首曲子要歌颂的人是什么样子。又过了一段时间，孔子有时会表情严肃地陷入深思，有时会登高远望抒发志向。终于，孔子感悟到了此曲要歌颂的人的样子，他说，我体悟到这首曲子要歌颂的是什么样的人了，他表情忧伤，面色黝黑，身材高大，目光如炬，好像一个统治四方天下的王者，除了周文王，谁能当得起如此的曲子呀。师襄子听了孔子的话，恭恭敬敬地离开座位，给孔子拜了两拜，说：“我老师原来说过，这首曲子名为《文王操》，歌颂的人正是周文王。”孔子不但学其一，还要学其二；不但学其二，还要弄懂其三。这种勤奋好学、深入思考的精神，为后来者树立了良好的榜样。

孔子一而再、再而三地表明自己“好学”的特点，一个重要的用意，在于以身作则，引导自己的学生们也能具备好学的精神。所以，他对于弟子们在好学方面的表现，格外在意，并多次予以肯定。

颜回是孔门弟子中最得孔子青睐的弟子，在孔门七十二贤中，名列首位。他十三岁时拜孔子为师，后来一直追随孔子，直至去世。颜回去世时，孔子极其悲痛，连呼：“噫！天丧予！天丧予！”意即这是老天要我的命呀，这是老天要我的命呀。在去颜家吊唁时，孔子失声痛哭，悲恸失态。跟随孔子一同吊唁的人提醒孔子悲痛过度了，孔子说：“有恸乎？非夫人之为恸而谁为？”意即云我悲伤过度了吗？我不为这样的人悲伤过度，又能为谁悲伤过度呢？

颜回之所以深得孔子喜爱，聪颖过人是其中重要的原因之一。孔子有一次曾问弟子子贡，你和颜回相比，哪个更胜一筹？子贡回答说，我和颜回哪能相提并论，颜回可以闻一知十，我充其量只能闻一知二。孔子感叹地说，是呀，是呀，我和你都不如颜回呀。

颜回深得孔子喜爱，更重要的一个原因，是他的“好学”。在《论语·雍也》中，曾记载了一段孔子和鲁哀公关于颜回的对话：

> 哀公问：“弟子孰为好学？”孔子对曰：“有颜回者好学，不迁怒，不贰过，不幸短命死矣，今也则亡，未闻好学者也。”

鲁哀公问孔子，孔门弟子中谁最好学。孔子回答说，颜回最好学，他能控制住自己的情绪，能及时止怒，不让愤怒的情绪持续发作。他能内省，同样的错误从来不犯第二次。只是不幸早亡。颜回之后，再也没有听说谁是好学的人了。不迁怒，不贰过，实际上是好学的结果之一。正是因为好学，学识增加了，修为提高了，自我的素质也就随之提高了，而这正是孔子希望看到的。有一次，在和他人谈及颜回时，孔子再次发出感叹：

> 子谓颜渊，曰：“惜乎！吾见其进也，未见其止也。”（《论语·子罕》）

这是孔子在颜回去世后，再一次谈及颜回。孔子感叹说：实在是太可惜了。我总是看到他在不停地上进，从来没有见到他停止过学习。一个古稀老人，对一个去世的弟子念念不忘，感怀于心，师徒之情深令后来者动容。孔子对颜回好学品行的嘉许和肯定，实际上也是在鼓励和动员后来者以颜回为榜样，在学习求索的道路上永远不要止步。

与对颜回好学精神的不吝赞许一样，对弟子不好好学习，孔子深恶痛绝，批评起来也是丝毫不留情面。被孔子批评的反面典型是宰予。《论语·公冶长》载：

宰予昼寝，子曰："朽木不可雕也，粪土之墙不可圬也，于予与何诛！"子曰："始吾于人也，听其言而信其行；今吾于人也，听其言而观其行。于予与改是。"

宰予应该是孔门弟子最不招孔子待见的一位弟子，所以，在《论语》中，对于宰予的记载一直是直呼其名。宰予大白天睡大觉，被孔子发现了，孔子批评他说：朽木不可以用来雕刻好的物品，用粪土做成的墙不值得粉饰，对于宰予，我实在懒得说责备的话了。宰予的这一行为，还改变了孔子对人的认识，孔子说，自己一开始对人的认识，是听其言信其行，从此以后，对于人的认识，不但要听他怎么说，还要看他怎么做。宰予大白天睡觉的行为，孔子深以为耻，"朽木不可雕，粪土之墙不可圬"，也成了千百年来，老师对于不好学的学生批评时，经常引用的名句。宰予作为孔门著名弟子之一，思想活跃，好学深思，善于提问，在后世还是得到了不少尊崇。但这些尊崇并不能取代孔子对其"朽木不可雕，粪土之墙不可圬"的负面评价。求学当勤奋，从孔子立下的这一反面典型中，可以看出，孔子对好学的期望是多么强烈。其实，宰予思想活跃，好学深思，善于提问，是孔门弟子中少有的曾正面对孔子学说提出异议的人。他指出孔子的"三年之丧"的制度不可取，说："三年之丧，期已久矣。君子三年不为礼，礼必坏；三年不为乐，乐必崩"，因此认为可改为"一年之丧"，被孔子批评为"不仁"。（《论语·阳货》）他还向孔子提问了一个两难的问题，他假设这么一种情况：如果告诉一个仁者，另一个仁者掉进井里了，他应该跳下去救还是不应该跳下去救？因为跳下去是死，如不跳下去就是见死不救。孔子的直接答复是指出宰予这是在愚弄人，提的问题不好，说："何为其然也？君子可逝也，不可陷也；可欺也，不可罔也。"但因为孔子的定论，数千年来，宰予不好好学习的恶名，自始至终没有被平反。

学习是一项终生事业。生命存在一天，就学习一天。在《论语·为政》篇中，孔子对自己的人生曾经有过一段自述：

子曰："吾十有五，而志于学，三十而立，四十而不惑，五十而知天命，六十而耳顺，七十而从心所欲，不逾矩。”

在这段话中，孔子表示，自己从十五岁时，即立志求学；三十岁时立身行事，可以独立行走于社会，有了自己对事物的判断和见解；四十岁时，思想已经成熟，意志更加坚定，可以抵制拒绝各种诱惑；五十岁时更进一步了解了事物的运行规律，知道了自己的“天命”所在，即知道了自己真正要干的事情是什么，人生方向更加明确；六十岁时凡事都能听得进去，合自己心意的，不合自己心意的，各种思想都能理解包容，不会再因不同意见或看法而心潮起伏、思想波动；七十岁时已经可以享受思想自由的快乐，但这种思想自由不会逾越规矩，是一种规则之下的快乐自由，也是人生的最高境界。孔子生于公元前551年，去世于公元前479年，享年73岁。孔子对自己各个阶段的人生总结，后来成了中国人不同年龄阶段的奋斗内容和努力方向，也成了中国人普遍接受的事业成功与否的人生坐标。人们对照着孔子的年龄段坐标系，设计、规划、经营、检验自己的人生，两千五百多年来，始终未有大的改变。而完成人生各个阶段的目标，唯一的方法，除了学习，还是学习。

荀子的《荀子》一书中，开篇之作为《劝学》，《劝学》中的第一句话：

学不可以已。

青，取之于蓝而青于蓝；冰，水为之而寒于水。木直中绳，𫐓以为轮，其曲中规，虽有槁暴，不复挺者，𫐓使之然也。故木受绳则直，金就砺则利，君子博学而日参省乎己，则知明而行无过矣。

故不登高山，不知天之高也；不临深溪，不知地之厚也；不闻先王之遗言，不知学问之大也。

荀子认为，学习是一辈子的事，一刻也不能停止。蓝颜料是从蓼蓝草中提取出来的，但比蓼蓝草的颜色要蓝得多；冰，水凝结而成，但却比水要寒冷。木头经过修正，才会变直；刀剑经过磨砺才会变得锋利，君子只有博学并每日三省吾身，才会增加智慧，明辨是非，行为无失。故不登高山，不知天高；不临深渊，不知地厚；不苦读经典著作，不知学问之深之大。大学问是一辈子也学不尽的，所以，荀子强调：“学不可以已。”“学不可以已”，是中国人千百年来对待学习的基本态度之一，任何有成就的人，无不以此为座右铭，活到老，学到老。

二、玉不琢，不成器；人不学，不知道

那么，孔子为何重视学习？

孔子生活在西周晚期，春秋初期。这一时期，正是中国历史上社会变动最剧烈、人民生活最动荡的时期。周王朝天子影响力衰微，诸侯国群雄并起，战争频仍。杀戮成了这个时代的主旋律，流血成了人们日常生活的标配。礼义成了这个时期的奢侈品。孔子认为，正是因为没有了礼义，才导致了社会的无序和混乱，建立一个政治清明、百姓安居乐业的社会，需要从恢复周礼开始。孔子将克己复礼视为自己毕生的光荣和梦想，而这一切，都需要从学习开始。

孔子是中国古代历史上第一个开办私学的教育家。他降低了平民百姓受教育的门槛，“自行束脩以上，吾未尝无诲焉”。（《论语·述而》）束脩，亦即肉干，是孔子收徒授教的基本条件，持束脩来求教，孔子来而不拒，一律收为弟子。同时，孔子强调“有教无类”（《论语·卫灵公》），即人人都可以接受教育，不分族类。司马迁在《史记·孔子世家》中载：“孔子以诗书礼乐教，弟子盖三千焉，身通六艺者七十有二人。如颜浊邹之徒，颇受业者甚众。”这段记述说明孔子在自己的时代，教学成就已非常辉煌，不但有三千弟子， 而且精通六艺、才能过人者，就达七十二位。孔子以前，受教育是贵族和官宦子弟的权利，孔子之后，受教育不再是贵族和官宦子弟的专利，其他各个阶级、阶层都有了受教育的可能性和机会。孔子打破种族、民族、阶层限制，不分贵贱，广招门徒。正是孔子的开先河之举，使得中华民族成了学习能力最强、学习范围最广、学习程度最深的民族，强

大的学习基因，也让中华民族总能保持新鲜地创新发展的动能，知不足而后进，数千年生生不息，迄今仍以傲人的生命力，巍然屹立在世界民族之林中。孔子作为中国有史以来最伟大的教育家，被誉为“万世师表”，实在是名副其实。

孔子重视礼，由他的七十二弟子及众多学生们共同阐释、最后成书于汉代的《礼记》，较全面地反映了孔子的学习思想。《礼记》为西汉礼学家戴圣所编，又名《小戴礼记》《小戴记》。《礼记》中，对“礼”这样评价：

> 鹦鹉能言，不离飞鸟；猩猩能言，不离禽兽。今人而无礼，虽能言，不亦禽兽之心乎？夫唯禽兽无礼，故父子聚麀（yōu）。是故圣人作，为礼以教人。使人以有礼，知自别于禽兽。（《礼记·曲礼上》）

在古代先哲心目中，人和禽兽最大的区别，就是人知礼。鹦鹉虽会说话，但只能是飞鸟；猩猩能说话，仍旧是禽兽。麀，泛指母兽，禽兽父子可以共用一个母兽，皆因其禽兽本性。人如果不懂礼，虽然也可以开口说话，但和禽兽有什么差别呢？“使人以有礼，知自别于禽兽”，“人有礼则安，无礼则危。故曰：礼者不可不学也”。（《礼记·曲礼上》）这正是自孔子以下，古代先哲们鼓励人们学习的重要目的所在。

古代先哲们将人是否懂礼义，作为是否成人的重要标志。在《礼记·冠义》中，这样记载：

> 凡人之所以为人者，礼义也……故孝弟忠顺之行立，而后可以为人；可以为人，而后可以治人也。故圣王重礼。

人何以为人，因其礼义而已。懂得了礼义，明白了“孝”“弟”“忠”“顺”这些与礼义相关的道理，才可以真正地成为有行动能力和可以担负责任的人，亦即真正的成人。成人之后，就可以引导别人、教育别人、管理别人，成为对社会和家族、他人有用的人。而这一切，通通要通过学习才能实现。所以，古代先哲们对学习的重要性反复强调，旨在鼓励人们加入成人的队伍：

发虑宪，求善良，足以谀（xiǎo）闻，不足以动众；就贤体远，足以动众，未足以化民。君子如欲化民成俗，其必由学乎！

玉不琢，不成器；人不学，不知道。是故古之王者建国君民，教学为先。《兑命》曰："念终始典于学。"其此之谓乎！（《礼记·学记》）

谀，是小的意思。古代先哲们认为，考虑问题符合法则，广求良善之人，这样做或许会小有名声，但不足以感动民众。亲近贤能的人，体恤远方的人，这样做可以感动民众，还不足以教化人民。君子要教化人民，形成良好的风俗和社会风气，一定要由教学入手。玉石不经雕琢，就不会变成好的器物；人不经过学习，就不会明白做人的道理。所以古代的君王，建立国家，治理百姓，首先要设学施教。《尚书·兑命》中说"要自始至终想着学习"，讲的正是这个道理啊！

孔子之后，孟子再提人与禽兽的区别。在《孟子·离娄下》中，孟子这样说：

人之所以异于禽于兽者几希，庶民去之，君子存之。舜明于庶物，察于人伦，由仁义行，非行仁义也。

孟子认为，人与禽兽不同的地方，其实就那么一点点。这一点点东西，一般老百姓放弃它，君子却保存它。大舜明白一般事物的道理，又能洞察人之常情，根据仁义的原则去做事，而不是为了推行仁义而去做仁义的事。仁义之心，人皆有之，这是孟子思想体系中最引人注目的观点之一。孟子强调人性本善，但这种善，要靠学习去发现和完善。在《孟子·公孙丑上》中，孟子这样写道：

人皆有不忍人之心……由是观之，无恻隐之心，非人也；无羞恶之心，非人也；无辞让之心，非人也；无是非之心，非人也。恻隐之心，仁之端也；羞恶之心，义之端也；辞让之心，礼之端也；

是非之心，智之端也。人之有是四端也，犹其有四体也。有是四端而自谓不能者，自贼者也；谓其君不能者，贼其君者也。凡有四端于我者，知皆扩而充之矣，若火之始然，泉之始达。苟能充之，足以保四海；苟不充之，不足以事父母。

不忍人之心，即人的善心，可也视为怜悯心，同情心，体恤心。孟子认为，没有恻隐之心、羞恶之心、辞让之心、是非之心，皆非成人。这四心分别是仁、义、礼、智的发源之地，如同人体四肢，与生俱来。人有此四心却做不到，这是自暴自弃；认为自己的君王做不到，这是祸害自己的君王。凡是有这四种发端的人，要是知道把它们发展充盈起来，那就像火刚开始点着，泉水刚开始流出一样。如果持续地发展壮大它们，就足以安定天下；如果不能够发展壮大扩充它们，赡养父母都会成为问题。所谓的“扩而充之”，正是学习的另一种说法。

对于仁、义、礼、智本领的获得，孟子还有一个说法，就是“求则得之，舍则失之”。在《孟子·告子上》中，孟子再次谈及这一问题：

恻隐之心，人皆有之；羞恶之心，人皆有之；恭敬之心，人皆有之；是非之心，人皆有之。恻隐之心，仁也；羞恶之心，义也；恭敬之心，礼也；是非之心，智也。仁义礼智，非由外铄我也，我固有之也，弗思耳矣。故曰：“求则得之，舍则失之。”

孟子认为，仁义礼智的品行，并非从外部而来，是每个人本来就有的，如果不去思考，不去寻求，就不会得到，求就会得到，放弃就不会得到，这正是孟子对学习的态度之一。孟子鼓励人们用学习的方式，来发现和拥有自己身上的这些美好德行，从而成为君子，成为一个品行高洁的人。

加强学习，会使人的仁义礼智之心得以扩充发展；放弃学习，则会使仁义礼智之心不断蒙尘被压缩，直至与禽兽无异。在《孟子·告子上》中，孟子又一次陈述：

牛山之木尝美矣，以其郊于大国也，斧斤伐之，可以为美乎？

是其日夜之所息，雨露之所润，非无萌蘖（niè）之生焉，牛羊又从而牧之，是以若彼濯（zhuó）濯也。人见其濯濯也，以为未尝有材焉，此岂山之性也哉？虽存乎人者，岂无仁义之心哉？其所以放其良心者，亦犹斧斤之于木也，旦旦而伐之，可以为美乎？其日夜之所息，平旦之气，其好恶与人相近也者几希，则其旦昼之所为，有梏（gù）亡之矣。梏之反覆，则其夜气不足以存；夜气不足以存，则其违禽兽不远矣。人见其禽兽也，而以为未尝有才焉者，是岂人之情也哉？故苟得其养，无物不长；苟失其养，无物不消。孔子曰："操则存，舍则亡；出入无时，莫知其乡。"惟心之谓与？

孟子在此处用牛山上的树木为例来说明这个问题。他表示，牛山上的树木曾经长得茂盛繁美，因为它长在大国的郊外，时时被刀斧砍伐，自然无法保持茂美；等它日夜生长，雨露滋润，刚有新枝嫩芽生长出来，牛羊接着又来了。牛山从此变得光秃秃的。人们看到光秃秃的牛山，便误以为它不曾生长过树木，这是牛山的本来样子吗？人的心何尝不是如此。人的仁义之心与生俱来，如果放任不管，就会如刀斧伐木，天天这么砍伐，良心渐渐失去；稍有恢复，又有桎梏来做羁绊，一来二去，人的良心也消亡殆尽，与禽兽相类。当人的表现像禽兽一样时，还以为他从来就没有善良过。果真如此吗？所以，如果认真地学习培养，好的东西就会生长繁荣；如果不去学习培养，再好的东西也会消亡殆尽。人的德行就是如此。仁义是孟子思想体系的核心内容，孟子强调只有学习，才可以发现和获得。

与孟子的性本善思想相反，荀子提出了截然相反的观点，即人性本恶。荀子和孟子同为战国时期的思想家，两人关于人性善与恶的辩论，让人们对人的本性认知，有了更进一步的思考。荀子在《荀子·性恶》中，态度鲜明地提出人性本恶：

人之性恶，其善者伪也。今人之性，生而有好利焉，顺是，故争夺生而辞让亡焉；生而有疾恶焉，顺是，故残贼生而忠信亡焉；生而有耳目之欲，有好声色焉，顺是，故淫乱生而礼义文理亡焉。然则从人之性，顺人之情，必出于争夺，合于犯分乱理，而归于暴。故必将有师法之化，礼义之道，然后出于辞让，合于文理，而归于治。用此观之，人之性恶明矣，其善者伪也。

荀子认为，人生下来时，本性是恶的，善的品行，是后天才形成的。人的本性，生下就喜好获得利益，由着这一本性，人们就陷入争抢之中，互相谦让的德行是不存在的；人的本性，生下来就喜欢嫉妒作恶，由着这一本性，人们中间就有了贼患，忠信的德行是不存在的；眼睛想看美色，耳朵想听靡靡之音，由着这一本性，淫乱靡靡之音大行其道，礼义文理，概不存在。任由恶的本性发扬光大，天下无序，社会无治，暴虐横生。正是为了避免这一现象，才有了礼义之道，才有了辞让之德，才有了文理之说，最后天下大治。恶，是与生俱来的，善，是后天培养的。此处的“伪”，即后天学习培养娇正人为之意。

对于孟子的“人之学者，其性善”，荀子这样驳斥道：

是不然。是不及知人之性，而不察乎人之性伪之分者也。凡性者，天之就也，不可学，不可事。礼义者，圣人之所生也，人之所学而能，所事而成者也。不可学，不可事，而在人者，谓之性；可学而能，可事而成之在人者，谓之伪。是性伪之分也。(《荀子·性恶》)

荀子不认同孟子性本善，学而得之的观点。他认为，这是分不清人的天性与人的后天品德的关系所致。所谓本性，是天生下来的，本来就有，不可学，不可做。而礼义，是后天圣明之人制定的，是可以学，可以做的。对于不可学不可做的，在人身上是本性；而对于后天可以学可以做的，则是“伪”，是后天的德行。本性与后天的德行，就是这么划分的。那么，人如何才能去恶就善呢？荀子给出的方案是“学习”。荀子认为，只要坚持学习，即使普通的人也可以成为禹舜这样的伟人：

故圣人化性而起伪，伪起而生礼义，礼义生而制法度；然则礼义法度者，是圣人之所生也。故圣人之所以同于众，其不异于众者，性也；所以异而过众者，伪也……今使涂之人伏术为学，专心

一志，思索孰察，加日县久，积善而不息，则通于神明，参于天地矣。故圣人者，人之所积而致矣。(《荀子·性恶》)

荀子认为，圣明的人将人身的恶性转化，进行后天学习培养，正是有了后天培养，所以就有了礼义，有了法度。圣明的人与普通人在本性上，是一样的，是没有差异的，之所以不同于普通人，正是因为他后天学习培养所积累的仁义品行。假使人们能专心致志的学习，认真审慎地思索，日积月累，积善不息，就可上通神明，与天地并列。所谓圣人，正是靠日积月累的学习培养积累善行而成。普通人做了，也一样会成为圣明之人。

学习，会提高人的辨别能力，从而让人成为真正的有德行的人。荀子在《荀子·非相》中，也提到了人与禽兽的区别：

人之所以为人者，何已也？曰：以其有辨也。饥而欲食，寒而欲暖，劳而欲息，好利而恶害，是人之所生而有也，是无待而然者也，是禹、桀之所同也。然则人之所以为人者，非特以二足而无毛也，以其有辨也。今夫猩猩形笑，亦二足而无毛也，然而君子啜其羹，食其胾（zì）。故人之所以为人者，非特以其二足而无毛也，以其有辨也。夫禽兽有父子而无父子之亲，有牝牡而无男女之别。故人道莫不有辨。

人为何会成为人？荀子认为，只因为他有辨别是非的能力。饥而思吃，冷而思暖，困而思睡，好利而恶害，这都是人的本性，是与生俱来的，在这方面，圣明如大禹、邪恶如夏桀，在这方面都是一致的，没有差别的。但人之所以为人，绝不只是两只脚上没有毛发，和禽兽一样，而是因为他有思辨能力。猩猩形状如人，人们却可以喝其汤，食其肉，皆因人有思辨能力。禽兽虽有父子之名而无父子之亲，有雌雄之分而无男女之别，皆因为无思辨能力。这是人道，是人与禽兽的最大区别。而人的思辨能力，离开学习，是不会得到的。

学习是为了向善，成为君子，成为圣明之人，远离禽兽行径，同时，学习，还可以改变命运，让人得到社会尊崇，过上有获得感的生活。孔子在《论语·卫灵公》篇中这样说：

子曰："君子谋道不谋食。耕也，馁在其中矣，学也，禄在其中矣。君子忧道不忧贫。"

孔子强调，君子的理想，是寻求推广以仁义为核心的治世大道。耕田，并不足以消除饥饿；学习，自会得到俸禄。所以，君子只需要担心是否拥有了道，而不必为饿肚子发愁。有了道，就有了做人的底气和行走天下的资质、本领，何必再为基本的生存问题而担忧呢？孔子的这份自信，在他和弟子樊迟的一番对话中也有所体现：

樊迟请学稼，子曰："吾不如老农。"请学为圃，曰："吾不如老圃。"樊迟出，子曰："小人哉，樊须也！上好礼，则民莫敢不敬；上好义，则民莫敢不服；上好信，则民莫敢不用情。夫如是，则四方之民襁负其子而至矣，焉用稼？"（《论语·子路》）

樊迟向孔子请教种庄稼的学问，孔子十分不悦，回答说自己不如老农民知道得多；樊迟没有领悟到孔子的不高兴，又请教种植瓜果蔬菜的学问，孔子回答说，自己不如老园艺师知道得多。以孔子的博学，回答樊迟的问题并非难事，但孔子认为樊迟的学习方向出了问题，所以婉言回绝了樊迟的提问。樊迟离开后，孔子吐露心声，称樊迟是"小人"，此处小人并非贬义，而是指樊迟的修学境界太低。孔子表示，只要君王推行礼，百姓就会彼此恭敬；推行义，百姓就会心服口服；推行信，百姓就会尽心尽力地做事。社会治理有序，百姓安居乐业，四方人士扶老携幼前来投奔，国家大治，社会富裕，君子还用得上去种庄稼、为瓜果蔬菜而劳心费神吗？孔子此处仍在强调学习仁义之道的重要性。治国理政，仁义之道是根本。掌握了这个"道"，君子就会成为最强大的人，在"道"面前，王侯将相又算得了什么呢？道是通过学习可以获得的，学习改变命运，孔子对此有非常清醒的认识。

两千五百年前，荀子也这样自信地说：

我欲贱而贵，愚而智，贫而富，可乎？

曰：其唯学乎！彼学者，行之，曰士也；敦慕焉，君子也；知之，圣人也。上为圣人，下为士君子，孰禁我哉！……今有人于此，屑然藏千溢之宝，虽行貣（dài）而食，人谓之富矣。彼宝也者，衣之不可衣也，食之不可食也，卖之不可偻售也，然而人谓之富，何也？岂不大富之器诚在此也？是杅杅亦富人已，岂不贫而富矣哉！故君子无爵而贵，无禄而富，不言而信，不怒而威，穷处而荣，独居而乐，岂不至尊、至富、至重、至严之情举积此哉！

故曰：贵名不可以比周争也，不可以夸诞有也，不可以势重胁也，必将诚此然后就也。争之则失，让之则至，遵道则积，夸诞则虚。故君子务修其内而让之于外，务积德于身而处之以遵道。如是，则贵名起如日月，天下应之如雷霆。故曰：君子隐而显，微而明，辞让而胜。(《荀子·儒效》)

有人问荀子如何才能由卑贱变尊贵，由愚蠢变聪明，由贫穷变富裕，荀子的回答清晰而明确："其唯学乎。"即只有通过学习这一条路。荀子分析说，那些学习的人，遵行学到的东西，就可以成为士人；勤勉地践行所学到的东西，就可以成为君子；将所学到的东西发扬光大，惠及众生，就可以成为圣人。上可以成为圣人，下可以做士人、君子，这样的进步谁能挡得住呢？荀子还拿富人作比，一个家藏万金的富人，即使他以行乞为生，人们还是会说他很富有，为何如此，这是因为宝器就摆在他家里。荀子此处想说的是，人们学到的知识，即如同财富拥身，是谁也夺不走的，即使一时处境不堪，但迟早都会得到重用和赏识。贫穷变富有的道理，正在于此。君子正是因为通过学习得到了知识，所以才可以"无爵而贵，无禄而富，不言而信，不怒而威，穷处而荣，独居而乐"，才可以获得"至尊、至富、至重、至严"的地位。荀子强调，显赫尊贵的名声，绝不可以通过拉帮结派、自我吹嘘、强势威胁等方式去获得，必定要靠真正的刻苦学习，然后获得这一切。而有了这些知识作财富，君子高贵的名声就会像日月那样耀眼，天下的人也会像雷霆那样轰轰烈烈地响应他、追随他。学习的伟大作用，在荀子笔下得到生动的描述，荀子在《荀子》一书，开篇即为《劝学》，这与荀子对学习作用的深刻认识不无关系。

三、大学之道，在明明德，在亲民，在止于至善

既然学习是为了让人远离禽兽行径，成为士人、君子、圣人，引领社会前进发展的方向，那么，学什么才能实现这样的目的？

《大学》一书是古代先哲们为启蒙任务完成后的学子们准备的学习材料，据说，是孔子的得意弟子曾参所编著，实则是古代先贤关于学习的各种论述的集合，反映了古代先哲们关于学习的智慧。《大学》开篇开门见山：

> 大学之道，在明明德，在亲民，在止于至善。

《大学》的学问之道，在于彰显美好的德行；在于让人们保持全新的状态；在于追求至善的境界。亲民，又写作新民，即让人们革故鼎新，保持全新的状态，迎接全新的生活。明明德，新民，求至善，这是大学的“三纲”，也是全部《大学》教育的总纲。德行、至善，都是品质的修行，新民，则是社会责任所系。从三纲看，品德修行，是《大学》学习的最重要任务。

“三纲”之后，《大学》又细分出八目：

> 古之欲明明德于天下者，先治其国；欲治其国者，先齐其家；欲齐其家者，先修其身；欲修其身者，先正其心；欲正其心者，先诚其意；欲诚其意者，先致其知。致知在格物。物格而后知至，知至而后意诚，意诚而后心正，心正而后身修，身修而后家齐，家齐而后国治，国治而后天下平。

《大学》的作者认为，要想在天下推广美好的德行，必须先治理好国家；要想治理好一个国家，必须先管理好自己的小家；要想管理好自己的小家；必须做好自己的个人修行；要想做好个人的修行，必须先端正心态；要

想端正心态，必须先精诚其意；要想精诚其意，必须先通晓知识；要想通晓知识，必须先弄清万事万物的规律。弄清了万事万物的规律所在，就会通晓天下的知识，有了知识就会精诚自己的意志；意志精诚就会端正心态；心态端正就可以修行好自身；修行好了自身才可以管理好自己的家庭；家庭管理好了国家就能治理好，国家治理好了全天下就会安享太平。“格物”“致知”“诚意”“正心”“修身”“齐家”“治国”“平天下”，这八个分目，既是学习的目标，也是学习的内容，与总纲紧密呼应，构成了一个完整的学习体系。在这个学习体系中，修身，起到了起承转合的作用。齐家、治国、平天下，由修身始，是外治；格物、致知、正心、诚意，由修身止，是内修。孟子有云：君子“穷则独善其身，达则兼济天下”，实际上是把内修和外治辩证地统一了起来，从而使人生达到完美的平衡。内修外治都离不了修身，所以，《大学》用一句话来表述修身的重要性：

> 自天子以至于庶人，一是皆以修身为本。

上至天子，下至平民百姓，修身都是最根本的要求。中国古代先哲的学习智慧，尽在“修身”二字之中。

《大学》中的学习智慧源自孔子，孔子在《论语》中多次表达修身的重要性。在《论语·宪问》中，孔子感叹说：

> 古之学者为己，今之学者为人。

所谓“为己”，即学习是为了增加自身的修为，意在修身；所谓“为人”，即学习是为了炫耀自己有学问而学，是为学而学，意在通过学习博取名利。显然，孔子是赞同古人的治学的态度的。在一次回答弟子子路关于君子的提问时，孔子与子路有这样一段对话：

> 子路问君子，子曰：“修己以敬。”曰：“如斯而已乎？”曰：“修己以安人。”曰：“如斯而已乎？”曰：“修己以安百姓。修己以安百姓，尧、舜其犹病诸！”《论语·宪问》

子路向孔子请教如何才能成为君子，孔子回答说，修行自己，用恭敬待礼的态度和标准来修行，就可以了。此处修己，旨在使自己的言行均合乎礼，是内修；子路不满足于此，进一步提问，这样就可以是君子吗？孔子答说，修行自己，以便可以让他人安适，这就有点治国的意思了；子路依然不满足，又进一步提问，这样就可以成为君子了吗？孔子回答说，修行自己，以便可以让全天下的百姓安适。为了堵住子路的嘴，孔子进一步补充说，能够修行自己，使自己的本事达到足以安定天下的百姓，这是一代伟人尧舜都难以做到的，这还不够成为君子吗？孔子的"修己"解读，实际上为弟子指明了学习的方向。

修身，目的是为了悟道，孔子曾这样表示：

朝闻道，夕死可矣！（《论语·里仁》）

这里的"道"，指的是仁义之道，也是孔子念念于怀的人生理想。早晨领悟了"道"的真谛，晚上去死，就觉得不再有什么人生遗憾，一是说明了仁义之道的领悟之不易，二是说明修身的至高境界，在于悟道。孔子多次谈及"道"，都是在强调修身的原则和目的。如：

子曰："士志于道，而耻恶衣恶食者，未足与议也。"（《论语·里仁》）

孔子认为，士人如果一心向"道"，而又在衣和食方面斤斤计较，以粗糙的衣服和粗鄙的饮食为耻，就不足与之交往，不值得讨论"道"。道是仁义之学，与名利享受无关。孔子的教学以弘扬大道为出发点：

子曰："志于道，据于德，依于仁，游于艺。"（《论语·述而》）

孔子把"游于艺"放在教学内容的最后一项，将"道"放在教学内容的首位，说明孔子对修身问题的高度重视。"道""德""仁"虽然侧重点有异，但总的方向是一致的，即德行的学习和培养，即修身。"道"是君子行走天下的根本，也是孔子的人生最高理想所在。

以修身为学习的出发点和归宿处，不论自身境遇如何，都能坚守信念，坦然面对人生，内心丰盈，处变不惊，淡定从容，这是中华民族在学习方面的与众不同之处。这一点，孟子将其发挥到了极致。

孟子的修身之道，体现在两个方面，一是尚志，二是养气。在和齐国王子垫交流时，孟子提到“尚志”：

> 王子垫问曰：“士何事？”
>
> 孟子曰：“尚志。”
>
> 曰：“何谓尚志？”
>
> 曰：“仁义而已矣。杀一无罪，非仁也；非其有而取之，非义也。居恶在？仁是也；路恶在？义是也。居仁由义，大人之事备矣。”（《孟子·尽心上》）

王子垫向请孟子请教士人是做什么的。孟子回答士人是尊崇、注重志向修养的人。王子垫又问什么是尚志？孟子说，尚志，就是崇尚推行仁义之道而已。杀一个无罪之人，就不是仁道；不是自己的却去夺取，这是不义。心里常装着仁，行事均按义来做，在仁的思想指导下，按义的路径来做事，这就是君子，是大人。“大人之事备矣”，亦即完成了仁义志向的修行，成为君子的条件就具备了。心中装着仁义，君子就可以坦然在社会上发挥作用：

> 古之人，得志，泽加于民；不得志，修身见于世。穷则独善其身，达则兼善天下。（《孟子·尽心上》）

孟子提出，古代的贤人，得志时，就行仁义，施恩泽于百姓；不得志时，就加强自我修养，在世人面前呈现了君子的风骨。贫穷落魄时独善其身，飞黄腾达时施善天下。孟子的这一修身思想，两千多年来成为中华民族无数仁人志士的行动指南和座右铭，影响着一代又一代知识分子在完善自我人格的道路上坚定前行。与“尚志”一样，孟子同时还提出了“养气”：

“敢问夫子恶乎长？”

曰：“我知言，我善养吾浩然之气。”

“敢问何谓浩然之气？”

曰：“难言也。其为气也，至大至刚，以直养而无害，则塞于天地之间。其为气也，配义与道；无是，馁也。是集义所生者，非义袭而取之也。行有不慊于心，则馁矣。”（《孟子·公孙丑上》）

这是孟子与弟子公孙丑的一段对话。公孙丑问孟子最擅长的是什么？孟子回答说，我最善于通过言语识人，我还善于修养我的浩然之气。公孙丑追问，什么是浩然之气？孟子回答，这就难说清楚了。浩然之气，至大至刚，用正直的方法去修习它，它就会浩浩荡荡充斥于天地之间。浩然之气，通常和义与道相配，没有义与道，浩然之气就会荡然无存。浩然之气是由义累积而形成的，并不是义由外入内而形成的。如果行为有愧疚，良心有亏欠，这团浩然之气也会消失殆尽。气，是中国传统哲学中特定的一个概念，它可用于养生，也可解读为人们为人处世、行动做事的精神动力和内驱力。一个人的精神世界充满正能量，浩气充沛盈，做事的动能就足，就能顶得住任何外来胁迫和压力。相反，如果一个人的精神世界充满私心杂念，负能量满满，则在遭遇挫折和不幸时，很容易精神崩溃，一蹶不振。孟子此处关于气的描述，正是对人的精神世界的一个探索。孟子提倡的浩然之气，也以一种巨大的精神力量，推动中华民族在逆境中不断前行。

拥有浩然之气的人，很容易成长为孟子心目中的大丈夫：

孟子曰：“居天下之广居，立天下之正位，行天下之大道。得志与民由之，不得志独行其道。富贵不能淫，贫贱不能移，威武不能屈。此之谓大丈夫。”（《孟子·滕文公下》）

孟子认为，所谓大丈夫，是社会的栋梁之柱，是引导社会向着正确方面前行的人，他们心底无私，光明磊落，正义凛然。他们居住在天下最宽广的地方，站立在天下最正确的位置，行走在天下最宽阔的大道上。得志了，他们与民分享；不得志，他们孤独地坚守自己的理想和信念。富贵不能乱其心性；贫贱不能乱其意志；强权不能让其低头。这就是所说的大丈夫。孟子这段关于大丈夫的名言，千古传颂，成为一批又一批仁人志士，为民请命，抛头颅，洒热血，为国家和民族命运甘愿牺牲一切的精神动力和思想源泉。修身的最高境界，莫过于此。

公孙丑问曰："夫子加齐之卿相，得行道焉，虽由此霸王，不异矣。如此，则动心否乎？"

孟子曰："否，我四十不动心。"

曰："若是，则夫子过孟贲（bēn）远矣。"

曰："是不难。告子先我不动心。"

曰："不动心有道乎？"

曰："有。北宫黝之养勇也，不肤桡（náo），不目逃；思以一豪挫于人，若挞（tà）之于市朝；不受于褐宽博，亦不受于万乘（shèng）之君；视刺万乘之君若刺褐夫；无严诸侯，恶声至，必反之。孟施舍之所养勇也，曰：'视不胜犹胜也；量敌而后进，虑胜而后会，是畏三军者也。舍岂能为必胜哉？能无惧而已矣。'孟施舍似曾子，北宫黝似子夏。夫二子之勇，未知其孰贤，然而孟施舍守约也。昔者曾子谓子襄曰：'子好勇乎？吾尝闻大勇于夫子矣：自反而不缩，虽褐宽博，吾不惴（zhuì）焉；自反而缩，虽千万人，吾往矣。'孟施舍之守气，又不如曾子之守约也。"（《孟子·公孙丑上》）

这段孟子与弟子公孙丑关于功名面前动心与不动心的讨论，是中华民族勇往直前的最直接的思想勇气的来源，也是养气的最直接的结果。公孙丑问孟子说：如果孟子被任命为齐国的执政大臣，能够在齐国推行自己的政治理想；甚至有机会成就霸业乃至王业，问孟子会不会动心。孟子回答说自己四十岁就不会为这些身外之事动心了。公孙丑说，要是这样，孟子就远远超过天下闻名的勇士孟贲了。孟子说，做到这个并不难。有个叫告子的人，早在孟子之前就做到了对外事不动心。公孙丑询问做到不动心的方法。孟子给他举了几个例子。一个例子是北宫黝。北宫黝是齐国著名勇士，他能做到肌肤被刺而不退缩，眼睛被刺而绝不眨眼；他认为即便是一根毫毛受损，也像是在众目睽睽之下遭受了鞭笞的羞辱；他不能容忍普通平民的折磨，也不能忍受大国君王的折磨；他看待刺杀大国君王，就如同刺杀一名衣着粗鄙的匹夫一样；他对诸侯毫无惧怕之心，对方如果胆敢恶语相向，他必予以回击。另一个例子是孟施舍。孟施舍也有勇敢。他培养勇气的方法，用他的话说：看待不能战胜的对手，和能够战胜的对手是一样的；假如估量完对手强弱后再决定进退，算计清楚能不获胜后再与对方交手，那么就是惧怕打仗。我孟施舍哪能做到必胜？只不过是没有恐惧之心罢了。孟施舍像曾子，北宫黝像子夏。这两位先生的勇敢，孟子表示自己无法判断谁更强一些，但孟施舍所奉行的主张简易可行。从前曾子对他的弟子子襄说：你崇尚勇敢吗？我曾经从我的老师孔子那儿听说过什么是大勇：反躬自问，如果不符合道义，那么，即使对方只是穿着粗麻做的宽大衣服的地位低贱的人，自己难道不会胆怯害怕吗？如果反躬自问，自己所作所为符合道义，那么即使面对千军万马，自己也会义无反顾地冲上去。孟子认为，相比于孟施舍保守勇气的方法，曾子所奉行的主张更简易可行。“虽千万人，吾往矣”，正是学习修成了正义之气，所以，在任何危险面前，才能大义凛然、义无反顾地冲在前面。“养气”的伟大作用，正是这个大是大非面前，才得以发挥作用。

有了这样的境界，人就不再是跪着的人，而是堂堂正正站着的人。孟子这样表述修身达到最高境界后的心态：

> 孟子曰：“说大人，则藐之，勿视其巍巍然。堂高数仞，榱（cuī）题数尺，我得志弗为也；食前方丈，侍妾数百人，我得志弗为也；般乐饮酒，驱骋田猎，后车千乘，我得志弗为也。在彼者，皆我所不为也；在我者，皆古之制也，吾何畏彼哉？”（《孟子·尽心下》）

这段话中的“大人”，通常指王侯将相，权贵阶层。孟子称自己根本看不上他们那高高在上的傲气，心底里很藐视他们。孟子表示，殿堂高两三丈，屋檐宽数尺，我如果得志，是不会追求这些的；吃饭时面前摆着一丈见方的大桌子，旁边侍奉的奴妾数百人，我如果得志，是不会追求这些的；饮酒作乐，骑马驰骋在田野上打猎，后面跟着兵车千辆，我如果得志，是不会追求这些的。这些人们通常认为体面的东西，在我都是不愿意去做的；我致力所做的事，都是古代先贤留下的理义制度，我为什么在“大人们”面前，要低头害怕呢？孟子这份自信和风骨，是长期“尚志”“养气”所形成的结果，也是修身的最高境界。学会了孟子的修身之道，也就掌握了学习成功的顶级秘钥。

孟子的尚志养气思想，对我们整个中华民族性格的形成，都起到了一个非常大的塑造作用。尤其面对外敌入侵的时候，这种“虽千万人，吾往矣”的浩然正气，将我们中华民族的血性，充分展示出来。

四、学习九法

知道了学习的重要性，也掌握了学习的方向和内容，那么，如何去学，才能收到最好的学习效果呢?

从古代先贤留下的智慧典籍中，至少以下九种方法是必不可少的。

一是学必勤奋。孔子是好学的典范，更是勤奋学习的典范。孔子很喜欢《周易》。司马迁在《史记·孔子世家》载：“孔子晚而喜易，序、彖、系、象、说卦、文言。读易，韦编三绝。曰：假我数年，若是，我于易则彬彬矣。”，说的是孔子晚年的时候，喜欢读《易经》，并亲自撰写了易经的《序》《彖》《系》《象》《说卦》《文言》等，读《易经》时，捆扎易经的绳子，都用断三次了。可以孔子阅读《易经》次数之多、之勤奋。

虽然对于各种赞誉，孔子一谦再谦，低调有加，但在说起勤奋时，孔子一直当仁不让，相当高调。有一次，春秋末期楚国军事家、政治家沈诸梁，又名叶公，向孔子的弟子子路打听孔子的为人。叶公比孔子大一岁，对孔子的盛名应该颇有怀疑，于是才有打听之说。子路没有回答。这让孔子很不高兴。《论语·述而》记载了此事:

叶公问孔子于子路，子路不对。子曰：“女奚不曰：其为人也，发愤忘食，乐以忘忧，不知老之将至云尔。”

孔子告诉子路，你为何不这样说，孔子为人，学习上非常勤奋，经常忘记吃饭，因为学习上得到了乐趣，所以从来不知还有忧愁，甚至忘了自己的年龄，完全不知自己老之将至。孔子高调宣传自己的勤奋，其实真正的用意，是希望弟子们能向自己看齐，在治学方面，做一个勤奋好学的人。

二是学必多问。孔子在活着的时候，就因为博学而有“圣人”之誉，但这并没有让他停下“问”的脚步。在《论语·八佾》中，就记载了他问的经历：

子入太庙，每事问。或曰：“孰谓鄹人之子知礼乎？入太庙，每事问。”子闻之，曰：“是礼也。”

孔子在周公庙中，对于见到的每一件东西，都详细询问，以至于庙里的人都有点疑惑，因为孔子是鄹人的后代，庙里的人就说，谁说那个鄹人之子通晓礼仪呀？进得太庙来，见啥问啥。孔子听说这个话后，淡然回应：“这是礼貌。”孔子作为研究周礼的大学问家，逢事必问，一是体现出他对周公的尊崇，仔细看，认真问，本身就是一种礼节；另外，也反映出他谦逊严谨的治学态度，“知之为知之，不知为不知，是知也”，实事求是地寻求真理真知，不耻下问，是最有用的方法。

孔子不但自己喜欢每事问，而且，也希望弟子们在求学的过程中，多提问题。他曾这样说：

子曰：“不曰‘如之何、如之何’者，吾末如之何也已矣。”（《论语·卫灵公》）

孔子对于遇事从不说“怎么办、怎么办”的人，一点办法也没有，自己也只好无奈地说：“我也不知道怎么办好。”这说明孔子对于学生的提问能力非常重视，不善于提问的学生就不是好学生，就不会得到更多的启示。

三是学必善思。学习和思考，是一对孪生兄弟，没有思考的学习，是学死知识；而善于思考的学习，才是真正的学习。孔子曾留下这样一则名言：

子曰：“学而不思则罔，思而不学则殆。”（《论语·为政》）

罔，是“没有”之意，殆，是“失败”，也是近似于没有的意思。学习而不思考，结果是什么也没有学到；只一味思考而不去学习，结果也是什么也不会得到。学和思只有合二为一，才会学有所得，学有所成。针对学和思的关系，孔子还说过这样的话：

子曰：“吾尝终日不食、终夜不寝以思，无益，不如学也。”（《论语·卫灵公》）

子曰：“不愤不启，不悱不发，举一隅不以三隅反，则不复也。”（《论语·述而》）

孔子承认，自己整天整天不吃饭地去思考，整夜整夜不睡觉地去冥想，结果没有任何收益，还不如老老实实地去学习，这是思而不学的弊端；同样，孔子也承认，自己在教学中持这样一个观点，不发愤研究学问的人，他是不会去提点的；不是学有所得但不会表述的人，他是不会去提点的；不知道举一反三的人，他是不会去重复指教的。子夏对于老师的学思之辨深解其中三味，他说：

子夏曰：“博学而笃志，切问而近思，仁在其中矣。”（《论语·子张》）

子夏把学和思的关系，上升到一种仁德。他认为，学无止境，广泛求之，是谓博学；笃定所学，牢固掌握，是谓笃志；遇有疑难，急切求教，是谓切问；对于所学，思考其理，是谓近思。博学、笃志、切问、近思，归之于仁德，需要人人遵行。这八个字，后来也成为所有学子治学的基本守则，千百年来一直被认真践行着。

四是学必践行。学习的目的是什么？是实践，是用所学的知识提高自己，改造社会，造富他人，是学以致用。孔子对于学问不能被应用和践行，深表失望。他这样说：

> 子曰："诵《诗》三百，授之以政，不达；使于四方，不能专对；虽多，亦奚以为？"（《论语·子路》）

孔子表示，学会了《诗经》三百首诗，让他去治理社会，不能通达政治之道；让他去出使他国，不能游刃有余地处理好和别国的关系。这样的学问，虽大虽多，又有什么用呢？孔子这一指导思想，对于学子们走出书斋，走出象牙塔，投身到火热的生活实践中去，是有巨大的影响力的。学以致用，这也是古代先哲们关于学习的最大智慧。

如果说，学习和行动，哪个更重要？孔子的选择肯定是后者，他这样说：

> 子曰："弟子入则孝，出则弟，谨而信，泛爱众，而亲仁，行有余力，则以学文。"（《论语·学而》）

孔子表示，弟子们在家里孝敬父母，出门在外尊敬长辈；谨言慎行，恪守诚信，博爱万众，亲行仁道，做好了这些事，还有余力，则去学习古人留下的典籍。孔子将学习留在行动之后，行有余力，再去学文，并不是他不重视学习，而在相比于学习，他更在意实践的重要性。因为学习的内容，就是弘扬仁道，如果平时什么仁道的事都不践行，实际上已经失去了学习的意义，即使学了，也未必能用到实践中来。行动是本，学习是末，本末关系，绝对不可倒置。

实践本身就是一种学习，这是古代先哲们对学习极为智慧的一种解读。子夏深得老师真传，他表达了和孔子一样的观点：

> 子夏曰："贤贤易色；事父母，能竭其力；事君，能致其身；与朋友交，言而有信。虽曰未学，吾必谓之学矣。"（《论语·学而》）

子夏认为，一个人敬重贤德，轻视美色；侍奉父母，尽心竭力；从事朝政，殚精竭虑，与朋友交，言而有信，这样的人，纵使他说自己没有学问，我也一定要说，他是有学问的人。子夏通过自己的表述，再次强调了行动对于学习的重要性。行动本身就是一种学习，在行动中学习，在学习中践习，行动和学习是本末的关系，行动为本，学习为末，把握好了本末关系，学习的效能才会得到最大的发挥。

五是学必有恒。恒，是人的重要德行之一。孔子对人的恒心非常在意，他在《论语·子路》中这样说：

> 子曰："南人有言曰：'人而无恒，不可以作巫医。'善夫！""不恒其德，或承之羞。"子曰："不占而已矣。"

南方的人有一种说法："人而无恒，不可以作巫医。"孔子对这种说法，表示肯定，称之为"善"，这实际上变相对恒的德行予以肯定褒扬。一个人没有恒心，一会儿一个主意，变化多端，这种人如果为他占卜，刚问的事，他会马上更改，所以，不值得为他占卜打卦。为其占卜，只会自取其辱。孔子为此还引用了他最喜爱的《易经》恒卦中的一句卦辞，即"不恒其德，或承之羞"，即没有恒德，会因为变化无常而蒙受羞辱。孔子为此感叹说："不占而已矣。"即认同这个观点，没有恒德的人，必将一事无成，为其占卜纯属浪费时间，做无用功，因此，可以放弃他了。这是孔子对恒德的最重要的一次论述，由此可见孔子对恒心在学习和修身中的作用的重视。

孟子作为一代教育大家，也非常注意培养人们的恒德。在一次齐国大夫高子的交谈中，孟子这样说：

> 孟子谓高子曰："山径之蹊间，介然用之而成路；为间不用，则茅塞之矣。今茅塞子之心矣。"（《孟子·尽心下》）

孟子告诉高子："山坡间的小径,经常行走，它就会成为一条路；过一段时间没有人去走，就会被茅草堵塞。你现在就是被茅草堵住心了。"成语"茅塞顿开"，应该语出此处。孟子用此形象比喻，说明持之以恒做一件事的重要性。这句话曾在2009年7月27日至28日，在美国首都华盛顿举行的首轮中美战略与经济对话上，被时任美国总统奥巴马引用过。奥巴马当时引用孟子这句话，旨在强调美中两国的任务，就是要为后代共同探索一条通往未来的道路,以防止彼此之间出现互不信任的情况，双方要注意随时维护这条道路，即便在双方发生分歧的时候,也不要让这条道路被荒草埋没。这种对中国先哲名言的引用，很容易在中国人中间引起共鸣，减少彼此沟通中的障碍。

孟子还用掘井的道理，告诫人们在做事的过程中不要轻易放弃：

> 孟子曰："有为者辟若掘井，掘井九仞而不及泉，犹为弃井也。"(《孟子·尽心下》)

孟子指出，有所作为的人做事情，如同掘井，掘到六七丈深还不见水，这时候停止挖掘，结果就等于没挖，除了留下一口废井之外，什么都没有留下。孟子还讲道："虽有天下易生之物也，一日暴（曝）之，十日寒之，未有能生者也。"（《孟子·告子上》）"一曝十寒"的成语也是出于此处。孟子语重心长地一再告诫人们要有恒心，实际上他对事物发展规律的一种认识和总结，学习必须要有恒心，否则，半途而废，是学习者最大的悲哀。

荀子对于学习中的恒心也非常关注。他用一系列排比句这样写道：

> 积土成山，风雨兴焉；积水成渊，蛟龙生焉；积善成德，而神明自得，圣心备焉。故不积跬步，无以至千里；不积小流，无以成江海。骐骥一跃，不能十步；驽马十驾，功在不舍。锲而舍之，朽木不折；锲而不舍，金石可镂。(《荀子·劝学》)

荀子在这段文字中创造的成语"锲而舍之，朽木不折；锲而不舍，金石可镂"，成为千古流传的名言，后来的人们用这句成语勉励自己，坚持不懈，保持恒心，因为只有持之以恒，学习才会终有所得。荀子认为人与人之间的智慧差异并不大，差异大的是有没有恒心，愿不愿持之以恒地去做：

> 故跬步而不休，跛鳖千里；累土而不辍，丘山崇成。厌其源，

开其渎，江河可竭；一进一退，一左一右，六骥不致。彼人之才性之相县也，岂若跛鳖之与六骥足哉？然而跛鳖致之，六骥不致，是无它故焉，或为之，或不为尔。道虽迩，不行不至；事虽小，不为不成。其为人也多暇日者，其出人不远矣。（《荀子·修身》）

荀子认为，只要一步一步地坚持走个不停，那么即使瘸了腿的甲鱼也能走上千里；土不停地堆积，最终也会成就山丘。把水源堵住，开的沟渠再多，也引不来，纵使长江、黄河也会枯竭；一会儿前进，一会儿后退，一会儿向左，一会儿往右，这样就是用六匹千里马拉车，最终也到不了目的地。人与人的资质即使相差悬殊，难道会像瘸了腿的甲鱼和六匹千里马那样悬殊吗？然而瘸了腿的甲鱼能够到达目的地，六匹千里马拉的车却不能到达，这其中并没有其他特殊的原因，只不过做或者不做罢了！路途即使很近，不走就不会到达目的地；事情虽然很小，不做就不可能完成。那些没有恒心的懒人，他们永远是不可能超过别人的。

六是学必专一。除了恒心，学习还要强调专一。孟子对专一的学习态度非常在意，他在《孟子·告子上》中以下棋为例说明专心致志的重要性：

孟子曰：今夫弈之为数，小数也；不专心致志，则不得也。弈秋，通国之善弈者也。使弈秋诲二人弈，其一人专心致志，惟弈秋之为听。一人虽听之，一心以为有鸿鹄将至，思援弓缴而射之，虽与之俱学，弗若之矣。为是其智弗若与？曰：非然也。

孟子认为，下棋，是很小的一门技艺，但如果不专心致志，这样的小技艺，也是做不好的。弈秋是中国古代历史上第一个进入记载的围棋专业棋手，而记载他事迹的就是孟子。根据孟子的记载，奕秋是当时全国闻名的围棋高手，可谓国手。但即使这样的国手，教两个学生下棋，一个专心致志，弈秋说什么他就认真地听什么；另一个三心二意，耳朵听，心里却在想天上是不是有天鹅飞过，果如此，可否拿弓箭把它给射下来。虽然都是在弈秋的教导下学棋，学习结果却大相径庭。何以如此？孟子分析说，这不是智力上有所差异，完全是不专心致志造成的。

荀子在《劝学》篇中，也对“结于一”做了强调：

螾无爪牙之利，筋骨之强，上食埃土，下饮黄泉，用心一也。蟹八跪而二螯，非蛇蟺之穴无可寄托者，用心躁也。是故无冥冥之志者，无昭昭之明；无昏昏之事者，无赫赫之功。行衢道者不至，事两君者不容。目不能两视而明，耳不能两听而聪。螣蛇无足而飞，梧鼠五技而穷。《诗》曰：“尸鸠在桑，其子七兮。淑人君子，其仪一兮。其仪一兮，心如结兮。”故君子结于一也。(《荀子·劝学》)

荀子以蚯蚓作比。蚯蚓没有锐利的爪子和牙齿，也没有强健的筋骨，但向上能吃到泥土，向下能喝到地下的泉水，这是由于它用心专一；螃蟹有八条腿，两个蟹钳，但它自己没有固定的洞穴，只能寄居于蛇、鳝的巢窝，这概因它用心浮躁。荀子举此两例，旨在表明，没有刻苦钻研的心志，就不会取得过人的智慧；没有昏天暗地的苦干，就不会获得巨大成就。在歧路上行走，永远不会抵达目的地；同时侍奉两个君王，两个君王都不会容忍他。眼睛同时看两样东西不会看明白，耳朵同时听两种声音不会听清楚。螣蛇没有脚却可以飞，鼫鼠有五种本领结果一事无成。《诗经》上说：“布谷鸟筑巢在桑树上，它的幼鸟有七只。贤良的君子们，行为往往很专一。之所以行为专一，是因为心志如一。荀子由此给出的结论是，君子学习，一定要坚定专一。

在《解蔽》中，荀子重申这一观点：

心枝则无知，倾则不精，贰则疑惑。以赞稽之，万物可兼知也。身尽其故则美。类不可两也，故知者择一而一焉。

荀子认为，人如果心思杂乱，就不会学到知识；思想跑偏学问就不会精深；三心二意就会总有疑惑。如果用专心致志的态度来求索探寻，那么万事万物的运行规律都会被认识到。用尽全身力气去探究万事万物的内在规律，那就完美了。任何事物的准则只有一个，不可能有对立的两种，所以，智慧的人，总是认定一件事情然后专心致志地去研究它、掌握它。

七是学必积小。大事情总是从小处启步，大学问总是靠一点一滴累积。老子在《道德经》中，曾这样说：

> 合抱之木，生于毫末；九层之台，起于累土；千里之行，始于足下。

巨大的树木，是从小树苗长起来的；九层高的楼台，也是一筐土一筐土的堆积起来的；再遥远的距离，也得靠一步一步地去走。老子认为事以小成，只有日积月累，从小事做起，最后才会实现大的目标。在积累方面，孔子也表态了类似的观点：

> 子曰："譬如为山，未成一篑，止，吾止也；譬如平地，虽覆一篑，进，吾往也。"（《论语·子罕》）

孔子以造山填地作比。欲成高山，必要一筐土一筐土去累积，就差一筐土可成高山，偏偏这时终止了，这也是自己给终止的；再如填地，即使只填一筐土，有助于填成，也要去做，这也是自己去做的。孔子此处要表达的意思，是成大事，要从小事一点一点做起，要坚持不懈地做下去。在即将成功的时候放弃，功亏一篑，这是最不值得的。

荀子也强调积累。他这样说：

> 故积土而为山，积水而为海，旦暮积谓之岁，至高谓之天，至下谓之地，宇中六指谓之极，涂之人、百姓积善而全尽谓之圣人。彼求之而后得，为之而后成，积之而后高，尽之而后圣。故圣人也者，人之所积也。人积耨耕而为农夫，积斲（zhuó）削而为工匠，积反货而为商贾，积礼义而为君子。工匠之子莫不继事，而都国之民安习其服，居楚而楚，居越而越，居夏而夏，是非天性也，积靡使然也。故人知谨注错，慎习俗，大积靡，则为君子矣。（《荀子·儒效》）

荀子对“积”情有独钟。他表示，土堆积起来可成为高山，细流汇积起来可形成大海，早晚积起来成为年岁。普通老百姓积累善行，达到完美的程度，就可以成为圣人。求索而后获得，行动而后成功，堆积而后成高地，全力以赴为善而后成圣明之人。所以，圣人也不是一蹴而就的，他是普通人日积月累为善的结果。总积累锄草耕田的经验，就会成为优秀的农夫，总积累砍削木头的经验就成为优秀的木匠，总积累贩卖货物的经验就成为优秀的商人，总积累礼义善行之道就会成为人人尊敬的君子。工匠的子女继承父业，城里的百姓安于他们的职业。居住在楚国就会和楚国人一样；居住在越国就会和越国人一样，居住在中原大地就会和中原的人一样。这些都不是人的天性使然，而是后天积累熏染的结果。所以，如果人们行为谨慎，及时更正错误，认真对待习俗，日积月累地加强德行的修养和磨练，就能成为君子了。荀子对“积”的重视和强调，至今对人们仍有着极现实的指导意义。

八是学必择境。环境与人的学习成就密切相关，这是古代先哲们很早就意识到的。刘向在《列女传》中，专门讲述了孟母三迁的故事：

> 邹孟轲之母也。号孟母。其舍近墓。孟子之少也，嬉游为墓间之事，踊跃筑埋。孟母曰：“此非吾所以居处子也。”乃去舍市傍。其嬉戏为贾人衔卖之事。孟母又曰：“此非吾所以居处子也。”复徙舍学宫之傍。其嬉游乃设俎豆揖让进退。孟母曰：“真可以居吾子矣。”遂居之。及孟子长，学六艺，卒成大儒之名。君子谓孟母善以渐化。

孟子的母亲很重视居住环境。孟家一开始住的离墓地很近，孟子小时候就经常去墓地玩，总学习筑坟埋土的事。孟母说，这可不是我的孩子该居住的地方。于是，就搬家到一个集市附近住。到了新址，孟子又去模仿商人，学叫卖之事。孟母说，这可不是我的孩子该居住的地方，于是，又搬家到一个学宫的旁边。到了新址，孟子开始模仿祭祀上的礼仪，学着鞠躬致敬，进退谦让，孟母说，这才是我的孩子该居住的地方。于是，这才安定下来。孟子长大后，学六艺，精学问，最后成为一代大儒。孟母三迁的故事，在中国广为传颂，环境对人学习的影响，由此可以体会。

荀子对学习的环境也很重视。他在《劝学》中这样说：

> 南方有鸟焉，名曰蒙鸠，以羽为巢，而编之以发，系之苇苕，风至苕折，卵破子死。巢非不完也，所系者然也。西方有木焉，名曰射干，茎长四寸，生于高山之上，而临百仞之渊，木茎非能长也，所立者然也。蓬生麻中，不扶而直；白沙在涅，与之俱黑。兰槐之根是为芷，其渐之滫，君子不近，庶人不服。其质非不美也，所渐者然也。
>
> 故君子居必择乡，游必就士，所以防邪僻而近中正也。

荀子介绍说，南方有一种叫"蒙鸠"的鸟，用羽毛作鸟窝，还用毛发把鸟窝编织起来，然后，把窝系在芦苇之上，风一吹，芦苇折断，鸟窝坠地，鸟蛋摔烂，小鸟全都被摔死。这不怪鸟窝没编好，而是不该将鸟窝系在芦苇上面。西方有一种草叫"射干"，生长在高山之上，能俯瞰百丈深渊。"射干"草本身并不高，而是因为它长在了高山之巅，所以才能站高望远。蓬草长在麻地里，不用扶持也能直直地挺立；白沙混在黑土里，与黑土一起变黑。兰槐的根叫芷，香味令人止步，将它浸入臭水中，君子不再理会它，普通老百姓也会避之唯恐不及，并不是芷的本质不美了，而是因为它泡在臭水中了。所以，君子居住要选择好的环境，交友要选择有道德的人，这样做的目的，正是防止邪僻而保持其中庸正直。环境对学习而言，就是如此重要。

学习环境包括交友，这是古代先哲们非常睿智的地方。古代先哲们非常重视朋友对学生的感染熏陶作用。孔子在《论语》开篇说的第二句话即：

> 有朋自远方来，不亦乐乎！

对于志同道合的朋友，孔子是非常欢迎的。孔子之所以如此看重朋友的作用，是因为朋友可以互相勉励督促：

> 子路问曰："何如斯可谓之士矣？"子曰："切切偲偲，怡怡如也，可谓士矣。朋友切切偲偲，兄弟怡怡。"（《论语·子路》）

子路问孔子，什么样的人可以称为士。孔子回答说："互相帮助、督促、勉励，和睦相处，就可以称得上是士人了。朋友之间互相帮助督促勉励，兄弟之间和睦相处。"在孔子的心目中，士人可作朋友，真正的朋友也即君子、士人，只有朋友才可以互相切磋帮助，才会互相提携进步。孔子重视修身，朋友是取有益于修身的人，孔子对朋友的作用因此非常看重。

既然朋友是人生前行途中不可或缺的帮手和砥砺者，交友就必须慎重。孔子提出：

> 子曰："主忠信，毋友不如己者，过则勿惮改。"(《论语》)

此处主有亲近之意。孔子认为，君子应当亲近那么讲求忠信之道的人，与这些人为友，如有过错才会被及时指出，自己的修行才会进步。所以，交朋友要交和自己志趣相投的人，不要交和自己志趣不相投的人。被朋友指出过错，要及时勇敢地去面对和更改，不要有所惧怕。

从切切偲偲的角度出发，孔子提出"三友""三乐"：

> 孔子曰："益者三友，损者三友。友直，友谅，友多闻，益矣。友便辟，友善柔，友便佞，损矣。"(《论语·季氏》)
>
> 孔子曰："益者三乐，损者三乐。乐节礼乐，乐道人之善，乐多贤友，益矣。乐骄乐，乐佚游，乐晏乐，损矣。"(《论语·季氏》)

孔子认为，对人有益的交友方式有三种，一是与正直的人交朋友，二是与人讲诚信的人交朋友，三是与博学多闻的人交朋友。与之相对应，对人有损的交友方式也有三种，一是与走歪门邪道的人交朋友，二是与阿谀奉承的人交朋友，三是与善于花言巧语的人交朋友。

喜好不同，对人的帮助也不同。对人有益的喜好也有三种，一是以礼乐节制快乐，二是以弘扬别人的善行为乐，三是以结交贤德的朋友为乐；对人有损的喜好也有三种，一是以不知节制的骄纵之乐为乐，二是以闲散冶游为乐，三是以大吃大喝为乐。

荀子也很重视交友。他在《荀子·大略》篇中这样说：

> 君人者不可以不慎取臣，匹夫不可不慎取友。友者，所以相有也。道不同，何以相有也？均薪施火，火就燥；平地注水，水流湿。夫类之相从也，如此其著也，以友观人，焉所疑？取友善人，不可不慎，是德之基也。

荀子提出，君王治理百姓时，一定要慎重地选用臣下；平民百姓在交友时，一定要慎重地选择朋友。朋友，是用来互相帮助、互相拥有的。遵行的道义不同，如何互相拥有呢？把柴草均铺在地上点火，火总是向着干柴燃烧；在平整的地面上灌水，水总是向着潮湿的洼地流去。物以类聚就是这么明显，以此来观交友，又有什么可以怀疑的呢？选取朋友，善待他人，这是德行的根本。那同类事物的互相依随就像这样的显著，根据朋友来观察人，还有什么可怀疑的呢？选取朋友，和别人友好，不可以不慎重，这是成就德行的基础。荀子将慎重交友，看作是为人的一种德行，朋友对一个人的修行学习的重要推动作用，由此可见多么关键。学习，必须重视交友。交友不慎，毁人害己。

九是学必尊师。天地君亲师，中国历来重视对老师的尊重，尊师重教，在中国有着数千年光荣的文化传统。《礼记·学记》中记载了老师的重要性：

> 君子知至学之难易，而知其美恶，然后能博喻；能博喻然后能为师；能为师然后能为长；能为长然后能为君。故师也者，所以学为君也。是故择师不可不慎也。《记》曰："三王四代唯其师"此之谓乎！

《礼记》的作者认为，君子知道学习的难易点，知道学生的长项和短项，因此，就能因材施教，知道对学生多方面启发诱导。会启发诱导，才会成为一个好的老师；能成为一个好的老师，就能成为一个好的官长；能成为一个好的官长，就能做国家的君王。所以说，选择教师不可不慎重。

古书上说："夏禹、商汤、周文王、周武王这些先王，都非常重视对老师的选任，师道立则天下治。"说的正是这个道理。老师担负着培养国家栋梁的重任，老师的表率作用，是将来全天下人的表率，其示范作用甚于君王，古代先哲们对老师作用的重视，实在是无以复加。《礼记》中还记载了古代老师的特殊地位：

> 师严然后道尊，道尊然后民知敬学。是故君之所不臣于其臣者二：当其为尸则弗臣也，当其为师则弗臣也。大学之礼，虽诏于天子，无北面；所以尊师也。

为了体现老师的尊贵，君王对老师不要求行臣礼。按照大学的规定，天子到大学参加听课，老师是不必在北面居臣位，这说明古代对老师作用的重视。

孔子虽然自己就是一个大教育家，但他依然喜欢拜师，对老师的作用非常看重。他曾留下这样的名言：

> 子曰："三人行，必有我师焉。择其善者而从之，其不善者而改之。"(《论语·述而》)

孔子表示，同行的三人之中，总会有一个可以做老师的。有好的地方就跟着学习，有不好地方，自己对照后就改正过来。

荀子也很很强调尊师。他这样说：

> 故人无师无法而知，则必为盗；勇，则必为贼；云能，则必为乱；察，则必为怪；辩，则必为诞。人有师有法而知，则速通；勇，则速威；云能，则速成；察，则速尽；辩，则速论。故有师法者，人之大宝也；无师法者，人之大殃也。(《荀子·儒效》)

荀子认为，人如果没有老师的教导，不懂得法度，如果有点聪明，只会去干盗窃的事情；如果有勇气，只会去抢劫；如果有才能，定会作乱；如果能明察，就会发表奇谈怪论；如果善于辩驳，就会虚妄诡辩。这都是因为没有老师引导，得到正确礼义知识的缘故。但有了老师的教导，懂得了礼义法度，有点智慧就能很快显达；有点勇气就会变得威武；有点才能就会很快取得成功；如果能明察，就能很快通晓事理；如果会善辩，就能很快判断是非。这是因为在老师的引导下，他走在正确方向上的缘故，正所谓以正推正，会得到乘法效应。荀子为此总结说，老师的教导和法度，是人们最大的的财富；反之，没有老师的教导和法度引导，人们就会遭遇灾祸。

一个优秀的民族，必然是始于学习，其间坚持学习，最后终了于学习。学习是一个民族生生不息，由进步走向更大进步的必由之路，也是自强于世界民族之林的最强大动力和最重要的手段。沿着古代先哲们开辟的学习道路，遵循古代先哲们留下的学习智慧，今天的中国，必然会再次腾飞，中华民族的伟大复兴梦，必然会成为现实。

参考文献

[1] 王世舜、王翠叶 译注 .《尚书》. 北京：中华书局，2012
[2] 高山译注 .《尚书·礼记》. 北京：中国文联出版社，2016
[3] 李翰文整理 .《史记》. 北京联合出版公司，2016
[4] 赵征主编 .《中庸》(全四册) . 北京：线装书局，2013
[5] 高山译注 .《大学·中庸》. 北京：中国文联出版社，2016
[6] 肖卫译注 .《论语》. 北京：中国文联出版社，2016
[7] 马博主编 .《论语诠解》. 北京：线装书局，2014
[8] 王国轩、王秀梅 译注 .《孔子家语》. 北京：中华书局，2011
[9] 钱钧华 .《跟孔子周游列国》. 上海社会科学院出版社，2009
[10] 王丽岩译注 .《道德经》. 北京：中国文联出版社，2016
[11] 马松源主编 .《道德经》. 北京：线装书局，2014
[12] 王秀梅译注 .《诗经》(全二册) . 北京：中华书局，2015
[13] 弘丰译注 .《孟子》. 北京：中国文联出版社，2016
[14] 马博主编 .《孟子》(全六册) . 北京：线装书局，2014
[15] 方勇译注 .《墨子》. 北京：中华书局，2011
[16] 刘凯主编 .《墨子诠解》(全六册) . 北京：线装书局，2016
[17] 骆宾译注 .《荀子》. 北京：中国文联出版社，2016
[18] 刘凯主编 .《荀子诠解》(全六册) . 北京：线装书局，2016
[19] 方勇译注 .《庄子》. 北京：中华书局，2010.
[20] 刘凯主编 .《庄子》. 北京：线装书局，2013
[21] 孙晓玲译注 .《孙子兵法》. 太原：山西古籍出版社，1999
[22] 崔瑞泽编 .《孙子兵法》(全四册) . 沈阳：辽海出版社，2016
[23] 王书利主编 .《孙子兵法》(全六册) . 北京：线装书局，2014

[24] 石磊译注 .《商君书》. 北京：中华书局，2011
[25] 陈曦译注 .《六韬》. 北京：中华书局，2016
[26] 李山、轩新丽 译注 .《管子》(全二册) . 北京：中华书局，2019
[27] 耿振东译注 .《管子译注》. 上海三联书店，2014
[28] 高华平、王齐洲、张三夕 译注 .《韩非子》. 北京：中华书局，2010
[29] 刘亚玲 .《韩非子公开课》. 北京：当代世界出版社，2017
[30] 黄克剑译注 .《公孙龙子》(外三种) . 北京：中华书局，2012
[31] 高流水、林恒 译注 .《慎子、尹文子、公孙龙子全译》. 贵阳：贵州人民出版社，1996
[32] 吴子著 . 陈曦 译注 .《司马法》. 北京：中华书局，2018
[33] 叶蓓卿译注 .《列子》. 北京：中华书局，2011
[34] 汤化译注 .《晏子春秋》. 北京：中华书局，2011
[35] 骆宾译注 .《鬼谷子》. 北京：中国文联出版社，2016
[36] 东篱子解译 .《鬼谷子全鉴》. 北京：中国纺织出版社，2010
[37] 弘丰译注 .《鬼谷子全集》(全六册) . 北京：煤炭工业出版社，2016
[38] 陈鼓应译注 .《黄帝四经今译今注》. 北京：商务印书馆，2016
[39] 陆吉等 校 .《帝王世纪 世本 逸周书 古本竹书纪年》. 济南：齐鲁书社，2010
[40] 范祥雍订补 .《古本竹书纪年辑校订补》. 上海古籍出版社，2018
[41] 郭丹、程小青、李彬源 译注 .《左传》(全三册) . 北京：中华书局，2012
[42] 陆玖译注 .《吕氏春秋》(上、下册) . 北京：中华书局，2011
[43] 陈桐生译注 .《国语》. 北京：中华书局，2013
[44] 缪文元、缪伟、罗永莲 译注 .《战国策》(全二册) . 北京：中华书局，2012
[45] 胡平生、张萌 译注 .《礼记》(全二册) . 北京：中华书局，2017
[46] 黄怀信译注 .《大戴礼记》. 上海古籍出版社，2019
[47] 王天海、杨秀岚 译注 .《说苑》(全二册) . 北京：中华书局，2019
[48] 陈广忠译注 .《淮南子》(全二册) . 北京：中华书局，2012
[49] 中共中央文献研究室编 .《毛泽东诗词集》. 北京：中央文献出版社，1996
[50] 萧永义 .《毛泽东诗词史话》. 北京：东方出版社，1996
[51] 王敏玉 .《毛泽东的情感世界》. 北京：台海出版社，2016
[52] 马书田 .《中国人的神灵世界》. 北京：九州出版社，2002
[53] 卜宪群 .《中国通史——从中华先祖到春秋战国》. 北京：华夏出版社，合

肥：安徽教育出版社，2016
[54] 嵇文甫 .《春秋战国思想史话》. 北京出版集团公司，北京出版社，2014
[55] 苏若荻 .《春秋战国》(上、下册). 济南：山东画报出版社，2018
[56] 吕文郁 .《春秋战国文化史》. 北京：新世界出版社 ，2018
[57] 岳南 .《千古学案：夏商周断代工程解秘记》(修订版). 北京：商务印书馆，2012
[58] 岳南 .《旷世绝响：擂鼓墩曾侯乙墓发掘记》. 北京：商务印书馆，2012
[59] 张岱年 .《中国哲学大纲》. 北京：商务印书馆，2015
[60] 张岱年 .《中国伦理思想发展规律的初步研究》. 北京：中华书局，2018
[61] 杨天才、张善文 译注 .《周易》. 北京：中华书局，2011
[62] 马博主编 .《周易全书》(全六册). 北京：线装书局，2014
[63] 峻华、朝辉 著 .《周易故事》. 北京：华夏出版社，2008
[64] (美) 亨利·基辛格著 . 胡利平等 译 .《论中国》. 北京：中信出版社，2012
[65] (美) 亨利·基辛格著 . 胡利平等 译 .《世界秩序》. 北京：中信出版社，2015
[66] (美) 塞缪尔·亨廷顿著 . 周琪等 译 .《文明的冲突》. 北京：新华出版社，2017
[67] (美) 弗朗西斯·福山著 . 郭华译 .《信任：社会美德与创造经济繁荣》广西师范大学出版社，2016
[68] (英) 弗雷泽著 . 徐育新、汪培基、张泽石 译 .《金枝》. 北京：大众文艺出版社，1998
[69] (德) 卡尔·雅斯贝斯著 . 李夏菲译 .《历史的起源与目标》. 桂林：漓江出版社，2019
[70] (英) 凯伦·阿姆斯特朗著 . 孙艳燕、白彦兵 译 .《轴心时代——塑造人类精神与世界观的大转折时代》. 海口：海南出版社，2010

后记

从在电脑上写下本书第一行字，到用键盘敲出“后记”两个字，不知不觉间，时间已过去一年有余。

一年多来，笔者利用工作的业余时间撰写本书。双休日、节假日，一个个不眠之夜……“知之者不如好之者，好之者不如乐之者”（《论语·雍也》），沉浸在中华优秀传统文化的知识海洋之中，一遍遍翻阅着《周易》《尚书》《诗经》《道德经》《论语》《庄子》《孟子》《荀子》《韩非子》《商君书》《大学》《中庸》《礼记》《史记》等先哲们留下的思想巨著，其间所获得的无数个醍醐灌顶般的喜悦是无以言表的。正是这种喜悦之情，促使笔者拿起笔来写下自己的学习心得。不同的视角会看到不同的风景，但只要是风景，都会让人得到心灵上不同程度的抚慰。

中华优秀传统文化博大精深，其中所蕴含的思想智慧，如同浩瀚宇宙一般深不可测，无边无际。本书所管窥的，只不过其中一个小角。从天之道、变之道、势之道、信之道、知之道、谦之道、善之道、慎之道、利之道再到学之道，先哲们给后世留下的思索和想象空间是无穷无尽的。限于篇幅和时间，本书目前只从这十个方面进行分析，还有和之道、法之道……这些课题笔者将和读者诸君朋友在接下来的日子里进一步探讨。

面对中华优秀传统文化这座伟大的思想智慧宝库，笔者虽然以“战战兢兢，如临深渊，如履薄冰”的态度谨慎研读，多方求证，以求正确解读，但由于学识浅陋，本书中不当或错讹之处难免。

读者诸君朋友如发现本书内容有不当或错讹之处，敬请及时指出；如对本书内容有不同看法，也欢迎来函商榷，不吝赐教。笔者的邮箱是：31598289@163.com，微信号是：zhxdt315。

大道不孤。笔者愿与读者诸君朋友携手，继续从中华优秀传统文化中汲取前行的力量和智慧，一起为传播弘扬中华优秀传统文化而奋斗！

此记。

王建新

2021年5月17日